国家社科基金项目(14CGL026)

家庭农场土地
适度规模经营实现机制

刘灵辉　著

科学出版社

北　京

内 容 简 介

本书在深入分析农地权利市场化配置下家庭农场土地适度规模集中的潜在影响因素和现实影响因素的基础上，从利益共享、权利均衡、冲突解决和配套政策四个层面，构建起农地权利市场化配置下家庭农场土地适度规模经营实现机制理论模型，并对实现机制的理论模型的构成要素与内在运行机理进行深入分析。通过大范围的外业调研与典型的个案研究相结合，对利益共享机制、权利均衡机制、冲突解决机制和配套政策机制进行理论分析和实证研究。

本书可供农民以及从事土地资源管理、公共管理等相关专业的科研工作者、政府部门管理人员阅读参考。

图书在版编目(CIP)数据

家庭农场土地适度规模经营实现机制/刘灵辉著.—北京：科学出版社，2020.8

ISBN 978-7-03-064685-9

Ⅰ.①家… Ⅱ.①刘… Ⅲ.①家庭农场–规模化经营–研究–中国 Ⅳ.①F324.1

中国版本图书馆 CIP 数据核字（2020）第 041665 号

责任编辑：张　展　于　楠/责任校对：彭　映
责任印制：罗　科/封面设计：墨创文化

科学出版社出版

北京东黄城根北街16 号
邮政编码：100717
http://www.sciencep.com

成都锦瑞印刷有限责任公司印刷

科学出版社发行　各地新华书店经销

*

2020 年 8 月第 一 版　开本：787×1092 1/16
2020 年 8 月第一次印刷　印张：16 3/4
字数：400 000

定价：158.00 元
（如有印装质量问题，我社负责调换）

目　录

第一章　绪论 ……………………………………………………………………… 1

第一节　问题提出 …………………………………………………………………… 1

第二节　研究意义 …………………………………………………………………… 5

第三节　文献综述 …………………………………………………………………… 7

第四节　相关概念的界定 ………………………………………………………… 22

第五节　研究思路、主要观点、方法与创新 …………………………………… 32

第二章　家庭农场土地适度规模经营的影响因素 ……………………………… 34

第一节　家庭农场土地适度规模经营的关键变量 ……………………………… 34

第二节　基于博弈模型的家庭农场土地适度规模经营的潜在影响因素理论分析 … 37

第三节　基于有序 Probit 模型的家庭农场土地适度规模经营的现实影响因素实证

　　　　分析 …………………………………………………………………… 49

第三章　家庭农场土地适度规模经营实现机制的理论构建 …………………… 61

第一节　家庭农场土地适度规模经营实现的瓶颈与障碍 ……………………… 61

第二节　家庭农场土地适度规模经营实现机制的理论构建 …………………… 65

第三节　家庭农场土地适度规模经营实现机制的内部构成要素与运行机制 …… 70

第四章　家庭农场土地适度规模经营的利益共享机制研究 …………………… 78

第一节　家庭农场内部生产要素的优化组合 …………………………………… 78

第二节　家庭农场土地适度规模与投资回报机制 ……………………………… 134

第三节　农民收益的实现机制 …………………………………………………… 140

第四节　集体经济组织收益的实现机制 ………………………………………… 153

第五节　政府的收益实现机制与政府间收益的平衡机制 ……………………… 156

第五章　家庭农场土地适度规模经营的权利均衡机制研究 …………………… 164

第一节　农地权利流转交易方式多元化下家庭农场不同主体间的权利均衡 …… 164

第二节　多样化筹资渠道下的家庭农场不同主体间的权利均衡 ……………… 175

第三节　家庭农场土地适度规模经营权利均衡的实现步骤 …………………… 182

第四节　家庭农场土地适度规模经营权利均衡的模式创新 …………………… 186

第六章　家庭农场土地适度规模经营的冲突解决机制研究···········194

　　第一节　家庭农场前期介入阶段的冲突类型及解决机制·········194

　　第二节　家庭农场正常运营阶段的冲突类型及解决机制·········208

　　第三节　家庭农场退出阶段的冲突类型及解决机制···········219

第七章　家庭农场土地适度规模经营的配套政策机制研究········227

　　第一节　户籍制度和土地制度关联互动改革，建立起有利于土地适度规模经营的
　　　　　　制度环境·······························227

　　第二节　建立完善农地权利流转交易市场，创新农地权利流转交易方式，为土地
　　　　　　适度规模经营的实现提供平台和通道············228

　　第三节　内培与外引相结合，培育和壮大家庭农场主队伍，为土地适度规模经营
　　　　　　的实现提供"接力军"和"后备军"·············231

　　第四节　构建农村新型社会化服务体系，为家庭农场土地适度规模经营的实现提供
　　　　　　必需的社会环境·····················233

　　第五节　探索构建农村社会保障体系和富余劳动力转移安置体系，解决农民流转
　　　　　　交易土地的后顾之忧···················236

　　第六节　拓宽家庭农场融资渠道，加大财政扶持力度，破解土地适度规模集中的
　　　　　　经济瓶颈·······················238

　　第七节　建立家庭农场联盟，政府搭建服务平台，促进家庭农场发展壮大·········240

参考文献·······································243

附录　家庭农场经营者调研问卷·····················255

　　一、集体经济组织基本情况·····················255

　　二、家庭农场主个人及家庭基本情况················255

　　三、家庭农场的雇工与土地情况··················256

　　四、家庭农场投资与收益情况···················259

　　五、家庭农场配套建设用地、农业机械等情况···········261

　　六、支付意愿价格·························263

　　七、意见和建议··························264

第一章 绪 论

第一节 问 题 提 出

20世纪70年代末，家庭联产承包责任制的推行是我国农村经济体制改革的一大历史性创举，是中华人民共和国成立后最有效率的制度安排之一，其促进经济发展的绩效在20世纪80年代初就表现出来了。据McMillan等(1989)估计，中国家庭联产承包责任制的实施，使得农业劳动力的有效供给水平提高了一倍，即在技术条件不变的情况下，完成同样的农业生产活动，改革后的农业劳动时间比改革前节省了一半。据林毅夫(1994)测算，1978—1984年中国农业产出增长了42.23%，其中，46.89%归功于家庭承包制取代集体耕作制的制度变革。然而，随着社会经济的快速发展，家庭联产承包责任制这一经营模式已逐步暴露出与社会化、专业化、现代化大生产不相容的局限性。由于在家庭联产承包责任制下，中国农村土地所有权在结构上表现出一种高度的平均主义的特征，大部分村庄在土地发包时按照集体内部土地数量和质量，根据每户劳动力或总人口的数量按"人头"进行平均分配，这虽然做到了兼顾"好坏肥瘦""距离远近""水源条件好坏"的形式上的相对公平，但是也造成了现阶段绝大多数地方的农村户均只有3~5亩(1亩≈666.67平方米)耕地，囿于小农经济而不能突破，生产成本很高，效益十分低下。土地被分割细化，分散经营的边际效益已接近于分散经营的边际成本，致使中国农业陷入了"内卷化"的困境，农村经济陷入一种"温饱陷阱"。同时，在农业与非农业比较利益的趋势下，大量农民兼业性的城镇化转移导致大片农地闲置抛荒或处于"广种薄收""只种不收"等低效率利用、低质量经营的状态，这直接威胁着中国的粮食安全和重要农产品的有效供给。另外，随着农业现代化科技的不断进步和农业机械化在农村的普及，为进一步提高生产效率，客观上要求农业生产的集约化、规模化，但分散化、规模小的家庭联产承包经营是与之相悖的。问题还不只是农户生产经营规模的狭小，更主要的是在农户与市场之间的中介组织一直未能得到很好的发育。这样，超小规模农户在相当大程度上只能是相对封闭的、带有严重自然经济色彩的农业生产经营单位。总之，家庭联产承包责任制下这种高度分散、严重超小型的土地经营规模，不仅影响了农户的耕作增收，更重要的是制约了现代农业科技成果的应用和转化，影响了农业增效、农民增收和农业现代化进程。因此，发展农业规模经营是我国农业在家庭联产承包责任制代替人民公社制度后，所要实现的第二个飞跃，这个飞跃否定和扬弃的不是家庭联产承包责任制，而是平均分田的办法，以及由此引起的超小型的经营规模。目前，我国学术界和政策层面一直存有对"小农经济"的无奈和"规模经济"的期许。特别是时下随着农村土地"三权分置"深入推进，致力于通过引导土地经营权流转，发展规模经营基础上的现代农业，成为应对经济发展"新常态"下建设现代农业、保障国家粮食安全、助力农民增收等现实问题的共同愿景。

"家庭农场"是起源于欧美的"舶来词"，当今世界，西方发达国家的农业，尽管各国的国情不同，普遍采取的都是家庭农场的生产经营方式。欧洲的历史表明，家庭农场一直是欧洲国家农村生活的主要形式。即使在工业化时代，家庭农场不仅证明了它们的巨大稳定性，而且也证明了它们对技术和经济发展的适应性。根据农业普查数据，全球家庭农场占所有农场的98%以上，占农业用地的53%。家庭农场本质上是介于传统小农户和龙头企业两者之间的中间型农业经营组织方式。实践已经证明，农业生产所具有的空间上的广延性和时间上的继起性的特点，已使得家庭农场成为迄今为止世界上农业生产中最可靠、最有效率的生产经营方式。同时，家庭农场既把现代农业要素融入到了传统意义上的农户家庭经营中，又避免了雇工农场大规模流转土地带来的解放劳动力过多、企业运行风险累及农民、农作精细化程度不够等问题，是传统农业走向现代农业的最佳路径选择，是农业生产的最好组织形式。无数事例反复证明，迄今为止的绝大多数农业"龙头"企业并非农民利益的"守护神"，而是以追逐利润最大化为目标的社会资本。另外，由于大农场中存在管理雇佣劳动力和监督其劳动努力程度的需要，这使得其在农业劳动中存在着一个重要的生产成本，那就是代理成本，代理成本的存在使得家庭经营的农场要优于雇工经营的农场。同时，与大规模农场相比，劳动和资本双重密集型的适度规模经营农户更加符合我国人多地少的基本国情，是在现有城镇化及土地流转水平下解决农业隐性失业、收入低下、产业升级困难等一系列问题的出路所在。因此，家庭农场保留了家庭承包经营的合理"内核"，继承了家庭承包经营产权激励的优点，是对家庭联产承包责任制在新时期的"完善"和"创新"。故而，鉴于"目前世界发达国家和地区的农业现代化经营模式都是以家庭农场的方式为主"的社会现实，发展家庭农场实现农业规模化、集约化、商品化生产经营的呼声日益高涨。

家庭农场这一概念在我国中央层面的文件中出现的时间并不长，2008年10月，党的十七届三中全会通过的《中共中央关于推进农村改革发展若干重大问题的决定》中提出"有条件的地方可以发展专业大户、家庭农场、农民专业合作社等规模经营主体"。2013年中央一号文件《中共中央　国务院关于加快发展现代农业进一步增强农村发展活力的若干意见》（中发〔2013〕1号）中提出"坚持依法自愿有偿原则，引导农村土地承包经营权有序流转，鼓励和支持承包土地向专业大户、家庭农场、农民合作社流转，发展多种形式的适度规模经营"。中央政府将家庭农场写入国家促农发展的最高文件，不仅表明了它已获得了某种程度上的政治生命力，而且也表明现阶段我国发展家庭农场的时机已经成熟、条件初步具备。家庭农场成为中央政府高度重视并在政策层面上力推的新型农业经营主体，其实践进程被大大加快。截至2012年年底，全国经营面积在100亩以上的专业大户、家庭农场有270多万户，原农业部确定的33个农村土地流转规范化管理和服务试点地区已有家庭农场6670个。从纳入县级以上农业部门名录管理的家庭农场来看，2016年总量为44.50万个，比2015年增长了29.74%；家庭农场平均经营的土地面积从2015年的151.50亩增加到2016年的215.10亩，扩大了63.60亩。从粮食种植类家庭农场的经营土地面积来分析，50～200亩的小型家庭农场占总量的63.20%；200～1000亩的中型家庭农场占总量的34.30%；1000亩以上的大型家庭农场占总量的2.50%。其中，大型家庭农场的增速最快，比总体增速高 9 个百分点。

家庭农场这个概念一直与农民、小商品生产者、小规模资本的农户相关联。从传统农户发展成为家庭农场，直到土地适度规模化经营的最终实现有赖于 3 个必要条件：①有土地适度规模化经营意愿的家庭农场主的培育；②当地拥有承包地的农户有意愿参与农地权利市场流转交易；③家庭农场主农地权利的转入与普通农民农地权利的转出相衔接以实现土地的成片集中、规模适度且期限持续稳定这一过程中的困难与障碍的克服。可见，家庭农场土地适度规模经营的实现，有人的因素、制度政策的因素，也有土地因素。其中，土地是对家庭农场影响最深重的外部因素，没有成片集中的土地，家庭农场就丧失了前提和基础，培育和发展家庭农场就无从谈起。同时，土地的规模与利用程度、土地的经营期限与经营权限直接决定着家庭农场主获利目标的实现。然而，培育和发展家庭农场，不能靠行政命令，搞一刀切，必须尊重农民的意愿，顺应家庭农场的内部生成机制。因此，获取家庭农场所需的集中成片、适度规模且期限稳定的土地资源，需要充分运用市场机制在土地资源配置中的基础性作用，实现众多农户手中分散零碎的承包地向家庭农场逐渐集中。然而，在家庭联产承包责任制下，每家每户小规模分散式的土地经营格局走向家庭农场所需的规模化、集中化、长期化的土地经营格局必然会遭遇到一系列的问题和障碍。因此，家庭农场土地适度规模经营的实现需要解决土地集中、利润共享、地权均衡、冲突解决、政策配套等一系列问题。

(1)家庭农场土地适度规模集中的实现。作为最主要的生产要素，土地的适度集中是家庭农场得以发展壮大的基础。发展家庭农场既要解决"地从哪里来"的问题，又要妥善解决土地集中问题。也即，家庭农场获得的土地不仅要体现在数量和规模上，还应体现在一定区域范围内的空间集聚上。在数量大但地块分散状态下发展起来的家庭农场无疑是小农户的变相扩大版，农户仍需要往返奔波于空间分散的众多田块之间，既不经济，也无效率。然而，发展家庭农场要尊重农民流转农地权利的意愿和决策，不应通过政府主导下的土地调整来实现，而应通过市场机制作用下的农地权利流转交易来实现。故而，如何通过农地权利流转交易实现家庭联产承包责任制下零碎化、块状化、超小化的土地格局向发展家庭农场所需的成片化、集中化、规模化的土地格局转变，是亟须解决的现实问题，否则，家庭农场就丧失了存在和发展的前提和基础。

(2)家庭农场主可持续经营利润的实现与不同权利主体间的收益分配问题。家庭农场主在成片集中的土地上通过资金、劳动力、技术等要素投入所获得的经营利润应该达到何种水平，才足以对农户投身家庭农场事业产生足够的经济吸引力？同时，农业生产面临着自然和市场双重风险，那么，政府政策如何介入才能有效提高家庭农场抵御自然灾害和市场风险的能力，不至于因灾破产、因市场价格波动而蒙受巨额经济损失，使家庭农场主能够持续性地获得预期的经济利润？如果家庭农场的经济利益微薄或者仅仅是短期的可观收益，那么，很难支撑家庭农场这一新型农业经营主体的未来长远可持续发展。另外，集体经济组织作为土地所有者代表是否有权参与家庭农场所获得的经营利润的分配，如何使选择不同方式转出农地权利的农户合理分享家庭农场规模化经营的增值收益，同样是值得研究和探讨的关键问题。利益共享是决定家庭农场发展过程中不同权利主体是否能够紧密团结的核心和关键，否则，难免松散、不稳定，进而影响家庭农场的地权稳定性，致使家庭农场难以获得成片集中且长期稳定的承包地。

(3) 家庭农场通过农地权利市场流转交易集中起来的土地面临的权利均衡问题。由于不同农户的家庭经济状况、家庭成员的职业类型、家庭未来在城市和农村之间生活定居的选择意愿等方面呈现较大差异,因此,农户转移给家庭农场使用的土地存在着多样化的农地权利流转交易方式,既包括物权性质农地权利转移的流转交易方式(土地退出),也包括债权性质农地权利转移的流转交易方式(出租、转包等)。同时,在家庭农场前期介入和正式生产运营过程中,家庭农场主往往承受着较大的经济压力,那么,家庭农场主通过银行抵押贷款、亲友借贷、土地证券化等多元化途径筹集资金的举动在所难免。故而,在家庭联产承包责任制下,家庭农场主与农户之间多元化的农地权利流转交易以及家庭农场主凭借农地权利所采取的多样化的筹资等情况相交织在一起,使得家庭农场成片土地内部的权利格局变得异常复杂。在中国农地产权模糊不清的现实状态下,不同主体对家庭农场集中起来的成片土地所拥有的权利类型与权利性质应得到清晰界定,使其遵照既定的权利运行规则做出符合逻辑规范的行为动作,否则,难免因权利边界不清,造成权利无法行使、权利过度行使,进而诱发土地权利冲突。

(4) 家庭农场发展各阶段围绕农地权利流转交易所产生的诸多矛盾冲突的解决问题。①在前期介入阶段,家庭农场为了实现土地的成片集中不可避免地要与众多农户就农地权利流转交易进行多轮的协商和谈判,部分农户难免出于不同原因(对租金不满意、自己想种地、嫉妒等)而不愿意将承包地拿出来让家庭农场主使用。因此,这就出现了土地集中过程中所面临的"钉子户"难题。同时,家庭农场将分散零碎的承包地集中起来后,原来服务于传统小农户的农田基础设施基本难以与土地规模化经营相配套使用。因此,这就面临着农田基础设施投资主体和建设主体不明的问题。②在正式运营阶段,家庭农场极有可能会由于土地规模化经营利润在主体间的分配问题产生利益冲突,那么,如何应对农户因嫉妒家庭农场主的可观收益而提出的"涨租金"甚至"索回农地权利"的行为?如何应对集体经济组织内部农户针对家庭农场农产品的偷盗或哄抢行为?同时,在家庭农场正常运营过程中如果土地被政府征收,政府下拨的征地补偿收益如何在集体经济组织、家庭农场主、农户、拥有农地权利的投资者等主体之间进行科学合理的分配,才能实现家庭农场主的前期投资得以弥补、农地权利得以体现?③在家庭农场破产或退出阶段,围绕家庭农场资产的清算、债务的清偿、农户的权益保护等问题也会出现各种各样的矛盾冲突。因此,构建科学的冲突解决机制是实现家庭农场土地适度规模经营的重要保障。

(5) 家庭农场发展过程中宏观调控与市场机制的有机结合问题。家庭农场的生存和发展需要政府在土地、户籍、就业、社会保障、财政、税收、用地等宏观政策方面给予支持,实现市场机制与政府宏观调控的有机结合。然而,政府各项宏观配套政策对不同权利主体的利益产生的影响是不尽相同的,因此,如何衡量政府配套政策给家庭农场主和农民分别带来的收入增加额、交易费用降低额,并将其纳入各主体的利益函数,实现宏观配套政策对各主体决策的有效调控,以弥补市场机制的缺陷和不足。

第二节　研究意义

(一)盘活农村土地资产,助力"三农"问题解决

土地既是农民赖以生存的最重要的生产资料,也是农民持有的最重要的财产。在快速城镇化的大背景下,农村劳动力转移与农地权利市场化配置存在着相互联系、相互影响、相互促进的关系。家庭劳动力非农转移能够促进土地流转,农村劳动力较长的非农就业时间、异地转移、高转移率有利于土地流转,因此,农民城镇化转移所带动的农地权利流转交易是家庭农场获得所需土地的重要来源之一。然而,农民进城不能以放弃承包权利作为先决条件。由于中国城乡二元壁垒尚未完全消除,农村社会保障体系还不健全,即使农民长期脱离农村和以工资性收入为主要收入来源,他们也普遍不愿意轻易放弃土地。因此,家庭农场发展所需的成片规模化土地往往涉及的农户众多,通过家庭农场主自身努力与众多农户一一协商谈判并成功达成农地权利流转交易存在着较大的难度,于是就出现了部分地方政府依靠行政力量为家庭农场获得集中成片土地的情况,这无疑会对农民土地财产权利形成威胁和挑战。本课题研究市场在农地权利配置中起决定性作用下,从传统的高度兼业化的分散小农小规模均田格局向家庭农场土地适度规模经营格局转变的实现方式,摒弃了政府强制性干预这一违背市场规律并有可能损害农民和集体经济组织等主体利益的实现方式,农户可以根据自身的家庭经济情况、个人职业未来发展规划等实际状况,选择保留土地物权权利前提下的出租、转包等土地流转方式,或者选择完全让渡农地权利的土地退出方式,使普通农户与家庭农场主在市场机制作用下就农地权利的处置达成合意,这不仅使农户拥有承包地的资产功能得到极大凸显,而且充分尊重了农民对农地权利的最终处置权。同时,农业经营规模小、组织化程度低、比较效益差等问题已成为制约我国现代农业发展、增加农民收入的重要瓶颈。通过农地权利流转交易实现家庭农场土地适度规模化经营,有利于降低农业生产经营中人地关系比例,提高劳均土地占有量,提高农业劳动生产率和经济效益,产生规模经济效益,使得农业劳动力的边际成本远远小于边际收益,达到农民增收的目的。因此,通过农地权利流转交易实现家庭农场土地适度规模化经营,为传统农业向现代农业、传统农民向职业农民的转变提供了契机,有利于转出土地的农民获得融入城市的"第一桶金",有利于投资创建家庭农场的农户过上"体面"的生活。总之,通过农地权利流转交易实现家庭农场土地适度规模化经营,有利于培育农村土地市场,发展现代农业,壮大农村经济,增加农民收入,这对于"三农"问题的解决是大有裨益的。

(二)促使城镇化、工业化和农业现代化协调发展

发展农业规模化经营要"坚持家庭经营在农业中的基础性地位",家庭农场是实现农业现代化的根本保障。从以糊口为目的的小农生产经营向以农产品商品生产经营为目的的现代家庭农业生产经营转变,是农业现代化的关键路径。发展适度规模的家庭农场是现代农业建设的关键。在未来一段时期,扶持家庭农场毫无疑问将成为国家和各地政府部门推

进现代农业发展的重要举措。农业现代化是和城镇化、工业化紧密相连的，没有城镇化和工业化的发展，农业现代化也很难实现。由于不同地域的城镇化、工业化水平不一样，农民转移的速度也会有差异，因此家庭农场的发展水平也不可能相同。故而，发展家庭农场土地适度规模化经营，需要城镇化与工业化的协同稳步推进，增强城镇吸纳农村剩余劳动力的转移能力，保证进城农民获得足够的、稳定的、满意的非农就业机会，避免呈现"亦工亦农、亦城亦乡"的"候鸟式"流动状态，实现一部分进城农民能够在城镇扎根落户，进而使农民具备将农地权利让渡出去的工作条件和经济基础。在城镇化进程中已经进城的农民，应通过激励手段使之及时把闲置的土地流转出来，让"能人"去进行"家庭农场"规模经营。

"家庭农场"要与新型城镇化形成良性互动，但是农民城镇化转移的速度应与城市能够接纳的速度相匹配，否则，要么会出现城市劳动力供给不足，出现"农工荒"影响城市发展步伐，要么会出现城市劳动力供过于求，给城市带来巨大的就业、教育、卫生、交通等公共服务压力，造成城市的"贫民窟"等一系列问题。只有较高的城镇化水平和充分的非农就业才有可能推动农村土地流转从而集中土地，这是发展家庭农场的必要条件。另外，农地权利流转交易率与家庭农场的土地集中率也应相适应，家庭农场所需集中的土地规模并非越大越好，而应根据家庭农场所处自然区位及不同发展阶段的资金、技术、管理水平、劳动力等要素动态组合情况，寻求最适度的用地规模。因此，如果农村剩余劳动力转移速率过快、农地权利流转交易市场供应量过大，可能会出现无家庭农场主接手土地的情形。未来非农就业机会与城镇化的速度直接决定家庭农场的发展速度，不能够人为地让家庭农场的发展速度超越城镇化与非农就业速度。农村土地集中的速度应当滞后于人口转移的速度，才算稳妥。故而，家庭农场土地适度规模经营的实现，需要以农地权利市场化配置为纽带，实现城镇化、农村劳动力转移与家庭农场土地适度规模经营"三维关联互动"，协调城镇化率、工业化率、农地权利流转交易率与家庭农场土地集中率和集中度之间的关系，形成以工促农、以城带乡、工农互惠、城乡一体的新型工农、城乡关系。

(三)提高农地综合生产能力，维护国家粮食安全

当前我国农业生产主要是一家一户的家庭生产，农产品生产规模化水平较低，抵御风险的能力差，也很难使用先进的农业技术和装备，农业生产科技附加值较低，无法实现规模效益，致使我国农产品的产量、质量较难提高。因此，面对国外大规模、机械化、专业化发展的现代农业，我国农业的竞争力明显不足。加之国外多有大型跨国粮商相协助，产业化发展、市场化运作，全产业链布局并紧密衔接，整合世界粮食主产区资源，综合实力日益增强。我国保障粮食安全，变得日益严峻和充满压力。同时，随着工业化、城镇化的加速推进，全国农村有 1.5 亿青壮年劳动力外出就业，农村适用人才和新型农民大量短缺，农户兼业化、村庄空心化、农民老龄化和妇女化的现象突出，不仅阻碍了现代农业科技和机械的运用，而且农村大量土地或闲置抛荒或处于靠天吃饭的粗放经营利用状态，这无疑对国家粮食安全和重要农产品有效供给形成了威胁，已经突破了 1996 年《中国的粮食问题》白皮书和《国家粮食安全中长期规划纲要(2008—2020 年)》所提出的"95%的粮食自给率"红线。

　　新型农业经营主体是改造中国传统农业、实现农业现代化、构建农村市场体系的核心力量，是保障农产品供给和粮食安全的基本组织，美国农业部前部长奥维尔·弗里曼(1986)认为，利用现有技术，加上家庭农场所显示出来的生产效率，在那些具有发展潜力的地区能够生产出人们所需的足够粮食，这主要是由于农业面积较大的经营单位可能比面积较小的经营单位效率更高，相较家庭联产承包责任制下传统小农经营模式，家庭农场土地适度规模化经营改变了目前家庭联产承包责任制下土地分散化、粗放化和非资本化的配置状态，有利于集体经济组织内部分散和固化的资源通过市场机制在流通中实现合理配置、优化组合和保值增值，有利于促进农业生产中"家长式"管理方式向科学管理方式的转变，有利于农业现代机械的使用和普及，提高农业的劳动生产率、土地产出率和农产品商品率，提升农业综合生产能力、抗风险能力和市场竞争力，进而提升中国农产品在国际市场的竞争力。同时，通过政府配套政策的宏观调控，确保家庭农场主投身农业生产领域能够获得稳定可靠的收入并过上"体面"的生活，有效避免家庭农场主由于比较利益的驱使所产生的"非农化""非粮化"倾向，使土地在新型农业经营主体手中实现"农地农有""农地农用"，确保国家粮食安全，保障重要农产品有效供给。实践证明，推进农地适度规模经营、培育发展家庭农场可提升农业集约化经营水平和生产效率，促进农业转型发展，这对增加农产品有效供给、保障农产品安全、解决"三农"问题等发挥着重要作用。

第三节　文　献　综　述

(一)国内研究现状及评述

1. 关于家庭农场土地适度规模经营的影响因素方面的研究

　　在家庭农场土地适度规模经营的影响因素方面，谷志科(2002)、曲福田(2011)、刘守英(2010，2014)均指出，发展家庭农场应坚持土地适度规模经营的原则，土地适度规模经营研究的中心问题是适度规模的确定。第一，在农地适度经营规模的影响因素方面，王贵宸(1997)认为，影响土地经营规模的因素较多，其中，决定性因素是生产力，另外，人地比例、地形地势、作物品种、社会化服务程度、农业剩余劳动力向非农部门转移程度、政策等因素对土地经营规模都有不同程度的影响。张侠等(2002)指出，实施土地规模经营需要一定的条件，土地适度规模经营受到资源禀赋、经营环境、生产力水平和劳动者素质等众多因素的影响。周厚智和杨钢桥(2012)认为，影响农地适度经营规模的因素包括农产品市场价格、农业生产技术、各生产要素的市场价格及其市场转移概率。第二，在家庭农场土地适度经营规模影响因素方面，龚旭芳(2000)指出，家庭农场土地适度规模大小要根据各地的实际情况而定，它不可能有一个统一的标准，它与当地生产力水平、人地比例关系及社会化服务体系相适应的农户家庭所能拥有的土地数量相关。邱谊萌(2010)认为，家庭农场的规模必须坚持适度经营的原则，不仅要与本国国情相适应，而且要与当时的机械化程度、服务社会化程度相适应。党国英(2013)认为，劳动力转移的速度、管理水平、技术装备水平和配套服务体系等因素影响着家庭农场的规模。陆文荣等(2014)认为，家庭农场适度规模的影响因素有农户家庭经营能力、技术装备水平、生产效率、务农与务工的收益比较。苏昕等(2014)认为,影响家庭农场规模的因素有资源禀赋、经营项目(种植和养殖区分)和社会经济环境(机械化水平、管理水平、经营能力、社会服务系统完善程度、市场化完善程度和资金条件)等。张雯丽等(2014)指出,在市场经济条件下,由于产业特性不同、农户自身能力的差别,即使在同一区域范围内家庭农场的经营规模也会有很大差异,每一个家庭农场的形成和发展及其适宜的规模,都是市场自发选择的结果,而不是由行政认定的。高阔和甘筱青(2015)认为,资源禀赋、经营项目、技术装备水平、管理经营能力、社会化服务和社会稳定5个方面是影响家庭农场经营规模的主要因素。杨建春等(2015)认为,"农场规模根据个人管理能力可大可小","随着机械化程度和管理水平提高,可以适度扩大规模"。任艳琴(2016)认为,农场的规模不宜过大,也不宜过小,需要坚持一个"度",即与农户家庭经营能力相适合,包括家庭农场实际劳动力数量、农业技术水平、经营管理能力、预测市场信息能力等。穆向丽(2016)认为,家庭农场适度经营规模主要取决于家庭农场类型、当地自然条件、气候、经济社会发展进度、技术推广应用、机械化水平、劳动力状况、社会化服务水平等因素,受家庭农场主主观上对机会成本的考量、家庭农场主的经营意愿(能力)的影响,还受当地农村劳动力转移速度与数量、土地流转速度与数量、乡村内生环境、农民分化程度、农业保险市场及信贷市场等外部制度性因素的约束。邹心平(2017)认为,流入土地规模的大小与家庭农场主在乡村的人脉强弱正相关。能达到适度规模的土地,说明其已有较强的人际关系网络。陈其兰(2017)认为,影响家庭农场规模经营的因素主要有经济发展水平、资源禀赋条件、科技进步及经营行业的差异。

2. 关于家庭农场土地适度规模经营的认定依据方面的研究

部分学者认为家庭农场的土地适度经营规模是一个具体的标准,而非一个区间范围,但是在认定依据方面存在着较大的分歧。第一,部分学者认为应从当地平均水平、单个劳动力的最适度经营规模、劳动生产率、资金与科技投入、生产要素的搭配情况来判定。苏德荣等(1997)认为,理解规模经营应该从两个方面来衡量:一是土地的多少;二是集约化程度,也就是资金和科技投入的密集程度。王贵宸(1997)认为,适度经营规模,就生产经营单位而言,应当能够充分发挥该单位的各生产要素的作用,否则就不能说是"适度";取得最佳效益,可以说是坐标上的"适度点"(或最佳点)。傅爱民和王国安(2007)认为,"适度规模的土地"是一个相对模糊的概念,其内涵应依据我国不同地区不同发展阶段的生产力水平而定,但基本原则应该是高于当地平均水平以上的规模。齐城(2008)经过土地产出率与劳动生产率的对比,最终确定以劳动生产率作为土地适度规模经营的评价标准。闵杰(2013)通过研究发现,在竞争相对公平的市场条件下,最优的农场规模不会超过家庭劳动力(包括为完成某些特殊任务而雇请的短工)所能经营的面积。第二,大部分学者认为应该以收入作为判断土地适度规模的标准,收入具体又可分为从事非农业的收入、农村社会平均劳动力收入、外出务工收入、附近城镇居民人均可支配收入等。贾敬敦和张缔庆(1998)认为,农业适度土地规模是指在当时经济社会背景下,实现农业劳动力获取高于农村社会平均劳动力收入,每个劳动力所经营的土地面积。卫新等(2003)认为,农户经营土地规模的度应与当地的社会经济发展水平,特别是与农村非农产业的收入相联系,在考虑土地规模的起点线时，应把从事非农产业的农民的收入作为重要参考指标。朱立志(2013)认为，如果某个农户经营的规模达到一定程度，使其人均纯收入与附近城镇居民人均可支配收入对等时，这样的规模经营就是"适度规模经营"。钱克明和彭廷军(2014)认为，应将种粮专业户的年收入与其家庭全部劳动力外出务工收入相同时的耕地经营规模作为适度规模的目标值。蔡颖萍(2015)认为，要与取得较为体面的收入相匹配，即家庭农场人均纯收入能达到或超过城市居民可支配收入水平。

部分学者认为家庭农场土地适度经营规模有着上限和下限之分，并且判定标准是存在差异的。黄新建等(2013)对家庭农场土地适度规模的下限规模和上限规模的标准进行了理论界定，其中，下限规模即在该经营规模水平下，农户能够获得与外出务工收入相当的收益；上限规模是"土地收益率"(亩均纯收益)最大时的规模。贺海峰(2013)认为，家庭农场的规模下限是足以获得满足家庭成员消费的收入所达到的规模，其上限是在现有技术条件下，家庭成员所能经营的最大规模。朱启臻等(2014)认为，决定家庭农场生产经营规模的上限是现有技术水平下家庭劳动力所能经营的最大规模，下限是从农场中获得满足家庭成员基本需要的经营规模。

部分学者认为家庭农场的土地适度经营规模存在着3个及以上的层次，每个层次有着不同的判定依据。郧宛琪(2016)认为，最小规模区间的确定是通过家庭农场经营所取得的收入，不低于外出务工收入而得到的；中等规模区间的确定是通过比较家庭农场经营和取得城乡居民基本收入水平而得到的；超度规模区间的确定是通过取得高于外出务工收入、城乡基本公共服务水平的基础上，且能够得到替代当地城镇职工工资水平的收入而得到的。蔡瑞林和陈万明(2015)将家庭农场土地适度规模经营分为低适度规模经营、中等适度规模经营、高适度规模经营和超适度规模经营，采用的认定标准主要有3个：①家庭劳动力外出非农务工收入；②当地城镇非私营单位在岗职工平均工资收入；③获得能够替代当地城乡居民基本公共服务水平相当的经济收入。当仅满足标准①时，为低适度规模经营，当满足标准①和标准③时，为中等适度规模经营，当满足标准②和标准③时，为超适度规模经营。

部分学者指出家庭农场经营的适度面积是一个动态的概念，很难界定出一个具体的数额，因此，适度规模的判定标准也是动态的、不确定的。马跃(1997)指出，衡量土地经营规模"适度"的主要标志应是土地的利用率和产出率，同时"适度"又是一个动态的概念，条件发生了变化，合理的"度"也要随之做出相应的调整。张瑞芝和钱忠好(1999)认为，农地的适度经营规模具有动态性、区域性和层次性，因此，判断适度的标准应该是经营规模与农业经营者的能力、物质技术装备水平相适应，且既能增产，又能增收。陈锡文(2013)认为，因为农地经营规模的变化既是一个技术演进的过程，更是一个社会变迁的过程，不能只由效率这一个指标来确定。夏柱智(2014)认为，由于各地区地理环境、机械化水平、种植模式、经济发展水平不同，家庭农场的适度规模经营范围并不一样，因此难以界定家庭农场的准确面积。

3. 关于家庭农场土地适度规模集中实现途径方面的研究

作为农业生产重要生产要素的土地，能否适度集中经营，是家庭农场能否发展的基础条件。然而，关于家庭农场集中所需土地的实现途径在理论界众说纷纭，具体包括以下几种。

(1) 部分学者认为应通过土地流转。楼栋和孔祥智(2013)指出，土地流转是实现新型农业经营主体规模经营的必经之路。岳正华和杨建利(2013)指出，通过土地流转，发展适度规模经营是发展家庭农场的必由之路。臧凯波(2013)认为，土地流转是家庭农场产生和发展的关键因素。陈明鹤(2013)认为，从家庭农场发展的土地因素角度出发，土地流转是家庭农场发展的重要决定因素。高帆和张文景(2013)认为，家庭农场的规模化经营只能通过土地承包经营权的流转来实现。杨昊(2013)指出，家庭农场与农地流转有着紧密的联系。目前，土地归集体所有的家庭经营现状，对家庭农地享有和使用土地存在极大的产权约束，而通过相关的市场交易对农地进行流转，可以将农地适度集中。屈学书(2014)认为，家庭农场所需土地只能是在不改变承包关系的基础上，主要通过承包者对农村土地流转的方式取得。金蕾等(2014)认为，面对家庭农场经营规模的制约，农场主选择适当的时机，私下找自己的亲戚、朋友或邻居，通过私人关系与他们兑换土地，把细碎分散的土地集中起来，以扩大自家农场的经营规模。范怀超(2016)认为，培育发展家庭农场，首先要实现土地的合理流转和适度集中。

(2) 部分学者认为应通过土地退出。宁淑惠(1998)认为，可采用协议、招标、拍卖等经济手段，使符合条件的农户退出原有的承包地、责任田，解除承包合同，促进土地向种田大户能手集中，实行规模经营，加快家庭农场建设步伐。白积洋(2012)认为，最为理想的方式是希望部分进城务工的农民能够放弃在农村土地的经营权，使农地向"大户"和"能手"集中。因此，在我国统筹城乡发展过程中，农民退出土地问题已经成为中国现代化进程中无法回避的关键问题。钟涨宝和聂建亮(2012)认为，农村土地适度规模经营的实现需要一部分人退出土地承包经营权。白现军(2013)认为，农地承包权退出机制缺失是目前工业化和城镇化水平相背离、农业规模化经营难以实现、人户分离导致的管理困境，以及农村人地矛盾等问题的重要根源。因此，实现稳定的农业规模化经营必须建立在农地承包权退出的基础上。汪晓春等(2016)指出，要鼓励农民退出土地承包经营权，转移给规模经营者耕种。

(3) 部分学者认为应通过土地流转和土地退出相结合。阮正福(2003)认为，在城镇化过程中，一部分农户因从事非农职业而退出土地经营。这部分退出的土地，可以采取由经营效率较高的农户优先承包的办法。在农业人口相对稳定的条件下，也可以通过发展土地经营权的租赁市场，实现土地经营权向少数家庭的集中。王光全(2013)认为，只有加快城镇化发展速度，建立完善的土地流转交易机制和农民工市民化后的土地退出机制，解决好农民工市民化的难题，充分保证农民的非农就业机会，才能更积极稳妥地发展好家庭农场。陈祖海等(2013)认为，要实现土地集中形成适度规模，必须在稳定家庭承包制的基础上，完成土地确权、登记、颁证等工作，建立完善的土地流转交易机制与农民工市民化后的土地退出机制。

（4）除土地流转、土地退出以及土地流转与土地退出相结合 3 种常规的市场化途径之外，部分学者研究了家庭农场土地适度规模集中的一些其他方式和途径：①土地调整。郑荣林（2013）通过在江西省部分地区调查发现，为了遏制抛荒、撂荒现象，当地开始探索"土地集中连片使用"，以村组为单位对土地进行调整，通过党员、干部带头承包土地、集中耕种的方式，将分散土地集中起来使用，并形成了一批家庭农场的雏形。②反租倒包。胡书东（1996）认为，社区集体把农地使用权从分散的农户手里集聚起来，然后承包给种田大户，这是农地向种田大户集中的最重要途径。楚国良（2013）研究发现，在上海市松江区采取以农户委托村委会流转的方式，将农民手中的耕地流转到村集体，然后，由区政府出面将耕地整治成高标准基本农田，再将耕地发包给承租者。③挂牌招标。王明根（1995）指出，农场可以先由村集中部分责任田或荒田、边远田块，然后通过招标形式交给本地或外地农户集中承包经营而建立起来。范传棋等（2013）认为，土地流转户将自己的土地委托给镇政府或村委会，再由镇政府或村委会将土地整理后分成若干亩不等的土地，挂牌招标转包给家庭农场经营。④土地托管。刘同山和孔祥智（2013）指出，"土地托管"是指在不变动农户土地承包经营权的前提下，无力耕种或不愿耕种的农户把土地委托给农机合作社或其他社会化服务组织，向其交纳一定的服务费用，由其提供农地耕种和管理服务，最后收成归农户所有的做法。⑤租赁和合作。傅爱民和王国安（2007）、姚麒麟等（2009）认为，在不改变目前土地承包关系的前提下，改革完善土地制度，通过租赁、合作的方法使得土地以适当的规模向农业技术能手集中。⑥转承包、经营权卖断和农户联办相结合。张晓丽（2001）指出，规模化整合的途径，拟考虑 3 种形式：转承包、经营权卖断、农户联办。⑦因地制宜集中土地建立家庭农场。黎东升等（2000）认为，家庭农场土地获得途径应该考虑多种方式相结合，具体包括："四荒"地采取直接拍卖或承包、通过价格优惠集中进城务工农民的土地、土地使用权入股、农户之间自行转包或租种、可跨地区承包、实行"两田制"将责任田流转给家庭农场等。

4. 关于家庭农场土地适度规模经营实现障碍方面的研究

（1）在土地制度方面。高志坚（2002）认为，作为农业生产重要生产要素的土地能否适度集中经营，是家庭农场能否发展的基础条件，而我国现行农村土地制度却阻碍了土地的适度集中。刘向红等（2013）认为，面对农户承包地极其细碎的现状，要实现土地规模经营，最大的难题就是不能租到成方成片的耕地，并确保租期相对稳定。主要原因之一就来自于中国农村土地产权模糊。

（2）在土地流转方面。Wang（2016）指出，现阶段土地流转与家庭农场土地适度规模经营之间的有机衔接存在着诸多的瓶颈和障碍。楚国良和吕才波（2013）研究发现，由于农民不愿意签署长期流转合同，流转期限难以统一，农民中途违约等原因，致使家庭农场难以获得集中成片且长期稳定的土地。范怀超（2016）认为，因土地产权模糊、零散狭小、社保功能强、农民的惜地恋土情结重、土地流转市场化议价平台不完善、流转合同管理不严、登记备案制度不健全及政府服务不到位等，导致农民土地权益难保障、土地流转不顺畅、流转关系不稳定、土地流转率不高。盛亚飞（2009）认为，目前土地流转市场存在的两方面隐患在一定程度上制约了土地规模化经营：一是土地流转年限比较短；二是土地流转成本较高，从粮食生产情况来看，种粮食每亩的收益与支付的土地流转费基本持平。郭正模(2013)认为，土地流转的有偿性使土地利用的级差地租甚至绝对地租的特征凸显，增加了家庭农场的土地集中成本。宋亚平(2013)指出，存在着土地流转成本过高、土地收益分配方式有待完善的问题。徐会苹(2013)指出，在家庭农场集中土地过程中存在着政府干预，导致流转的土地价格严重背离土地市场化流转的均衡价格，严重损害了农户的利益。余建斌(2014)指出，由于人均耕地很少，农户的耕地细碎化问题突出，集中土地扩大经营规模涉及的农户较多，协调成本较高，只要有个别农户不愿意转让耕地就无法推进规模化经营。蒋永甫和徐蕾(2015)指出，由于要面对的是分散的农户，且要考虑满足他们不同土地租金的需求，因此农地流转的交易成本很高，且经常面临"农地流转钉子户"。同时，家庭农场的发展还受到农业企业竞争的影响。谢梅芳(2013)指出，与家庭农场相比，作为企业形式的工厂生产规模大，抗风险能力较高，经营管理能力较好，他们在租出土地之后，租金可以更好地得到保障，有些农户甚至可以得到较大金额的失地赔款，所以他们更愿意把土地租给工业企业，而非家庭农场，使家庭农场无法获得足够的租地规模。

(3)在农村劳动力素质方面。胡晓娟(2013)指出，当前支撑农业现代化发展的人力资源存在两大问题：一是农业从业人员存在断层风险。由于农业比较效益明显低于其他行业，农村青壮年劳动力成为所谓"剩余劳动力"向城市转移，而农村真正的剩余劳动力——老弱病残则成为农村的留守者并成为现阶段农业的主要从事者。二是符合农业现代化要求的人才短缺现象突出。陈祖海和杨婷(2013)指出，许多地方农业和农村发展都面临着"农无传人"的威胁，素质较好的农村劳动力纷纷转向非农产业或城市就业，农业经营者的素质普遍不高。因此，如何留住农村青年人才和提高农户文化素质水平与经营管理能力将是发展家庭农场面临的长期课题。蔺全录和包惠玲(2016)指出，家庭农场主学历低、老龄化、职业素质低严重制约了我国家庭农场的进一步发展。

(4)在农村劳动力转移方面。陈纪平(2008)指出，中国农业发展缓慢最主要的原因在于农业劳动力缺乏转移空间，阻碍了提高农业劳动生产力的机械化进程。印堑华等(2001)指出，现行土地产权制度与户籍制度相互强化，阻碍了农村剩余劳动力的转移和土地资源的市场化配置。

(5)在配套政策方面。在设施用地政策方面，刘新卫(2013)指出，家庭农场必须配套晾晒场地、仓库用地等管理用地，目前一些地方允许按照不超过流转面积的5‰建设农业生产管理用房等，但由于国家层面支持政策尚未出台，存在违规违法用地风险。在农业补贴政策方面，理论界存在着巨大的争议，郭熙保(2013)认为，不是将政府补贴直接给予拥有承包地的农民，而是直接给予土地使用者，即实际种田的人，谁种田补贴给谁。朱立志(2013)认为，要让各项惠农补贴直接补给实际经营者而不被原来的承包者截留以加快家庭农场的原始积累和基础设施建设。然而，范传棋等(2013)认为，土地流转户虽然在合同期内失去了土地的使用权，但是土地直补款应该继续补贴给土地流转户，而不是家庭农场主。邹昶(2013)认为，现在发展家庭农场要解决的一个核心问题就是补贴。需要补贴的政策，就是将补贴的费用和粮食发放到农民手里。在税收政策方面，陆峰(2013)指出，家庭农场一旦注册就变成了企业，既然是企业，就必须纳税。而农民销售自产的农产品是不需要纳税的，注册反而增加了经营负担。在保险政策方面，黄新建等(2013)指出，目前，我国农业保险保障坚持"低保障、广覆盖"原则，以保障农民灾后恢复生产为出发点，保险金额水平较低，农业生产面临的风险大，不利于土地的适度规模经营。在金融政策方面，谢梅芳(2013)认为，融资难是家庭农场设立的一大阻碍。陈卫东(2013)指出，从个体来讲，家庭农场虽然出资额较大，但是现有法律允许可用于贷款的有效抵(质)押资产并不多。杨蕾等(2014)认为，家庭农场也不具备金融机构所要求的信贷所需的证照，也限制了自身的发展，同时，当前的农村金融服务供给无论是信贷规模、信贷期限、信贷产品，还是从金融服务方面，均不能满足日益增长的家庭农场金融需求。张朝华和黄扬(2017)认为，贷款利率偏高、贷款的周期较短及审贷程序复杂等问题，也增加了家庭农场主的贷款成本和贷款难度。在政府干预方面，臧凯波(2013)指出，上海松江区政府还对家庭农场设置了详细的考核标准，家庭农场要服从镇、村安排的种植计划，不得擅自改变土地用途；按照农技部门要求实施种植管理，生产技术和田间管理要达标；甚至对田间地块的平整、美化都有具体要求。家庭农场主受到的制约较大，自主经营权利十分小。在雇用工人的工伤事故方面，张茜等(2015)认为，由于保险意识淡漠和出于节约成本的考虑，农场主一般不会为雇工购买工伤保险，这就可能导致家庭农场一旦发生安全事故，农场主往往面临破产的危险。贺雪峰(2007)指出，以财政专项资金和农业项目为表现的"条条专政"无法解决常规化的、弥散性的、不规则的小农生产需求，更无法解决交易过程中的钉子户问题。

(6)在社会化服务体系方面。龚旭芳(2000)指出，农业社会化服务体系尚处在建设时期。王东荣等(2011)指出，目前对于家庭农场的技术指导、农资农机、加工销售等农业社会化服务尚不完备，给家庭农场经营的产前、产中和产后服务带来诸多不便。岳正华和杨建利(2013)认为，农业社会化服务体系建设滞后是影响家庭农场发展的重要因素。汪恭礼(2015)指出，社会化服务体系不健全，家庭农场要想做优做强会比较难。张保军等(2016)指出，现有的服务主体主要集中在产前、产中，而产后的服务比较薄弱，内容比较单一，形式比较简单，服务能力明显不足。因此，加快培育农业社会化经营性服务体系，提升服务质量和水平已是当务之急。

5. 关于家庭农场土地适度规模经营实现对策方面的研究

(1)在土地产权制度方面。在土地流转制度方面，顾建洲(1994)认为，突破农村改革的现有框子，建立能促进农村生产力发展的土地流转制度。朱启臻和胡鹏辉(2014)提出，家庭农场发展的基础和条件之一就是要有健全的土地流转制度。高雪萍和檀竹平(2015)认为，应该通过完善土地流转制度降低家庭农场的土地流转成本。郭熙保和冯玲玲(2015)指出，要顺应工业化、城镇化和农业现代化的历史潮流，改革限制土地规模经营的制度。在明晰农地产权方面，朱博文(2005)认为，家庭农场实现适度规模经营的基础是地权的界定清晰。高强等(2013)指出，发展家庭农场应具有稳定明晰的产权且可规模化集中的土地制度。王鑫(2013)认为，家庭农场土地的产权问题国家应当给予法律保障。土地的所有权下包含的使用权、经营权、承包租赁权等都要明晰。如果土地的租赁和使用没有保障，家庭农场的经营也不会有大的农田水利设施建设，产量也不会提高。黄琦和陶建平(2016)认为，土地流转制度通过作用于农场生产经营规模影响家庭农场发展，因此，发展适度规模的农业生产经营方式，土地制度创新势在必行。张学艳(2016)认为，落实土地承包经营权的确权登记制度，创新农地产权制度，结合各地区的实际情况，探索土地入股、返租倒包、中介市场等新型流转方式，实现土地的集中连片。李学兰和汪上(2010)指出，尽快在我国出台《家庭农场法》，明确家庭农场生产经营主体的法律地位，通过法律保护家庭农场主合法占有、使用和继承家庭农场的土地、资产等权利。

(2)在土地流转方面。孟铁(1998)认为，在规模、公平与效益的均衡点上建立合理的土地使用权流转机制，形成有利于土地相对集中、适度规模经营，以及使土地的经营与农民的就业结构调整相适应的机制。为保证家庭农场获得土地权利的连续性、稳定性，陈祖海和杨婷(2013)认为，保证家庭农场生产经营的规模性、连续性、稳定性，征地年限应长一些，不同地区征地期限可以不同，一般应为 3 年、5 年、10 年。韩苏和陈永富(2015)认为，土地的流转期限也应随着用地规模的扩大而延长，由于农业生产的长期性、不确定性及受气候影响较为严重，规模大的农场在订立土地流转合同时大都在 20 年左右。为鼓励农民长期流转土地，王燕妮(2012)指出，原西德政府设立了"土地出租奖励"政策，对出租期限达到 12~18 年的长期出租，每公顷租地可获政府奖金 500 马克。针对土地流转存在的社区界限和行政壁垒，冯涛(2010)认为，应当允许跨地区买卖和承包土地，鼓励跨地区连片经营土地。黄祖辉和王朋(2008)指出，发展家庭农场应推动土地流转中介服务组织发展。为了解决土地流转与规模经营的资金问题，张曙光(2010)提出引进外部企业投资及由政府组建和控制的投资公司融资两种方式。

(3)在家庭农场主培育方面。发展土地适度规模经营和培育家庭农场过程中，农业生产经营主体的科学文化素质至关重要。钱凯(2015)认为，加大对家庭农场主的培训力度，制订家庭农场主中长期培训计划，逐步培养一大批有文化、懂技术、善经营、会管理的家庭农场主。何文明(2015)认为，农林类高职、本科院校及相关院校具备一定的师资、技术和设备条件，是培育新型职业农民的主体。曾平生(2016)认为，完善家庭农场人才支撑，主要从 3 个方面来努力：①加大对家庭农场主的培训力度，根据实际需要开展培训；②鼓励和引导农业职业院校毕业生、农村实用人才和反向务工人员兴办家庭农场；③进一步完善农业职业教育制度，不断鼓励家庭农场主通过多种形式来参加职业教育或再教育，获得职业资格证书或农民技术职称。兰勇等(2015)指出，从制度和机制设计上将职业农民的选拔、培训、认证、项目支持和绩效考核结合起来，全方位扶持和打造一批有知识和能力、愿意把农业作为终身职业的高素质职业农民，为现代家庭农场的健康发展提供人才支撑。薛亮和杨永坤(2015)指出，要把家庭农场主培训作为农业农村人才队伍建设的重要内容，利用和整合各类培训资源，开展新型职业农民、农民职业教育和职业培训，把家庭农场主率先培养成职业农民。陈定洋(2015)认为，引入职业农民准入制度，让真正具备相关农业知识和经营管理经验、熟悉有关法律法规的高素质农民才有资格经营家庭农场。李莹和陶元磊(2015)认为，有必要加强对有望转为家庭农场的专业大户等的经纪人培训，在现有经纪人培训内容的基础上增加企业运行方面的内容，这样可以使家庭农场主体有能力综合市场因素制定符合散户心理预期的契约，吸引并有效维护散户规模，保证家庭农场的规模效应。

(4)在社会化服务体系建设方面。刘同山和孔祥智(2013)指出，应加快完善农村市场社会化服务体系。臧凯波(2013)指出，我国应大力发展适合家庭农场发展需要的产前生产资料配套服务,产中技术指导,产后储藏、物流、加工等完善的农业社会化服务体系。赵维清和边志瑾(2012)认为,应完善政府服务方式,健全中介服务组织功能,建立制度性金融服务体系,构建农民专业合作组织体系平台,提高家庭农场的社会化服务能力和水平。孙中华(2013)认为,坚持"主体多元化、服务专业化、运行市场化"的方向,加快构建公益性服务与经营性服务相结合、专项服务与综合服务相协调的新型农业社会化服务体系,为家庭农场发展提供服务支撑。

(5)在农村劳动力转移方面。陈玉和等(2008)指出,要实现农业的规模化和产业化,必须以城镇化为助力,减少农民,聚集土地。只有把农村剩余劳动力转移出去,才能实现土地的聚集,从而实现农业的规模化、产业化,最终才能促进农业竞争力的提升。对于农村剩余劳动力转移的渠道和途径,部分学者寄希望于快速城镇化推动下的非农产业就业。弓圆(2013)指出,随着家庭农场的持续深入发展,家庭农场导致的地权整合将会加速农业人口向小城镇的迁居,会有越来越多的农民离开土地去寻找新的工作机会,而城镇化将会是最好的吸纳农村剩余劳动力的方式。李中等(2013)认为,大力发展第三产业,发展城市经济,增加其对农村剩余劳动力的吸纳能力,为从事非农务工的农户提供工作岗位和就业机会。陈军民和翟印礼(2015)指出,在就业制度方面,通过为农民提供就业岗位、加强技术培训、举办人才招聘会等,促进农业人口向第二、三产业和城镇转移。对于农村剩余劳动力转移的渠道和途径,部分学者寄希望于依靠家庭农场的吸纳或通过延长产业链条来解决。刘永加(2013)认为,要尽量选择劳动密集型种植养殖,土地流转后,农民除了外出打工,就是到家庭农场、合作社工作,如果选择一些周期长用工少的林果育苗等项目,就无法大量安置就业。岳正华和杨建利(2013)认为,家庭农场的产前、产中和产后的社会化服务及农产品的营销和加工是吸纳农村剩余劳动力的又一重要渠道。

(6)在配套政策方面。赵佳和姜长云(2015)指出,政策扶持是家庭农场得以发展最为重要的因素。杨昊(2013)指出,法国、日本的经验表明,政府的政策引导、制度和法律保证都是家庭农场建立、扩大和发展的重要条件。在发展基金、奖励补贴与农业保险方面,印堃华等(2001)认为,设立农业生产发展基金,资助农民对土地进行长期的个人投资。银行应建立农田置业投资信贷资金,向农户提供按揭贷款,基金进行部分或全部贴息,以支持农民收购土地。陈丹和唐茂华(2015)认为,建立家庭农场发展基金,对向家庭农场流转的土地给予政策补贴,对家庭农场土地流转后的农田水利建设、改善生产条件、后期管理维护等给予财政支持。闵杰(2013)认为,可以采取以奖代补的办法,对效益好、现代化水平高的农户给予不同等级的奖励。房桂芝等(2016)认为,建立完善的种粮补贴机制,同时构建粮食生产经营农业保险体系,降低其经营风险,让家庭农场主从粮食经营中得到与经营经济作物同等的收益,通过政策引导家庭农场向粮食作物经营转变。易兰华(2015)指出,相较于家庭农场对保险的需要,现有农业保险政策保障水平偏低,需要国家进一步加大投入,扩大品种范围,提高保障水平,为家庭农场构建风险保障机制。在配套农业设施用地方面,曹茸和宋修伟(2013)指出,应对家庭农场所需的仓库、晾晒场、农机具库房等生产经营用临时建筑物给予土地政策支持。安徽省人民政府办公厅(2014)指出,对家庭农场因生产所需的生产设施和附属设施用地,按设施农用地管理,由国土管理等部门依法依规予以解决。张红宇等(2014)认为,解决设施农用地问题,要在严格落实相关政策文件精神的前提下，开拓思路，多想办法：一是有效利用一般耕地和非耕地；二是提高农村建设用地使用效率，通过村庄规划和整治，坚持"农民地，农民用"原则，利用村庄内闲置地、节约的建设用地或复垦的土地，建设农机库、仓储用地；三是地方政府在修订土地利用总体规划时，充分考虑到农业长远发展带来的设施农用地需求；四是鼓励探索仓库租赁或"粮食银行"等模式，解决种粮主体的储粮问题。在解决家庭农场等新型农业经营主体所面临的融资难题方面，张广辉和方达(2018)认为，可以采取引入 PPP 模式进行解决。王洪生(2018)对家庭农场的云融资模式及运作机制进行了研究，指出依托新技术在资源充分整合基础上的云融资活动能够满足家庭农场融资需求。郭正模(2013)认为，家庭农场通过抵押贷款和出让农业资产来灵活配置经济资源。岳正华和杨建利(2013)指出，可以借鉴美国经验，政府责成有关金融机构对家庭农场进行低息甚至免息贷款。王爽爽和许爱萍(2016)指出，家庭农场的发展离不开金融机构的贷款支持，各类金融机构应针对国家相关政策，积极开展针对家庭农场金融需求的调查，开发出针对家庭农场的金融产品。王春贤(2013)认为，以与家庭农场合作关系较为密切的龙头企业、农民专业合作社为担保，向家庭农场提供信贷支持。张正宝和栾香录(2015)指出，推广以农业机械设备、运输工具、水域滩涂养殖权、承包土地收益权等为标的的新型抵押担保方式。王贻术和林子华(2013)认为，应当将家庭农场当作小微企业对待，结合我国金融改革制定完善金融支持家庭农场的政策和配套措施。在农民参与分享农业土地规模化经营的增值收益分配困难破解方面，刘同山等(2013)提出"土地托管"的模式，高志坚(2002)、朱学新(2006)、李学兰和汪上(2010)、王璠(2012)认为可采取土地承包经营权股份化模式。

(二)国外研究现状及评述

1. 关于家庭农场经营规模大小争议方面的研究

家庭农场的土地经营规模越大，是否就一定会带来规模经济效益尚存在着争议。受马克思、恩格斯社会化大农业理论及资本主义古典经济学产业化农业理论的重大影响所致，20 世纪 60 年代以前，各国学者和政策制定者都坚信大农场更有效率。Schultz(1964)通过反驳农业生产要素单一的"不可分性"，来说明家庭农场的效率并不与其规模存在着简单直接的正相关，Sen(1966)通过研究发现，农业单产的效率与其规模之间存在负向关系的结果(土地规模—生产率逆向关系，即 IR 假说)，说明了家庭农场的规模越大其产出效率反而会降低。随后，Bardhan(1973)对这种关系进行了进一步的验证，否定了大农场更有效率的观点。Carter(1984)通过 1969—1971 年间印度的农场规模与农业产量之间的关系进行了计量分析，得到"农场的规模与农业产量之间的关系呈负相关"的结论，并且在同等条件下农场的规模扩大一倍，每公顷的农业产量会减少 20%。Jeson 和 Meckling(1976)从代理成本的角度分析出家庭农场优越于雇工经营农场。Kostov 等(2018)使用捷克共和国、匈牙利、罗马尼亚和西班牙的农场会计数据网的数据，研究得出家庭农场相对于企业农场的相对效率。通过估计一个非参数非可分农场生产函数，并且为家庭农场和企业农场推导出效率得分，将效率分解为两个不同的来源(组织差异和管理能力)。研究发现家庭农场相对于企业农场组织效率提高的证据，并且随着家庭的参与，这些增长似乎会增加。Yu 和 Chancellor(2018)使用 1989—2004 年澳大利亚谷物行业的农场水平数据来研究农场规模与全要素生产率及其潜在决定因素之间的关系。研究结果表明,农场规模的积极生产关系可以与农民资本选择相挂钩。特别是,随着农场使用合同服务取代自有资本,大型农场的生产力优势可能会减少,这意味着相较大型农场资本服务的聘用("资本外包")可能会提高小农场的生产力水平。当然,也有不少学者从生产的异质性等因素出发,得出大规模经营比小规模经营更有效率的结论,Carter(1984)研究发现,农场规模越大,生产率也随之增高。Fan 和 Chan-Kang(2003)对亚洲的农场规模与其生产率的研究也支持了这一观点。Fan 等(2005)后来进一步强调"关于小农场的效率,过去的文献有一个幻觉。从土地生产率的角度来看,小农场的确是有效率的。然而,恰如经验和理论上都已证明了的,要提高农民的收入,劳动生产率才是关键"。Helfand 和 Levine(2004)基于对巴西中西部的研究发现,农场规模与其生产率呈正相关,这些研究结论都与 IR 假说相悖。还有一些学者得出家庭农场规模大小与生产率之间无关联的结论,罗伊·普罗斯特曼(1996)、Townseng 等(1998)认为,农场规模与其生产率两者之间的关系不显著。Bina(2018)认为,小农户将土地、劳动力和资本自愿集中起来,在土地上集体耕种,分担劳动力,投入成本和回报,这样所形成的集体农场,可以成为传统家庭农场的替代模式。并且基于在印度喀拉拉邦和特伦甘纳邦从 2000 年开始的两次实验,对集体农场是否优越于传统的家庭农场进行了研究,将集体农场的生产率和盈利能力与同一州的小型个体家庭农场进行了比较。喀拉拉邦的集体农场表现明显优于以男性为主的个体农场,无论是每公顷产量的年度价值还是每个农场的年净收益,而特伦甘纳集体农场的年产量比单个农场差得多,但在净回报上是相等的。可以看出,集体农场并非在每个地区都明显优于传统个体家庭农场,土地规模与产出之间的关系并不明显。

2. 关于家庭农场土地适度经营规模影响因素的研究

Booth 和 Sundrum(1985)认为,适度规模经营才是最有效率的经营模式,农场经营必须要有一个"适度"的经营规模,单位面积产出才能达到最佳的效果,经营规模过大或过小都不能达到最佳的产出效果。Mcleod 等(2014)认为,家庭农场土地规模并非越大越好,应该把握好这个"度",因为随着土地规模的扩大,必须要考虑农机、化肥、人工、技术支持等多方面的因素,所以,在家庭农场经营中应该存在一个最适土地规模,更加专业化、集约化和规模化。关于家庭农场土地适度规模的标准方面,农场的规模并不是越大越好,中等规模是目前农场最适宜的大小。Phillips(1986)通过对家庭农场的分析得到两个主要结论:第一,规模经济只在具有中等规模的家庭农场中产生,大规模家庭农场和小规模家庭农场均不产生规模经济。第二,中等规模的家庭农场的平均生产成本能够达到最低,在一个相当大的家庭农场规模区间上,平均成本逐渐趋向于一个稳定区间。Hoque(1988)对孟加拉的农场进行统计分析后发现,7 英亩(1 英亩≈4046.86 平方米)是农场的最佳土地经营规模,在低于 7 英亩时,农场规模与效率之间呈正相关关系;在高于 7 英亩时,农场规模与效率之间呈负相关关系。Carmagnani(2008)认为,拉丁美洲家庭农场的经营规模下限是 5.6 公顷,经营上限是 50 公顷。Gras(2009)根据阿根廷潘帕地区和圣达菲南部的实践来看,随着资本集约化和大规模农业生产的加剧,200 公顷是保证家庭农场盈利的最小规模。

在家庭农场土地适度经营规模影响因素方面，恰亚诺夫(1996)认为，家庭农场的规模与家庭人口、家庭能力等直接相关，因家庭规模的大小而变。Dolev 和 Kimhi(2008)认为，技术进步是影响农场经营规模的重要因素，根据实证研究结论发现，在没有引入技术进步因素时，农场的经营规模呈现无规律的、随机的增长状态，在引入技术进步因素后，技术进步是决定农场经营规模扩大的一项非常重要的因素，但在不同时期对农场经营规模的影响程度不尽相同。Cornia(1985)以 15 个发展中国家为研究对象，基于柯布-道格拉斯生产函数模型，对影响农场农业生产率的各个因素进行了测算，并分析了它们之间的关系。Kislev 和 Peterson(1982)利用 1930—1970 年美国家庭农场的数据实证分析得出，劳动-资本价格之比显著地影响家庭农场的规模大小，要素相对价格的变化能解释 99%农场规模的变化。因此，农场规模 99%的增长可由要素价格变化来解释。Atwood 等(2002)使用 1950—2000 年美国 10 个地区的数据分析了资本价格、非农就业机会和农场收入对农场规模的影响。结果表明，不能量化的技术进步、农场收入增长以及资本价格下降对农场规模都有正向影响。Bram(2008)指出，正因为雇佣工人和可以协助的儿子数量的减少，农民的数量也在减少，结果越来越多的农产品由单人农场和小规模的家庭农场来生产。Moreno‐Pérez 和 Lobley(2015)仔细观察农场与家庭之间的相互作用，揭示了由几个亲属共同管理的农场的存在。这些农场治理结构与应对农业系统管理复杂性的能力更强，为农场扩张提供了良好的基础，因此成为农业差异化的重要因素。Oladepo 等(2010)通过界定实验组和对照组，在与奥贡河接壤的 23 个小村庄内，与年龄和地点相匹配的 51 对男性农民进行土地面积比较后发现，患有眼表疾病(OSD)农民耕种的农场面积(9117 平方米)明显少于没有眼表疾病(OSD)农民耕种的农场面积(13850 平方米)。Jerumeh 和 Omonona(2018)分析了影响尼日利亚木薯种植者农场规模变化的因素，基于来自于生活标准测量研究(LSMS)以及开展于 2010/2011 和 2015/2016 的互联网支持农业(LSMS-ISA)调查数据，使用描述性统计、马尔可夫链过程和随机效应泊松模型进行分析。根据马尔可夫链的分析结果显示，尼日利亚以木薯为主的农民更有可能维持小规模的木薯生产，或者从过去的中等规模或大规模生产转向小规模。从长远来看，以小、中、大规模生产的农民的百分比分别为 95.5%、4.28%和 0.24%。回归结果显示，性别、年龄、家庭规模、资产所有权、教育、木薯收入、与主要道路的距离以及获得信贷的机会都会显著影响农场规模的变化。

3. 关于家庭农场土地适度经营规模的认定标准的研究

Braun 和 Mirzabaev(2015)认为，"归根结底，最佳农场规模将是这样一种规模，即在劳动力质量相同的条件下，它能使农业部门的劳动生产率趋近于非农业部门的劳动生产率"。Deininger 和 Byerlee(2012)指出："在大多数工业化国家中，促使农场规模不断增大的一个关键因素是非农业部门中上升的工资，它引导农场运营者寻求种种途径使自己的收入与他们能在其他经济部门获得的收入不相上下。正常情况下，这意味着用资本替代劳动，并随着时间的推移，与工资率同步地扩大农场规模"。Dawson(2010)试图从理论层面研究家庭农场的劳动投入决策，并展示该理论的一些政策含义。如果家庭有机会在土地上工作，效用最大化而不是利润最大化似乎是一个更合适的决策标准。Dolev 和

Kimhi(2010)研究发现，技术效率是农场规模增长的重要决定因素，而不控制技术效率可能会严重影响结果。特别是，随着时间的推移，发现大农场的规模增长速度更快，而在不控制技术效率的情况下，农场规模增长过程似乎与初始农场规模无关。Yan 等(2014)指出，每个劳动力的土地禀赋用于衡量农场规模。Rada 等(2018)认为，关于农场规模与生产力之间关系的长期争论一般受到被评估的农场规模范围和生产率定义的限制，为了解决这一问题，使用来自巴西三次农业普查的数据引入了比目前文献中更广泛的农场规模分布，采用全要素生产率(TFP)作为农场绩效衡量标准，测试了1985年和2006年哪个类别的农场规模具有最高的全要素生产率(TFP)。

4. 关于家庭农场土地适度规模经营的实现途径方面的研究

Moissidis(1985)通过调查希腊家庭农场的土地集中情况，发现一个显著的土地转让现象，家庭农场从小规模变为大规模主要通过土地租赁。Zimmerman 和 Carter(1996)对巴基斯坦农场的研究表明，从均分土地的土地改革开始，农产品的生产风险和市场风险使得土地通过买卖市场逐渐趋于集中。Anne(2002)通过调查发现，在挪威北部伦维克的小型农场通过从非生产经营状态的邻居租用土地来扩大规模。Toulmin 和 Guèye(2003)对西非家庭农场和商业化农场的土地获取途径进行了对比，前者主要通过继承和社会安排，后者主要通过购买。Moreno-Pérez 等(2011)对 1990—2009 年西班牙卡塔赫纳地区家庭农场的面积变化研究显示，55.6%的家庭农场面积保持稳定，39.2%的家庭农场通过土地购买或租赁扩大了面积，5.2%的家庭农场由于将土地出售、出租给他人或终止以前租赁的土地而面积缩小。日本农林统计协会(1999)对 1980—1996 年都道府县与北海道两地家庭农场通过买卖和租赁在不同规模经营层的纯集中率进行了统计。Allen 等(2000)认为，土地难成规模的最大制约因素就是土地集中连片难，家庭农场主在获利动机的驱动下，选择适当的机会和条件与亲戚、朋友、邻居私下达成契约，引导其兑换土地，使土地集中连片，进而提高其家庭农场的规模。Grubbström 和 Eriksson(2018)认为，家庭农场主退休时与新接手的土地使用者之间通过租赁或买卖交易，也是新进入家庭农场主获得土地的主要途径。同时，在家庭农场主退休时，考虑承租人、买方的选择以及前农民与承租人、买方之间的关系也很重要。对于一些承租人、买家来说，与退休家庭农场主的密切关系为他们提供了宝贵的经验指导，而另一些人则认为与继承相比，租赁、购买的自由度更大。

5. 关于家庭农场土地适度规模经营的实现障碍方面的研究

Gras(2009)研究发现，在阿根廷彭巴地区家庭农场的土地权利通过代际转移的形式演替，农民通过土地租赁扩大农场面积，但是个人拥有所有权的土地多于租赁的土地，由于大型农场与家庭农场在土地租赁市场的竞争促使土地价格升高，这使得家庭农场扩大土地规模变得更加困难。Dalila 等(2002)指出，农业在发展中国家暴露出很多问题，包括自然灾害、信贷和保险风险等，在家庭农场发展的过程中，政府相关扶持政策和社会补助程度不够明显。Bommei 等(2004)比较了 6 个欧洲国家(丹麦、法国、德国、西班牙、荷兰和英国)下一代接管家庭农场后的财务困境。高转移价格和高利率以及 6 国农业收入最低的组合导致了丹麦继任者的困难局面。Menzie(2010)认为，小规模的家庭农场往往被迫从事不经济的生产操作，对于生产少量的产品而言，维持机械化作业过于昂贵，因此劳动力短缺成为一个问题。由于对于个体经营者而言，土地是稀缺的，种植的做法往往被采用，这将导致低产量或疾病，从而带来损失。Haviland(2010)认为，随着人均产出的快速增长，魁北克农场的总产量已达到创纪录的高峰。得出的结论是，尽管工业化和机械化在 1951 年以前就已开始，但它们的影响力并不强，不足以弥补人口对土地的压力。Robson 等(2010)指出，共同农业政策在确保粮食供应方面比在为小农提供足够收入方面更为成功。在解决问题的建议中，兼职农业是一种很有前景的选择。到目前为止，农业政策忽略了低于"全日制"这一门槛的农场(兼职农场)，最坏的情况是歧视他们。Michler 和 Shively(2015)研究了正式的财产权、土地使用权合同和农业生产效率之间的关系。利用菲律宾 230 个稻米农场的四轮面板数据，使用随机生产前沿模型研究土地使用权安排对农场效率的影响。结果表明，尽管存在正式的财产权，但是租赁市场在分配土地方面依然效率低下。相比之下，农民使用的非正式的土地使用权合同似乎更加具有地权稳定性。Laband(1984)认为，如果需要扩大土地面积，与高的土地价格相结合使得小型家庭农场主失业，他们积累的人力资本价值就会急剧下降。由于外国人对农田的需求量很大，这导致了巨大的土地价格通货膨胀，其土地上的资本收益淹没了潜在的人力资本损失。Salvioni 等(2014)指出，直到 20 世纪末，希腊、意大利和葡萄牙的农业特点是土地和劳动力市场不灵活，因此小农场和老年人的比例一直很高。随着时间的推移，这些国家的一些政策干预措施旨在提高农场的平均规模。然而，由于体制、社会和市场因素，小农场仍然占所有持股的很大比例。小农场主要集中在两个区域，首先是在山区和经济萧条的内陆地区，那里的外迁往往导致更多的农田被遗弃而不是土地集中；其次是在城郊地区和其他经济多样化的农村环境，许多小农场生存下来多亏采用了基于多元化和外包的家庭策略。

6. 关于家庭农场土地适度规模经营实现对策方面的研究

Graeub 等(2016)认为，各国应基于现实国情，制定相应的家庭农场扶持政策。Murray(2008)认为，只有一个国家的家庭农场相关配套政策和农业风险保险在一定程度上能给予大力支持，并且在农业贷款和社会化服务上能够不断完善，这样的家庭农场才会稳步发展和壮大。Gao 等(2017)指出，政府应支持家庭农场改善生产设备和融资方式，转变粮食家庭农民再教育方式，促进粮食家庭农场规范化，建立健全政策支持体系，提高农业合作社的社会服务能力，拓宽技术获取渠道。Roudart 和 Dave(2017)对尼日尔办事处地区的家庭农场可以投资土地的政策条件进行了分析，并基于 2011 年针对 380 名家庭农场经理开展的全面实地调查收集到的数据，得出家庭农场可以在以下条件满足时投资土地：拥有畜力或机械动力设备，从事至少一种旱季作物，获得相对较高的产量，并且可以获得比 2010 年更广泛的灌溉区域。为了满足上述条件，有关土地、灌溉、信贷和投入等方面的积极政策是必需的。在土地制度改革方面，日本学者关谷俊作(2004)认为，随着日本经济的发展，要进一步提高农业生产力，降低生产成本，必须适当扩大农业经营的规模。对农地制度进行改革，一是进行相关立法改革，放宽《农地法》保护租借权的各项制约，以促进农地的租赁，扩大适用范围；二是设置农地保有合理化和使用权设定等特别事项进一步促进农地流转。Nalson(2012)认为，一个更为激进的土地政策变革至少应该进行认真研究。以经济的利率从官方租赁农地并获得稳定的地权,是减少潜在农民所需资本的一种方式。它还可以促进农民之间和农民与下一代之间更容易的移动。在家庭农场主的选拔和培育方面,Harold(1984)指出了培育新型家庭农场主的重要性,新型农场主不但要具备一定的文化知识,而且还要具备从生产到营销的经验,必须具备发展大型家庭农场和管理者所应具备的素质,国家应该积极培养这种高级农民。Robert(1979)指出,在农业产业体系重大变革过程中,家庭农场要想不败于这个新体系之中,并在这场变革中生存下去,唯一途径就是需要寻找开发出人的能力的新途径。Robertson 和 Hughes(1978)研究发现,30%样本数量的"现代农民"与传统同行相比较,在农场的很多方面具有更好的表现,他们拥有更大的农场,更多的财产,单位土地面积能够获得更多的土地产出价值,雇佣更多的劳动力。在农地权利流转交易市场与农地权利流转交易价格方面,Stanka(2010)指出,人们感到迫切需要建立一个发达的土地市场,这可以使在国家不同地区拥有土地的很多家庭"聚集在一起",在他们成为土地的合法所有者后,他们可能会变得更积极地去出租或出售自己的土地。大卫·斯卡利(2008)认为,如果这个家庭是租用的土地,那么它可能面临更高的租金,因而这个家庭必须与土地所有者分享产品销售后的部分收益。梶井功(1999)指出,在日本实行有利于家庭农场农地租赁双方的价款支付制度,农地转出方可以一次性获得所有年限的租赁费,农地转入方可以分期付清(一年一付)租地费用,减少了农业经营者的运营费用。Lawton(2013)认为,农村社会保障与土地分开,依靠社会以及制度保障农民的利益,削弱土地在维持稳定中的作用,发挥土地流转的经济作用,进而为家庭农场结构提供稳定、足够规模的土地资源,保障家庭农场的持续运转。Ryan 等(2014)构建经济、社会、环境和创新 4 个维度的指标对爱尔兰家庭农场的可持续成长能力进行了评估。在政府机构组建、监管与债务化解方面,Silke(1998)指出,1990 年在苏联的国家和社会彻底重组的框架内,考虑到灾难性的供应问题,决定重组农业部门,目的是建立一个基于家庭农场并拥有土地和其他生产资料私有财产权的农业系统,不受国家干涉。Dogliotti 等(2014)指出,要对已注册成功的家庭农场进行有效监管,避免出现在形式上注册为家庭农场,但在实质上为农业公司,背离了家庭农场的标准和内涵,既抬高了土地流转成本,又挤压了本地农民规模经营的空间和利润,并出现非粮化的倾向。Matthews(1996)认为目前农村的财政压力和家庭农场的未来可能是制定 1990 年农业法案的主要问题。中等商业家庭农场可能成为特别支持的目标。然而,许多中等规模的家庭农场仍然面临严重的债务问题,但这些农场中的大部分都可以通过债务重组实现可行性。在家庭农场主退出应对策略方面,Haviland(2010)认为魁北克农场数量是一直在动态变化着的。在 1951—1956 年的普查中,有 11719 个农场被放弃或合并。这个农场数量的下降速度只在大西洋省份有超过。这也使得魁北克农场的平均规模从 125 英亩增加到 130 英亩。Kuehne(2013)对决定出售农场并退出该行业有关的想法和感受进行了研究,考察了退出农业决定的影响。Lydia 和 Kim(2006)的调查结果表明,针对美国的农业政策,父母越来越依赖子女的劳动力。Colette 等(1995)认为,家庭农场的生存受到快速变化、激烈的国际竞争以及由此导致长期从事家庭农场兴趣减少的威胁。尽管遇到困难,什么是影响下一代追求家庭农场的因素?男性和女性的这些因素是否有所不同?并对 30 个下一代家庭农场成员进行深入的、描述性的和探索性的研究,研究发现具体因素对他们决定继承家庭农场至关重要。Bertoni 和 Cavicchioli(2016)

研究发现，传统因素以及地域和劳动力市场条件都会影响农场继承的可能性。Morais 等 (2017) 使用推理行动方法 (Reasoned Action Approach，RAA) 来确定巴西接班人接管农场的意图。研究结果表明，行为信念"照顾家庭农场资产的满意度"和"易于管理农场"影响了接班人对接管农场的评价 (态度)。规范性信念"父亲"和"母亲"影响接班人对接管农场的社会压力 (感知规范) 的看法。控制信念"易于购买更多土地"和"专业认可"会影响继承人对其接管农场自身能力 (感知行为控制) 的看法。Morais 等 (2018) 使用推理行动方法 (RAA) 作为框架，以确定心理因素、社会经济和农场特征对巴西接班人接管农场的意图的影响。基于对 227 名潜在接班人进行的调查进行了实证研究，结果表明，潜在接班人接管农场的意图首先是由他们对接管农场的积极评价 (态度) 所决定的，其次是他们对自己接管农场的能力 (感知行为控制) 的积极看法以及他们对接管农场的社会压力的看法 (感知规范) 所决定的。此外，农场规模与潜在接班人接管农场的意图正相关，表明农场越大，潜在接班人接管农场的意图就越高。Beuscher (1960) 对家庭农场通过遗嘱方式的转移问题进行了研究。

综上所述，国内外学者对家庭农场土地适度规模经营的优越性、认定依据、实现途径、影响因素、实现障碍和实现策略等方面进行了一定程度的研究，但是将农地权利市场化配置与家庭农场土地适度规模经营实现结合起来的现有研究，整体上呈现出理论研究不系统、不深入，实证定量化研究缺乏的局面。未来亟须深入剖析农地权利市场化配置下家庭农场土地适度规模经营的实现障碍，然后，针对性地从利益共享、权利均衡、冲突解决和配套政策 4 个方面，构建农地权利市场化配置下家庭农场土地适度规模经营实现机制理论模型。最后，在大范围问卷调查和典型家庭农场个案调研的基础上，对实现机制理论模型进行实证研究。

第四节　相关概念的界定

(一) 农地权利市场化配置

在家庭联产承包责任制下，农地生产细碎分割是各地区发展规模农业、提高农地产出效率和农产品竞争力的最大障碍。Liu (2008) 对中国农地流转的研究表明，通过土地流转扩大家庭经营规模，可以获得潜在的效率。具体而言，土地流转对资源配置有效性的影响体现在两个方面：交易收益效应和边际产出拉平效应。土地流转是提高农业经营效益，实现农民增收的重要途径，也是发展现代农业、实现农业现代化的必然要求。

改革开放以来，农村土地流转制度经历了一个发展过程，基本走向有 3 个：从模糊走向明确，从非法走向合法，从无序走向规范。1982 年《中华人民共和国宪法》第十条第四款明确规定"任何组织或者个人不得侵占买卖、出租或者以其他形式非法转让土地"。《中华人民共和国民法通则》第 80 条也规定"土地不得买卖、出租、抵押或者以其他形式非法转让"。在这一时期，土地流转是被严格禁止的。1984 年中央 1 号文件提出"鼓励土地逐步向种田能手集中。社员在承包期内，因无力耕种或转营他业而要求不包或少包土地的,可以将土地交给集体统一安排,也可以经集体同意,由社员自找对象协商转包",成为率先打破土地流转禁区的政策文件。1988 年 4 月第七届全国人民代表大会第一次会议对宪法的修改,该修正案第十条第四款规定"任何组织或者个人不得侵占、买卖或者以其他形式非法转让土地。土地的使用权可以依照法律的规定转让",这一条规定从根本上奠定了城乡土地使用权流转的宪法基础。1993 年 11 月,《中共中央、国务院关于当前农业和农村经济发展的若干政策措施》中明确提出"经发包方同意,允许土地使用权依法有偿转让"。2002 年 11 月,党的第十六次全国代表大会上的报告《全面建设小康社会,开创中国特色社会主义事业新局面》中提出"有条件的地方可按照依法、自愿、有偿的原则进行土地承包经营权流转,逐步发展规模经营"。2003 年 3 月 1 日施行的《中华人民共和国农村土地承包法》第十条以法律的形式明确规定"国家保护承包方依法、自愿、有偿地进行土地承包经营权流转",第三十二条规定"通过家庭承包取得的土地承包经营权可以依法采取转包、出租、互换、转让或者其他方式流转"。2005 年 3 月,农业部颁布实施《农村土地承包经营权流转管理办法》,对流转方式、流转合同的签订、农地流转管理给出详细、明确的规定,标志着国家在努力引导我国农地流转的规范化和标准化。2007 年 10 月 1 日颁布施行的《中华人民共和国物权法》第一百二十八条规定"土地承包经营权人依照农村土地承包法的规定,有权将土地承包经营权采取转包、互换、转让等方式流转"。至此,农村土地流转进入了合法有序规范的发展轨道。截至 2016 年 6 月,全国 2.3 亿农户中流转土地的农户超过了 7000 万,比例超过 30%,在东部沿海发达省份这一比例甚至超过了 50%,在农村家家包地、户户种田的景象已经发生了很大的变化。

在家庭联产承包责任制下,农民通过集体经济组织发包分得相应份额的承包地并享有土地承包经营权。然而,在实定法之下,土地承包经营权虽有占有、使用、收益等权能,但土地承包经营权的处分颇受限制,在土地流转模式下,农民对承包地的处置仅限于承包期内一定年限经营权的流转权,让渡全部农地权利的处置权受到限制,因此,土地流转严重滞后于社会经济发展的现实说明必须建立合理的土地承包权有偿退出机制,使具备进城落户条件的农民实现资产转换,退出农村、进入城市,以实现农村土地资源的再分配。2008 年 10 月党的十七届三中全会通过的《关于推进农村改革发展若干重大问题的决定》中提出"现有土地承包关系要保持稳定并长久不变"的政策,该政策的出台意味着农民对承包地享有的权利期限更长、权利内容更丰富。因此,农民的承包地的处分权是亟须扩展的权能,在"还权赋能"的原则指引下,赋予农民的土地处分权应包括流转权、抵押和担保权、退出权、赠与权,使农民拥有土地用于农业用途的全部权利,包括占有、使用、收益、处分 4 个方面权利齐备。2008 年成都市开始推行"三保障、两放弃",2009 年无锡市在惠山区开展"双置换"试点,其本质是以农民放弃或退出土地承包经营权为代价换取城市社会保障。2010 年 7 月,《重庆市人民政府关于统筹城乡户籍制度改革的意见》(渝府发〔2010〕78 号)中规定"鼓励转户居民退出农村土地承包经营权、宅基地使用权及农房。对自愿退出宅基地使用权及农房的,参照同时期区县(自治县)征地政策对农村住房及其构附着物给予一次性补偿,并参照地票价款政策一次性给予宅基地使用权补偿及购房补助,今后征地时不再享有补偿权利。对自愿退出承包地的,按本轮土地承包期内剩余年限和同类土地的平均流转收益给予补偿"。2013 年 11 月,党的十八大审议通过的《中共中央关于全面深化改革若干重大问题的决定》中提出"推进农业转移人口市民化,逐步把符合条件的农业转移人口转为城镇居民",推进"以人为中心的城镇化"的关键就是要妥善处理进城农民的土地资产保护与盘活问题。2015 年发布的《国务院办公厅关于加快转变农业发展方式的意见》指出"在坚持农村土地集体所有和充分尊重农民意愿的基础上,在农村改革试验区稳妥开展农户承包地有偿退出试点,引导有稳定非农就业收入、长期在城镇居住生活的农户自愿退出土地承包经营权"。2016 年 10 月,国务院印发的《全国农业现代化规划(2016—2020 年)》提出"在有条件的地方稳妥推进进城落户农民土地承包经营权有偿退出试点"。因此,对那些在城镇就业稳定、居住稳定且已购买住房并愿意退出土地的农民,要建立市场化的土地退出机制,允许农民通过市场自愿转让获得财产收益,确保农民实现其土地资产价值。农民的土地承包经营权退出机制问题是农村土地制度发生变化的重要方向,通过让不再继续从事农业劳动的农民将土地直接或间接退出给集体经济组织或其他机构,实现人力资源、土地资源的优化配置。

然而,即使给予充分合理的经济补偿,也没有任何理由要求农民进城落户必须以交出土地这一最基本、最核心的财产权作为前提和代价,农民对农地权利的处置与否、如何处置、何时处置享有最终决定权,农民享有带着土地进城落户的权利。在获得土地之后,人们也并不知道那些进入城市生活的土地持有者会对他们的土地做出什么样的决定。因此,在农地权利市场化建设中,关键是要充分尊重农民群体作为土地流转真正主体的原则性,给予农民在市场中通过契约自由选择和交易农地产权的权利。故而,农民对农地权利处置不适用"一刀切"的统一模式,不同农民的农地权利处置方式选择组成的应该是一个多元化的集合。那么,就应该构建起一个多层次、不可替代的农地权利处置体系以满足不同农民的多元化需求。根据中国法律政策及地方实践,考虑不同农民的家乡自然社会经济状况、家庭状况、文化程度、土地依赖程度等方面的巨大差异。因此,本课题认为,除农民选择不参与农地权利流转交易的土地保留策略之外,农民农地权利市场化处置方式主要包括两种类型:第一,法律明确规定的以出租、入股、转包、转让等方式为代表的土地流转;第二,法律未明确规定,但已经在中央政策中有所体现且在地方政府有所实践探索的土地退出。不同的农地权利处置方式会在供需主体之间产生差异化的经济效果和法律后果。

(1)土地保留。进城农民选择不参与农地权利市场流转交易,转而将承包地保留在家庭内部,由家庭成员或自己亲自负责承包地的利用与管理并获得相应的耕作收益。如果农民进城务工过于繁忙或家庭劳动力人手不足,甚至可以将承包地闲置或抛荒,不进行任何形式的利用。在这种情况下,农民倾向于对承包地进行物质形态上的管领和控制,农地权利并没有进入市场进行交易配置。

(2)土地流转。土地流转是指农村土地承包方依照法律政策规定自愿地通过转包、出租、转让、入股、返租倒包等方式将其部分或全部承包地的相关权利流转给其他单位或个人,并获得相应流转收益(租金、转让费、股份分红等)的行为,有关流转方式、流转价格与支付方式、流转期限等重要内容由双方自主协商确定。但在农村土地"三权分置"政策框架下,土地流转仅仅是一定期限内经营权层面的权利转移,农地转入方获得的也只是债权性质的农地权利,农地转出方仍保留承包权和双方约定的流转期限届满后的经营权,在合同中止或合同期满时转出的经营权仍会重归农地转出方手中,实现承包权和经营权分离后的再合并。在这种情况下，农民倾向于在保留农地物权权利情况下对承包地资产进行有限盘活，农地权利通过市场机制在不同群体之间实现了再配置。

(3)土地退出。土地退出是农民将其部分或全部承包地的相关权利一次性完全让渡给其他单位或个人，农地退出方和农地承接方自主协商确定退出方式、退出价格与支付方式等重要内容。在土地退出情况下，退地农民可以获得一大笔退地收益，但永久性地丧失了农地的一切权利，此时农民作为农地退出方享有的承包权和经营权一起捆绑打包让渡给农地承接方。土地退出所代表的农地权利处分严格区别于保留农地物权权利前提下的土地流转。然而，由于对于户内各成员之间承包地的权利和义务关系，应参照民法上的"共同共有"方式定义为"共同共用"。因此，农民选择土地退出之前应征得家庭其他成员的同意。

表 1-1 所示为农民 3 种类型农地权利处置方式情况对比。

表 1-1 农民 3 种类型农地权利处置方式情况对比

处置模式	主要特点	农民对承包地功能的侧重点	农民从农地中获得收益的情况
土地保留	倾向于对承包地在实物形态上的占有与支配	资源功能	自己兼业耕种或家人亲戚耕种，能够获得扣除成本后的农业纯收益，但是收益一般较低，且不稳定。在闲置抛荒时，无收益
土地流转	倾向于在保留物权性质农地权利前提下对承包地资产进行有限度地盘活	资源功能和资产功能并重	能够获得转包费、土地租金、入股分红和转让费等收益。这些收益有合同进行保障，具有可靠性和稳定性。同时，收益还可以随市场行情进行一定程度的调整
土地退出	倾向于对承包地权利的一次性完全让渡进而完全发挥其资产功能	资产功能	能够一次性获得一笔数额较大的退地补偿收益

综上所述，本研究所界定的农地权利市场化配置是指农民或集体经济组织将承包地及其附属的相关权利在一定期限内或者永久性地让渡给其他单位或个人并获取相应收益的行为，具体包括土地流转和土地退出两种类型。

(二)家庭农场

要界定家庭农场的概念，就要看到它由"家庭"和"农场"两个词共同组成，并对这两个词的概念有较为清晰的认识。首先，家庭是在婚姻关系、血缘关系或收养关系基础上产生的，亲属之间所构成的社会生活单位。其次，"农场"的含义在中国和西方有一定的区别，西方把凡属一个经营单位的土地不管面积大小统称为农场，中国的"农场"强调一定的规模、一定的面积、一定的技术含量。2013 年中央 1 号文件首次鼓励和支持承包土地向专业大户、家庭农场、农民合作社流转。2014 年农业部印发的《关于促进家庭农场发展的指导意见》中明确了家庭农场的概念，即家庭农场是指以家庭成员为主要劳动力，从事农业规模化、集约化、商品化生产经营，并以农业收入为家庭主要收入来源的新型农业经营主体。然而，通过对学术界的相关文献进行梳理，发现关于家庭农场的概念尚存在着一定的争议，如表 1-2 所示。

表 1-2　学术界对家庭农场的概念界定一览表

作者	家庭农场的概念	年份
房慧玲	所谓家庭农场,就是适应现有生产力水平与市场要求进行专业化生产,进而形成适度规模经营的农业种养的农户企业	1999
孙莹娟	家庭农场是指以血缘亲情关系为基础,以经济契约关系为纽带,以农户家庭为基本组织单位,从事农、林、牧、渔等生产、加工、销售,实行自主经营、自负盈亏、自我约束、自我发展和科学管理的企业化经济实体	2000
傅爱民、王国安	以家庭为基本单位,以现代化的技术为生产要素,以商品化生产为主要目标的农户生产企业	2007
蒋辉	家庭农场是以家庭经营为基础,通过承包、受让或租赁土地,专门从事农产品的生产经营,以谋取利润为目的,并且经营面积达到一定规模的家庭式经营主体	2008
郭亚萍、罗勇	家庭农场是以农户家庭为基本组织单位,在大面积的土地上耕作,自产自销、自负盈亏的经济组织形式,是一个面向市场,以利润最大化为目标,从事适度规模的农林牧渔的生产、加工和销售,实行自主经营、自我积累、自我发展、自负盈亏和科学管理的企业化经济实体	2009
黄延廷	家庭农场是指由家庭成员自己经营(而非雇用劳动工人经营)的有一定规模、一定面积、一定技术含量的农业生产单位	2010
郭熙保	家庭农场是以家庭作为经营单位,劳动力以家庭成员为主,不雇用和很少雇用家庭成员之外的劳动力,经营的农地具有长期稳定性并达到一定规模	2013
黄新建、姜睿清、付传明	家庭农场应当是以家庭经营为基础,以适度规模经营为目标,以高效的劳动生产率从事农产品的商品化生产活动,获取与农户从事非农产业收入相当甚至略高的经济利润的经济单位	2013
穆向丽、巩前文	家庭农场是指具有独立市场决策行为能力的家庭,以农业规模化生产为基础,通过发挥农业多功能性(三生一服:生产、生活、生态和服务)获取经济收入的企业化组织	2013
黄仕伟、王钰	家庭农场是以家庭成员为主要劳动力,利用家庭承包的土地或从外部流转获取的土地,来开展规模化、集约化、商品化的农业生产经营活动,并以此为家庭收入和资本积累的主要来源,享有法人权利的独立的农业生产经营主体	2014
朱启臻、胡鹏辉、许汉泽	家庭农场是指以家庭成员为劳动力、以农业收入为主要来源的农业经营单位	2014
杨建春、林玮、张林巧等	家庭农场是指以家庭成员为主要劳动力,从事农业规模化、集约化、商品化生产经营,并以农业收入为家庭主要收入来源的新型农业经营主体	2015
李莹、陶元磊	家庭农场是以家庭经营为基础,融合科技、信息、农业机械、金融等现代生产因素和现代经营理念,实行专业化生产、社会化协作和规模化经营的新型微观经济组织	2015
张红宇、张海阳、李娜	家庭农场以农户为经营主体,主要利用家庭劳动力,生产经营规模适度,专业化、标准化、集约化、商品化水平较高,且以农业收入为主要收入来源的农业生产经营单位	2013
杜志雄、肖卫东	家庭农场是指具有独立市场决策行为能力的家庭,通过主要使用家庭劳动力从事农产品生产、适度规模化生产经营,具有职业和收入体面的农业微观经济组织	2014
刘爽、牛增辉、孙正	家庭农场是指以家庭为基本单位,以适度规模的土地为劳动对象,以集约化的劳动、商业化的资本和现代化的技术为生产要素,以商品化生产为主要目的,并以农业收入为家庭主要收入来源的新型农业经营体制	2014
温锐、邹心平	家庭农场是以家庭为经营单位,农场主及家庭劳动力全程参与生产劳动并使家庭资源与土地规模匹配,达成农业规模化(适度规模)、集约化、商品化生产经营,并以农业收入为主要收入来源的新型农业经营主体	2015

　　从表 1-2 中可以看出,在家庭农场的概念上,学术界观点比较统一的地方集中在"家庭经营""规模化""集约化""商品化""以农业收入为家庭主要收入来源",但是一些概念关键点上尚存在着一定的争议。

　　第一,家庭农场的劳动力来源问题。关于家庭农场的劳动力来源,存在着"以家庭成员为劳动力""由家庭成员自己经营""以家庭成员为主要劳动力"等观点,其内在的争议主要集中在两个方面:①家庭成员的范围是核心家庭成员,还是包括任何有血缘关系或姻亲关系的大家庭成员?一般而言,参与家庭农场经营管理的成员应该是传统户籍意义上的核心家庭成员,即父辈、夫妻、子女。然而,由于人口流动、职业选择等原因,核心家庭成员并非全部都能参与到家庭农场的经营管理中来,其他具有姻亲或血缘关系的成员也可以作为家庭农场的主要经营者或管理者参与其中。例如,在外业调查时发现,存在着一些家庭农场主的侄子(女)、外甥(女)等亲属参与投资和经营家庭农场的情形。那么,这些人也应该被认定为家庭农场的主要成员,相反,如果某一成员属于家庭农场主的核心家庭成员,但是由于他们外出务工、求学等原因不参与家庭农场的生产经营和日常管理活动,那么,这些核心家庭成员就不能被认定为家庭农场的"家庭成员"。②家庭农场是否排斥劳动力的雇用?雇用劳动力的时间长度问题;雇用劳动力的数量是否有一定的限制?如果将"以家庭成员为劳动力"作为一个衡量标准,那么家庭农场就不应存在雇用劳动力现象。然而,随着家庭农场经营农地规模的扩大、经营范围和内容的增多,不可避免地在平时长期雇用或农忙季节临时雇用一部分劳动力,从事卫生打扫、除草、打药、施肥、灌排、收割或管理等工作,如曹幸穗(1996)发现,清末苏南的家庭农场即使规模很小,也需要雇用一定日工来助其完成生产。在许多情况下,季节性雇佣工人为农场提供了重要的劳动力来源。故而,家庭农场虽然 "以家庭成员为主要劳动力",但是并不代表对长期工、临时雇工的排斥,只要"家庭成员"仍然在家庭农场经营管理中发挥着核心和骨干作用,雇工只发挥辅助作用即可,即雇用劳动力不是家庭农场与资本主义企业农场的本质区别,而在于家庭农场的家庭成员是否参与劳动,以及是以家庭劳动力为主,还是以雇用劳动力为主。同时,关于雇工的数量是否一定要限制在低于家庭成员人数以内,雇工的时间是否一定要低于家庭农场主的工作时间。本研究认为,应根据实际工作内容需要决定雇工的人数和工作时间,因为,在外业调研的大规模的家庭农场中,存在着年雇用人数上千人次的情况,长期雇用人员也有超过家庭成员人数的情形,所以,简单地以"雇工数量不超过家庭务农人员数量"作为家庭农场劳动力认定标准,显然与农场经营的客观现实不符。

第二,家庭农场主的户籍问题。家庭农场起源于欧美等发达国家,是国外的一种新型现代化农业经营模式和组织形式,家庭农场与生俱来就与农村、农业、农民、农地存在着天然的密切的内在联系。在中国,农地承载着农业,农民以农业为主要职业,农地大部分存在于农村,家庭农场又属于农业范畴,因此,很多政府官员、学者等陷入"农村、农业、农民"三者间捆绑式的联系中,认为家庭农场只有具备农民身份的人才能参与其中。杨建春等(2015)指出,家庭农场主必须是农村户籍,即非城镇居民。党国英(2013)指出,在现阶段,家庭农场的主体应该是现有农村居民。张红宇等(2013)指出,家庭农场主原则上必须是本村农户家庭,且必须主要依靠家庭人员从事农业生产经营活动。外来的城镇居民或其他投资者建立的农场,或者长期雇用劳动力的农场,都不能算作家庭农场。刘连成和赵新龙(2017)通过调查发现,在吉林、山东、山西和安徽要求家庭农场主具有农村户籍或享有土地承包经营权。然而,孙中华认为,为吸引高素质人才务农,家庭农场主也可以是非农业户籍。2013年3月18日农业部办公厅《关于开展家庭农场调查工作的通知》中明确指出,纳入本次调查的家庭农场应符合的条件之一就是"家庭农场主应具有农村户籍(即非城镇居民)",而2014年《农业部关于促进家庭农场发展的指导意见》在"把握家庭农场基本特征"中指出"现阶段,家庭农场主主要是农民或其他长期从事农业生产的人员，主要依靠家庭成员而不是依靠雇工从事生产经营活动"，该文件中家庭农场主则出现了"农民"和"其他长期从事农业生产的人员"两种类型。关于为什么"家庭农场主也可以是其他长期从事农业生产的人员"这一问题，2014年2月27日，在农业部就《农业部关于促进家庭农场发展的指导意见》有关情况举行的新闻发布会上进行了具体解释说明，即"主要是考虑到，在一些经济发达地区，大多数青壮年已经进入二三产业，愿意长期搞农业的不多。因此，鼓励中高等学校特别是农业职业院校毕业生、新型农民和农村实用人才、务工经商返乡人员等兴办家庭农场，有利于解决这些地区的'谁来种地'问题。在各地家庭农场的兴起热潮中，家庭农场主的来源主要分为3种类型：一是农民自己成为农场主；二是城里人下乡圆农场梦；三是城市资本下乡。因此，现阶段家庭农场主的身份应是多元的，家庭农场主不仅不应排除集体经济组织外的人员，而且不能排除城镇人员，只要这些人愿意以家庭为单位从事农业生产经营、投资发展家庭农场，都可以成为家庭农场的经营主体，应该以职业而不是户籍为标准来确认家庭农场主的资格。如果取消非农户籍人员的经营资格，客观上是强迫其退出家庭农场经营，很有可能产生负面影响，甚至影响农村稳定。况且，2014年国务院印发的《关于进一步推进户籍制度改革的意见》中已经建立城乡统一的户口登记制度，意味着农业户口和非农业户口的区别划分将逐渐退出历史舞台，那么，发展创建家庭农场的实质要件上再突出强调经营主体的农民身份，或者用户籍的方式来确定农民身份，显然不合时宜，且在实践中也无法操作。

第三，家庭农场的土地经营规模问题。关于家庭土地规模的大小，存在着"大面积的土地上耕作""适度规模经营""一定规模、一定面积"等表述，相关争议主要集中在：①家庭农场经营的土地规模是不是越大越好？②家庭农场经营的土地规模是随机规模，还是存在着一个适度规模的范围？规模经营产生规模效益，扩大经营规模是实现农业增效的重要途径。但是，家庭农场受劳动力人数、机械台数、资本规模、经营管理水平等因素的限制，经营的土地面积不可能是无数量限制、无规模边界的。同时，在一定技术水平下，受土地报酬递减规律的影响，家庭农场经营的土地面积也并非越多越好。因此，家庭农场经营的土地面积在起步阶段具有随机性，可能仅仅是凭感觉，但是随着经营时间的延长，家庭农场主会逐渐对初期集中的土地规模进行一定的反思和修正，或者觉得规模大了要缩小，或者觉得规模小了要扩大，或者觉得规模刚刚好。总之，家庭农场主会逐步调整土地规模并逐步向一定的"适度"规模靠拢，故而，"度"这个特征是家庭农场的生命力所在，过小难以形成规模经济，导致生产能力的"放空"；过大超过家庭农场主的经营能力，容易导致粗放经营，造成规模不经济。

第四，家庭农场的经营范围问题。关于家庭农场经营范围的表述，存在着"从事农、林、牧、渔等生产、加工、销售""从事农产品的生产经营"等，那么，家庭农场涉及的领域到底是"大农业"，还是仅仅局限于"小农业"？家庭农场是只关注农产品生产，还是包括农产品的加工与销售？本研究认为，家庭农场不应仅仅局限在种植业这一范围之内，应该包括林业家庭农场、果业家庭农场、渔业家庭农场等，并且农业部在开展家庭农场的调查统计时，也将家庭农场分为种植型家庭农场、养殖型家庭农场和种养结合型家庭农场，可以看出家庭农场涉及的领域应该属于"大农业"的范畴。并且，一个家庭农场可以是种植业、畜牧业、渔业、林业等多种经营类型的有机结合，不一定只局限于单一的经营类型。同时,受技术、资金、专业分工等条件限制,家庭可以从事一些与农业生产相关的经营活动,如农产品的初级加工与销售活动,可以不借助中间商进行销售,直接建立起家庭农场到消费者的销售模式。目前,英格兰和威尔士主要农业生产基地约 1/3 是兼职农场,因为农民或配偶将其他有偿劳动与农业相结合。因此,还可以农业产品为载体并利用农业多功能性发展农业观光、农事体验等农业服务活动,甚至一些家庭农场主在农闲季节或精力有闲暇时,可以兼职从事农机租赁、农业物资销售等经营性活动。

第五,家庭农场应不应当注册的问题。理论界关于家庭农场的性质存在着"新型农业经营主体""享有法人权利的独立的农业生产经营主体""农业经营单位""农户生产企业""企业化经济实体"等诸多论述,毋庸置疑,家庭农场是区别于家庭承包制下的传统小农生产的新型农业经营主体,这个"新型"体现在家庭经营、适度规模、集约化生产、商品化经营、农业收入为主等方面,对于家庭农场"是不是企业法人""需不需要成为企业法人"存在着争议。陈永富等(2013)认为,家庭农场必须在工商部门登记注册,具有合法的市场主体地位。朱启臻等(2014)也认为,家庭农场"要进行工商注册"。农业部《关于促进家庭农场发展的指导意见》指出"依照自愿原则,家庭农场可自主决定办理工商注册登记,以取得相应市场主体资格"。如果家庭农场注册过度强调行政强制性,成为地方政府的任务和考核指标,那么,很可能使家庭农场的注册沦为帮助政府部门完成工作任务的一项指标,毫无实质性意义;如果注册家庭农场过分强调经济利益,与政府补贴和享受优惠政策相挂钩,那么,很可能使得家庭农场的注册成为某些个人或单位套取政府利益的工具,而非出于推动家庭农场本身的生产经营活动。因此,本课题认为,应明确家庭农场认定标准、登记办法,家庭农场可以申请注册登记成为法人,注册成为个体工商户、个人独资企业、合伙企业、有限责任公司等其中的任意一种类型,但是家庭农场并不以注册登记为成立的必要条件。

综上所述,本研究界定的家庭农场是指以家庭成员为主要劳动力,以通过家庭承包或市场化交易获得适度规模土地为劳动对象,在大农业领域范围内从事规模化、集约化、商品化农业生产与服务,并以利润最大化为目标的新型农业经营主体。

(三)土地适度规模经营

1987 年 1 月,中共中央政治局通过的 5 号文件《把农村改革引向深入》(中发〔1987〕5 号)中指出,"在京、津、沪郊区、苏南地区和珠江三角洲,可分别选择一两个县,有计划地兴办具有适度规模的家庭农场或合作农场",第一次明确提出要采取不同形式实行适度规模经营。自此以后,中央连续在若干重要文件(甚至以"1 号"文件形式宣示"适度规模经营"问题)和若干决定中多次提到要发展适度规模经营,说明它的重要性和中央对其的重视程度。2015 年中央 1 号文件提出"鼓励发展规模适度的农户家庭农场",将家庭农场与适度规模经营联系起来。土地适度规模经营的提出是解决我国在实现现代化过程中必然面临的"改造传统农业,发展现代农业"这一棘手问题的必然选择路径。在土地适度规模经营概念中的核心词汇即为"适度",它意味着某一从事农业的生产经营单位所拥有的土地数量要有一个"度",并非没有边界越大越好,而是具有一定的规模限制。受到边际报酬递减规律的制约,即在技术水平不变、资本和劳动力等其他生产要素的投入数量不变的条件下，在持续等量地增加土地这一可变生产要素投入到其他几种数量保持不变的生产要素上去的过程中，刚开始时，增加土地这一可变生产要素所带来的边际产量是递增的，当土地这一可变生产要素的增加量超过某一特定值后，增加一单位土地投入量所带来的边际产量是递减的，即根据规模经济理论，家庭农场的土地经营规模存在一个"阈值"，一旦超过这个数值，家庭农场会遭遇投资递增而收益不变甚至收益递减的无奈，出现规模不经济的"魔咒"，造成资源浪费。马若孟(1999)通过分析 3 个村庄的资料发现，家庭农场超过一定的面积后，单位耕地面积的收入就开始下降，农作物产量也不会随着农场面积的扩大而持续上升，但是开始下降的农场面积临界值却随着各地的具体情况而有所不同。

如图 1-1 所示为边际报酬递减规律示意图。在连续增加土地数量从 O 点到 A 点期间，平均产量(APP)处于递增状态，边际产量(MPP)达到最大，且边际产量(MPP)>平均产量(APP)，总产量(TPP)呈现递增趋势，意味着增加土地这一可变要素的投入所引起的 TPP 的增量总会使得可变要素的 APP 有所提高，从而实现利润的增大。故而，在第一阶段停止扩大土地规模是不理性的。同样，土地规模在从 A 点扩大到 B 点期间，MPP 递减，TPP 以递减的速度增加，当土地投入量达到 B 点时，APP 曲线达到最大并与 MPP 曲线相交，但是 MPP 仍然大于 APP，故而，在这一阶段停止扩大土地规模也是不经济的。在土地规模从 B 点扩大到 C 点过程中，APP 开始递减，并大于边际产量 MPP，当土地规模扩大到 C 点时，MPP 为零，TPP 达到最大。在土地规模扩大至 C 点以前所带来的 MPP 是大于零的，因此，扩大土地规模能够带来一定的产量增量，当土地规模超过 C 点以后，再扩大土地规模，MPP 为负数，TPP 的绝对数将呈现递减态势。因此，理性的农业生产经营者会在第Ⅲ阶段，即最佳的土地规模是 B 点到 C 点之间。

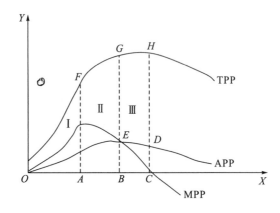

图 1-1　边际报酬递减规律示意图

家庭农场经营获得规模效益的关键在于解决"度"的问题，即家庭农场的"适度规模"究竟是多大。然而，关于土地适度规模经营这一概念及其衡量标准，在学术界也尚存在着一定的争议，如表 1-3 所示。

表 1-3 学术界对土地适度规模经营概念的界定一览表

作者	土地适度规模经营的概念	年份
万宝瑞、李存俈	家庭农场的土地适度经营规模是指在一定生产力水平下，以家庭经营为基础，充分、合理地利用现有生产要素，通过最佳组合，达到最好的经济效益、社会效益和生态效益	1986
彭俊祥、张雪年、杨书伦	土地适度规模经营是指在一定生产力水平和客观环境条件下，单位劳动力所能够经营的最大土地面积达到较佳投入产出的经济效益	1988
周诚	土地规模经营有其特定内涵：一方面扩大经营单位的土地规模，使农业劳动力达到满负荷，使之有用武之地，而且获得相应的收入；另一方面，使耕地逐步集中到种田能手中，以便保持和提高单位面积产量，保障农产品总产量	1995
王贵宸	土地适度规模经营是指在一定生产力水平下，能够合理而充分地发挥生产要素的作用，并取得最佳效益的土地经营规模。简而言之，土地适度规模经营是生产要素的最佳组合。适度经营规模，就生产经营单位而言，应当能够充分发挥该单位的各生产要素的作用，否则就不能说是"适度"；取得最佳效益，可以说是坐标上的"适度点"(或最佳点)	1997
朱立志	如果某个农户经营的规模达到一定程度，使其人均纯收入与附近城镇居民人均可支配收入对等时，这样的规模经营就是"适度规模经营"	2013
刘乐	适度规模经营是指在一定的自然地理和社会经济条件下土地、劳动力、资金、设备、经营管理、信息等各生产要素的最优组合和有效运行，达到最佳的经济效益	2010
张侠、赵德义、赵书海	土地适度规模经营是土地规模经营的一种特殊状态，是指在一定的生产力水平和经营环境下，一个农户投入生产经营的土地规模可以满足充分发挥现有劳动力和其他要素作用获取最佳经济效益时的土地规模经营状态	2010
马佳 、马莹	土地的适度规模经营是指土地的经营在最优的规模上实现劳动、资本、技术等各种生产要素的优化配置，提高土地的生产效率，降低平均生产成本，通过规模经济的实现从而获取收益的最大化	2010
伍耀规	适度规模也称为最优规模，是指在一定适合的环境和适合的社会经济条件下，土地、劳动力、资金、设备、经营管理、信息等各生产要素的最优组合和有效运行，取得最佳的经济效益	2016

从表 1-3 中可以看出，关于土地适度规模经营的衡量标准，存在着"达到最好的经济效益、社会效益和生态效益""达到最佳的经济效益""使其人均纯收入与附近城镇居民人均可支配收入对等"等多种观点。本研究认为，土地适度规模化经营所要达到的就是土地、资本、劳动力、技术等各生产要素的最优化组合，以此作为前提，进而实现土地产出量最大化和利润最大化，该最大化的利润可能超过， 也可能低于城镇居民人均可支配收入，并非提前所能预设。同时，对于土地适度规模经营肯定会产生一定的社会效益和生态效益，然而，这些效益属于发展家庭农场所产生的效益外溢(正外部性)，这些效益存在着难以计量、估算的问题，因此，本研究仅从经济效益角度考虑土地适度规模经营的目标。另外，土地适度规模经营所指的"规模"是一步到位，还是逐步实现？是静态的，还是动态的？这些问题同样在理论界存在着争议。在家庭联产承包责任制下，某一家庭农场所要求的土地适度规模并非都是刚好能够通过市场交易而一次性全部实现和获得的，家庭农场的土地经营规模同样存在着一个慢慢积累的过程。同时，土地适度规模经营受到自然地理和社会经济发展水平的制约，并且必须考虑"土地可获性的约束"，即在土地可获性的约束下可实现的经营规模，家庭农场所预期的合理规模并非都能完全实现。最后，土地适度规模经营中的"适度"是个动态的概念，在不同的条件下有不同的度，条件变了，其合理的度也会相应发生变化。任何一个农业生产经营单位都要经历孕育、产生、发展、成熟、衰落等多个阶段，因此，在不同阶段有着不同的技术水平、劳动力人数、资金、管理水平等生产要素条件，与之相对应，不同阶段与其他各生产要素达到最优组合所对应的土地面

积也应该是一个动态变化的过程。故而，土地适度规模经营是一个相对动态的概念。家庭农场具体规模应由自然、经济、社会等外部因素和经营项目、经营方式、技术水平、要素价格等内部因素综合决定，且家庭农场的规模呈动态变化，随着外部和内部条件的变化，适度规模的标准也应随之调整。

综上所述，土地适度规模经营是在一定的自然地理和社会经济条件下，家庭农场单位内部土地、劳动力、资本、技术等生产要素充分合理利用达到最佳组合状态，以实现最大经济效益的土地规模。由于家庭联产承包责任制下农户参与农地流转交易的自愿性及地形地貌的影响，家庭农场、合作社、龙头企业等新型农业经营主体想要获得的土地规模供给状况的影响，因此，考虑到土地的可获得性，土地适度规模的取值可以是限制条件下的一个趋近值。同时，家庭农场、合作社、龙头企业等新型农业经营主体的发展存在着初创期、成长期、成熟期、衰退期等不同阶段，不同的阶段新型农业经营主体的内部各种生产要素是存在着极大差异的，因此，土地适度规模经营的"适度"值会处于动态变化的情形。

第五节　研究思路、主要观点、方法与创新

（一）研究思路

图 1-2 所示为研究思路示意图。

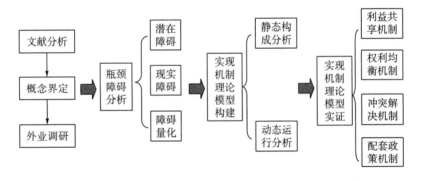

图 1-2　研究思路示意图

（二）主要观点

（1）农地权利市场化配置下家庭农场土地适度规模经营的实现存在着诸多瓶颈障碍，实现两者的无缝衔接，需要构建一套科学的实现机制，包括利益共享机制、权利均衡机制、冲突解决机制和配套政策机制。

（2）在家庭农场土地适度规模经营实现过程中，各主体间应建立起紧密的利益联结机制。应清晰界定各主体对家庭农场经营土地所持有的权利状态，实现地权稳定性对相关主体长期投资家庭农场的有效激励。

（3）家庭农场的前期介入阶段、正式运营阶段及破产或退出阶段，各主体会围绕土地

集中、利润分配等问题产生各类冲突,科学的冲突解决机制是家庭农场土地适度规模经营可持续发展的重要保障。

(4)家庭农场土地适度规模经营的实现需要政府完善土地、户籍、就业、社会保障、财政、税收、用地等宏观政策,通过政府配套政策调控各方收益函数,实现市场机制与政府宏观调控的有机结合。

(三)研究方法

(1)文献研究法和问卷调查法。采用文献综述法总结国内外学者关于家庭农场土地适度规模经营实现的经验。在预调研的基础上,科学设计调查问卷,在东部、中部和西部选择不同经济发展水平、不同地形地貌状态下具有代表性和典型性的家庭农场,分别对当地政府部门官员、村干部、农户、家庭农场主等主体进行问卷调查或深度访谈,获得研究所需的微观数据与宏观基础资料。

(2)条件价值评估法(CVM)。为了科学测算和评估农民选择一次性完全退出农地权利的价格标准,本课题将采用CVM这一条件价值评估法,通过构建假想的土地退出交易市场,在有效控制各类偏差(调查方式偏差、假想偏差、信息偏差、停留时间偏差、调查者偏差等)的情况下,通过问卷调查的方式直接询问受访者对退出农地权利的最低受偿意愿(WTA)或购买退出的农地权利最高支付意愿(WTP),并以此来评估土地退出的价格标准。

(3)计量分析和数学模型法。采用有序Probit模型分析家庭农场土地适度规模经营的影响因素;在确定家庭农场土地、劳动力、雇用劳动力人次、投资等各生产要素之间搭配的合理程度时,采取数据包络分析法(Data Envelopment Analysis,DEA)。

(四)研究创新

(1)在深入分析农地权利市场化配置下家庭农场土地适度规模集中的潜在影响因素和现实影响因素的基础上,从利益共享、权利均衡、冲突解决和配套政策4个层面,构建起农地权利市场化配置下家庭农场土地适度规模经营实现机制理论模型,并对实现机制的理论模型的构成要素与内在运行机制进行深入分析。通过大范围的外业调研与典型的个案研究相结合,对利益共享机制、权利均衡机制、冲突解决机制和配套政策机制进行理论分析和实证研究。

(2)在成本最小化的目标下,评估出家庭农场的土地面积、在农场工作的家庭成员人数、农场年雇用劳动力人次、总投资等各生产要素组合达到综合效率DEA有效时,不同地区不同类型家庭农场的净利润与各生产要素投入之间的搭配比例关系,衡量现实状态与理想状态之间的差距与可优化的程度。

第二章　家庭农场土地适度规模经营的影响因素

第一节　家庭农场土地适度规模经营的关键变量

(一)土地集中的地块片数问题

在家庭联产承包责任制下,各家各户都以分散零碎的小规模的土地经营状态存在。因此,家庭农场适度规模经营,要求将分散耕种的小块土地集中起来,形成面积较大的耕地,然而,一个家庭农场所拥有的"适度"规模土地是否必须要集中在单一地块上,不仅理论上存在争议,而且现实中也存在难度。杜志雄和王新志(2013)认为,家庭农场要结合当地的资源禀赋,单块土地面积不得低于一定的亩数,这里只强调"单块"的土地规模,而未强调家庭农场土地必须是完整一块。同时,家庭联产承包责任制下传统农户的地块分散、农民的"惜地"意识等缘故,农民存在着不愿意流转交易土地的可能性。另外,受用地成本的制约,致使家庭农场主可能为了节约成本选择部分较边远或土地等级较次的土地而放弃土地整体上的集中连片。因此,家庭农场集中的规模化土地在现实中不能排斥多片土地共存的状态。然而,如果家庭农场拥有的不是集中成片的土地,而是分散在同一集体经济组织内部不同方位的多块土地,那么即使家庭农场的土地在总量上达到了"适度规模"的特征,但是家庭农场的地块分散性使其面临着传统农户类似的土地零碎化的困扰与束缚,深刻地影响着家庭农场的生产种植安排、作物看护管理等事项,由于需要兼顾不同地块的生产经营管理,会造成机械的空驶行程比较多,而燃油价格不断上升、机械老化损耗等因素都额外增加了生产成本,从而影响了种植大户使用机械的积极性。同时,土地分割不仅是影响家庭农场效率的重要因素之一,而且也会对家庭农场利润产生显著的负面影响。与之相反,如果家庭农场经营的规模化土地集中连片,有利于大规模机械化作业,有利于农田基础设施的统一规划和修建,有利于灌溉、施肥、喷洒农药,便于家庭农场主对土地进行精细化管理。因此,本研究认为,家庭农场经营的全部土地集中在一片地块上是最理想的状态,也是通过农地流转交易实现家庭农场土地适度规模集中所追求的目标。

(二)土地集中的持续时间问题

家庭农场所需的土地不仅要集中成片,而且还应确保租期较长、相对稳定。否则,不仅不利于家庭农场主对耕地整治、肥力提升的长期投资,而且使家庭农场面临着因地权不稳丧失土地而破产的风险。因此,家庭农场主拥有稳定的地权才能安心地经营和投资,否则,家庭农场主有可能采取掠夺式开发经营行为,这是不利于土地可持续经营管理的。关于家庭农场主通过市场交易流转的农地的权利期限问题,杜志雄和王新志(2013)认为,土地流转期限一般不得低于 10 年，刘灵辉和郑耀群(2016)认为，家庭农场主与农户之间约定的土地使用期限应不低于家庭农场的投资回收期。给予家庭农场主长期的，甚至长久的土地权利，当然是理论界、政策制定者、家庭农场主的追求和理想，然而，由于中国农村土地产权模糊和农民的惜地意识，许多农户不愿长期出租土地，况且农户在"地权在握"的情况下，短期合同更有利于农户通过租金调整等形式获取更多的利益。因此，在现实情况中，家庭农场主与农户之间 1～3 年的短期土地流转合同普遍存在，甚至存在一年一签的状态。本研究认为，家庭农场主通过土地流转集中起来的地权应具有稳定性，在以追求经济利益为目标的框架下，如果土地流转期限低于投资回收期，会导致家庭农场主连前期投资都无法收回，这是违背"私人资本以逐利为本质"这一基本原则的。

(三)土地集中的用地成本问题

农地权利是农户的重要财产权益，而集中土地的支出对家庭农场主而言也是一笔数目不小的开支。因此，如何科学合理地确定农户在不同农地权利处置模式下应当获得的收益水平是异常关键的核心问题。家庭农场主承担的用地成本过高或过低，均不利于家庭农场通过农地权利流转交易所形成的集中成片土地的地权稳定性。首先，中国农村土地呈现总量大但分散于众多农户之中的状态，家庭农场集中适度规模土地的重要途径就是通过支付费用的方式获得对一定期限内承包地的占有权、使用权、收益权。因此，农户潜在利益诉求的满足与否直接决定着农地权利流转交易的意愿，即农地权利流转交易价格不能低于农户的内心设定的保底收益，一般而言，农户期望农地权利流转交易价格越高越好，但是由于不同农户的家庭背景、个人状态等情形的差异，也存在着个别农户无论价格高低总是不愿意将农地权利流转交易给家庭农场主的情形。其次，家庭农场租地种粮的风险，主要受粮价、产量和土地租金三大因素的影响，在粮食价格、用工成本、生产资料成本等相对稳定的情况下，较低的用地成本是符合家庭农场主的心理预期的，过高的农地权利流转交易价格无疑会吞噬家庭农场主的利润，是农户凭借地权与家庭农场主进行争利的表现。另外，过高的土地流转价格直接增加了家庭农场的生产成本，降低了经营利润，也势必影响家庭农场开展农业规模化生产的积极性。同时，土地流转的有偿性使稀缺土地利用的级差地租甚至绝对地租的特征凸显，增加了土地集中使用的成本。因此，本研究认为，农地权利流转交易价格的科学合理界定直接影响着家庭农场的规模、经营利润。在家庭农场主拥有的资金数量一定的情况下，家庭农场所能集中土地的规模与用地成本成反比。

(四)土地集中的规模效益问题

家庭农场通过把分散的、零碎的土地进行归并和整合实现适度规模经营，以期获得规模经济效益。然而，家庭农场的土地规模是否越大就一定会带来规模经济效益尚存在着争议。20 世纪 60 年代以前，各国的学者和政策制定者都坚信大农场更有效率。然而，Schultz(1964)通过反驳农业生产要素单一的"不可分性"，来说明家庭农场的效率并不与其规模存在着简单直接的正比关系。Sen(1966)通过研究发现，农业单产的效率与其规模之间存在负向关系的结果，说明了家庭农场的规模越大其产出效率反而会降低。随后Saini(1971)、Bardhan(1973)对这种关系进行了进一步的验证。黄宗智(2014)持折中观点，他认为"中国近三十年来已经相当广泛兴起的适度规模的、'小而精'的真正家庭农场才是中国农业正确的发展道路"。一般而言，家庭农场土地适度规模经营相较分散的小规模农户经营更有效率，然而，郑风田（2013）则直接指出，家庭农场的地位其实很尴尬：与小农户相比，其生产效率并不一定高。本研究认为，受传统农户家庭劳动力、资本、技术等限制，家庭农场的土地经营规模理应在一个"适度"的范围内，即一个区间范围内，低于最低值或超过最高值，家庭农场的经济效益均达不到最优。

（五）土地集中的权利形态问题

国外家庭农场生存和发展于土地私有制的制度背景下，家庭农场主拥有的土地是通过继承、交易购买而来的，对土地拥有绝对的完全权利。由于中国人多地少的基本国情和家庭联产承包责任制这一农村基本经济制度的共同作用，与西方发达国家以土地私有制为基础的家庭农场生产经营方式不同，租地农场是中国家庭农场的一个显著特征，中国的家庭农场生产经营方式是在土地集体所有制下从家庭联产承包经营方式的基础上发展而来的，存在着独特的集体经济组织、家庭农场主、农户三方土地产权关系。家庭农场的土地适度规模集中主要通过土地承包经营权流转来实现，家庭农场与农户之间"交易"的不是土地所有权，而是土地经营权，土地所有权永远掌握在集体经济组织手中，农户仍保留土地承包权，在土地流转期限届满时，土地经营权会自动重新回归到农户手中。因此，家庭农场主集中起来的规模化土地仅仅是通过与众多农户订立"契约"的方式实现地块物理上的暂时合并，而农地权利却仍以"三权分离"的形式在多元权利主体之间呈现高度分割状态。本研究认为，不同的权利形态与构成肯定会对家庭农场的可持续发展产生深远的影响，中国土地公有制下家庭农场拥有土地权利的高度分割与西方土地私有制下家庭农场拥有土地权利的高度统一相比较，使得家庭农场土地适度规模集中的实现会涌现出更多具有中国特色的方式和路径。

（六）土地集中的交易成本问题

当农户的家庭承包经营通过扩张土地规模转变为家庭农场的规模化经营时，土地交易成本也会相应增加。对家庭农场而言，交易成本包括搜寻成本、信息成本、议价成本、决策成本、监督成本及违约成本，家庭农场是以血缘关系为纽带组成的经济组织，以家庭成员为主要劳动力，家庭成员的利益函数和目标函数具有同质性和一致性的特征，相互之间无利益冲突，故而，决定了家庭农场的监督成本和决策成本都相对较低。然而，家庭农场集中起来的适度规模化土地是通过市场交易获得众多农户分散零碎的土地进行地块归并和权利整合而实现的。因此，不可避免会面临着较高的搜寻成本、信息成本和议价成本。同时，家庭农场所需集中的农地规模越大，面临的分散农户越多，这类交易成本也会随之攀升。家庭农场经营的土地是通过众多合同构建起来的"契约式合并"，在契约期间，农户有权以支付违约金的方式赎回自己的土地，因此，家庭农场主还面临着农户提前索回土地而引起的违约成本。如果交易成本大于零，产权的明晰能够有效降低交易过程中的交易成本，然而中国土地产权结构不但模糊而且含混不清。土地承包关系"长久不变"政策在起算时点、衔接过渡方式、土地承包期限、土地权能响应状态和配套的利益协调机制 5

个方面均存在着模糊性，在农村土地"三权分置"政策下，所有权、承包权和经营权的权利内容与功能也尚不清晰，因此，土地承包关系"长久不变"和农村土地"三权分置"两项政策相互交织使得中国农地产权模糊程度进一步加深。因此，本研究认为，如果通过农地权利流转交易实现家庭农场土地适度规模集中所面临的交易成本过高，将直接影响到农户由传统小农向家庭农场主转变的决策。故而，应想方设法最大限度降低家庭农场土地适度规模集中过程中的交易成本，使之控制在一个合理的范围内。

第二节　基于博弈模型的家庭农场土地适度规模经营的潜在影响因素理论分析

（一）在农地权利流转交易合同签署前，家庭农场前期介入集中土地阶段，家庭农场主与农户之间的博弈

由于"惜地"及收益未达到预期等，部分农户不愿意签订长期合同，在合同期限届满时不再续签，或者中途违约等，这无疑影响到家庭农场的地权稳定性。关于解决这一问题的策略，理论界多强调在家庭农场主和农户之间实现"利益共享"，并通过建立"利益共同体"、构建"紧密的利益共同体"等方式加以解决，具体操作方式包括租金动态调整、土地经营权入股保底分红等。虽然因转出的土地存在着稀缺性和增值性的特征，农户拥有土地流转价格的调价权，但是家庭农场主投身农业生产经营获得的利润空间有限且自身也存在着合理利润诉求。因此，土地流转价格偏高或偏低都不利于家庭农场主和农户之间的利益共享。本研究在详细分析家庭农场土地适度规模集中的关键影响因素的基础上，对作为土地需求方的家庭农场主与作为土地供应方的众多传统农户之间围绕土地租金产生的激烈利益博弈行为进行深入分析，通过博弈收益函数推算出家庭农场主支付给农户土地租金最优增加额度的函数关系式，得出了土地租金在动态调整机制下的最优值和应控制的范围，具有一定的理论价值和现实意义。

1. 问题描述

在家庭联产承包责任制下，土地经营状态呈现传统小农户经营的状态，每家每户的土地总规模不大且地块是分散的、零碎的。家庭农场作为从事土地规模化经营的新型农业经营主体，其发展所要求的适度规模土地需要通过农地权利市场流转交易将一定区域内的土地集中起来。如图 2-1 所示，家庭农场想要集中的土地为图中所示的矩形区域，假设该区域的土地总面积为 S，该面积也是家庭农场想要经营的最佳土地面积。在这个矩形土地区域内，包括 n 个农户，1，2，3，4，5，6，7，8，…，$n-1$，n，每个农户对应的土地面积为 s_1，s_2，…，s_n，则 $s_1+s_2+s_3+\cdots+s_n=S$。

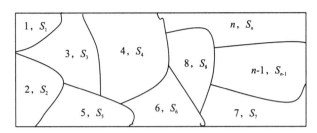

图 2-1 家庭联产承包责任制下家庭农场土地适度规模集中示意图

2. 相关假设

假设 1：家庭农场土地集中过程中参与的市场主体有两个：家庭农场主和农户，且参与博弈的双方都符合"理性—经济人"假说。家庭农场主投入时间精力、资金、技术、劳动力等投身现代农业规模化经营，是以追求利润最大化为目标的；农户是否流转土地，也是以经济收益的多少为判断标准的。

假设 2：根据家庭农场主的资金、技术、劳动力数量、管理水平等实际情况，其可以经营的最佳成片土地规模为 S，在该幅土地上涉及的农户数量为 n。由于集体经济组织在土地发包时采取均分策略，即每户拥有的土地面积是相等的。

假设 3：在传统农户小规模土地分散经营方式下，不同农户正常年份下种植粮食作物单位土地面积可以获得的总收益为 M_i（$M_i>0$），需要投入的种子、化肥、农药等生产成本为 C_i（$C_i>0$），且 $M_i>C_i$。在家庭农场土地适度规模经营模式下，正常年份下种植粮食作物单位土地面积可以获得的总收益为 M_1，需要投入的生产成本为 C_1。由于土地经营存在着规模经济，且家庭农场在机耕、机收以及购买种子、农药和化肥施用量等生产资料支出方面相对于个体农户而言有了较大幅度的降低，故而，在农业生产结构保持不变的情况下，$M_i<M_1$，即 $M_1>\max(M_i)$，$C_i>C_1$，即 $C_1<\min(C_i)$。

假设 4：在农地权利流转交易过程中，家庭农场主在租金上存在着两种策略：正常租金价位策略（R）和高租金价格策略（$R+\Delta R$，$\Delta R>0$），农户在承包地处置上也相应有两种策略：保留土地和流转土地，且农户选择保留土地的概率（p）与家庭农场主给出的土地租金水平（r）成反比，即 $p=a-br$。

假设 5：如果农户选择保留土地，这不仅会造成家庭农场偏离土地最佳经营规模而影响其经济利润，而且会在集中连片的土地范围内形成若干"钉子户"给家庭农场后期生产经营（播种、收割、日常田间管理、基础设施建设等）造成负面影响，进而造成经济损失，且"钉子户"越多，这部分损失越大。假设每出现一个"钉子户"给家庭农场带来的总经济损失为 B。在家庭农场主与农户展开谈判协商、达成农地权利流转交易过程中，单个农户的平均交易成本为 C_2。

假设 6：在高租金价格策略（$R+\Delta R$）下，家庭农场主因让利于农户，农地权利流转交易谈判会相对比较顺利，可以提高土地集中的速度，交易成本也会随之降低，家庭农场主由此可以获得的额外经济收益为 T_1。

假设 7：政府为鼓励土地适度规模化经营，会根据家庭农场经营的土地规模给予一笔政府补贴，单位土地面积可以获得的补贴额度为 f。

3. 博弈分析

家庭农场主获得集中成片、适度规模的土地，需要与众多农户围绕土地流转问题展开协商和谈判，每个农户都有两个策略选择：土地保留和土地流转，则家庭农场能够集中起来的土地面积取决于 n 个农户选择土地保留还是土地流转的策略决策集，即

$$S_{家庭农场} \in \left\{ \begin{array}{l} 农户_1 \left(土地保留，土地流转\right)，\ 农户_2 \left(土地保留，土地流转\right)，\cdots， \\ 农户_{n-1} \left(土地保留，土地流转\right)，\ 农户_n \left(土地保留，土地流转\right) \end{array} \right\}$$

那么，考虑两种极端的情况：第一种，如果所有农户都选择保留，此时，家庭农场主可集中起来的土地面积为 0；第二种，如果所有农户都选择流转土地，此时，家庭农场主可集中起来的土地面积为 S。由于农户流转土地与否和家庭农场主给出的租金水平密切相关，因此，在正常租金价格水平下，农户选择保留土地甘做"钉子户"的概率 $p_1 = a - bR$，此时，家庭农场可以集中起来的土地面积为

$$S_1 = (1 - p_1) \times S$$

可以获得的利润为

$$\pi_1 = (1 - p_1) \times S \times (M_1 - C_1 - R + f) - p_1 \times n \times B - (1 - p_1) \times n \times C_2 \tag{2-1}$$

家庭农场主为了降低选择土地保留的农户数量，可以在原有土地租金基础上增加 ΔR。此时，"钉子户"的产生概率 $p_2 = a - b(R + \Delta R)$，家庭农场可以集中起来的土地面积为

$$S_2 = (1 - p_2) \times S$$

可以获得的利润为

$$\pi_2 = (1 - p_2) \times S \times (M_1 - C_1 - R - \Delta R + f) - p_2 \times n \times B - (1 - p_2) \times n \times C_2 + T_1 \tag{2-2}$$

将 p_2 的函数关系式入式 (2-2)，然后展开就可以得到 π_2 的函数关系式

$$\pi_2 = S \times \left\{ (1 - a + bR)(M_1 - C_1 - R + f) + \left[b(M_1 - C_1 - R + f) - (1 - a + bR) \right] \Delta R - b \Delta R^2 \right\} - \\ bn(B - C_2)\Delta R - n(a - bR)B - n(1 - a + bR)C_2 + T_1 \tag{2-3}$$

通过观察式 (2-3) 可以发现 Π_2 的函数关系式是一个关于 ΔR 的一元二次方程，那么，家庭农场主利润最大化的一阶条件为

$$\frac{\partial \pi_2}{\partial \Delta R} = S \left[-2b\Delta R + b(M_1 - C_1 - R + f) - (1 - a + bR) \right] - bn(B - C_2) = 0$$

求解得到

$$\Delta R^* = \frac{bS(M_1 - C_1 - R + f) - (1 - a + bR)S - nb(B - C_2)}{2bS}$$

$$= \frac{1}{2} \left[(M_1 - C_1 + f) + \frac{n(C_2 - B)}{S} - \frac{1 - a}{b} \right] - R \tag{2-4}$$

从式 (2-4) 中可以看出，土地租金的最优增加额 ΔR^* 与家庭农场土地适度规模经营状态下单位土地面积总收益 (M_1)、政府给予家庭农场单位土地面积的补贴 (f)、家庭农场主与单个农户的平均交易成本 (C_2) 这三项因素呈正相关，与家庭农场土地适度规模经营状态下单位土地面积的生产资料支出 (C_1)、初始土地租金 (R)、"钉子户"给家庭农场主带来的经济损失 (B) 这三项因呈负相关。那么，博弈均衡策略在土地租金最优增加额的情况

下家庭农场主可集中的土地总面积和农户可获得的租金收益，即

$$\left\{\left[1-a+b(R+\Delta R^*)\right]S,(R+\Delta R^*)\right\}$$

将 ΔR^* 的数值带入，可得到均衡策略集为

$$\left\{\left[\frac{1-a}{2}+\frac{b}{2}(M_1-C_1+f)\right]S+\frac{bn}{2}(C_2-B),\frac{1}{2}\left[(M_1-C_1+f)+\frac{n(C_2-B)}{S}-\frac{1-a}{b}\right]\right\} \quad (2\text{-}5)$$

当然，家庭农场主可承受的土地租金不可能是无限制增长的。根据笔者 2017 年 7—8 月在湖北省、江苏省、山东省和四川省对 349 户家庭农场的调研情况，土地租金大致属于下列两种状态。

第一，一般而言，土地租金处于传统小农经营状态下种植粮食作物单位土地面积能够获得的总收益 (M_i) 与种子、化肥、农药等生产成本 (C_i) 的差值之间。此时，家庭农场主不仅占有了传统小农分散经营状态下的部分利润，而且还完全占有了土地适度规模化经营相对传统小农经营而言的增值利润。

第二，在家庭农场土地规模化集中后，部分家庭农场主会调整农业生产结构。例如，湖北省荆州市监利县的家庭农场主由原来单纯水稻种植转变为"稻虾共养"，江苏省徐州市新沂市时集镇的家庭农场主由原来的小麦和玉米种植转变为葡萄等经济作物种植，此时，家庭农场的增值收益主要由两部分构成：①土地集中成片经营相较传统农户分散经营所带来的增值收益 (Y_1)；②种养结合、经济作物取代传统粮食作物种植所带来的增值收益 (Y_2)。考虑到农户可能犯"眼红病"提前中止合同而收回土地，此时，家庭农场主可以接受以土地租金的形式让渡出全部增值收益 (Y_1)，甚至愿意让农户参与共享部分增值收益 (Y_2)。需要说明的是，政府给家庭农场主的土地规模化经营补贴 (f) 不应计算在增值利润范围之内。首先，对家庭农场的补贴并非在全国范围内普遍存在；其次，补贴属于政府专门给家庭农场主的兜底性保障，如果再拿出来与农户分享，有违政策本意。

综上，本研究定义两种不同土地租金容忍度的家庭农场主。在第一种状态下的家庭农场主为土地租金低容忍度。此时，土地租金的最优增加值应该满足

$$(M_i-C_i)_{min} < \Delta R^* + R \leqslant (M_i-C_i)_{max} < (M_1-C_1)$$

也即

$$(M_i-C_i)_{min} < \frac{1}{2}\left[(M_1-C_1+f)+\frac{n(C_2-B)}{S}-\frac{1-a}{b}\right] \leqslant (M_i-C_i)_{max} < (M_1-C_1) \quad (2\text{-}6)$$

第二种状态下的家庭农场主为土地租金高容忍度。此时，土地租金的最优增加值应该满足

$$(M_i-C_i)_{min} \leqslant \Delta R^* + R < (M_1-C_1) + Y_2$$

也即

$$(M_i-C_i)_{min} \leqslant \frac{1}{2}\left[(M_1-C_1+f)+\frac{n(C_2-B)}{S}-\frac{1-a}{b}\right] < (M_1-C_1)+Y_2 \quad (2\text{-}7)$$

从式(2-7)中可以看出，如果家庭农场主给出的土地租金小于或等于 $(M_i-C_i)_{min}$ 时，所有农户都会选择保留土地。在家庭农场主为土地租金低容忍度时，当支付的土地租金在 $[(M_i-C_i)_{max},M_1-C_1]$ 时，所有农户会选择转出承包地，那么，理性的家庭农场主给出的

最高土地租金为 $(M_i-C_i)_{max}$。在家庭农场主为土地租金高容忍度时，那么，就涉及 Y_2 的合理分成问题，当然，家庭农场主不可能将 Y_2 全部转给农户，假设农户可以分得的比例为 $\alpha(0<\alpha<1)$，那么，当家庭农场主支付的土地租金达到 $(M_1-C_1)+\alpha Y_2$ 时，所有农户都会选择转出承包地。然而，无论家庭农场主是哪种土地租金承受类型，家庭农场将最适宜的土地规模 (S) 都集中起来在经济上并非一定是最优的，如果由于土地租金没有达到让所有农户均选择流转土地的程度，但是所节约的土地租金额大于由此所产生的"钉子户"给家庭农场带来的经济损失额时，家庭农场主可以不以追求土地集中连片转而以容忍个别"钉子户"的存在为最佳决策。

4. 结论

第一，家庭农场主想要取得一定区域范围内的整片土地从事规模化经营，不可避免要与众多农户围绕土地流转进行谈判协商，当然，土地流转价格是谈判的核心和关键。虽然农户转出的土地存在着稀缺性和增值性的特征，但是家庭农场主投身农业生产经营获得的利润空间有限且自身也存在着合理的利润诉求，因此，科学合理地界定土地流转价格，才能激发两者同时参与土地流转市场的积极性。那么，鉴于农户持有物权属性的土地承包经营权且有合理的租金调价需求，家庭农场主就要凭借自身资金、管理、技术等优势，努力追求土地规模经济的最优值，并谋求将生产成本降至最低。同时，政府为鼓励家庭农场从事土地规模化经营应给予一定的补贴，并应该通过明晰农地产权、搭建农地权利流转交易平台等方式降低交易成本，为家庭农场的发展创造良好的政策环境。

第二，家庭农场土地租金的最优增加额度与 M_1、f、C_2 这三要素呈正相关，与 C_1、R、B 这三要素呈负相关，其中比较难以理解的是 C_2 和 B 这两个因素，由于交易成本 C_2 是家庭农场主和农户达成土地流转协议和维持土地持续经营状态所必须支付的成本，除非农户打消转变成家庭农场主的念头。B 的数值越大，说明"钉子户"对家庭农场的影响和威胁也就越大，在农户享有物权性质土地承包经营权、家庭农场主不能强制农户流转土地而只能通过调整租金的方式加以引导的情况下，如果合理的土地租金不能满足"钉子户"的利益诉求，那么家庭农场主宁愿承受土地不集中成片，也不会选择通过支付高额不合理租金的方式来迎合"钉子户"的敲竹杠行为，以昭示家庭农场主维持合理租金范围的态度。因为，如果家庭农场主惧怕"钉子户"给家庭农场主后期生产经营带来的经济损失 (B) 而选择增加高额租金，无疑会陷入租金越涨越高的恶性循环。

第三，家庭农场主分为两种类型：土地租金低容忍度和土地租金高容忍度。如果家庭农场转入成片集中土地后将传统的粮食作物种植转变为种养结合或瓜果蔬菜等经济作物种植，不仅可以获得土地规模化经营相较传统农户分散经营的增值利润，而且还可以获得农业生产结构转变带来的新利润"增长点"。家庭农场主的盈利高低与土地租金的支付能力是密切相关的，家庭农场生存和发展的前提是长期持续拥有成片集中的土地，那么，为了使得"契约式"合并起来的土地的地权更加稳固，以实现地权稳定性对家庭农场主长期持续投资的有效激励，在家庭农场主与众多分散农户之间构建起紧密的利益共同体就显得尤为必要，这就需要家庭农场主在合理确定土地租金的基础上再辅以租金动态调整机制让渡部分超额利润，真正实现"利益均沾"。

(二)在农地权利流转交易合同执行期限内，家庭农场正常运营阶段，家庭农场主与农户之间的博弈

1. 相关假设

假设1：家庭农场通过农地权利流转交易集中起适度规模土地后在生产经营过程中参与的主体有两个：家庭农场主和转出土地的农户(m个)，且参与博弈的双方都符合"理性—经济人"假说，都以实现家庭内部收益最大化为目标。

假设2：家庭农场主有两种土地租金方案：正常租金(R_1)和低租金(R_2)，$R_1 > R_2$，相应地，农户有不违约和违约敲竹杠两种策略。如果农户选择中途违约敲竹杠则可能存在着两种结果：第一，敲竹杠成功，农户可以获得额外的租金收益(ΔR)；第二，敲竹杠失败，农户则只能获得种植粮食作物单位土地可以获得的总收益(M_i)，且要自己承担单位面积上的种子、化肥、农药、机械等生产成本(C_i)。农户还要承担为敲竹杠而花费的时间和精力成本(E)，以及承担违约金的惩罚额度(Y)。同时，普通农户转出农地有助于腾出时间从事非农生产，增加经济收益。因此，农户自己耕种土地还需要耽误一定的时间，意味着农户将丧失从事其他务工投入而能赚取的收益，这一机会成本为C_1。家庭农场如果接受敲竹杠，不仅需要支付额外的租金(ΔR)，而且需要承担其他($m-1$)个农户跟风敲竹杠的可能，假设可能跟风敲竹杠农户的比例为δ($0 \leqslant \delta \leqslant 1$)。

假设3：家庭农场主集中的适度规模土地上存在着m个农户，在其余($m-1$)个农户都选择中途不违约，正常合理租金水平下，($m-1$)个农户流转交易给家庭农场主的土地可以保证家庭农场获得的稳定利润为π_1，在低租金水平下，家庭农场可以获得的稳定利润为π_2，且$\pi_1 < \pi_2$。

假设4：土地经营存在着规模经济，家庭农场规模化经营单位土地面积的总收益为M_1，$M_1 > M_i$，单位土地面积上投入的种子、化肥、农药、机械等生产成本为C_2，$C_2 < C_i$，且家庭农场主经营的单位土地面积可以获得的政府补贴为f。

假设5：如果农户中途违约敲竹杠失败，则该农户直接变成家庭农场成片集中土地上的"钉子户"，这会对家庭农场后期生产经营带来负面影响，设每个"钉子户"给家庭农场造成的总经济损失为B。

2. 博弈分析

根据假设条件构建家庭农场主在集中成片规模化土地后的正常生产经营阶段与众多农户围绕土地问题的博弈树(图2-2)。

如图2-2所示，在家庭农场主选择合理租金(R_1)时，农户在土地流转合同期内选择不违约，则农户可以获得的收益为R_1，家庭农场主可以获得的收益为$\pi_1 + M_1 - C_2 - R_1 + f$，如果农户选择违约敲竹杠，因为家庭农场主已经支付了合理的租金(R_1)，租金已经支付得比较合适，故而没有多少提价空间。同时，如果家庭农场主答应给敲竹杠的农户提价(ΔR)，则可能面临着其他($m-1$)个农户跟风提价的问题，此时，家庭农场主还将面临着损失$\delta(m-1)\Delta R$收益的风险。另外，就算单一农户选择违约，家庭农场土地内部会存在一个"钉

子户"，给后期生产经营带来障碍的成本 (B) ，但是相较土地租金涨价额度 (ΔR) 及其他农户后续跟风涨价的风险，在合理租金水平下，家庭农场主一般而言是不会理会以违约相要挟的敲竹杠农户的。那么，在合理租金水平下，要使家庭农场主和农户之间的博弈策略稳定在{合理租金，不违约敲竹杠}，就需要满足如下条件。

$$\pi_1 + M_1 - C_2 - R_1 + f > \pi_1 - B \tag{2-8}$$

$$R_1 > M_i - C_i - C_1 - Y - E \tag{2-9}$$

从式 (2-8) 中可以得出， $M_1 - C_2 - R_1 + f > -B$ ，即家庭农场集中成片土地进行规模化经营获得的纯利润再加上政府给予的补贴大于农户成为"钉子户"带来的利润降低额 (B) 的负值。一般而言，即使不考虑政府部门给予的财政补贴 (f) ，家庭农场在正常年份下的纯利润也是大于零的。从式 (2-9) 中可以看出，农户选择不违约的条件要满足，家庭农场主支付的合理租金水平大于农户自己经营土地赚取的纯利润减去丧失的机会成本与违约面临的惩罚成本。要使该条件满足，就应该加大对违约农户的处罚力度。同时，使农户自己经营土地面临的机会成本足够高，通常农户外出务工是很难兼顾家里的土地的，因为往返路费与耽误的务工时间都是一笔不小的开支。

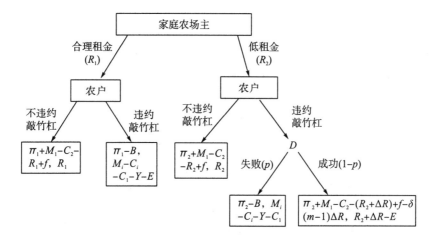

图 2-2　农户与家庭农场主农地权利流转交易期内违约问题博弈分析

在家庭农场主选择低租金的状况下，如果农户选择不违约敲竹杠，获得的收益为 R_2 ，严格低于{合理租金，不违约敲竹杠}时获得的收益 (R_1) 。当农户选择违约敲竹杠时，在 D 点家庭农场主可以获得的预期收益为 U_1 ，农户可以获得的预期收益为 U_2 ，则

$$U_1 = p \times (\pi_2 - B) + (1-p) \times \left[\pi_2 + M_1 - C_2 - (R_2 + \Delta R) + f - \delta(m-1)\Delta R\right]$$

$$U_2 = p \times (M_i - C_i - Y - C_1) + (1-p) \times (R_2 + \Delta R - E)$$

如果要使家庭农场主与农户之间的最终战略稳定在{合理租金，不违约敲竹杠}，那么就要满足如下两个条件。

第一，在低租金状态下，农户选择违约敲竹杠策略，其在 D 点获得的预期收益 (U_2) 要大于在{低租金，不违约敲竹杠}时获得的收益，即

$$p \times (M_i - C_i - Y - C_1) + (1-p) \times (R_2 + \Delta R - E) > R_2 \tag{2-10}$$

求解式(2-10)可以得到

$$\Delta R - E > \frac{p}{1-p}\left(R_2 - M_i + C_i + Y + C_1\right) \tag{2-11}$$

如果式(2-10)不成立,则农户会选择维持低租金的状态,这时家庭农场主因为支付给农户的租金是低于合理正常值的,取得了超额的经济利润,所以,这种状态不利于保护农户利益。

第二,在低租金状态下,农户选择违约敲竹杠策略时,家庭农场主和农户获得的预期收益$[U_1, U_2]$要严格劣于{合理租金,不违约敲竹杠}的收益$[\pi_1 + M_1 - C_2 - R_1 + f, R_1]$,即

$$\begin{aligned} p \times (\pi_2 - B) + (1-p) \times \left[\pi_2 + M_1 - C_2 - (R_2 + \Delta R) + f - \delta(m-1)\Delta R\right] \\ < \pi_1 + M_1 - C_2 - R_1 + f \end{aligned} \tag{2-12}$$

$$p \times (M_i - C_i - Y - C_1) + (1-p) \times (R_2 + \Delta R - E) < R_1 \tag{2-13}$$

求解式(2-12)和式(2-13)分别可以得到

$$\Delta R > \frac{R_1 + (\pi_2 - \pi_1) - (1-p)R_2 - p(M_1 - C_2 + f) - pB}{(1-p)\left[1 + \delta(m-1)\right]} \tag{2-14}$$

$$\Delta R - E < \frac{R_1 - p(M_i - C_i - Y - C_1)}{1-p} - R_2 \tag{2-15}$$

如果式(2-10)成立,而式(2-15)不成立,那么就意味着农户选择违约敲竹杠策略时的纯收益增量$(\Delta R - E)$足够大,使得农户更倾向于选择违约敲竹杠策略。要保证式(2-15)成立,就应当:①增大农户中途违约敲竹杠的惩罚额度(Y),使得农户因不遵守契约而遭受的罚金足够高。②提高农户违约敲竹杠而花费的时间和精力成本(E),即家庭农场主不应轻易答应而纵容农户中途违约敲竹杠的行为,需要与他们进行多轮谈判和周旋。③提高农户自己耕种土地而丧失从事其他行业所赚取的机会成本(C_1),即家庭农场主不仅要租赁农户的土地,同时应把农场雇用工人劳动和租赁农业机械等机会向转出土地的农户倾斜,另外,政府也应该多为转出土地农户寻找外出务工的机会,这就足以提高农户选择中途违约、自己耕种土地而放弃流转土地的机会成本。

如果式(2-10)成立而式(2-14)不成立,使得家庭农场主在农户选择违约敲竹杠时的预期收益高于{合理租金,不违约敲竹杠}的收益,这是一种不正常的状态。要保证式(2-14)成立,就应当:①当农户违约敲竹杠成功时,其他农户$(m-1)$跟风违约敲竹杠的数量足够多,即δ和m值都较大。②$(\pi_1 - \pi_2)$之间的差值足够小,即家庭农场主通过降低租金而获得的利润空间有限。③增大农户中途违约成为"钉子户"给家庭农场后期生产经营带来的成本(B)。④降低政府给家庭农场土地规模化经营的财政补贴额度(f)。

(三)在农地权利流转交易合同期限届满时,家庭农场主与农户围绕合同续约问题的博弈分析

1. 相关假设

假设1:在家庭农场通过农地权利市场流转交易获得适度规模化土地过程中参与的主体主要有两个,即家庭农场主和转出土地的农户,且参与博弈的双方都满足"理性—经济

人"假说。

假设 2：家庭农场主与农户签订的一轮土地合同期限均为 n，初始土地租金为 R。在每轮土地合同届满时，家庭农场在支付土地流转租金上有两种策略可以选择：固定租金不变型和租金动态增长型。在固定租金不变型的情况下，家庭农场主支付给农户的租金不考虑时间的变化会持续保持不变；在租金动态增长型的情况下，在每轮农地权利流转交易约定的合同期限届满时，下一轮合同期内土地租金数额较上一轮合同期的增长率为 $r(r>0)$。

假设 3：在一轮农地权利流转交易合同届满时，农户可以选择续签农地权利流转交易合同，继续流转土地给家庭农场主，也可以选择不再续签农地权利流转交易合同，收回土地自己耕种。如果农户续签农地权利流转交易合同，则可以按照合同约定获得相应的租金；如果不再续签农地权利流转交易合同，则农户只能得到单位面积土地耕种带来的总收益 (M_i)，同时，要承担单位土地面积花费的种子、化肥、农药、机械使用等生产成本 (C_i)，在农户种地获得的总收益和支出的生产成本均为正常年份下的状态，则有 $M_i>C_i$。然而，农户自己耕种土地需要耽误一定的时间，意味着他们将丧失从事其他务工投入而能赚取的收益，这一机会成本为 C_1。由于农户是理性经济人，他们是不会容忍机会成本过高而导致农业收益为负值的情况发生的，即 $M_i-C_i-C_1>0$。

假设 4：家庭农场集中的适度规模土地上存在 m 个农户，其余 $(m-1)$ 个农户都选择续签农地权利流转交易合同，在固定租金不变型策略下，$(m-1)$ 个农户流转交易给家庭农场的土地，可以保证家庭农场主赚取的稳定利润为 π_1；在租金动态增长型策略下，$(m-1)$ 个农户流转交易给家庭农场的土地，家庭农场主可以赚取的稳定利润为 π_2，且 $\pi_1 \geqslant \pi_2$。

假设 5：如果农户继续签订农地权利流转交易合同，家庭农场主单位土地面积规模化经营总收益为 M_1，单位土地面积需要支付的种子、化肥、农药、机械使用等生产成本为 C_2，且 $M_1>M_i$，$C_2<C_i$。如果农户不继续签订农地权利流转交易合同，该农户会成为家庭农场成片土地上的"钉子户"，这将对家庭农场后期生产经营带来负面影响，假设每个"钉子户"给家庭农场造成的总经济损失为 B。

假设 6：政府为鼓励发展现代农业、土地适度规模化经营，给予家庭农场单位土地面积的规模化经营补贴为 f。

假设 7：家庭农场和农户之间的农地权利流转交易合同可以一直签订 s 轮，在租金动态增长模式下，家庭农场可以承受的租金不可能无限制地增长，是存在最大极限值的，且此极限值为 R_{max}。

假设 8：发展家庭农场需要一笔前期数额不菲的投资 K，家庭农场主每年需要提取一部分利润 g 作为家庭收入、储备金。

2. 博弈分析

根据假设条件构建在农地权利流转交易期限届满时家庭农场主与农户围绕合同续约问题的博弈树(图 2-3)。

从图 2-3 中可以看出，在家庭农场主选择固定租金不变策略时，如果农户选择续签农地权利流转交易合同获得的收益为 R，家庭农场主可以获得的收益为 $\pi_1+M_1+f-C_2-R$，农户选择不再续签农地权利流转交易合同时可以获得的收益为 $M_i-C_i-C_1$，家庭农场主可以

获得的收益为 π_1-B。因此，如果在家庭农场主选择固定租金不变策略时，要实现让农户选择续签农地权利流转交易合同，且家庭农场主和农户都没有偏离这一博弈均衡点的意愿，则必须同时满足

$$\pi_1+M_1+f-g-C_2-R>\pi_1-B-g \tag{2-16}$$

$$R>M_i-C_i-C_1 \tag{2-17}$$

求解式(2-16)可以得到：$M_1+f-C_2-R>-B$，即家庭农场获得农户的土地进行规模化经营得到的纯利润(土地总收益与政府补贴之和减去生产成本与土地租金)不低于由于农户不再续签合同作为"钉子户"而造成的额外成本(B)的负值即可。从式(2-17)中可以看出，农户续签农地权利流转交易合同可以获得的租金应大于自己耕种土地的纯利润减去因耕种土地所造成的机会成本损失。

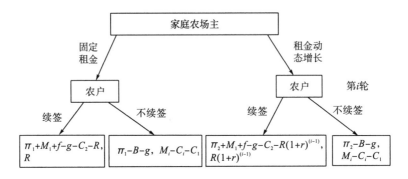

图2-3　农地权利流转交易合同期届满家庭农场主与农户围绕合同续期博弈分析

在家庭农场主选择租金动态增长型策略时，在第 i 轮，如果农户续签农地权利流转交易合同，可以获得的收益为 $R(1+r)^{(i-1)}$，家庭农场主可以获得的收益为 $\pi_2+M_2+f-g-C_3-R(1+r)^{(i-1)}$；如果农户不再续签农地权利流转交易合同，可以获得的收益为 $M_1-C_1-C_2$，家庭农场主可以获得的收益为 π_2-B-g。因此，要让农户选择续签合同，且家庭农场主和农户都没有偏离的意愿，则必须同时满足

$$\pi_2+M_1+f-g-C_2-R(1+r)^{(i-1)}>\pi_2-B-g \tag{2-18}$$

$$R(1+r)^{(i-1)}>M_i-C_i-C_1 \tag{2-19}$$

求解式(2-18)可以得到 $M_1+f-C_2-R(1+r)^{(i-1)}>-B$，由于在租金动态增长型策略下，家庭农场主支付的土地租金一直在持续动态增长，那么，不可避免在某一轮农地权利流转交易合同期限届满时会因为支付的租金过高而达到式(2-18)满足条件。求解 $R(1+r)^{(i-1)}<M_1+f-C_2+B$，可以得到轮数 i 要满足的条件为

$$i-1<\frac{\ln\left(\dfrac{M_1+f-C_2+B}{R}\right)}{\ln(1+r)} \tag{2-20}$$

求解式(2-19)，可以得到 $R(1+r)^{(i-1)}>M_i-C_i-C_1$，即在租金动态增长的模式下，在第 i 轮农地权利流转交易合同签订时，农户获得的土地租金收益要高于自己经营土地的纯利润与自己转出土地从事其他行业劳动可以赚取的收益之差。由于家庭农场主支付的土地租金

会一直在持续动态增长，那么，在某新一轮农地权利流转交易合同期内，肯定会达到满足式(2-19)，则求解 $R(1+r)^{(i-1)}>M_i-C_i-C_1$，可以得到轮数 i 需要满足的条件为

$$i-1>\cfrac{\ln\left(\cfrac{M_i-C_i-C_1}{R}\right)}{\ln(1+r)} \qquad (2-21)$$

根据假设条件，$M_i-C_i-C_1<M_1-C_2+f+B$ 是成立的。那么，如果家庭农场主和农户之间都选择续签农地权利流转交易合同的博弈均衡策略，则家庭农场主和农户签订土地承包合同的轮数应该满足

$$\cfrac{\ln\left(\cfrac{M_i-C_i-C_1}{R}\right)}{\ln(1+r)}<i-1<\cfrac{\ln\left(\cfrac{M_1+f-C_2+B}{R}\right)}{\ln(1+r)} \qquad (2-22)$$

由于家庭农场土地租金固定动态增长，不排除家庭农场放弃该农户而另寻其他农户谈判达成交易的可能性。假设农户在第 t 轮($t<s$)选择不再续签土地合同，家庭农场主可以从其他农户处转入同样数量的耕地作为代替，此时，为新加入的农户所支付的租金数额按照第一轮农地权利流转交易合同重新开始来计算。但由于该农户的土地与原 $(m-1)$ 个农户的土地不集中成片，因此家庭农场主需要额外支付交通、机械空转等成本 (C_3)。那么，在以下条件成立时，家庭农场主可以容忍集中起来的土地不成片。

$$\pi_2+M_1-C_2+f-g-R(1+r)^{(t-1)}<\pi_2+M_1-C_2+f-g-R-C_3-B \qquad (2-23)$$

求解式(2-23)可以得到

$$t-1>\cfrac{\ln\left(1+\cfrac{C_3+B}{R}\right)}{\ln(1+r)} \qquad (2-24)$$

那么，在式(2-24)成立时，家庭农场主可以容忍集中起来的土地不成片。同时，家庭农场主支付的土地租金是不可能无限制地增长的，要有一个"度"(R_{max})，否则，家庭农场主会因为支付的土地租金过高而亏损。一般而言，家庭农场转入土地从事规模化经营支付给农户土地租金的最高额度应该控制在 (M_i-C_i) 以内，在这种情况下，家庭农场主属于"租金低容忍度"。此时，家庭农场主不仅可以赚取规模化经营带来的超额利润部分 $(M_1-M_i+C_i-C_1)$，而且能够赚取传统小农经营状态下的部分利润，也即

$$R(1+r)^{(i-1)}<M_i-C_i \qquad (2-25)$$

求解式(2-25)可以得到

$$i-1<\cfrac{\ln\cfrac{M_i-C_i}{R}}{\ln(1+r)} \qquad (2-26)$$

然而，家庭农场主不仅可以获取规模化经营带来的超额利润 $(M_1-M_i+C_i-C_2)$，而且还可以获得因为农业生产结构调整，从事经济作物种植或种养结合带来的利润增量。如果家庭农场主愿意选择以土地租金的形式让利给农户，不仅可以让渡全部传统小农经营状态下的利润，而且还可以让渡部分规模化经营或者转变农业生产结构而带来超额利润，此时，家庭农场主属于"租金高容忍度"，也即

$$M_i - C_i < R(1+r)^{(i-1)} < M_1 - C_2 \quad (2\text{-}27)$$

求解式(2-27)，可以得到

$$\frac{\ln \dfrac{M_i - C_i}{R}}{\ln(1+r)} < i - 1 < \frac{\ln \dfrac{M_1 - C_2}{R}}{\ln(1+r)} \quad (2\text{-}28)$$

如果家庭农场主属于"租金低容忍度"的类型，那么联立式(2-22)和式(2-26)，可以得到的最终均衡策略为

$$\frac{\ln\left(\dfrac{M_i - C_i - C_1}{R}\right)}{\ln(1+r)} < i - 1 < \frac{\ln\left(\dfrac{M_i - C_i}{R}\right)}{\ln(1+r)} \quad (2\text{-}29)$$

如果家庭农场主属于"租金高容忍度"的类型，那么联立式(2-22)和式(2-28)，可以得到的最终均衡策略为

$$\frac{\ln \dfrac{M_i - C_i}{R}}{\ln(1+r)} < i - 1 < \frac{\ln \dfrac{M_1 - C_2}{R}}{\ln(1+r)} \quad (2\text{-}30)$$

通过对比发现，家庭农场主选择固定租金不变型合同和租金动态增长型合同策略下，在农户选择续签时，收益分别为 R 和 $R(1+r)^{(i-1)}$，家庭农场主的收益分别为 $\pi_1 + M_1 + f - g - C_2 - R$ 和 $\pi_2 + M_1 + f - g - C_2 - R(1+r)^{(i-1)}$，可以看出，在第一轮农地权利流转交易合同周期内，家庭农场主选择固定租金不变策略和租金动态增长型策略，家庭农场主和农户获得的收益都没有差异。但是只要农地权利流转交易合同超过一轮，那么，在租金动态增长型策略下，农户可以获得更高的收益，而家庭农场主则因为需要支付更高的土地租金而导致利润下降。所以，在这种状态下，家庭农场主是倾向于选择固定租金不变型策略，而农户倾向于选择租金动态增长型策略。那么，这个冲突的解决就成为矛盾的关键所在。

根据假设条件可知，家庭农场主发展土地规模化经营需要前期投入一笔不菲的资金（K），这部分投资是需要经过后期的生产运营收回来的。这里不计算资金的时间价值，那么在第一轮农地权利流转交易合同期结束时，家庭农场主获得的收益总额 $Z = n \times \left[(\pi_2 + M_1 + f - C_2 - R) - g \right]$，这就需要对比 Z 和 K 的大小。

如果 $Z = n \times \left[(\pi_2 + M_1 + f - C_2 - R) - g \right] > K$，则表明家庭农场主在第一轮农地权利流转交易合同期内已经收回全部投资，那么，家庭农场主接下来需要考虑的问题为：第一，是继续从事农业，发展家庭农场，还是退出家庭农场，转投其他行业？第二，如果选择继续从事农业、投身家庭农场事业，选择采取固定租金不变型合同，而其他家庭农场主选择租金动态增长型合同，那么在经济利益的驱使下农户会大量违约，致使家庭农场赖以生存和发展的土地基础都不复存在了；如果选择采取租金动态增长型合同，家庭农场主就要考虑租金动态增长到什么程度而导致利润下降到什么程度时自己不能接受这一现实问题，判断自己到底是"租金高容忍度"类型，还是"租金低容忍度"类型。

如果 $Z = n \times \left[(\pi_2 + M_1 + f - C_2 - R) - g \right] < K$，那就意味着家庭农场主经过第一轮农地权利流转交易合同期并没有全部收回投资，如果在此时就选择退出家庭农场，转投其他行业，就意味着前期投资未收回进而造成亏损。为避免流转土地给家庭农场主的农户因租金对比

而流失，维持家庭农场的正常运营，此时，只能选择租金动态增长策略。假设经过 h 轮农地权利流转交易合同期家庭农场主能够收回全部投资，那么，可以计算出农地权利流转交易合同轮数应该满足

$$n\big[(\pi_2+M_1+f-C_2-R)-g\big]+n\big\{\big[\pi_2+M_1+f-C_2-R(1+r)\big]-g\big\}+\cdots$$
$$+n\big\{\big[\pi_2+M_1+f-C_2-R(1+r)^{(h-1)}\big]-g\big\}\geqslant K \tag{2-31}$$

通过计算式（2-31）可以得出

$$h\big[(\pi_2+M_1+f-C_2)-g\big]-R\frac{(1+r)^h}{r}\geqslant \frac{K}{n}$$

即

$$h\big[(\pi+M_1+f-C_2)-g\big]-\frac{K}{n}>R\frac{(1+r)^h}{r} \tag{2-32}$$

式（2-32）是一个含有指数函数和一元线性函数的关系式，可以通过构造图形的方式加以求解，如图 2-4 所示，一元线性回归函数 $y=h\big[(\pi+M_1+f-C_2)-g\big]-\dfrac{K}{n}$ 与纵横坐标分别交叉于 A 点 $\left(0,\dfrac{K}{n}\right)$ 和 B 点 $\left(\dfrac{K}{n(\pi+M_1+f-g-C_2)},0\right)$，指数函数 $y=R\dfrac{(1+r)^h}{r}$ 与纵坐标交于 C 点 $\left(0,\dfrac{R}{r}\right)$，且两个函数相交于两点 D 和 E，纵坐标对应的 h 值分别为 h_1 和 h_2。由于 h_1 小于 0，因此，h_2 即为满足家庭农场主收回全部投资时的农地权利流转交易合同签约轮数。

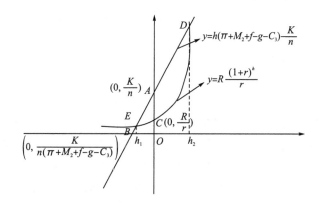

图 2-4　家庭农场收回投资的合同轮数函数关系式求解示意图

第三节　基于有序 Probit 模型的家庭农场土地适度规模经营的现实影响因素实证分析

（一）国内外研究综述

理论界对家庭农场土地适度规模经营的影响因素进行了一定程度的研究，主要包括个

体因素、家庭因素、区域因素和政策因素等方面。第一，在个体因素方面，万宝瑞和李存估(1986)认为，在同样的生产条件下，主事者经营管理能力不同，土地适度经营规模也不同。因此，在确定家庭农场经营规模时，必须考虑与其相适应的自身经营能力。陈秋分等(2009)研究发现，户主就业非农化程度越高，农地规模经营意愿越弱。陈新建和董涛(2014)研究发现，农户年龄是扩大土地经营规模的最为显著的负面影响因素，农户的年龄每提高一个等级，农户的土地规模意愿发生概率只相当于原来的70.2%。高阔和甘筱青(2015)认为，家庭农场的管理水平将制约其管理幅度和家庭农场的经营规模，而家庭农场的管理水平受到经营者(农场主)的管理经验及受教育和相关培训进修程度的影响。第二，在家庭因素方面，肖娥芳和祁春节(2014)指出，家庭承包地总面积对农户扩大经营规模的意愿有显著的正影响。袁子坤(2016)认为，自有劳动力是家庭农场的生产力中最基本的要素，自有劳动力数量、素质和经营管理水平都直接影响土地经营规模。钱文荣和张忠明(2007)研究发现，农民土地意愿经营规模受家庭劳动力数量和农地经营面积的正影响。万宝瑞和李存估(1986)认为，确定家庭农场土地适度经营规模时，首先要考虑劳动效率这个因素，即自有的劳动力、机具和畜力的结构及其相互替换关系。Deolalikar(1981)认为，农业技术水平越高，它的最佳规模经营度就越高。第三，家庭农场自身因素方面，任晓娜等(2015)认为，是否签订正式土地流转合同与经营规模呈极显著性正相关关系，土地年租金、租金确定形式、租入方式、租赁期限与经营规模有极显著或显著的负影响。陈慧(2016)认为，家庭农场土地规模和总收入、总支出、投入产出率之间存在正相关性，相关程度因种植类型不同而存在差异；家庭农场的自有资金能满足农业生产对其土地规模经营意愿的影响为正。第四，在区域因素方面，陈纪平(2012)认为，家庭农场是现代农业的最佳生产组织形式，家庭农场的规模大小取决于农业中土地面积与家庭数目的相对比例。曹东勃(2013)认为，农业适度规模经营因自然条件等影响因素而显示出一定的地域差异，张学艳(2015)认为，由于土地集中连片难，流转的土地有限，家庭农场结构根据当地实际土地状况，规定了适度的土地规模，家庭农场主无法根据自己的意愿或能力来确定农场的经营规模。伍耀规(2014)认为，适度规模的家庭农场单纯依靠农户自身的能力和力量难以支撑，尤其是在技术、信息、市场、融资等方面存在软肋，急需提供产前、产中、产后一体化服务的社会化服务体系。第五，在政策因素方面，杨倩倩等(2012)认为，土地规模经营优惠政策有助于推进土地规模经营。伍耀规(2014)认为，融资成本加大和市场风险的双重压力，导致家庭农场对银行信贷望而却步，融资难题已成为制约家庭农场扩大经营规模的最大瓶颈，家庭农场的融资难易度和政府补贴优惠均对家庭农场规模经营意愿有着负向影响关系。

表 2-1 所示为学术界关于家庭农场土地适度规模经营影响因素及方向。

表2-1 学术界关于家庭农场土地适度规模经营影响因素及方向

作者与文献年份	区域因素					家庭农场自身因素						土地流转因素								家庭因素							个人因素							政策制度因素			
	农业资源禀赋丰富程度	区域人口总数	种植制度条件	劳动力雇佣价格	社会化服务体系	总收入	总支出	投入产出率	技术条件	自有资金	是否注册	土地租金	土地租入方式	是否签订合同	物质投入	土地确权	租金定价方式	合同期限	土地流转难易程度	土地承包地面积	土地总面积	是否有过土地租赁行为	劳动力人数	总人数	非农收入占家庭总收入的比重	农业生产资本投入	性别	年龄	教育水平	种植经历	经营能力	就业非农化程度	对市场风险的担忧	政府补贴	农业技术培训	贷款环境	配套建设用地
陈慧 (2016)						+	+	+		+	+																		-									
任晓娜、孟庆国等 (2015)								+						+				-																	+		+
陈秋分、刘彦随、瞿荣新 (2009)		+								+						-	-	-																	+		
陈新建、董涛 (2014)																			+			+													+		
万宝瑞、李存佐 (1986)			±						+					+																							
肖娥芳、祁春节 (2014)												+																			+						
钱文荣、张忠明 (2007)				-										+						+	+	+	+	+	-	+		-	-	-			-				
陈纪平 (2012)	+																			+		+	+									-					
曹东勃 (2013)																					+												-		+		
伍耀规 (2014)					+																																+
张媛媛 (2017)																									-	+	+	+									

(二)影响因素指标体系构建

从前文的文献综述可以看出，影响家庭农场土地适度规模经营的因素具有多元性与综合性的特点，既包括宏观层面的影响因素，也包括微观层面的影响因素。本研究在借鉴已有国内外研究成果的基础上，构建包括家庭农场所在城市和村庄的自然环境与社会经济情况、家庭背景情况、个体特征情况、家庭农场情况、农地权利流转交易情况及国家政策配套情况6个层次38个指标的家庭农场土地适度经营规模影响因素指标体系(表2-2)。

表2-2　家庭农场土地适度经营规模影响因素指标体系

类别		变量名称	赋值	预期作用方向
因变量		目前经营规模的评估(y)	太小了=5，有点小=4，刚刚好=3，有点大=2，太大了=1	
家乡自然社会经济情况	所在城市	区位(x_1)	东部=3，中部=2，西部=1	+
		城镇化率(x_2)	所在地级市常住人口城镇化率	+
		人均GDP(x_3)	所在地级市国民生产总值与总人口的比值	+
	所在集体经济组织	地形地貌(x_4)	平原=2，丘陵、山地=1	+
		距离县(市)中心的距离(x_5)	5km以内=1，5~10km=2，10~15km=3，15~20km=4，20~25km=5，25~30km=6，30km以上=7	+
		经济发展状况(x_6)	很好=5，较好=4，一般=3，较差=2，很差=1	+
		农田的基础设施情况(x_7)	很好=5，较好=4，一般=3，较差=2，很差=1	+
		对外交通情况(x_8)	很便利=5，较便利=4，一般=3，不太便利=2，很不便利=1	+
		农业社会化服务体系完善程度(x_9)	很完善=5，较完善=4，一般=3，不完善=2，很不完善=1	+
		人均耕地面积(x_{10})	集体经济组织总耕地面积与总人口的比值	+
		雇用劳动力的难易程度(x_{11})	很容易=5，较容易=4，一般=3，较困难=2，很困难=1	+
		雇用工人一天的工资(x_{12})	实际支付日工资的平均值	−
个体特征		年龄(x_{13})	实际年龄	−
		性别(x_{14})	男=1，女=0	+
		受教育程度(x_{15})	本科及以上=6，大专=5，高中或中专=4，初中=3，小学=2，未受教育=1	−
		是否本集体经济组织成员(x_{16})	是=1，否=0	+
		经营管理水平(x_{17})	很高=5，较高=4，一般=3，较低=2，很低=1	+
		农业种植技能(x_{18})	很好=5，较好=4，一般=3，较差=2，很差=1	+
		对农业的感兴趣程度(x_{19})	很感兴趣=5，较感兴趣=4，一般=3，兴趣较低=2，不感兴趣=1	+
家庭特征		家庭总人数(x_{20})	家庭内部实际总人口数	+
		家庭劳动力人数(x_{21})	家庭内部的劳动力人数	+
		家庭成员(近亲属)村干部人数(x_{22})	家庭成员及近亲属担任村干部的人数	+

续表

类别	变量名称	赋值	预期作用方向
	农业收入占家庭总收入比重（x_{23}）	10%以内=1，10%～20%=2，20%～30%=3，30%～40%=4，40%～50%=5，50%～60%=6，60%～70%=7，70%～80%=8，80%～90%=9，90%～100%=10	+
	发展家庭农场后，家庭收入变化情况（x_{24}）	大幅提高=5，小幅提高=4，基本持平=3，小幅降低=2，大幅降低=1	+
家庭农场农地权利流转交易情况	是否签订农地权利流转交易合同（x_{25}）	是=1，否=0	+
	农地权利流转交易年限（x_{26}）	家庭农场与农户合同中约定的农地权利流转交易年限	+
	农地权利流转交易价格（x_{27}）	家庭农场与农户合同中约定的农地权利价格	—
	通过农地权利流转交易获得土地的难易程度（x_{28}）	非常容易=5，比较容易=4，一般=3，比较困难=2，非常困难=1	+
家庭农场的基本情况	家庭农场是否注册（x_{29}）	是=1，否=0	+
	家庭农场总投资（x_{30}）	家庭农场的总投资数额的实际值	+
	家庭农场的产业类型（x_{31}）	种植业=3，种养结合=2，养殖业=1	+
	家庭农场中自家承包地数量（x_{32}）	家庭农场主自家从集体承包的土地在农场中的数量	+
	家庭农场在耕种、收割等环节的劳作方式（x_{33}）	纯手工操作=1，以手工操作为主、机械配合为辅=2，以机械操作为主、手工操作为辅=3，纯机械操作=4	—
政策因素	金融机构的融资难易程度（x_{34}）	很容易=5，较容易=4，一般=3，不容易=2，很不容易=1	+
	是否缴纳农业保险（x_{35}）	是=1，否=0	+
	是否有配套建设用地（x_{36}）	是=1，否=0	+
	是否知晓土地"三权分置"政策（x_{37}）	知晓=1，不知晓=0	+
	地权稳定性（x_{38}）	很稳定=3，一般=2，不稳定=1	+

（三）方法选择与实证数据获取

1. 方法选择

本研究采取以分类数据为主的离散数据，即让家庭农场主自己对当前土地经营规模的"适度"性做出判断，判断结果分成 5 个梯度：太小了、有点小、刚刚好、有点大、太大了。对于分析离散选择问题的理想估计方法是概率模型（Logit、Probit 和 Tobit），对于因变量离散数值大于两类的，研究时应采用有序概率模型，如果模型的因变量为序次变量的，在方法选择时只能用有序 Probit 模型，并且用有序 Probit 模型处理多类别离散数据是近年应用较广的一种方法。有序 Probit 模型是受限因变量模型（limited dependent variable model），它是通过建立模型用可观测的有序反映数据来研究不可观测的潜变量变化规律的方法。模型的输入为影响家庭农场主从事土地适度规模经营的诸因素 x_{1i}～x_{mi} 构成的向量 x_i，输出为家庭农场主对当前土地经营规模的"适度"性的判断 y_i，如图 2-5 所示。

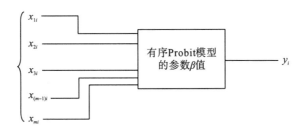

图 2-5   有序 Probit 模型的输入与输出

因为 y_i 是分类变量，所以，定义一个连续隐式变量 ϕ_i，它应是 y_i 的映射。此变量符合普通最小二乘法的条件，可以与 x_i 构成线性关系

$$\phi_i = \beta' x_i + \varepsilon_i, i = 1, 2, 3, \cdots, n \tag{2-33}$$

式 (2-33) 中，β' 为参数向量，ε_i 为标准正态分布随机误差。受访的家庭农场主的样本按 5 个等级给出评价值：$\phi_i \leqslant \delta_1$ 对应等级 5（太小了），$\delta_1 < \phi_i \leqslant \delta_2$ 对应等级 2（有点小），$\delta_2 < \phi_i \leqslant \delta_3$ 对应等级 3（刚刚好），$\delta_3 < \phi_i \leqslant \delta_4$ 对应等级 4（有点大），$\phi_i > \delta_4$ 对应等级 5（太大了）。因此，上述等级划分可改写成下列形式。

等级 5：$\varepsilon_i \leqslant \delta_4 - \beta' x_i$， $\tag{2-34}$

等级 4：$\delta_3 - \beta' x_i < \varepsilon_i \leqslant \delta_4 - \beta' x_i$， $\tag{2-35}$

等级 3：$\delta_2 - \beta' x_i < \varepsilon_i \leqslant \delta_3 - \beta' x_i$， $\tag{2-36}$

等级 2：$\delta_1 - \beta' x_i < \varepsilon_i \leqslant \delta_2 - \beta' x_i$， $\tag{2-37}$

等级 1：$\varepsilon_i > \delta_1 - \beta' x_i$。 $\tag{2-38}$

其中，ε_i 的概率密度为

$$f(\varepsilon_i) = \frac{1}{\sqrt{2\pi}} e^{-\frac{\varepsilon_i^2}{2}} \tag{2-39}$$

其分布图形和等级划分如图 2-6 所示。

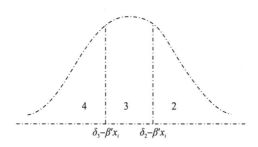

图 2-6 ε_i 的概率分布与等级划分

由此可见，出现在各等级的概率为

$$\text{prob}(y \subset 5 \mid x_i) = \frac{1}{\sqrt{2\pi}} \int_{-\infty}^{\delta_4 - \beta' x_i} e^{-\frac{t^2}{2}} dt \tag{2-40}$$

$$\text{prob}(y \subset 4 \mid x_i) = \frac{1}{\sqrt{2\pi}} \int_{\delta_4 - \beta' x_i}^{\delta_3 - \beta' x_i} e^{-\frac{t^2}{2}} dt \tag{2-41}$$

$$\text{prob}(y \subset 3 \mid x_i) = \frac{1}{\sqrt{2\pi}} \int_{\delta_3 - \beta' x_i}^{\delta_2 - \beta' x_i} e^{-\frac{t^2}{2}} dt \tag{2-42}$$

$$\text{prob}(y \subset 2 \mid x_i) = \frac{1}{\sqrt{2\pi}} \int_{\delta_2 - \beta' x_i}^{\delta_1 - \beta' x_i} e^{-\frac{t^2}{2}} dt \tag{2-43}$$

$$\text{prob}(y \subset 1 \mid x_i) = \frac{1}{\sqrt{2\pi}} \int_{\delta_1 - \beta' x_i}^{+\infty} e^{-\frac{t^2}{2}} dt \tag{2-44}$$

第 i 个样本出现在等级 j 的或然率为

$$L_i = \frac{1}{\sqrt{2\pi}} \prod_{j=1}^{5} \left[\int_{l_{j-1}}^{l_j} e^{-\frac{t^2}{2}} dt \right]^{D_j} \tag{2-45}$$

式中，$l_5 = +\infty$，$l_4 = \delta_1 - \beta' x_i$，$l_3 = \delta_2 - \beta' x_i$，$l_2 = \delta_3 - \beta' x_i$，$l_1 = \delta_4 - \beta' x_i$，$l_0 = -\infty$，$D_j$ 为等级标识符，只有 $j = y_i$ 时，$D_j = 1$，$j \neq y_i$ 时，$D_j = 0$。各受访家庭农场主对土地经营规模现状的"适度"性评价是相互独立的，因此样本数为 n 时，总或然率为

$$L = \prod_{i}^{n} L_i \tag{2-46}$$

L 对 β、δ_1、δ_2、δ_3、δ_4 进行优化，采用"极大似然估计法"（maximum likelihood method）对 L 的最大值进行估计，对应地，β、δ_1、δ_2、δ_3、δ_4 即为所求参数。

2. 数据来源

本研究的数据来源主要采取问卷调查的方式进行，2016 年 12 月至 2017 年 5 月，笔者开始着手设计《家庭农场经营者调研问卷》，在查阅文献以及咨询专家意见和建议的基础上，经过十余次修改和完善最终形成外业调查问卷初稿。然后 2017 年 5 月在四川省南充市高坪区马家乡苟林堰村大唐开心农场等地进行预调研的基础上，对问卷初稿进行再修改和再完善。2017 年 5 月下旬至 2017 年 6 月底，课题负责人开始着手组建外业调查团队，团队成员都是经过面试、访谈等环节认真选拔出来的，由一名本科生和两名研究生组成。同时，为保证外业调研的质量，在调研前，课题负责人对参与调研的学生进行了 3 次系统的培训，培训内容包括本课题的由来与研究背景、家庭农场的基本知识、问卷内涉及的相关知识点的理解、关键问题的信息获取方式等。同时，对外业调研过程中人身财产安全等注意事项进行了强调。2017 年 7 月 8 日至 2017 年 7 月 25 日，外业调研团队连续奋战 18 天，先后赴三省六地开展外业问卷调研，具体调研地点包括湖北省荆州市监利县、江苏省宜兴市高塍镇、江苏省仪征市月塘镇、江苏省淮安市盱眙县、江苏省徐州市新沂市、山东省邹城市太平镇和石墙镇。2017 年 8 月 22 日至 8 月 23 日，赴四川省成都市崇州市开展问卷调研，2017 年 9 月 18 日至 2017 年 9 月 19 日，赴四川省宜宾市翠屏区开展问卷调研。2017 年 10 月 26 日，在四川省成都市金堂县转龙镇开展问卷调研。问卷调研主要通过当地乡镇政府、农经站、国土局等政府部门随机选择部分家庭农场主进行适当的小规模集中，然后，采取一对一、面对面交流的方式填写调研问卷。为了避免信息不全造成的问卷无效，在每一份调查问卷上均留下受访家庭农场主的联系方式，在调研工作全部结束整理问卷过程中，对一些问卷上的个别问题，包括收益、投资、农业机械购买支出、配套建设用地投

资等信息有疑问或不清楚的，又通过电话的方式进行了回访交流。本课题的外业调查，共收集调查问卷402份，其中，有效问卷349份，占比86.82%（表2-3）。

表2-3 家庭农场主调查样点数据统计

省份	地级市	详细地址	数值	总计
湖北省	荆州市	监利县毛市镇	49	
		监利县柘木乡	21	97
		监利县周老嘴镇	27	
江苏省	淮安市	盱眙县维桥乡	19	
		盱眙县明祖陵镇	1	28
		盱眙县盱城街道	8	
	扬州市	仪征市月塘镇	14	14
	徐州市	新沂市时集镇	12	
		新沂市唐店街道	3	
		新沂市阿湖镇	1	
		新沂市棋盘镇	2	
		新沂市北沟街道	1	
		新沂市草桥镇	1	
		新沂市窑湾镇	2	
		新沂市邵店镇	2	39
		新沂市新安街道办事处	2	
		新沂市高流镇	1	
		新沂市双塘镇	8	
		新沂市合沟镇	1	
		新沂市港头镇	1	
		新沂市新店镇	1	
		新沂市瓦窑镇	1	
	无锡市	宜兴市高塍镇	22	22
山东省	济宁市	邹城市太平镇	16	32
		邹城市石墙镇	16	
四川省	宜宾市	翠屏区思坡镇	22	41
		翠屏区邱场镇	19	
	成都市	崇州市隆兴镇	25	
		崇州市元通镇	9	
		崇州市白头镇	29	76
		崇州市怀远镇	8	
		金堂县转龙镇	5	

实证数据来源主要通过两种途径获取：第一，从调研问卷中提取。指标 $x_4 \sim x_{38}$ 主要通过调查问卷整理获得。第二，统计年鉴和统计公报。对不同地区的城镇化率和人均 GDP 精确到县(市、区)级，采取查阅各地 2016 年国民经济和社会发展统计公报及统计年鉴等方式获得。

(四)模型运行与结果分析

运用 Stata10 软件对家庭农场主土地适度经营规模影响因素的样本数据做有序 Probit 模型估计，得到的运行结果如表 2-4 所示。

表 2-4　家庭农场主土地适度经营规模影响因素有序 Probit 模型运行结果

类别		变量名称	系数 (Coef.)	标准差 (Std.Err.)	Z 统计量	P 值	95%置信区间 ([95% Conf. Interval])	
所在城市		区位(x_1)	0.1301	0.1561	0.8300	0.4050	-0.1759	0.4361
		城镇化率(x_2)	0.3963	1.9292	0.2100	0.8370	-3.3849	4.1775
		人均 GDP(x_3)	-0.0627	0.0753	-0.8300	0.4050	-0.2102	0.0848
家乡自然社会经济情况	所在集体经济组织	地形地貌(x_4)	-0.6794	0.3863	-1.7600	0.0790*	-1.4365	0.0776
		距离县(市)中心的距离(x_5)	-0.0592	0.0440	-1.3400	0.1790	-0.1455	0.0272
		经济发展状况(x_6)	-0.1614	0.0911	-1.7700	0.0760*	-0.3400	0.0171
		农田的基础设施情况(x_7)	0.1858	0.0743	2.5000	0.0120**	0.0401	0.3315
		对外交通情况(x_8)	0.0306	0.0756	0.4100	0.6850	-0.1175	0.1788
		农业社会化服务体系完善程度(x_9)	-0.0250	0.0727	-0.3400	0.7310	-0.1675	0.1176
		人均耕地面积(x_{10})	-0.3465	0.1194	-2.9000	0.0040**	-0.5806	-0.1125
		雇用劳动力的难易程度(x_{11})	0.1075	0.0635	1.6900	0.0910*	-0.0170	0.2321
		雇用工人一天的工资(x_{12})	0.0026	0.0019	1.3700	0.1710	-0.0011	0.0064
个体特征		年龄(x_{13})	-0.0144	0.0089	-1.6100	0.1060	-0.0320	0.0031
		性别(x_{14})	-0.0570	0.2368	-0.2400	0.8100	-0.5211	0.4071
		受教育程度(x_{15})	0.0089	0.0831	0.1100	0.9150	-0.1540	0.1717
		是否本集体经济组织成员(x_{16})	0.1783	0.1711	1.0400	0.2980	-0.1572	0.5137
		经营管理水平(x_{17})	0.1075	0.1052	1.0200	0.3070	-0.0987	0.3137
		农业种植技能(x_{18})	0.0613	0.0978	0.6300	0.5310	-0.1304	0.2530
		对农业的感兴趣程度(x_{19})	0.2217	0.0972	2.2800	0.0230**	0.0311	0.4122
家庭特征		家庭总人数(x_{20})	0.0288	0.0175	1.6400	0.1010	-0.0056	0.0631
		家庭劳动力人数(x_{21})	0.0386	0.0670	0.5800	0.5650	-0.0928	0.1700
		家庭成员(近亲属)村干部人数(x_{22})	0.1691	0.1136	1.4900	0.1360	-0.0535	0.3917
		农业收入占家庭总收入比重(x_{23})	0.0112	0.0292	0.3800	0.7010	-0.0460	0.0683
		发展家庭农场后，家庭收入变化情况(x_{24})	0.1160	0.0757	1.5300	0.1250	-0.0323	0.2642

类别	变量名称	系数 (Coef.)	标准差 (Std.Err.)	Z统计量	P值	95%置信区间 ([95% Conf. Interval])	
家庭农场农地权利流转交易情况	是否签订农地权利流转交易合同(x_{25})	0.3213	0.2926	1.1000	0.2720	-0.2522	0.8947
	农地权利流转交易年限(x_{26})	-0.0167	0.0106	-1.5800	0.1150	-0.0374	0.0041
	农地权利流转交易价格(x_{27})	-0.0000	0.0003	-0.0800	0.9360	-0.0006	0.0005
	通过农地权利流转交易获得土地的难易程度(x_{28})	-0.0938	0.0683	-1.3700	0.1700	-0.2277	0.0401
家庭农场的基本情况	家庭农场是否注册(x_{29})	-0.3013	0.1861	-1.6200	0.1050	-0.6661	0.0634
	家庭农场总投资(x_{30})	-0.0004	0.0002	-1.6100	0.1070	-0.0009	0.0001
	家庭农场的产业类型(x_{31})	-0.0489	0.1263	-0.3900	0.6990	-0.2964	0.1987
	家庭农场中自家承包地数量(x_{32})	-0.4800	0.5902	-0.8100	0.4160	-1.6367	0.6767
	家庭农场在耕种、收割等环节的劳作方式(x_{33})	0.1926	0.0881	2.1900	0.0290**	0.0199	0.3652
政策因素	金融机构的融资难易程度(x_{34})	0.0468	0.0606	0.7700	0.4400	-0.0720	0.1657
	是否缴纳农业保险(x_{35})	-0.1616	0.1569	-1.0300	0.3030	-0.4692	0.1460
	是否有配套建设用地(x_{36})	0.2048	0.1525	1.3400	0.1790	-0.0940	0.5037
	是否知晓土地"三权分置"政策(x_{37})	-0.0895	0.1855	-0.4800	0.6300	-0.4531	0.2741
	地权稳定性(x_{38})	0.1741	0.1018	1.7100	0.0870*	-0.0254	0.3736

根据表 2-4 可知，模型的伪判决系数(Pseudo R^2)等于 0.1050，对数似然比数值(Log likelihood)较大，为-318.3928，相应地，Prob>chi2=0.0003，表明模型整体显著。在 5%的显著水平下，x_7、x_{10}、x_{19}、x_{33} 这 4 个自变量与因变量之间有统计学意义。在 10%的显著水平下，x_4、x_6、x_{11}、x_{38} 这 4 个自变量与因变量之间有统计学意义，根据运行结果得到的结论如下。

第一，家庭农场土地适度经营规模与当地的地形地貌状况呈负相关，即平原地区的家庭农场主对目前的土地经营规模评估是偏大，而丘陵、山地地区的家庭农场主对目前的土地经营规模评估是偏小。这主要是由于平原地区的土地大面积集中连片、阡陌相连，同时，人均耕地面积相对较大。因此，在平原地区家庭农场主获得集中连片的土地相对比较容易，且集中的土地面积往往较大，容易超出"适度"的规模范围；与之相反，丘陵、山地地区的耕地面积相对较少，地形起伏大，地质条件复杂，家庭农场主想要实现大面积耕地的集中连片异常困难。因此，这些地貌类型地区的家庭农场主往往很难集中起理想数量规模的耕地。

第二，家庭农场土地适度经营规模与集体经济组织的经济发展情况呈负相关，即所在集体经济组织的经济发展状况越好，家庭农场主认为目前经营的土地规模越偏大，想通过缩小土地经营规模以达到"适度"规模状态。这可能是由于农业效益比较低下，但是却以农业为主要产业类型的广大农村地区，如果集体经济组织经济发展情况较好，往往意味着当地二三产业发展形势不错，故而，农业在这些地区得不到足够的重视，从事农业职业的积极性偏低，这无形中对家庭农场经营土地规模产生了负面的冲击和影响。

第三，家庭农场土地适度经营规模与农田的基础设施情况呈正相关，即所在集体经济组织的农田基础设施状况越好，家庭农场主越对现有土地规模呈现偏小的评估，倾向于通过转入更多的土地扩大经营规模，以追求"适度"规模经营。这主要是由于农田基础设施配套齐全是家庭农场土地规模化经营的重要前提，与家庭联产承包责任制下一家一户以小农分散经营相匹配的农田基础设施基本无法满足家庭农场土地规模化经营的需要，然而，在家庭农场集中起来的成片规模化土地上修建农田水利、田间道路等基础设施需要投入的资金是巨额的，如果这笔巨额支出由家庭农场主承担，不仅给其增加了巨大的经济负担，而且大大地延长了投资回收期。因此，所在集体经济组织的农田基础设施状况越好，家庭农场主只需要承担转入土地的用地成本、雇工成本、种子、化肥、农药机械等生产性支出即可，不需要过多考虑农田水利、田间道路等基础设施建设，这无疑在资金实力既定的情况下，会扩大家庭农场对土地经营规模的预期。

第四，家庭农场土地适度经营规模与所在集体经济组织的人均耕地面积呈负相关，即所在集体经济组织的人均耕地面积越大，家庭农场主越对现有的土地经营规模呈偏大的评估，越想通过缩减土地规模以达到"适度"规模的状态。这主要是由于集体经济组织人均耕地面积越大，意味着当地的耕地资源相对越丰富，在农地权利流转交易市场活跃的状态下，家庭农场集中土地的难度相对下降，加上自家承包的耕地面积能够集中起来的土地面积相应较大，很容易超出与家庭农场主自身能力、资金和技术相匹配的适度土地经营规模。故而，他们想转出耕地面积以保持适度的状态，即使未来想再扩大土地规模，在这些地区获取土地也相对比较容易。

第五，家庭农场土地适度经营规模与雇用劳动力的难易程度呈正相关，即所在集体经济组织内部及周边雇用劳动力越容易，则家庭农场主对现有土地经营规模越呈偏小的评价，越想继续扩大土地经营规模以实现"适度"规模经营的状态。这主要是由于保持家庭农场的正常运营，不仅需要一部分家庭成员以之为职业并长期投入时间和精力，而且需要雇用劳动力在日常田间管护、农忙季节时农作物收割等方面进行一些辅助性的工作。如果所在集体经济组织很容易雇到劳动力，那么无疑解决了家庭农场发展和运营过程中的人力资源困难这一问题，使得家庭农场主更敢于扩大土地经营规模，而不用担心找不到人干活或活干不过来。

第六，家庭农场土地适度经营规模与家庭农场主对农业的感兴趣程度呈正相关。这主要是由于投资发展家庭农场进而投身于现代化农业生产，不仅是一件"苦差事"，而且还冒着很大的投资风险，同时，还要放弃外出务工、创业可能带来的丰厚收益，因此，家庭农场主发自内心对农业的兴趣与热爱，才是促使他们坚定以农业为职业的根本性原因。故而，家庭农场主对农业的感兴趣程度越高，其对现有土地规模越呈现偏小的评估，越想转入更多的耕地将农场做大做强，以实现内心的"适度"规模经营状态。

第七，家庭农场土地适度经营规模与家庭农场在耕种、收割等环节的劳作方式呈正相关。家庭农场在耕种收割环节越依赖机械化作业，家庭农场主对目前的土地经营规模就越倾向于偏小的评估，越想通过转入土地扩大经营规模以追求"适度"规模经营状态。这主要是由于家庭农场作为市场化的农业生产主体，其对于农业机械化的需求极其强烈，然而，农业机械的成本动辄几十万元甚至上百万元,购置成本占家庭农场资本投入的比重往往较大。因此,目前家庭农场的生产经营越依靠农业机械作业,证明家庭农场自有农业机械数量较多,或者资本实力雄厚能够通过支付费用租用农业机械服务于家庭农场日常生产作业,使用农业机械所带来的效率往往是人工难以比拟的。因此,农业机械的使用程度与土地适度经营规模呈正相关。

第八,家庭农场土地经营规模与地权稳定性呈正相关,即家庭农场的规模化土地是通过市场流转交易获得众多农户的分散零碎的承包地再进行地块归并、地权整合实现的,在"三权分置"政策下,家庭农场主对通过这种途径实现的规模土地的地权稳定性预期越高,则越倾向于转入更多的土地以扩大经营规模,追求"适度"规模的理想状态。这主要是由于农地供给的有限性和不稳定性限制了家庭农场的资本积累水平,使得家庭农场难以获得一个稳定的土地基础。可以说,在获得一定数量规模耕地的前提下,地权稳定是家庭农场生存和发展的重要前提,一旦前期经过努力集中起来的规模化土地分崩离析和瓦解,则家庭农场也就随之不复存在,那么,这就有赖于家庭农场主与农户通过协议达成的"契约式"合并的稳定程度,如果家庭农场主对地权越有信心,就不会担心农民中途违约、期限届满不续期等情况,这无疑给家庭农场主吃了一颗"定心丸",使之敢于继续扩大土地规模、追加投资。

第三章　家庭农场土地适度规模经营
实现机制的理论构建

第一节　家庭农场土地适度规模经营实现的瓶颈与障碍

(一)农地权利自由流转交易的时空分散性与家庭农场土地适度规模集中的时空一致性之间的矛盾

快速城镇化战略背景下的农民城镇化转移为通过农地权利流转交易集中发展家庭农场所需的规模化土地提供了契机，但是在家庭联产承包责任制下集体经济组织根据"远近肥瘦搭配"的原则进行土地发包的社会现实致使每个农户拥有的承包地是零碎分散的，且呈现"超小规模"的分散经营状态。据统计，中国每个农户经营耕地 0.613hm²，每个劳动力平均耕种约 0.300hm²，且被细分为 8.99 块，每个地块平均仅有 0.068hm²，这种状况使得家庭农场等新型农业经营主体培育面临土地分散流转意愿与土地集中连片需求间的矛盾，具体表现在空间和时间两个方面。第一，在空间方面，众多农户自发状态下流转出的承包地在空间上是分散的，即使是众多农户同时参与农地权利流转交易，所转出土地在物理空间位置上刚好集中成片存在着极大的偶然性和不确定性，即土地流转呈现出比家庭联产承包责任制下的农地更加分散、零碎的特征，容易出现农地流转市场上数量的规模化与空间上的碎片化并存的局面。第二，在时间方面，受宏观的区域社会经济、中观的家庭状况与微观的个体特征的综合性差异化影响，在完全自由的农地流转市场上，农民做出农地权利流转交易的决策在时间上不是完全一致的，而是间断不连续的，若无政府干预、集体协调等外界因素的介入，让众多农户均在一定相对较短的时间内做出流转农地权利的决策几乎是个不现实的。因此，就形成了农地权利自由流转交易单个农户的小范围化时空分散参与和家庭农场土地适度规模化经营要求的众多农户的大范围广泛集中参与的矛盾。农地权利流转交易在时间上和空间上的分散性不仅影响市场上的土地供给，而且使家庭农场主通过此途径获得众多农户的小规模分散农地资源进行地权整合实现适度规模集中经营的难度大大提高。例如，在家庭农场所需的成片集中土地上，由于某些农户的不愿意转出该块土地或不愿意某一时间转出，就会在家庭农场所需的聚集成片土地中间形成少量"钉子户"，这足以给家庭农场的后期经营管理带来巨大的障碍。家庭农场从农户手中流转来的地块分散，无法形成规模，无形中抵消了规模经营带来的规模效益。

(二)农地权利自由流转交易期限的议定性与家庭农场土地投资回收期的长期性之间的矛盾

发展家庭农场最大的困难在于如何长期获得成片土地,这其中包含着两层含义:第一,土地面积的成片规模性;第二,土地期限的长期稳定性。由于我国禁止土地所有权买卖,因此,家庭农场通过土地流转只能获得附期限的债权性的农地权利,同时,土地流转的期限是由家庭农场主与农户双方协商确定的,而不是由家庭农场主单方面意愿决定的,这就容易出现家庭农场通过农地权利流转交易集中起成片规模化土地,存在着土地合同期限长短不一、难以统一的问题。站在农户的角度而言,这种情况的出现是农户基于理性考量做出决策,首先,由于一些农户对承包经营土地的长期收益缺乏预测,惜地意识强,流出承包土地存有疑虑,不愿意长期流出土地;其次,签订短期合同,更有利于农户以合同到期为由调整流转收益来体现自己的权益,这样,长期合同对农户而言无异于是一种"套牢"。站在家庭农场主的角度而言,这种情况无疑会对家庭农场产生诸多不利的影响。首先,农户在土地流转过程中不愿意签长期合同,短期土地流转合同到期后能否续租,家庭农场主往往没有完全的把握,同时,还存在着部分农户甚至不到合同期就要回土地的情况,一旦农户把承包地收回,家庭农场就要解体。其次,姚洋(2004)、金松青和 Klaus Deininger (2004)通过实证分析发现,地权稳定、土地流转与农业的长期投资呈正相关关系,因为家庭农场主土地经营规模越大,在集中土地、进行农地基础设施建设及土地养护等方面的投资就会越高,所需的投资回收期就越长,这就与农户土地流转合同期限的短期性形成了一对现实的矛盾。所以,土地流转合同的短期性、农户违约的可能性及土地征收等导致的土地缺乏稳定性深刻影响着家庭农场主的长效投资、先进农业科技的应用,甚至会导致部分家庭农场主采取短期生产行为或掠夺性生产行为,既不利于土地的长期稳定经营,又不利于地力保护。

(三)农户农地权利流转交易收益最大化的内在追求与家庭农场主土地集中成本可承受性之间的矛盾

推进家庭农场土地适度规模经营,土地经营权流转是主要的瓶颈和制约,其中地租是核心问题。土地流转费用的高低直接关系到农户(农地流出方)和家庭农场主(农地流入方)收益和成本的高低。如果政府因特定经济利益关系,强行推动土地使用权向家庭农场主流转,将导致流转的土地价格严重背离土地市场化流转的均衡价格,严重损害农户利益;如果土地流转价格完全由市场决定,土地流转的有偿性将使土地利用的级差地租甚至绝对地租的特征凸显,增加了土地集中使用的成本。因此,科学合理地确定农地权利流转交易价格,同时保证家庭农场主和农户的利益就显得尤为关键和重要。站在农户的利益角度而言,首先,从"经济人"假设来分析,农户是否愿意参与土地流转,取决于其对收益、成本与风险的评估,他们常常以追求经济效益最大化为目标。尤其是工商资本下乡后,农户倾向于把农地权利流转给资本更雄厚能够支付得起更高租金且未来租金收益更有保障的农业龙头企业。其次,在家庭农场的土地位置和面积选定后,家庭农场主所需谈判的农户也基本确定,在农户享有物权性质的土地承包经营权,且土地调整与土地互换均行不通的情况下，农户在土地流转中处于相对优势地位，他们可以通过缩短租期或充当整个农场中的个别"钉子户"等途径来实现自身利益最大化，这种个别行为在农户从众心理和攀比心理的作用下，会促使家庭农场的土地集中成本大幅攀升，进而加剧家庭农场集中土地后的"非粮化"和"非农化"倾向，甚至会影响到家庭农场主的进入与退出决策。站在家庭农场主的利益角度而言，家庭农场主投资人力、物力、财力从事土地适度规模经营有着自身的收益诉求，如果经营家庭农场所获得的利润低于预期的收益目标，轻则会挫伤其积极性，重则甚至导致他们退出这一投资领域。农地权利流转成本对家庭农场主而言无疑是一笔数额不菲的开支，同时，伴随着人工、种子、化肥、农药等各项生产成本的大幅提高，以及土地租金的逐年增加，加之家庭农场支付给农户的土地租金要随着当地物价及工资水平的提高而提高，这些都限制着家庭农场的收益水平。那么，家庭农场的利润诉求、土地成本的可承受度与农民转出土地的高收益预期之间的矛盾，这是必须予以考虑解决的现实问题。

（四）家庭农场土地适度规模经营的配套政策尚不完善

国外家庭农场发展实践与经验表明，家庭农场的生存与发展壮大，需要相应的制度环境与政策支持。然而，目前家庭农场在认定标准以及发展所需的用地、金融、财政、税收、保险等配套政策方面尚存在诸多缺陷和不足。

在认定标准方面，虽然2013年中央1号文件提出要发展家庭农场，2014年农业部提出了家庭农场的基本概念，但并未给出具体的家庭农场标准，导致不同地方出台的家庭农场的界定标准和扶持政策千差万别，家庭农场认定标准的混乱与不统一会影响到政府各项优惠扶持政策适用对象的精准性大幅降低。同时，在调研中发现，为了套取国家财政补贴或享受优惠政策，如评为示范性家庭农场，赚取财政奖励资金，部分超大规模的农场注册成家庭农场，这使得注册行为与经济利益相挂钩而导致政策变味。

在配套设施用地方面，家庭农场流转的土地主要是基本农田，按照规定不能转变农业用途，但是家庭农场必须配套晾晒场地、仓库用地等管理用地。2014年10月，国土资源部、农业部发布了《关于进一步支持设施农业健康发展的通知》（国土资发〔2014〕127号），其中，合理界定设施农用地范围，包括生产设施用地、附属设施用地、配套设施用地，并给出了三类设施用地的概念，同时，指出要"积极支持设施农业发展用地"，其中，设施农业用地按农用地管理，无须办理农用地转用审批手续。对于附属设施和配套设施用地规模，也根据不同的类型给出相应的规模标准和最高额度。然而，在调查中发现，家庭农场的农业设施用地的供应情况、满足程度极不理想。据江苏省盱眙县的一名国土部门执法干部透露，农业设施用地审批有3种困惑使得他们不愿意审批或放开这个"口子"：第一，政府部门审批的农业设施用地，如果被土地卫片执法检查发现，就会被要求组织材料向上级部门说明情况，这增加了政府部门工作人员的工作负担，进而促成"多一事不如少一事"的心态。第二，政府部门审批给家庭农场的农业设施用地，如果被上级部门认定为违规，农业设施用地上建筑物及其附着物就需要被拆除，这直接损害家庭农场主的利益，或者如果拆除了某一些家庭农场农业设施用地上的建筑物及其附着物，而没有拆除其他家庭农场农业设施用地上的建筑物及其附着物，这会诱发部分家庭农场主的不满或抗争，不利于社会和谐稳定，还可能会导致部分政府工作人员因之承担责任。第三，政府部门如果完全放开农业设施用地的审批，会造成家庭农场、农业合作社、龙头企业竞相要求供应设施农用地，即使政府出台文件对"哪些主体可以申请""可以申请多少"等关键问题予以规范，仍会不时把政府部门推向风口浪尖，背上不能公平对待各类农业经营主体的"罪名"，同时，完全放开设施农用地的审批会给地方的耕地保护增添无形的压力。基于上述原因，使得家庭农场所需的农业设施用地在基层地方政府要么被"冻结"一律不审批，要么政府部门之间相互推诿不予以办理，要么就是提供的用地指标远远不足以满足现实需求。为了既不违反政策，又能解决自身发展需求，在调研时发现，很多家庭农场的仓库、办公用房等存在着利用自家村中的闲置住宅、搭帐篷、租赁其他农户的住房等途径解决。因此，配套管理用地政策不能得到有效的贯彻执行，不仅给家庭农场的发展带来了诸多不便，还会使家庭农场的设施用地存在着违法违规用地风险。

在金融方面，家庭农场已经从传统农户小额短期的低层次生存性资金需求转向大额长期的高层次发展性资金需求。然而，家庭农场的主要资金和资本的积累都是通过农业收入盈利获得，其资本筹集也大多数依靠家庭关系，数额非常有限，大多数家庭农场资金缺口较大。与之同时，目前针对农民的贷款比较好的模式是小额信贷，但是小额信贷额度太小、手续烦琐，根本无法满足家庭农场的资金需求。在湖北省荆州监利县、山东省邹城市等地调研时发现，在家庭农场主向金融机构申请贷款时，不仅贷款数额较小不能满足需求，而且还需要物担保或人担保，即要么用自己购置的有产权商品房等不动产进行抵押，要么找公务员以及教师、医生等事业单位的公职人员给自己贷款做担保。然而，家庭农场主基本没有多少可用于抵押的资产，同时，公职人员普遍担心在家庭农场主偿还不了贷款时自己要承担连带责任，进而面临着贷款本息要从自己每月的工资里扣除的风险。因此，大多数人不愿意做家庭农场主的贷款担保人，这使得无房产、无人脉的家庭农场主基本处于贷款无门的状态。在四川省崇州市道明镇，一位受访家庭农场主表示，"家庭农场集中的土地即使获得了政府部门颁发的经营权证，银行仍不会凭此给予家庭农场直接贷款，如果家庭农场主想要获得银行贷款，就需要做到：第一，如果家庭农场的土地涉及的农户有 300户，就需要挨家挨户找农户协商，达到 80%以上的农户签字认可。第二，提供资产证明等材料。这些烦琐的手续使得很多家庭农场主放弃了贷款的想法"。

在保险方面，目前我国家庭农场抗风险能力较弱，而我国农业保险保障坚持"低保障、广覆盖"原则，以保障农民灾后恢复生产为出发点，保险金额水平较低，农业生产面临的风险大，不利于土地的适度规模经营。此外，农业保险还存在定赔理赔困难、道德风险防范难、适宜农业生产和农民生活需要的险种太少等问题。同时，现在农业保险采取的是政府与家庭农场主共担的缴费方式，虽然这既体现了政府的责任，也体现了"谁受益、谁付费"的原则，然而，农业遭受自然风险具有不确定性，且每次灾害的间隔时间往往较长，这导致了相关主体对农业保险不重视。笔者在基层调研时发现了两种现象：第一，基层政府或村集体经济组织对于缴纳农业保险通知不及时、不到位，导致部分地区的家庭农场主当年没有缴纳农业保险，但是却恰好遭受了自然灾害损失。在湖北省监利县周老嘴镇鲁桥村调研时，一位受访家庭农场主表示，他们的农业保险由村里负责统一集中购买，但是村里一直没有发出相关的通告。第二，部分家庭农场主存在"侥幸"心理，认为当年不会发生自然灾害，不缴纳农业保险以达到节约开支的目的，致使在真正遭受自然灾害损失时不能获得相应的赔偿。

(五)家庭农场土地适度规模集中与城镇化率、农场剩余劳动力转移率、农地权利流转交易率相协调的难度大

农地规模经营的前提是非农产业的高度发展和农村剩余劳动力的大量转移，从家庭联产承包责任制过渡到家庭农场制也离不开这一前提。家庭农场土地适度规模集中得以实现的重要途径是农民流转或退出土地，而土地流转或土地退出有赖于农村剩余劳动力的大量转移，没有农民的转移，就不会有农村土地的流转。因此，土地流转的前提是农村劳动力的大量转移。影响农地流动的最直接、最主要的因素是农业劳动力向非农产业转移的程度，农村劳动力转移是农场规模扩大的前提条件。然而，农村剩余劳动力的转移率又与我国城镇化、工业化的整体发展水平密切相关，因为城镇化率的高低决定着农民进城落户的人数，工业化发展水平影响着农民进城能够就业的人数。虽然快速城镇化的推进、农村劳动力转移是家庭农场规模经营的动力源泉，但是中国不同地区城镇化水平与经济发展状况的巨大差异对农村剩余劳动力的流动存在"引力不均衡"现象，不可避免会出现经济发展水平较高、吸纳大量农村剩余劳动力、人地矛盾突出的地区，反而是最适合发展家庭农场的区域，而经济发展水平低、大量农村剩余劳动力外流、土地闲置抛荒严重的地区，反而受地理区位、农地质量等因素制约，规模经营主体往往不愿意进入这些地区，发展家庭农场的条件尚不成熟。另外，家庭农场所需集中的土地并非越多越好，这不是出于担心家庭农场规模过大诱发所谓的"规模不经济"，而是家庭农场的土地规模本身就应根据其所处的自然区位及不同发展阶段的资金、技术、管理水平、劳动力等要素动态组合情况，寻求最适度的用地规模。因此，农村剩余劳动力转移速率越快，土地流转市场上的供应量越大，可能会出现无家庭农场主接手土地的情形。另外，农村剩余劳动力转移率和农地权利市场流转交易率之间并不呈现简单的正相关关系。故而，如何协调家庭农场土地适度规模集中与农地权利市场流转交易率、农村剩余劳动力转移率、城镇化率之间的关系是发展家庭农场必须斟酌的一个关键问题。

第二节　家庭农场土地适度规模经营实现机制的理论构建

传统的高度兼业化的分散型小农经营模式在向家庭农场土地适度规模集中模式转变过程中可能会遭遇诸多的瓶颈和障碍，为此，需要构建农地权利市场化配置下家庭农场土地适度规模经营的实现机制的理论框架，具体包括权利均衡机制、利益共享机制、冲突解决机制和配套政策机制。

(一)利益共享机制

家庭农场通过农地权利市场流转交易实现土地适度规模集中，涉及地方政府、集体经济组织、家庭农场主、农户、金融机构等众多权利主体，因此，应妥善处理不同权利主体

之间的利益分配关系，否则家庭农场土地适度规模经营的目标将难以得到实现。

第一，对于家庭农场主而言，家庭农场主从事农业生产获得的预期收益，应不低于外出务工从事非农产业获得的收益，能够保证家庭成员过上"体面"的生活。因此，家庭农场主应该被纳入政府重点支持和扶持的对象，应给予达到相应经营规模土地的家庭农场一定的财政补贴(奖补)，或者通过技术支持来帮助家庭农场主掌握核心知识和要领，避免造成不必要的投资损失。同时，家庭农场为获得农地权利而支付的价款应控制在合理的范围之内，如果农地权利流转交易价格过高，土地规模化经营带来的增值收益会被高额的地租所"吞噬"，家庭农场主反而会变成农民的"打工仔"，辛苦经营而无所收获。那么，在农业面临着市场和自然双重风险的状况下，如何保证家庭农场收益的可观性、稳定性、可持续性，使家庭农场既能够有效应对各类固定成本和流动成本支出，又能够满足自身的经济利益诉求，这是一个重要的问题。

第二，对于农户而言，如果缺乏紧密型的利益联结体制与约束机制，在规模经营和产业化过程中即使农业生产显著增效，也不等于农户就能够"利益均沾"。因此，在经济利益上，家庭农场主支付的农地权利流转交易价格应该落在农户可接受的预期范围之内，否则，农户会凭借"卖方"地位优势采取"不配合"的态度消极应付家庭农场主。在家庭农场前期介入阶段时采取不转出土地，这类"钉子户"会影响家庭农场的投资是否成功；或者在一个农地权利流转交易合同期限届满时，选择不再续签农地权利流转交易合同，这类"钉子户"会影响家庭农场的地权稳定性。同时，打开农户以承包经营权入股成为家庭农场股东的通道和大门，家庭农场主应该充分尊重这部分农户的知情权、参与权和决策权。因此，农户可以获得的利益边界和最高收益额度是非常值得探讨的问题，否则，农户将会永远处于利益"饥渴""吃不饱"的状态之中，在最终地权掌握在农户手中的状态下，导致家庭农场不得不向农户不断退缩、不断让利，这虽然表面上看似满足了农户的利益和精神诉求，但实质上这是一种不健康甚至"畸形"的合作关系、利益关系。

第三，对于集体经济组织而言，在农村土地"三权分置"的政策框架下，实质上是由集体经济组织和农户共享农地产权，那么，在集体经济组织土地权利日益转移让渡给农户、农户土地权利逐渐强化的背景下，在农地权利市场化配置的过程中，集体经济组织的土地权益是否应该体现、如何体现、何时体现这类问题就需要谨慎且妥善把握。家庭农场主和农户的农地权利流转交易可以采取保留物权性质土地承包经营权的出租、转包、互换等流转方式，也可以采取一次性完全让渡农地权利的土地退出方式。那么，面对农户多样化的农地权利市场化处置方式，集体经济组织的土地所有者地位的体现问题就值得探讨，否则，如果集体经济组织不配合家庭农场的生产经营活动，将会导致家庭农场在集体内的生产和发展将面临着困扰。对于家庭农场后期生产运营获得的经济利润，如果家庭农场使用的土地是通过整合众多农户分散零碎的土地获得的，集体经济组织是否有权参与家庭农场经营利润的分配？如果家庭农场使用的土地包括机动地、"四荒地"等集体经济组织所有或依法归集体经济组织使用的土地，集体经济组织通过何种形式、分配多少比例的家庭农场后期经营利润？这些都是值得深入研究的问题。

第四，对于不同区域地方政府而言，农村劳动力向城镇转移的模式类型分为两种："候鸟式"流动型和"永久性"扎根型，那么，将有条件、有能力、有意愿的农村居民彻底转移到城镇，通过进城务工实现其户籍、职业和生活居住地的彻底转变，最终成为名副其实的由农村走向城市的"第一代市民"，这样才能从根本上降低农村人地矛盾日益紧张带来的社会保障压力，进而提高农民交易农地权利的速度和比率。然而，农民将农地权利流转交易给家庭农场主并外出务工，会引起劳动力在不同行政区之间的跨区域流动，对于劳动力流出地而言，是一种劳务输出，能够为本地赚取务工收益，而对于劳动力流入城市而言，虽然外来劳动力能够服务于城市发展建设，但是每接纳和安置一名农民均要承担一定数额的经济成本。因此，如果不能妥善解决农民跨区域流动安置的政府间利益均衡问题，将导致地方政府接纳和安置异地农民的积极性大幅降低，这又会反过来影响到农民在城市的落户扎根，进而影响到农民长期转出农地权利给家庭农场的积极性。

（二）权利均衡机制

土地是发展家庭农场的首要农业生产要素，因此，家庭农场的关键问题和先决问题是土地流转与土地集中，即家庭农场所经营的土地从哪里来。考虑到农民在市场机制下自由交易农地权利存在着时空分散性，家庭农场可以考虑优先使用集体经济组织成片的机动地，或者通过市场交易获得种粮大户、合作社等主体的部分成片土地。然而，集体经济组织的机动地不仅数量有限，而且位置固定，不一定刚好就能满足家庭农场主的特殊需要。种粮大户、合作社等本身就是从事土地规模化经营的主体，除非他们选择退出农业生产经营领域，或者家庭农场与合作社采取一定形式的联合，否则，家庭农场主想要从种粮大户、合作社等主体手中分割出一部分土地的可能性也是较低的。因此，家庭农场获得适度规模集中土地的主要途径就是通过市场交易从众多农户手中先获得分散零碎的承包地，然后再进行地块归并和整合后实现适度规模集中。家庭农场所需的土地至少应满足 3 个基本条件：集中成片、长期稳定、规模适度。因此，发展家庭农场不仅要考虑在家庭联产承包责任制下如何从农户分散零碎的土地经营格局转变到家庭农场规模化成片集中的土地经营格局，而且还要考虑如何使众多农户分散零碎的地块在物理空间上连接起来而形成的成片土地的地权长期稳定下来。简而言之，即要回答两个重要问题：地块如何拼合起来？地权如何稳定下来？由于家庭农场集中起来的适度规模土地的最佳状态是整体集中成片且不存在"钉子户"，但是这些承包地分散在众多农户手中，而这些农户对土地的依赖程度以及参与农地权利市场流转交易的意愿是有差异的，那么，在没有政府强制性行政干预的情况下，如何通过市场机制实现特定区域范围内涉及农户的零碎土地全部转移到家庭农场手中是异常关键的第一步。同时，考虑到发展家庭农场所需的投资量较大、农业效益比较低，家庭农场主面临着投资回收期长、投资回收难度大等问题，故而，如果任由农户就农地权利流转交易签订不统一的"短期合约"，家庭农场通过市场交易获得的适度规模土地在经营过程中可能面临着如下问题：第一，个别农户农地权利流转交易合同期满后不续期，致使家庭农场获得的土地使用期限不确定。第二，众多小块农地权利"拼合"状态下实现的土地适度规模集中不得不面对"不同地块到期时间不同"所诱发的棘手问题。这些问题得不到妥善解决将抑制家庭农场主从事规模化生产的意愿，降低其对土地进行长期投资的预期。

(三)冲突解决机制

在家庭农场土地适度规模经营的不同发展阶段会遇到诸多不同类别的利益冲突,这就需要建立相应的冲突解决机制为其发展扫清障碍。

第一,在前期筹备阶段,通过农地权利市场交易集中起来适度规模的土地是首要任务,然而,在家庭农场土地适度规模集中过程中会遇到"钉子户"难题,如果不能采取有效的针对性策略妥善解决"钉子户"问题,有可能造成农户间的争相效仿导致"钉子户"数量增加,致使家庭农场获得成片集中土地的愿望破灭,考虑到"钉子户"对家庭农场后期生产经营带来的问题与障碍,家庭农场主是否继续投资的决策都会受到影响。在家庭农场解决土地这一生产要素后,原属于不同农户的承包地的土地平整度以及分散零碎承包地的农田基础设施根本满足不了家庭农场土地适度规模化经营的需要,那么,原有农田基础设施的拆除、改造、新(扩)建等问题就浮出了水面。家庭农场主是否有权拆除原有农田水利等基础设施?对于拆除的基础设施是否要给予赔偿?家庭农场主改造或新(扩)建农田基础设施面临着一定数额的经济支出,由于家庭农场对土地的经营期限是有限的,土地所有权归集体经济组织,承包经营权仍归农民所有,那么,这笔开支应该由谁来承担?新修、改造的农田基础设施的权利归属又如何界定,如果这些问题得不到妥善的解决,不仅会造成基础设施投资和修建主体的不明确,进而影响家庭农场的农业生产便利度和经营产出的效果度,而且也势必会诱发不同权利主体之间的各种利益冲突。

第二,在正常运营阶段,《农村土地承包法》第四十条规定"土地经营权流转,当事人双方应当签订书面流转合同。"然而,实际上农户通常并不签订书面合同,在广大农村地区口头契约仍然是一种压倒性的契约选择。由于农民的契约精神普遍欠缺、口头契约具有随意性和不确定性以及土地流转违约责任轻微与违约惩罚执行难等原因,在家庭农场生产经营过程中,难免会出现个别农民单方面违约、索回承包地的情形。此时,如果对农民的违约行为视而不见,事前不预先采取预防措施,事中不进行积极的挽救,事后不实施有效的补救,将导致家庭农场集中起来的成片土地上再次冒出"钉子户"。另外,哪些主体有资格参与分配家庭农场通过生产经营获得的经济利润?应按照何种标准在不同主体之间进行经济利润分配?如果经济利润分配不科学、不合理,极有可能诱发作为土地的供给方(集体经济组织、农民)的"红眼病",并通过终止土地合同等形式给家庭农场主制造困难和麻烦。再者,家庭农场主通过市场机制集中起来的土地存在着被政府征收的可能性,家庭农场通过市场化交易获得的农地权利在征地补偿收益分配时应该如何体现?家庭农场主新建、改造的基础设施以及对耕地的改良等如何补偿?农民采取出租、入股、转包、转让、退出等不同方式交易出去的农地权利,在征地补偿收益分配时应该有哪些差别?集体经济组织凭借土地所有者主体地位可以分得多少征地补偿收益及所分得收益应如何利用?因此,应构建相应的利益冲突解决机制,妥善处理这些问题在家庭农场主、集体经济组织、农户等权利主体之间诱发的利益冲突。

第三,在家庭农场退出阶段,由于"经营者年龄大、无接班人""经营管理不善,经济效益差""想尽快变现资金,投资其他行业"等,部分家庭农场主会主动选择或被迫退出农业生产领域。在家庭农场主退出时,如果与农户签订的土地合同期限刚好届满,那么,家庭农场主将土地退还给农户并支付以前尚未结清的用地成本即可；如果与农户签订的土地合同期限尚未到期，此时，家庭农场主还涉及合同违约问题，此时，由于家庭农场经营土地面积较大而面临着高额的违约金，因此，如何处理索赔而诱发的家庭农场主与农户之间的利益冲突异常关键。如果家庭农场因资不抵债而宣告破产时，应该成立专门的清算机构，负责召开债权人会议，对家庭农场的土地权利、机械设备、债权债务等进行彻底清算，那么，家庭农场的债务应按照何种次序、何种方式进行偿还，在偿还债务后的剩余财产应该如何进行分配？这是家庭农场破产退出时应该妥善处理的问题。在家庭农场资产整体转让而退出时，通过市场化交易获得的农地权利是否应作为转让资产的一部分？价值又该如何测算？家庭农场受让方的选择范围是否应有所限制？家庭农场承接方是继续沿用未到期的原土地使用合同，还是重新与农户签订土地合同，约定农地权利流转交易的方式、期限、价格与支付方式等事项。因此，应妥善处理家庭农场退出时可能面临的这些复杂问题。

(四)配套政策机制

家庭农场作为一种新型农业经营主体，反映了农业现代化和社会化的发展需求，是对农业生产经营体制的创新，其健康发展依赖于政府的扶持政策。2014 年 2 月农业部发布的《关于促进家庭农场发展的指导意见》(农经发〔2014〕1 号)，明确了家庭农场的基本特征和扶持政策措施，主要包括家庭农场注册登记和认定制度、引导承包土地向家庭农场流转、涉农财政补贴向家庭农场倾斜、加强金融保险服务、提高农业社会化服务水平、完善家庭农场人才支撑等方面。各地从推进社会化服务、完善农村金融体系、加强农户技能培训等方面制定实施了一系列配套政策支持家庭农场发展。例如，吉林延边州为扶持家庭农场出台了七项政策：贷款贴息政策、国家惠农政策、农机购置补贴政策、提高政策性保险政策、支农政策倾斜、税收优惠政策、配套建设用地政策。对于专业农场贷款由州、县两级财政各贴息 30%；农场享受的农机具购置补贴从 3 台提高到 5 台；在原农作物政策性保险基础上，专业农场每公顷保额水田增加 3000 元，旱田增加 2000 元。所增加保费由州、县两级财政各补贴 1/3。同时，专业农场经县(市)城乡规划、国土、建设等部门的许可，可以使用集体建设用地、未利用土地建设农产品仓库、晾晒场、农机具仓库等生产经营用临时建筑物。中央政府和地方政府的优惠扶持政策对于降低家庭农场生产经营成本、抵御生产经营风险、化解配套建用地审批难题等都具有重要的现实作用。然而，地方政府出台的家庭农场扶持政策并非都像吉林延边州那样细化、具有可操作性，故而，地方政府首先应细化扶持家庭农场土地适度规模经营的财政、税收、用地、金融、保险等政策。同时，在家庭农场土地适度规模化经营实现过程中，实际需要哪些配套政策予以支持？支持力度应该按照何种标准给予确定？这些问题都需要深入细致地研究，才能实现政府出台的扶持政策与家庭农场主的现实诉求之间无缝衔接、精准匹配。同时，应该科学衡量政府配套政策对家庭农场主带来的收入增加额、交易费用降低额，这样不仅能够实现通过宏观配套政策对家庭农场主的行为进行有效调控，弥补市场机制的缺陷和不足，而且能够通过调控宏观配套政策带来的收益帮助家庭农场主预期经济目标的实现。

家庭农场土地适度规模经营不仅需要政府的配套扶持政策，而且还要相关法律制度的配套改革与完善。户籍制度的本来功能是户口登记和户口管理，但是当代中国的户籍制度却异化成为一种社会成员的利益分配机制。户籍制度深刻影响着农民社会保障及农村剩余劳动力的城镇化转移，进而影响着农民参与农地权利流转交易的意愿。在家庭联产承包责任制下，农村土地制度如何改革才能消除或降低农地产权模糊性，发挥清晰的农地产权降低市场交易成本、提高土地资源市场配置效率的目的和功能，进而实现农民的承包地向家庭农场集中？同时，户籍制度与农村土地制度由于成员权、承包权、社会保障等使两者存在着天然的内在联系，如何实现两者关联互动配套改革才能达到预期的效果，也是值得思考的问题。党的十八届三中全会做出的《中共中央关于全面深化改革若干重大问题的决定》中提出"建立农村产权流转交易市场，推动农村产权流转交易公开、公正、规范运行"。建立健全农地权利市场能够规范农地权利市场流转交易行为，建立和公开土地供需及价格信息网络，更好地体现市场集聚信息、配置资源和价格发现的功能，避免家庭农场为了获得土地挨家挨户地进行协商谈判而降低交易成本，进而促进家庭农场土地适度规模经营的实现。然而，农村产权交易是建立在集体产权交易和非国有、非集体产权交易基础上的产权交易行为。目前，全国的农村产权交易服务机构数量还不多，从整体上看尚处于起步发展阶段。因此，如何建立健全的农村产权流转交易平台任重而道远。同时，发展家庭农场不仅需要解决"地从哪里来"的问题，而且还要考虑"由谁来种地"的问题，由于中国长期实行城市偏向的经济政策，城乡差距日益扩大，加之农村教育的"离农化"倾向，造成农村青壮年劳动力与精英人才向城市输出成为主流，在这样的背景下，农村如何吸引和留住人才从事家庭农场，搭建起家庭农场主的培育与选拔模式，将培育家庭农场主与返乡农民工、农村退役士兵、农村大学生等群体的创业相结合，也是家庭农场土地适度规模经营实现需要解决的关键问题。家庭农场集中适度规模化土地的基本前提是农地权利流转交易，而农地权利流转交易的前提是农村富余劳动力能够得到妥善转移和安置，因此，采取何种渠道彻底转移农村富余劳动力且不会形成"返迁"问题，降低农地对农民的社会保障功能，降低农民对土地的生存依赖？这是农民长期流转、永久退出土地的最基本、最重要的前提条件，也是家庭农场主从农民手中获得长期农地权利的关键环节。这些宏观制度政策的改革与完善以及具体模式、思路、路径的构建，能够从不同的侧面服务于家庭农场土地适度规模经营的实现。

第三节　家庭农场土地适度规模经营实现机制的
内部构成要素与运行机制

农地权利市场化配置下家庭农场土地适度规模集中实现机制的理论框架包含四大组成部分：均衡机制、利益共享机制、冲突解决机制和配套政策机制，它们又都是一个系统性、整体性的单独机制，内部具有复杂的要素构成，因此，有必要对每一个机制内部的构成要素进行深入的细分分析。

(一)内部构成要素细分

1. 利益共享机制

家庭农场土地适度规模集中的实现会涉及政府部门、集体经济组织、家庭农场、农户等多个权利主体，利益共享机制就是要达到不同权利主体之间的利益均衡。

第一，家庭农场主和农户之间的利益共享机制。农户流转交易农地权利给家庭农场主是以获得合理收益为前提条件的，因此，需要根据农户分化引致农地权利市场化处置方式多元化的客观现实，科学测算农户在不同类型农地权利流转交易下的收益额，同时，探索农地权利流转交易收益的动态调整机制，确保农户最大限度地参与分享土地规模化经营带来的增值收益。家庭农场主投资农业、集中土地、管理土地的最终目标也是追求合理的经营利润。因此，家庭农场应科学评估出自身最佳的土地经营规模，避免盲目扩张兼并而导致成本攀高，进而影响经营利润。同时，应建立一套家庭农场土地、资本、劳动力等内部要素的优化组合标准体系，使家庭农场内部各要素稳定保持在最佳组合状态，确保家庭农场所获经营利润处于最佳区间。另外，研究家庭农场持续、稳定和科学的投资回报机制的实现策略，让家庭农场摆脱对政府过度依赖的"补贴农业"的发展陷阱。农户获得的农地权利流转交易收益实际上是家庭农场成本的一部分，因此，农地权利流转交易价格既满足农户的经济预期，又在家庭农场主的可承受范围内且不影响家庭农场主的利润目标，才能实现农户与家庭农场主之间的利益共享。

第二，集体经济组织和农户之间的利益共享机制。农户交易农地权利的方式是多种多样的，除法律政策明确规定的土地流转收益全归农户所有之外，农户选择土地退出的方式一次性完全让渡农地权利，或者农户将农地权利抵押且逾期无法偿还债务而导致变现时，集体经济组织是否可以凭借土地所有者身份参与农地权利流转交易收益分配？如果可以参与收益分配，此时，就涉及集体经济组织与农户之间的收益分配比例的科学界定问题，同时，也应该防止集体经济组织分享的收益再由农户转嫁给家庭农场主，进而导致其用地成本升高。

第三，集体经济组织与家庭农场主之间的利益共享机制。在集体经济组织享有所有权的土地上，家庭农场生产经营获得的经济利润，集体经济组织能否参与分配应该根据不同的情形予以明确。对于集体经济组织可以参与经营利润分配的情形，应该科学衡量集体经济组织参与利益分配的标准和比例，同时，衡量该利润分享比例对家庭农场整体利润目标的影响程度。

第四，不同地方政府之间的利益均衡机制。家庭农场是全球最为主要的农业经营方式，在现代农业发展中发挥了至关重要的作用，因此，家庭农场的良好发展对于所在地政府而言，无疑是一种农业产业的升级。同时，家庭农场土地适度规模经营会带动农村剩余劳动力的转移，农民进城落户退出宅基地的概率会大幅提升。由于土地的不动产特性，农村剩余劳动力城镇化转移带来的宅基地申请指标节余(节余地票)及宅基地退出复垦后的"地票"(新增地票)，都留给了转移出剩余劳动力的地方政府。然而，承接农村劳动力转移的地方政府却很难分享到这两部分收益。因此，应合理配置转地农民和退地农民市民化后宅基地用地节约指标和腾退指标，结合财政转移支付等激励手段，实现发展家庭农场所释放出的剩余劳动力转移安置过程中政府间财政收支平衡。

2. 权利均衡机制

第一，清晰界定在多元化农地权利流转交易方式、多样化融资渠道下不同主体与家庭农场规模化土地之间的权利关系。家庭农场获得集中成片且长期稳定的土地需要强大的财力支撑，除自有资金之外，家庭农场主不可避免地要通过举债、抵押、股份合作等多种形式筹集资金，与此同时，家庭农场集中土地的途径也包括出租、转包、转让、合作、入股、退出等多种方式。因此，在家庭农场主融资渠道多元化和农户农地权利市场处置方式多样化的交叉作用下，需要界定不同投资主体对家庭农场经营土地所享有的权利性质、内容及期限。同时，家庭农场的发展不能回避的一个问题就是家庭农场的产权问题，正确认识家庭农场的产权性质尤为必要。在集体经济组织和农户共享农地产权的状态下，集体经济组织土地所有者、家庭农场土地经营者、农户土地承包者和土地他项权利拥有者等多元主体之间形成的错综复杂的土地权利关系亟待厘清，达到土地权利配置均衡，这样才能避免在众多"小农"的农地权利"合并"基础上实现的适度规模集中因农地权利不清而诱发矛盾冲突。

第二，"地块物理拼合机制"。家庭农场首先面临的问题就是如何使物理空间上彼此相邻但权利分属于不同农户的众多地块通过市场交易实现整体性向家庭农场转移，这一过程称为"地块物理拼合机制"。"地块物理拼合机制"可以有效应对农地权利自由交易过程中面临的时空分散性问题。由于家庭农场经营土地的最佳状态是规模适度且集中成片。如果土地片数越多、片与片之间距离越远，家庭农场拥有的土地虽然在总面积上是"适度"的，但是众多零星分散地块加总意义上的"适度"规模，只能说是家庭联产承包责任制下传统农户在零碎分散地块数量、土地面积上增多后的一种"翻版"，并不是真正意义上的规模化经营，也不会很好地实现真正意义上的集约化生产。故而，在家庭农场主综合考虑土地肥沃程度、地块平整度、基础设施配套等多种因素选择好一定区域范围内的适量土地作为生产基地后，如何能够使这片土地所涉及的承包方(农地权利的拥有者)都同意在相对统一的时间区间范围内流转交易农地权利，实现规模化地块由众多特定农户向家庭农场主一次性整体转移，"地块物理拼合机制"是农地权利市场化配置下家庭农场土地适度规模经营实现的第一步。

第三，"地块权利稳定机制"。与资本主义私有制下农场型规模化经营相比，中国土地社会主义公有制通过农地权利市场流转交易实现的规模经营面临着地权稳定性问题。在资本主义私有制下家庭农场主对交易获得的土地享有所有权，即使是通过租赁获得的土地，也享有长期租赁权。例如，1906年、1923年英国颁布的《农业持有地法》和1941年英国颁布的《农业法》使土地的租赁权更加稳定，并且租期可以延长到终生。然而，在中国家庭联产承包责任制下通过"地块物理拼合机制"实现的仅仅是众多地块物理意义上的拼合、合并，但是权利归属依然是高度分散的，如果出现参与农地权利流转交易的农户中途违约、签订短期合同且期满后不续期等情形，家庭农场投入巨大时间和精力集中起来的成片土地将瞬间面临着"钉子户"难题，甚至变得支离破碎。因此，"地权稳定机制"就是运用一定的方法使权利归属于不同农户的众多地块在物理上的拼合之后能够实现长期持续稳定下来，实现通过

"地块物理拼合机制"获得的成片集中土地长期由家庭农场主占有和使用。

3. 冲突解决机制

第一，"钉子户"化解机制。"钉子户"的存在不仅会影响到家庭农场通过"地块物理拼合机制"获得成片集中土地，而且还会影响到成片集中土地的地权稳定性。如果没有相应的"钉子户"化解机制，家庭农场土地适度规模经营基本不可能顺利实现。"钉子户"的形成原因是多种多样的，大致可以分为：经济利益最大化考量的"钉子户"、怀有"敲竹杠"心理的"钉子户"、土地持有偏好的"钉子户"、"嫉妒"心理而形成的"钉子户"、因社会关系矛盾和冲突而形成的"钉子户"，不同类型"钉子户"的潜在诉求和现实需求是不相同的。因此，应采取不同的策略加以应对。由于是否将农地权利流转给家庭农场主属于农户的自由，政府部门、集体经济组织、家庭农场主都无权强制"钉子户"交出承包地，因此，如何综合运用经济手段、调解手段、道德手段等综合措施化解不同类型的"钉子户"，同时，政府部门作为行政管理方、集体经济组织作为土地所有者在化解"钉子户"时应该发挥何种作用和职能，进而构建起科学的"钉子户"化解机制，这些都是很值得探讨的问题。

第二，基础设施建设责任落实机制。农田基础设施建设状况对创办家庭农场意愿有显著正影响，农田基础设施配套齐全与否对家庭农场土地适度规模经营产生着重要影响。家庭联产承包责任制下与一家一户分散经营相匹配的农田基础设施基本无法满足家庭农场土地适度规模化经营的需要，然而，在规模化土地上修建农田水利、田间道路等基础设施需要花费的资金是巨额的。由于家庭农场主对土地不享有所有权，在土地使用合同到期后，就要退回承包地给农户，同时，农田基础设施建设属于公共项目，具有很强的正外部性，因此，根据竞争性和排他性对家庭农场建设基础设施的属性界定，建立家庭农场基础设施建设责任落实机制，合理确定建设主体、建设费用承担方式，以及基础设施权利归属，同时，利用国家财政资金用于家庭农场基础设施建设，发挥财政资金对家庭农场的扶持作用。

第三，"利益分配冲突解决机制"。农地权利市场化配置下家庭农场土地适度规模化经营的实现需要协调多重主体之间复杂的利益分配关系，包括家庭农场主与农户之间、家庭农场主与集体经济组织之间、家庭农场主与其他投资者之间、集体经济组织与农户之间、家庭农场内部成员之间等，任何两个主体之间的利益分配不均衡都会产生利益冲突纠纷。同时，在家庭农场正常经营期间，通过农地权利市场流转交易集中起来的土地存在着被征收的可能性，由于中国农地产权关系的模糊性、多层次复杂性及家庭农场、其他投资者的介入使得征地补偿收益分配变得困难。因此，在科学测算不同权利主体之间的利益分配比例的基础上，建立起利益分配冲突解决机制，既能有效解决利益分配所诱发的冲突纠纷，又不对家庭农场土地适度规模经营的持续性产生负面影响。

第四，因故退出纠纷解决机制。由于经营者个人问题(身体健康、年龄、投资兴趣转移等)、家庭农场经营失败等，导致家庭农场主自己主动或被动退出农业生产领域时，在家庭农场主与集体经济组织、农户、其他投资者间会诱发激烈的利益冲突。因此，在家庭农场破产或退出时，对土地、机械、厂房等资产清算评估，对债务的偿还顺序、剩余财产的分配等问题应当予以明确，并寻找合适的家庭农场承接方，理顺家庭农场的转让交接程序，确保农户的土地权益不受损。因此，建立退出破产纠纷解决机制，确保家庭农场在退出或破产时所面临的一系列棘手问题能够得以妥善解决。

4. 配套政策机制

第一，探讨户籍制度与土地制度关联互动改革机制。户籍制度与土地制度存在着天然的内在关联，在中国农村，户口状态与土地权利呈现密切相关的内在联系，这其中的关联点就是成员权和承包权。2016 年 12 月《中共中央 国务院关于稳步推进农村集体产权制度改革的意见》明确指出"依据有关法律法规，按照尊重历史、兼顾现实、程序规范、群众认可的原则，统筹考虑户籍关系、农村土地承包关系、对集体积累的贡献等因素，协调平衡各方利益，做好农村集体经济组织成员身份确认工作，解决成员边界不清的问题"，"有序推进经营性资产股份合作制改革。将农村集体经营性资产以股份或份额形式量化到本集体成员，作为其参加集体收益分配的基本依据"。那么，以集体经济组织成员资格确认工作与集体经济组织经营性资产股权量化为契机，推进户籍制度与土地制度关联互动改革，剥离户籍背后的衍生福利，明晰农村土地"三权分置"政策下所有权、承包权、经营权之间的权利关系。

第二，农地权利流转交易市场的建立健全策略。农地权利流转交易市场是指土地承包经营权这种特殊的商品在流通过程中发生的经济关系的总和，是在政府的监督管理下，中介机构的信息服务下，农民通过转包、出租、互换、股份制合作等方式将农地权利让渡给其他单位或个人。其他单位或个人通过农地权利流转交易市场，实现土地由零碎化向规模化发展，达到土地规模化经营，并从规模经营收益中提取出部分资金支付给流出方作为让渡承包经营权的代价，进而建立起两者之间稳定的利益关系。农地权利流转交易市场的建立健全需要：农地权利流转交易服务平台建设、农地权利流转交易信息网络建设、农地权利流转交易中介机构培育、农地权利流转交易价格确定机制。

第三，家庭农场主的培育模式。"新型职业农民+新型农业经营主体+规模化经营"是我国现代农业发展的基本方向，家庭农场主(新型职业农民)的培育对于家庭农场(新型农业经营主体)的健康发展具有重要的作用和意义。对于家庭农场主的培育模式，应该建立科学完善的家庭农场主选拔机制，树立内培和外引相结合培育家庭农场主的理念，杜绝对家庭农场主的身份进行地域限制，完善家庭农场的继承制度与退出衔接机制，建立起有进有退的家庭农场主良性流动循环机制，同时，注重家庭农场内部继承接班的代际传承机制建设。

第四，社会化服务体系完善思路。根据党的十七届三中全会提出的"加快构建以公共服务机构为依托、合作经济组织为基础、龙头企业为骨干、其他社会力量为补充，公益性服务和经营性服务相结合、专项服务和综合服务相协调的新型农业社会化服务体系"。新型农业社会化服务体系需要构建"政府部门农业服务机构+科研院所+村集体经济组织+家庭农场"的联动服务响应机制，强化龙头企业对家庭农场的社会化服务支撑，建立起专业合作社与家庭农场之间的紧密合作关系。

第五，农村富余劳动力转移路径。通过"发展二三产业"城镇吸纳转移安置、"延长农业产业链条"就地转移安置、新型农业经营主体雇用等多种途径转移农村富余劳动力，同时，中国农地承载着人口规模所带来的巨大生存和保障压力，因此，应完善农村社会保障体系，确保农村富余劳动力"转得出、稳得住、不返迁"，实现根本性转移。

第六，宏观制度政策的细化。国家层面制定制度与政策一般都比较宏观而缺乏具体性和可操作性，因此，应结合不同地方的实际情况，细化扶持家庭农场土地适度规模经营的财政、税收、用地、金融、保险等政策。

(二)内在运行机制与运行流程

在对农地权利市场化配置下家庭农场土地适度规模经营实现机制的 4 个组成部分(权利均衡机制、利益共享机制、冲突解决机制、配套政策机制)的内部构成要素进行静态细分的基础上，需要从动态上分析实现机制理论模型内部构成要素的运行机制和运行流程，深入分析权利均衡机制、利益共享机制、冲突解决机制、配套政策机制的构成要素之间的内在关联。

1."权利均衡机制"与"利益共享机制"之间的内在关联

农地权利市场流转交易价格的科学合理确定，有助于确保农民交易出农地权利获得理想的预期收益，避免了因价格低而导致部分农户的拒绝参与，同时，农地权利市场流转交易价格的适时动态调整，给农户分享家庭农场土地规模化经营带来增值收益提供了通道，能够确保农户获得的收益稳步提高，进而实现收益最大化。因此，"利益共享机制"能够减少家庭农场主前期介入阶段集中土地时农户不配合出现的"钉子户"以及在正常生产经营阶段农户中途违约或者不续约产生的"钉子户"，这有利于"地块物理拼合机制""地块权利稳定机制"的实现。

2."权利均衡机制"与"冲突解决机制"之间的内在关联

在集体经济组织土地所有权和农民土地承包经营权之间内在关系清晰界定的基础上，通过"地块物理拼合机制"将特定地域范围内隶属众多农户的分散零碎承包地整合起来，然后，通过"地块权利稳定机制"将众多地块物理空间层面上的临时性拼合"升级"到交易契约层面上的长期性合并，这避免了农地家庭承包经营的分散性在实现大面积合并过程中出现的"钉子户"问题，从而降低了"冲突解决机制"的启动频次。同时，倘若在家庭农场土地适度规模集中规程中遭遇了"钉子户"问题，均能通过"冲突解决机制"得到顺利解决，避免"钉子户"跟风效应，这间接地有利于巩固权利均衡机制。

3."利益共享机制"与"冲突解决机制"之间的内在关联

在农地权利市场流转交易价格的科学合理确定的基础上，农地权利市场流转交易价格的适时动态调整，会对家庭农场的用地成本产生影响，同时，集体经济组织对农户农地权利处分收益分享是否会以成本的形式转嫁给家庭农场主，这些都会影响到家庭农场主的生产经营利润，如果不同权利主体之间的收益分配不当，就会产生利益分配纠纷，这就需要构建科学合理的"冲突解决机制"予以解决。农户和家庭农场主之间围绕农地权利市场流转交易价格的确定、农户与集体经济组织之间围绕农地权利流转交易收益的分享这两项事宜不能妥善地解决，还会产生"钉子户"问题。另外，家庭农场生产经营利润不理想甚至亏损，会诱发家庭农场退出或破产问题，进而可能会在退出、破产清算过程中诱发不同权利主体之间的利益纠纷，这些问题的解决也都要建立相应的"冲突解决机制"予以应对。相反，不同权利主体之间利益冲突的合理有效化解，能够避免因利益冲突而诱发矛盾的扩大和蔓延，起到稳定和巩固已经建立起来的"利益均衡机制"的作用，否则，会使家庭农场因土地受制于"人"而委屈妥协，继而使不同群体寻找各种名目对家庭农场的利益共享机制发起挑战。

4. "配套政策机制"与"权利均衡机制"之间的内在关联

户籍制度与土地制度的关联互动改革，消除农地产权模糊性，明晰农地权利的内部构成与主体归属，割裂户籍与农地权利之间的内在关联，这有助于加速农村剩余劳动力转移并进入农地权利流转交易市场成为土地供应者，这有助于"地块物理拼合机制"的实现。同时，打破城乡二元户籍壁垒，推进统筹城乡户籍制度，让进城农民享受到与城市居民一样的社会公共服务，这有助于降低农民对农地社会保障功能的依赖，避免农民因在城市发展受到歧视或者融入问题而返乡索要土地，确保农地权利市场流转交易双方的合同关系稳定，进而有助于"地块权利稳定机制"的实现。另外，土地制度改革通过允许家庭农场主利用土地承包经营权向金融机构抵押贷款，能够破解家庭农场获取适度规模化土地过程中面临的资金瓶颈，不至于家庭农场主因支付不起集中土地的用地成本或者企图降低用地成本来缩减开支进而诱发"拿不起地""护不住地"等一系列问题，进而服务于"地块拼合机制"和"地权稳定机制"的实现。

5. "配套政策机制"与"利益共享机制"之间的内在关联

中央政府和地方政府出台的财政政策、税收政策和农业保险政策能够通过直接货币补贴、税收优惠、降低风险损失等方式增加家庭农场主的生产经营利润。同时，配套设施用地政策、金融政策、财政政策、税收政策和农业保险政策及农地权利流转交易市场建立等，会降低家庭农场在获取土地、融资以及申请农用地转变为仓储、烘干房、晾晒场等设施配套建设用地过程中的交易成本。交易成本的降低也会对家庭农场生产经营利润产生正面的、积极的影响。通过土地制度改革，厘清农地产权体系、内部单项权利构成与归属，科学测算单项农地权利价值，并且消除单项权利之间的价值交叉问题，能够通过农地权利价值的测算来直接服务于农地权利流转交易价格确定与农地权利流转交易价格调整机制的建立。

6. "配套政策机制"与"冲突解决机制"之间的内在关联

通过土地制度改革，明晰集体经济组织和农户之间的土地权利关系，厘清所有权、承包权、经营权三权之间的内在关系和权能，明确土地流转（出租、转包、互换、入股、转让）、土地退出、土地抵押等不同类型土地处分行为对农地产权格局带来的影响。同时，结合农地产权体系、内部单项权利构成与归属，科学测算单项农地权利价值以及单项权利之间的价值消除，能够实现不同权利主体（集体经济组织、农户、家庭农场主、其他投资者）对家庭农场土地享有的权利和价值，这有利于直接服务于利益分配格局的科学确定、退出破产清算工作的顺利进行，实现冲突的快速化解。另外，家庭农场在处理合同纠纷、利益纷争等问题过程中积累起来的经验和方法，也会逐渐被政府部门所关注，进而逐步被吸纳到各地区的家庭农场的政策文件中去加以推广和应用。

图3-1所示为农地权利市场化配置下家庭农场土地适度规模实现机制内在运行机制与运行流程示意图。

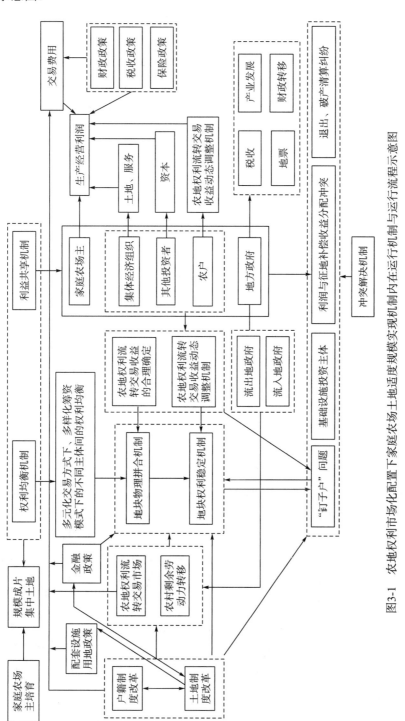

图3-1　农地权利市场化配置下家庭农场土地适度规模实现机制内在运行机制与运行流程示意图

第四章 家庭农场土地适度规模经营的利益共享机制研究

第一节 家庭农场内部生产要素的优化组合

(一)理论分析

根据土地报酬递减规律,在技术和其他生产要素保持固定不变的情况下,对一定面积的同一块土地不断追加某一种生产要素的投入所带来的报酬的增量(边际报酬)迟早会出现下降。土地边际报酬递减规律的假设条件是比较严格和苛刻的,在农业生产活动中,各种生产要素的投入基本处于动态变化和调整之中。家庭农场在生产经营过程中,需要投入土地、资本、劳动力等多种生产要素,这些生产要素的投入量没有严格地进行限定和控制,大都是家庭农场主根据实际需要进行投入和调配的。然而,值得注意的是,家庭农场投入的各种生产要素之间在一定的限度内是可以互相替代的。因此,生产同一产量的某种产品就可以通过不同比例的各种要素投入来进行生产,同时,不同生产要素之间存在着优化组合的问题。因此,家庭农场在生产过程中都在力争追求以下两种情况:第一,在家庭农场的各种生产要素投入既定的情况下,如何通过生产要素的内部优化组合,实现产量的最大化;第二,在保持家庭农场一定的产量水平下,如何通过优化各种生产要素的投入组合,使成本达到最小。

1. 在经费既定的情况下,通过生产要素的优化组合,达到产量最大

生产要素的最优组合,是指家庭农场以最小成本支出生产出最大产量的生产要素间的配合比例。假设家庭农场的总经费为 M,投入生产要素有 X 和 Y 两种,两种生产要素对应的价格分别是 P_x 和 P_y,那么,两种要素的投入要受预算的约束,即 $P_x \times X + P_y \times Y \leqslant M$,由于生产经营主体可以在 M 资金范围内选择任意的投入额度,因此,预算线代表的是一个可以自由平移的范围,当家庭农场将全部资金 M 都投入到生产经营中去时的预算线为 $P_x \times X + P_y \times Y = M$。如图 4-1 所示,预算线与纵轴和横轴的交点分别为 A 点和 B 点,当家庭农场抽出部分资金或者闲置部分资金不投入生产经营时的预算线为 $P_x \times X + P_y \times Y < M$,即将 AB 这条直线向下移动,直至投入为 0,那么,预算空间代表的是 OAB 所围成的一个闭合区域。另外,假设有 3 条等产量曲线 Q_1、Q_2、Q_3,且 $Q_1 < Q_2 < Q_3$。

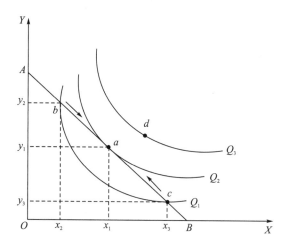

图 4-1　家庭农场成本最小化获得最高产量下生产要素优化组合示意图

虽然 Q_3 代表的产量是最高的，但是生产这一规模的产出所要求的各项生产要素的花费是高于家庭农场的总资金 M 的，即超出了家庭农场的预算空间，因此，Q_3 上的产量 d 是无法实现的。在家庭农场将全部资金 M 投入生产经营时，预算线与 Q_2、Q_1 有 3 个交点 a、b、c，在这 3 个交点处，意味着家庭农场投入的生产要素组合 (x_1, y_1)、(x_2, y_2)、(x_3, y_3) 都能够将企业的总资金 M 支出完毕，这说明家庭农场的资金投入 M，既可以选择获得 b、c 点的要素投入组合 (x_2, y_2)、(x_3, y_3) 所能生产的产量 Q_1，也可以选择获得 a 点的要素投入组合 (x_1, y_1) 所能生产的产量 Q_2。由于 Q_2 所代表的产量是大于 Q_1 的，因此，b、c 点的生产要素组合 (x_2, y_2)、(x_3, y_3) 是搭配不合理的，在 b 点存在着生产要素 y 投入过量，而生产要素 x 投入不足的问题，在 c 点存在着生产要素 x 投入过量，而生产要素 y 投入不足的问题，这两种情况均导致家庭农场无法达到最优的产量，致使产出不足。那么，家庭农场就需要将 b 点沿着预算线 AB 向下移动、将 c 点沿着预算线 AB 向上移动，直到预算线与等产量线相切之处，就是家庭农场所追求的最佳生产要素投入组合 (x_1, y_1)。在该点上，等产量曲线的斜率正好等于预算线的斜率，等产量曲线斜率的经济含义是生产要素的边际技术替代率（$MRTS=\Delta Y/\Delta X=MP_x/MP_y$），等成本曲线的斜率的经济含义是两种生产要素的价格之比（P_x/P_y），所以要素最优组合的条件为：$\dfrac{MP_x}{P_x}=\dfrac{MP_y}{P_y}$。将上述结论进行推广，当家庭农场投入的生产要素为 n 种时，生产要素的最佳组合要满足的条件为：$\dfrac{MP_{i1}}{P_{i1}}=\dfrac{MP_{i2}}{P_{i2}}=\dfrac{MP_{i3}}{P_{i3}}=\cdots=\dfrac{MP_{in}}{P_{in}}$，这意味着，只有当所有投入的生产要素，每增加 1 元所带来的边际产量相等时，各种投入的生产要素组合才是最优化的。当 $\dfrac{MP_{in}}{P_{in}}$ 的比值偏小时，意味着应当减少该要素的投入量，当 $\dfrac{MP_{in}}{P_{in}}$ 的比值偏大时，意味着应当增加该要素的投入量。

2. 一定的产量水平下，通过优化各种生产要素的投入组合，使成本达到最小

假设家庭农场投入有两种生产要素，对应的价格分别是 w_1 和 w_2，对于既定的产量水平 y，找到成本最小化的方法。令 x_1 和 x_2 分别为两种生产要素的投入量，$f(x_1, x_2)$ 为家庭农场的生产函数。那么，问题可以写为

$$\min_{x_1, x_2 \geqslant 0} w_1 x_1 + w_2 x_2 \tag{4-1}$$

$$st f(x_1, x_2) = y \tag{4-2}$$

那么，可以看出在既定产量下，要使成本最小取决于 w_1、w_2 和 y，成本函数可以表示为 $C(x_1, x_2, y)$。即，$C(x_1, x_2, y) = w_1 x_1 + w_2 x_2$，可以将其改写为

$$x_2 = \frac{C}{w_2} - \frac{w_1}{w_2} x_1 \tag{4-3}$$

从式 (4-3) 可以看出，这是一条斜率为 $-w_1/w_2$ 的直线，纵轴截距为 C/w_2，令成本 C 变动，就可以得到一系列等成本线。每条等成本线上的生产要素组合的成本都是相同的，位置越高的等成本线代表的成本越高。如图 4-2 所示，3 条等成本线 C_0、C_1、C_2，在既定产量 y 的状态下，等产量线与等成本线 C_2 相交于 a 点、b 点，与等成本线 C_1 相切于 c 点，这 3 点所能生产的产量都是 y，但是等成本线 C_2 所代表的生产成本高于等成本线 C_1 所代表的生产成本。等成本线 C_0 所代表的成本低于 C_1 和 C_2，但是等成本线 C_0 与等产量线 $y = f(x_1, x_2)$ 无任何交点，表明在成本投入为 C_0 时生产不出既定数量 y 的产品。

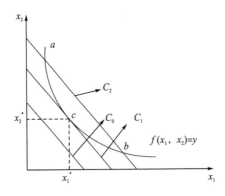

图 4-2　家庭农场的产量既定下生产要素优化组合实现成本最小示意图

因此，在等成本线和等产量线相切的 c 点，即为既定产量 y 下的成本最小化，对应的生产要素组合为 x_1^* 和 x_2^*。那么，成本最小化的条件为：等产量的斜率等于等成本线的斜率，也即要素的边际技术替代率 (TRS) 等于要素价格之比。

$$\frac{MP_1\left(x_1^*, x_2^*\right)}{MP_2\left(x_1^*, x_2^*\right)} = \text{TRS}\left(x_1^*, x_2^*\right) = \frac{w_1}{w_2} \tag{4-4}$$

同样，可以采用数学方法推导出既定产量 y 下，成本最小化的条件。假设产量 y 其符合柯布-道格拉斯生产函数 (Cobb-Douglas production function)，那么，成本最小化问题就可以改写为

$$\min_{x_1,x_2\geq0} w_1x_1 + w_2x_2$$

$$stf(x_1,x_2) = y = Ax_1^{\alpha}x_2^{\beta} \tag{4-5}$$

构建拉格朗日函数：

$$L = w_1x_1 + w_2x_2 - \lambda(Ax_1^{\alpha}x_2^{\beta} - y)$$

对 x_1，x_2，λ 求导，得到一阶条件

$$w_1 = \lambda\alpha Ax_1^{\alpha-1}x_2^{\beta} \tag{4-6}$$

$$w_2 = \lambda\beta Ax_1^{\alpha}x_2^{\beta-1} \tag{4-7}$$

$$y = Ax_1^{\alpha}x_2^{\beta} \tag{4-8}$$

将式(4-6)乘以 x_1，式(4-7)乘以 x_2，可以得到

$$w_1x_1 = \lambda\alpha Ax_1^{\alpha}x_2^{\beta} \tag{4-9}$$

$$w_2x_2 = \lambda\beta Ax_1^{\alpha}x_2^{\beta} \tag{4-10}$$

分别可以得到 $x_1 = \lambda\dfrac{\alpha y}{w_1}$，$x_2 = \lambda\dfrac{\beta y}{w_2}$，将其代入式(4-8)可以得到

$$\lambda = y^{(1-\alpha-\beta)}\alpha^{-\alpha}\beta^{-\beta}w_1^{\alpha}w_2^{\beta}$$

联立方程组

$$\begin{cases} x_1 = \lambda\dfrac{\alpha y}{w_1} \\[2mm] x_2 = \lambda\dfrac{\beta y}{w_2} \\[2mm] \lambda = y^{(1-\alpha-\beta)}\alpha^{-\alpha}\beta^{-\beta}w_1^{\alpha}w_2^{\beta} \end{cases} \tag{4-11}$$

可以求解出 x_1 和 x_2 的解，分别为

$$x_1 = \left(\frac{\alpha}{\beta}\right)^{\frac{\beta}{\alpha+\beta}} y^{\frac{1}{\alpha+\beta}} w_1^{\frac{-\beta}{\alpha+\beta}} w_2^{\frac{\beta}{\alpha+\beta}} \tag{4-12}$$

$$x_2 = \left(\frac{\alpha}{\beta}\right)^{-\frac{\beta}{\alpha+\beta}} y^{\frac{1}{\alpha+\beta}} w_1^{\frac{\alpha}{\alpha+\beta}} w_2^{\frac{-\alpha}{\alpha+\beta}} \tag{4-13}$$

将 x_1 和 x_2 的数值代入成本函数 $C(w_1,w_2,y) = w_1x_1 + w_2x_2$

即可以得到在既定产量 y 的状态下，最小成本为

$$C(w_1,w_2,y) = \left[\left(\frac{\alpha}{\beta}\right)^{\frac{\alpha}{\alpha+\beta}} + \left(\frac{\alpha}{\beta}\right)^{\frac{-\alpha}{\alpha+\beta}}\right] y^{\frac{1}{\alpha+\beta}} w_1^{\frac{\alpha}{\alpha+\beta}} w_2^{\frac{\beta}{\alpha+\beta}} \tag{4-14}$$

(二)家庭农场生产要素组合的方法选择及数据处理

1. 方法选择

数据包络分析(Data Envelopment Analysis，DEA)是 1978 年由美国著名运筹学家 A.Charnes，W.W.Cooper 和 E.Rhodes 教授基于相对效率的概念共同提出的。DEA 模型主

要用于研究具有相同类型的多投入和多产出的决策单元(Decision Making Unit，DMU)。DEA 方法是一种非参数方法，它直接使用 DMU 建立相应的非参数的 DEA 投入产出优化模型。DEA 模型以相对效率为基础，通过数学规划模型将 DMU 投影到 DEA 的生产前沿面上，比较 DMU 偏离 DEA 前沿面的程度来测算各 DMU 之间的相对效率。DEA 模型可以分为两种模型：第一种，以规模报酬不变为前提的 CCR 模型；第二种，以规模报酬可变为假设前提的 BCC 模型，由 Banker 等(1984)提出。

其中，CCR 模型可以表示为

$$\alpha^* = \min\left[\alpha - \varepsilon\left(\sum_{i=1}^{m} S_i^- + \sum_{l=1}^{m} S_l^+\right)\right] \tag{4-15}$$

$$\text{s.t.}\begin{cases} \sum_{j=1}^{n} x_{ij} w_j + S_i^- = \theta x_{ij}, i = 1, 2, L \cdots m \\ \sum_{j=1}^{n} y_{lj} \lambda_j - S_l^+ = y_{lj}, l = 1, 2, L \cdots s \\ \lambda_j, S_i^-, \ S_l^+ \geqslant 0, j = 1, 2, L \cdots n \end{cases} \tag{4-16}$$

其中，BCC 模型可以表示为

$$\beta^* = \min\left[\beta - \varepsilon\left(\sum_{i=1}^{m} S_i^- + \sum_{l=1}^{m} S_l^+\right)\right] \tag{4-17}$$

$$\text{s.t.}\begin{cases} \sum_{j=1}^{n} x_{ij} w_j + S_i^- = \theta x_{ij}, j = 1, 2, L \cdots m \\ \sum_{j=1}^{n} y_{lj} \lambda_j - S_l^+ = y_{lj}, l = 1, 2, L \cdots s \\ \sum_{j=1}^{n} \lambda_j = 1 \\ \lambda_j, S_i^-, S_l^+ \geqslant 0, j = 1, 2, L \cdots n \end{cases} \tag{4-18}$$

2. 家庭农场的类型划分

农产品是人类的基本生活用品，每个自然人皆有消费的权利，特别是在当今的人权时代之下，社会对其供给的要求越来越强烈。然而，农产品的价格却不能太高而影响到一部分人乃至大部分人的生存权利。所以，农产品通过市场供求的变化来调整其价格而获取更高比较收益的能力是非常有限的。因此，受粮食种植比较效益低下、土地流转费用高等因素影响，一些农业大户流转土地后，将原本用于种粮的土地转为发展养殖业、高效经济作物种植业、生态农业、休闲农业等，耕地的"非粮化"倾向明显。家庭农场主的"经济人"特质、农产品的公共性决定了不能简单依靠法规或政策强制干涉农地经营项目，而应从成本收益视角客观认识"农地非粮化"现象农产品生产的社会化分工。同时，家庭农场改变传统的粮食作物种植方式为经济作物种植，或者种养结合的农业生产方式往往具有更高的经济利润，这也是家庭农场获得可持续经营利润的主要途径。例如，第一，种养结合。监利县毗邻被誉为"中国小龙虾之乡"的潜江市,通过向潜江市输送小龙虾的方式大力发展小龙虾养殖业,2014年全县的"虾稻共作"面积只有6万多亩,2018年则达到65万亩,加上虾蟹混养板块40万亩,小龙虾养殖面积达105万亩,居全国第一位。在小龙虾价格居高不下且市场供不应求的状况下,小龙虾养殖能够获得更高的经济利润。因此,在政府的号召和经济利益的双重驱使下,湖北省荆州市监利县部分家庭农场由原来的单一水稻种植转变为"稻虾共养"或纯"小龙虾"养殖。据测算,单纯的水稻种植型家庭农场的平均年纯利润为1330.40元/亩,稻虾养殖的平均年纯利润为1569.27元/亩,纯养殖型家庭农场的平均年纯利润为2334.55元/亩,分别比纯种植型家庭农场高17.95%和75.48%。第二,经济作物种植。在江苏省徐州市新沂市双塘镇的九墩村,通过成立葡萄种植专业合作社,运用互联网销售的方式,吸引全国各地的经销商到当地贩卖葡萄,葡萄种植成为当地村庄经济发展的主要抓手之一,据受访的家庭农场主表示,在种植葡萄之前,主要以种植水稻和小麦为主,其中,水稻年产1500~1600斤/亩,价格1.25元/斤,小麦年产1100斤/亩,价格为1.1元/斤,刨除生产成本年利润为1500元/亩左右,在种植葡萄之后,每年产量可以达到3500~4000斤/亩,市场售价可以稳定在3~4元/斤,高的时候可以达到6元/斤,年利润可以达到8000元/亩左右。崇州市宝石梨种植,在第一年种苗等投入4000元/亩,4年后可挂果,亩产好的可以达到4000斤,差的也可以达到2000~3000斤/亩,价格随着市场行情有波动,最高可以到7~8元/斤,最低也可以到5元/斤,刨除人工预计6000~7000元/亩,亩均利润在10000元左右。第三,特色化养殖。徐州新沂市福泽园家庭农场6亩地用于养殖孔雀,共计饲养500只,每年销售200只,3年一个周期,400~500元/只,利润点800~900元/只,主要包括:①孔雀蛋。孔雀经饲养3年后才开始产蛋,每年仅产30枚左右。目前,农场每年孔雀蛋产量为1000多枚,未来会逐步达到2500~2600枚,每枚孔雀蛋的平均价格为60元,高的时候会达到100元/枚,即使有些地方孵化的淘汰蛋,也能到30~50元/枚。②宠物,满足部分城市居民的宠物需求。③工艺品、羽毛、标本。其中,8~10年的孔雀羽为30元/根,孔雀翎为15~20元/支。④食用、餐饮。1年的小孔雀,用于商品食用,每年有400~500只,未来会逐渐扩大到1000~2000只,每只利润100元。⑤公园采购。每年公园采购10多只,主要是4~5年的孔雀,其中,母孔雀每只1600元,公孔雀每只1200元。因此,家庭农场是存在着多种不同类型的。

据农业部统计,全国家庭农场中,从事种植、养殖及种养结合的家庭农场占总数的98.20%。本课题根据在湖北省、江苏省、山东省、四川省调查获得的349份家庭农场有效调查问卷,考虑到种植分为粮食作物种植和经济作物种植,将家庭农场细分为5种类型:粮食作物种植型家庭农场、经济作物种植型家庭农场、"粮食作物种植+养殖"型家庭农场、"经济作物种植+养殖"型家庭农场、养殖型家庭农场。其中,粮食作物种植型家庭农场是指从事水稻、小麦、玉米等粮食作物种植的规模化经营主体;经济作物种植型家庭农场是指从事瓜果、蔬菜、花卉苗木、茶叶、食用菌等非粮食作物的规模化经营主体;"粮食作物种植+养殖"型家庭农场是指在规模化经营的土地面积上种植粮食作物的同时采取散养、共养等方式养殖水产品或家畜、家禽的规模化经营主体;"经济作物种植+养殖"型家庭农场是指在规模化经营的土地面积上种植经济作物的同时采取散养、共养等方式养殖水产品或家畜、家禽的规模化经营主体;养殖型家庭农场是指在规模化土地面积上单纯养殖水产品或家畜、家禽的规模化经营主体。依据调研获得的种植面积、养殖面积、养殖量、作物单产、生产成本、农产品价格、单位畜（水）产品养殖成本、单位畜（水）产品售价等数据，计算出不同类型的家庭农场的年总收益，然后，减去每年应支付的土地流转成本，获得不同类型家庭农场的年净收益，如表 4-1 所示。

表 4-1   不同地区不同类型家庭农场的年净利润情况   （单位：元/亩）

地区	湖北省	江苏省	四川省		山东省
			成都市	宜宾市	
粮食作物种植型家庭农场	1330.40	560.43	537.70	—	310.94
经济作物种植型家庭农场	—	8623.15	9667.37	3722.29	10164.80
"粮食作物种植+养殖"型家庭农场	1569.27	1295.99	1326.74	—	1325.28
"经济作物种植+养殖"型家庭农场	2217.22	5172.99	5157.39	2837.99	—
养殖型家庭农场	2334.55	39003.95	8444.93	8047.98	—

3. 指标选择与数据处理

家庭农场最重要的生产要素投入变量有 3 个：土地、家庭劳动力和资本，鉴于家庭农场土地经营规模相对于传统"小农"有所扩大，部分家庭农场不可避免会通过雇用劳动力以辅助田间作业以及在农忙季节的农作物收割。故而，本课题增添年雇用劳动力人次作为第 4 个投入变量。家庭农场的产出可以采取农作物产品的年产量、年毛利润和年净利润等指标，考虑到本课题外业调研的家庭农场不仅包括粮食作物种植型的家庭农场，还包括经济作物种植型的家庭农场，也包括种养结合型的家庭农场和纯养殖型的家庭农场。故而，单从年产量的层面，无法统一衡量和对比各家庭农场的产出差异，另外，粮食作物种植型家庭农场、经济作物种植型家庭农场、种养结合型家庭农场以及纯养殖型家庭农场在获取年产出时所投入的劳动力、资本、土地等存在着较大差异，因此，毛利润也不能反映不同类型家庭农场之间的差异，故而，本课题选择每个家庭农场的年净利润作为产出变量。由于 DEA 模型对输入和输出项目有一定要求，具体而言，Cooper 等（2000）曾在文献中给出了 4 个要求：第一，对于每个决策单元，输入值与输出值都能得到，且其数值必须是正数。第二，这些项目（包括输入值、输出值、决策单元的选择）必须与相对有效性的评估有关。第三，从效率比的角度出发，输入值越小越好，输出值越大越好。第四，输入与输出单位可以不一致。即投入量和产出量不允许出现负值，然而，由于自然灾害、市场风险及种植经济作物尚未投产等，家庭农场的净利润存在着为零或负值的情形，为了解决负产出问题，沈江建和龙文（2015）提出 4 种解决方法：第一，无量纲化。将数据映射到(0，1)区间。第二，将负产出转化成一个足够小的正数。第三，进行初等行变换。第四，数据平移，对所有数据进行"加值"，将负数转换为正数。本研究认为以上 4 种解决方法都会破坏调研数据的初始状态，不能更真实地反映家庭农场投入和产出的实际状态，故而，本研究采取将净利润为负值的家庭农场样本直接剔除。对于投入变量中个别要素（雇用劳动力人次）为零的情况，如果采取剔除的方式将造成样本在数量上有较大的减幅，故而，将零值加上一个足够小的数值使之变为正值，具体的增加数额为 0.0001。

(三)基于数据包络分析(DEA)的家庭农场生产要素组合分析

每个家庭农场的内部资源都以追求最佳的配置状态为目标,然而,在现实中随机的资源投入结构总会存在着不合理之处。本研究选择 DEAP 2.1 软件,基于 DEA 模型分析应该如何改变投入使所投入的资源利用效率达到最高,由于家庭农场存在着规模效益,因此,在模型设置上选择"vrs"(规模报酬可变),且选择结果更为准确的多阶段模型(multi-stage method),运行 DEAP 2.1 软件得到不同地区不同类型家庭农场内部生产要素(土地、资本、人力)的初始配置值和目标配置值,其中,original value 表示各项投入产出指标的原始值,radial movement 表示投入指标的松弛变量取值,即投入冗余值,slack movement 表示产出指标的松弛变量取值,即产出不足值,projected value 是达到 DEA 有效的目标值。对于 DEA 有效的单元,所有投入及产出指标的径向改进值(radial movement)及松弛变量改进值(slack movement)均为零,该单元原始数据与目标数据相同。

1. 四川省崇州市家庭农场生产要素最优组合分析

(1)粮食作物种植型家庭农场。

根据模型输出结果(表 4-2),综合生产效率(crste)为 1 的粮食作物种植型家庭农场个数为 3 个,纯技术效率(vrste)为 1 的粮食作物种植型家庭农场个数为 7 个,规模效率(scale)为 1 的粮食作物种植型家庭农场个数为 3 个。3 个综合生产效率(crste)有效的决策单元,必定同时具备纯技术效率(vrste)有效和规模效率(scale)有效,而且规模报酬不变(-)。在 17 个粮食作物种植型家庭农场中,除去前面的 3 个综合生产效率(crste)为 1 的粮食作物种植型家庭农场,剩余的 14 个决策单元具有纯技术效率,但由于投入要素配置得不合理,未达到规模效率,即 12 个粮食作物种植型家庭农场处于规模报酬递增(irs)阶段,两个粮食作物种植型家庭农场处于规模报酬递减(drs),这些家庭农场可以通过调整投入要素提高规模效率,实现整体的经济效率。

表 4-2　四川省崇州市粮食作物种植型家庭农场效率值

firm	crste(综合生产效率)	vrste(纯技术效率)	scale(规模效率)	规模报酬
1	0.087	0.191	0.457	irs
2	0.004	1.000	0.004	irs
3	1.000	1.000	1.000	-
4	0.939	0.946	0.992	irs
5	0.937	1.000	0.937	irs
6	0.110	0.571	0.193	irs
7	0.946	1.000	0.946	irs
8	0.584	0.624	0.936	drs
9	0.209	0.211	0.989	irs
10	0.145	0.500	0.290	irs
11	1.000	1.000	1.000	-
12	0.387	0.389	0.995	drs

firm	crste(综合生产效率)	vrste(纯技术效率)	scale(规模效率)	规模报酬
13	0.155	0.333	0.466	irs
14	1.000	1.000	1.000	-
15	0.443	0.446	0.994	irs
16	0.588	1.000	0.588	irs
17	0.201	0.250	0.803	irs
mean	0.514	0.674	0.741	

注：crste 表示不考虑规模收益时的综合生产效率，vrste 表示考虑规模收益时的纯技术效率，scale 表示考虑规模收益时的规模效率；"drs"表示规模报酬递减，"irs"表示规模报酬递增，"-"表示规模报酬不变。纯技术效率(vrste)为在 vrs 运算情况下所得效率值，规模效率(scale)为二者之商，即 scale efficiency=crste/vrste。

在初始状态下四川省崇州市粮食作物种植型家庭农场的净利润与各生产要素(农场土地面积、在农场工作的家庭成员人数、农场年雇用劳动力人次、农场总投资)投入的均值之比为 19.255：358.118：2.765：933.471：71.676。根据 DEA 模型运行结果(表 4-3)，从净利润的角度，在 17 家粮食作物种植型家庭农场中，有两个家庭农场存在着产出不足，产出不足值分别为 1.794 万元和 0.100 万元。从生产要素投入的角度来看，投入 1(土地面积)的 radial movement 和 slack movement 为 0 的有 7 个家庭农场，也即有 10 家粮食作物种植型家庭农场的土地存在着冗余情况，投入 1(土地面积)的平均冗余(radial movement 及 slack movement)为 185.828 亩；投入 2(在农场工作的家庭成员人数)的 radial movement 为 0 的有 7 个家庭农场，slack movement 为 0 的有 15 个家庭农场，投入 2(在农场工作的家庭成员人数)的平均冗余(radial movement 及 slack movement)为 1.267 人；投入 3(农场年雇用劳动力人次)的 radial movement 为 0 的有 7 个家庭农场，slack movement 为 0 的有 8 个家庭农场，投入 3(农场年雇用劳动力人次)的平均冗余(radial movement 及 slack movement)为 579.388 人次；投入 4(农场总投资)的 radial movement 为 0 的有 7 个家庭农场，slack movement 为 0 的有 14 个家庭农场，投入 4(农场总投资)的平均冗余(radial movement 及 slack movement)为 24.589 万元。因此，在成本最小化的目标下，各生产要素经过优化组合达到综合效率 DEA 有效后，四川省崇州市粮食作物种植型家庭农场的净利润与各生产要素(农场土地面积、在农场工作的家庭成员人数、农场年雇用劳动力人次、农场总投资)投入的均值之比为 19.367：172.290：1.497：354.082：47.088，也即，在经过生产要素优化组合后，可以实现四川省崇州市粮食作物种植型家庭农场净利润平均升高 0.58%的同时，使土地要素投入减少 51.89%，家庭劳动力要素投入减少 45.86%，雇用劳动力人次要素投入减少 62.07%，资本要素投入减少 34.30%。

表4-3　四川省崇州市粮食作物种植型家庭农场生产要素初始值和目标值情况

firm	output (净利润)				input1 (农场土地面积)				input2 (在农场工作的家庭成员人数)				input3 (农场年雇用劳动力人次)				input4 (农场总投资)			
	original value	radial movement	slack movement	projected value	original value	radial movement	slack movement	projected value	original value	radial movement	slack movement	projected value	original value	radial movement	slack movement	projected value	original value	radial movement	slack movement	projected value
1	6.800	0.000	0.000	6.800	630.000	-509.447	-66.443	54.110	6.000	-4.852	0.000	1.148	1475.000	-1192.754	-271.559	10.686	60.000	-48.519	0.000	11.481
2	0.060	0.000	0.000	0.060	50.000	0.000	0.000	50.000	2.000	0.000	0.000	2.000	20.000	0.000	0.000	20.000	20.000	0.000	0.000	20.000
3	64.860	0.000	0.000	64.860	520.000	0.000	0.000	520.000	2.000	0.000	0.000	2.000	2690.000	0.000	0.000	2690.000	390.000	0.000	0.000	390.000
4	34.840	0.000	0.000	34.840	500.000	-26.976	-173.547	299.476	2.000	-0.108	0.000	1.892	2530.000	-136.500	-1867.796	525.705	50.000	-2.698	0.000	47.302
5	17.870	0.000	0.000	17.870	430.000	0.000	0.000	430.000	1.000	0.000	0.000	1.000	500.000	0.000	0.000	500.000	30.000	0.000	0.000	30.000
6	2.860	0.000	1.794	4.654	120.000	-51.429	-14.714	53.857	2.000	-0.857	0.000	1.143	850.000	-364.286	-478.143	7.571	20.000	-8.571	0.000	11.429
7	5.100	0.000	0.000	5.100	52.000	0.000	0.000	52.000	1.000	0.000	0.000	1.000	8.000	0.000	0.000	8.000	12.500	0.000	0.000	12.500
8	31.250	0.000	0.000	31.250	610.000	-229.588	-128.063	252.349	3.000	-1.129	-0.142	1.729	1360.000	-511.869	-436.459	411.672	60.000	-22.582	0.000	37.418
9	16.240	0.000	0.000	16.240	314.000	-247.657	-12.858	53.485	5.000	-3.944	-0.016	1.040	510.000	-402.246	-83.562	24.192	60.000	-47.323	0.000	12.677
10	1.880	0.000	0.100	1.980	134.000	-67.000	-2.000	65.000	4.000	-2.000	0.000	2.000	20.000	-10.000	-5.000	5.000	10.000	-5.000	0.000	5.000
11	56.380	0.000	0.000	56.380	600.000	0.000	0.000	600.000	3.000	0.000	0.000	3.000	1086.000	0.000	0.000	1086.000	80.000	0.000	0.000	80.000
12	23.850	0.000	0.000	23.850	900.000	-549.692	-226.137	124.171	3.000	-1.832	0.000	1.168	1010.000	-616.876	0.000	393.124	200.000	-122.154	-14.304	63.543
13	7.970	0.000	0.000	7.970	170.000	-113.333	-4.422	52.244	3.000	-2.000	0.000	1.000	2560.000	-1706.667	-841.177	12.156	48.000	-32.000	-3.378	12.622
14	16.840	0.000	0.000	16.840	53.000	0.000	0.000	53.000	1.000	0.000	0.000	1.000	25.000	0.000	0.000	25.000	13.000	0.000	0.000	13.000
15	24.430	0.000	0.000	24.430	520.000	-288.317	-80.211	151.472	3.000	-1.663	0.000	1.337	720.000	-399.208	-46.578	274.213	80.000	-44.356	0.000	35.644
16	1.980	0.000	0.000	1.980	65.000	0.000	0.000	65.000	2.000	0.000	0.000	2.000	5.000	0.000	0.000	5.000	5.000	0.000	0.000	5.000
17	14.130	0.000	0.000	14.130	420.000	-315.000	-52.231	52.769	4.000	-3.000	0.000	1.000	500.000	-375.000	-103.924	21.076	80.000	-60.000	-7.115	12.885
平均值	19.255	0.000	0.111	19.367	358.118	-141.085	-44.743	172.290	2.765	-1.258	-0.009	1.497	933.471	-336.200	-243.188	354.082	71.676	-23.130	-1.459	47.088

（2）"粮食作物种植+养殖"型家庭农场。

根据模型输出结果（表 4-4），综合生产效率（crste）为 1 的"粮食作物种植+养殖"型家庭农场个数为 4 个，纯技术效率（vrste）为 1 的"粮食作物种植+养殖"型家庭农场个数为 15 个，规模效率（scale）为 1 的"粮食作物种植+养殖"型家庭农场个数为 4 个。4 个综合生产效率（crste）有效的决策单元，必定同时具备纯技术效率（vrste）有效和规模效率（scale）有效，而且规模报酬不变(-)。在 21 个"粮食作物种植+养殖"型家庭农场中，除去前面的 4 个综合生产效率（crste）为 1 的"粮食作物种植+养殖"型家庭农场，剩余的 17 个决策单元具有纯技术效率，但由于投入要素配置得不合理，未达到规模效率，即有 14 个"粮食作物种植+养殖"型家庭农场处于规模报酬递增（irs）阶段，有 3 个"粮食作物种植+养殖"型家庭农场处于规模报酬递减（drs），这些家庭农场可以通过调整投入要素提高规模效率，实现整体的经济效率。

表 4-4　四川省崇州市"粮食作物种植+养殖"型家庭农场效率值

firm	crste（综合生产效率）	vrste（纯技术效率）	scale（规模效率）	规模报酬
1	1.000	1.000	1.000	-
2	0.612	1.000	0.612	irs
3	0.541	0.650	0.833	drs
4	0.069	0.667	0.103	irs
5	0.392	1.000	0.392	irs
6	0.273	0.667	0.409	irs
7	1.000	1.000	1.000	-
8	0.256	1.000	0.256	irs
9	0.373	1.000	0.373	irs
10	0.874	0.924	0.946	irs
11	0.504	1.000	0.504	irs
12	0.045	0.667	0.067	irs
13	0.530	1.000	0.530	irs
14	1.000	1.000	1.000	-
15	0.663	0.788	0.842	irs
16	0.774	1.000	0.774	drs
17	0.833	1.000	0.833	irs
18	0.220	1.000	0.220	irs
19	0.953	1.000	0.953	irs
20	1.000	1.000	1.000	-
21	0.985	1.000	0.985	drs
mean	0.614	0.922	0.649	

在初始状态下四川省崇州市"粮食作物种植+养殖"型家庭农场的净利润与各生产要素（农场土地面积、在家庭农场工作的家庭成员人数、农场年雇用劳动力人次、农场总投资）投入的均值之比为 42.235∶309.942∶3.000∶1630.619∶297.143。根据 DEA 模型运行结果（表 4-5），从净利润的角度看，在 21 家"粮食作物种植+养殖"型家庭农场中，有

表 4-5　四川省崇州市"粮食作物种植+养殖"型家庭农场生产要素初始值和目标值情况

firm	output (净利润)				input1 (土地面积)				input2 (在农场工作的家庭成员人数)				input3 (农场年雇用劳动力人次)				input4 (农场总投资)			
	original value	radial movement	slack movement	projected value	original value	radial movement	slack movement	projected value	original value	radial movement	slack movement	projected value	original value	radial movement	slack movement	projected value	original value	radial movement	slack movement	projected value
1	43.240	0.000	0.000	43.240	90.040	0.000	0.000	90.040	2.000	0.000	0.000	2.000	63.000	0.000	0.000	63.000	40.000	0.000	0.000	40.000
2	34.800	0.000	0.000	34.800	240.000	0.000	-173.641	66.359	2.000	0.000	0.000	2.000	750.000	0.000	-711.040	38.960	350.000	0.000	-253.226	96.774
3	123.250	0.000	0.000	123.250	580.000	-203.021	-139.015	237.964	8.000	-2.800	-1.033	4.167	5410.000	-1893.699	-1363.895	2152.406	1000.000	-350.037	0.000	649.963
4	5.967	0.000	21.976	27.943	380.500	-126.833	-193.655	60.012	3.000	-1.000	0.000	2.000	1635.000	-545.000	-1051.241	38.759	400.000	-133.333	-203.580	63.087
5	12.700	0.000	0.000	12.700	320.000	0.000	0.000	320.000	3.000	0.000	0.000	3.000	2520.000	0.000	0.000	2520.000	30.000	0.000	0.000	30.000
6	25.950	0.000	0.000	25.350	400.000	-133.333	-213.090	53.577	3.000	-1.000	0.000	2.000	3625.000	-1208.333	-2384.847	31.819	610.000	-203.333	-324.961	81.705
7	23.350	0.000	0.000	23.350	30.000	0.000	0.000	30.000	2.000	0.000	0.000	2.000	0.000	0.000	0.000	0.000	200.000	0.000	0.000	200.000
8	12.064	0.000	31.176	43.240	530.000	0.000	-439.960	90.040	2.000	0.000	0.000	2.000	830.000	0.000	-767.000	63.000	100.000	0.000	-60.000	40.000
9	3.486	0.000	0.000	3.486	12.000	0.000	0.000	12.000	2.000	0.000	0.000	2.000	0.000	0.000	0.000	0.000	100.000	0.000	0.000	100.000
10	76.000	0.000	0.000	76.000	500.000	-38.249	-327.120	134.631	3.000	-0.229	0.000	2.771	2990.000	-228.727	-1841.269	920.004	400.000	-30.599	0.000	369.401
11	21.784	0.000	21.456	43.240	310.000	0.000	-219.960	90.040	2.000	0.000	0.000	2.000	3270.000	0.000	-3207.000	63.000	40.000	0.000	0.000	40.000
12	28.447	0.000	6.182	34.629	276.000	0.000	-202.864	73.136	2.000	0.000	0.000	2.000	880.000	0.000	-830.647	49.353	200.000	0.000	-147.003	52.997
13	28.447	0.000	6.182	34.629	276.000	0.000	-202.864	73.136	2.000	0.000	0.000	2.000	880.000	0.000	-830.647	49.353	200.000	0.000	-147.003	52.997
14	50.256	0.000	0.000	50.256	68.700	0.000	0.000	68.700	2.000	0.000	0.000	2.000	100.000	0.000	0.000	100.000	1000.000	0.000	0.000	1000.000
15	59.850	0.000	0.000	59.850	550.000	-116.728	-325.745	107.527	3.000	-0.637	0.000	2.363	5320.000	-1129.077	-3717.702	473.221	450.000	-95.505	0.000	354.495
16	83.686	0.000	0.000	83.686	544.000	0.000	0.000	544.000	6.000	0.000	0.000	6.000	750.000	0.000	0.000	750.000	100.000	0.000	0.000	100.000
17	26.918	0.000	0.000	26.518	60.000	0.000	-6.077	53.923	2.000	0.000	0.000	2.000	150.000	0.000	-118.978	31.022	100.000	0.000	-10.129	89.871
18	9.774	0.000	23.560	33.335	89.930	0.000	-19.335	70.595	2.000	0.000	0.000	2.000	2150.000	0.000	-2102.697	47.303	70.000	0.000	-15.050	54.950
19	25.899	0.000	0.000	25.899	54.000	0.000	0.000	54.000	5.000	0.000	0.000	5.000	540.000	0.000	0.000	540.000	50.000	0.000	0.000	50.000
20	126.850	0.000	0.000	126.850	210.120	0.000	0.000	210.120	4.000	0.000	0.000	4.000	2280.000	0.000	0.000	2280.000	700.000	0.000	0.000	700.000
21	64.225	0.000	0.000	64.225	987.500	0.000	0.000	987.500	3.000	0.000	0.000	3.000	100.000	0.000	0.000	100.000	100.000	0.000	0.000	100.000
平均值	42.235	0.000	5.263	47.499	309.942	-29.436	-117.301	163.205	3.000	-0.270	-0.049	2.681	1630.619	-238.326	-901.284	491.010	297.143	-38.705	-55.283	203.154

6 个"粮食作物种植+养殖"型家庭农场存在着产出不足，产出不足值分别为 21.976 万元、31.176 万元、21.456 万元、6.182 万元、6.182 万元、23.560 万元。从生产要素投入的角度来看，投入 1(农场土地面积)的 radial movement 为 0 的有 16 个家庭农场，slack movement 为 0 的有 9 个家庭农场，投入 1(农场土地面积)的平均冗余(radial movement 及 slack movement)为 146.737 亩；投入 2(在农场工作的家庭成员人数)的 radial movement 为 0 的有 16 个家庭农场，slack movement 为 0 的有 20 个家庭农场，投入 2(在农场工作的家庭成员人数)的平均冗余(radial movement 及 slack movement)为 0.319 人；投入 3(农场年雇用劳动力人次)的 radial movement 为 0 的有 16 个家庭农场，slack movement 为 0 的有 9 个家庭农场，投入 3(农场年雇用劳动力人次)的平均冗余(radial movement 及 slack movement)为 1139.61 人次；投入 4(农场总投资)的 radial movement 为 0 的有 16 个家庭农场，slack movement 为 0 的有 13 个家庭农场，投入 4(农场总投资)的平均冗余(radial movement 及 slack movement)为 93.988 万元。因此，在成本最小化的目标下，各生产要素经过优化组合达到综合效率 DEA 有效后，四川省崇州市"粮食作物种植+养殖"型家庭农场的净利润与各生产要素(农场土地面积、在农场工作的家庭成员人数、农场年雇用劳动力人次、农场总投资)投入的均值之比为 47.499：163.205：2.681：491.010：203.154，也即，在经过生产要素优化组合后，可以实现四川省崇州市"粮食作物种植+养殖"型家庭农场的净利润升高 12.46%的同时，使土地要素投入减少 47.34%，家庭劳动力要素投入减少 10.63%，雇用劳动力人次要素投入减少 69.89%，资本要素投入减少 31.63%。

(3)经济作物种植型家庭农场。

根据模型输出结果(表 4-6)，综合生产效率(crste)为 1 的经济作物种植型家庭农场个数为 6 个，纯技术效率(vrste)为 1 的经济作物种植型家庭农场个数为 11 个，规模效率(scale)为 1 的经济作物种植型家庭农场个数为 6 个。6 个综合生产效率(crste)有效的决策单元，必定同时具备纯技术效率(vrste)有效和规模效率(scale)有效，而且规模报酬不变(-)。在 15 个经济作物种植型家庭农场中，除去前面的 6 个综合生产效率(crste)为 1 的经济作物种植型家庭农场，剩余的 9 个决策单元具有纯技术效率，但由于投入要素配置得不合理，即有 9 个经济作物种植型家庭农场处于规模报酬递增(irs)阶段，这些家庭农场可以通过调整投入要素提高规模效率，实现整体的经济效率。

表 4-6   四川省崇州市经济作物种植型家庭农场效率值

firm	crste(综合生产效率)	vrste(纯技术效率)	scale(规模效率)	规模报酬
1	1.000	1.000	1.000	-
2	1.000	1.000	1.000	-
3	0.862	0.871	0.989	irs
4	0.168	0.500	0.336	irs
5	1.000	1.000	1.000	-
6	0.425	1.000	0.425	irs
7	1.000	1.000	1.000	-

续表

firm	crste（综合生产效率）	vrste（纯技术效率）	scale（规模效率）	规模报酬
8	0.812	1.000	0.812	irs
9	0.624	0.674	0.926	irs
10	0.147	1.000	0.147	irs
11	0.700	1.000	0.700	irs
12	1.000	1.000	1.000	-
13	0.365	0.709	0.515	irs
14	0.649	1.000	0.649	irs
15	1.000	1.000	1.000	-
mean	0.717	0.917	0.767	

在初始状态下四川省崇州市经济作物种植型家庭农场的净利润与各生产要素（农场土地面积、在农场工作的家庭成员人数、农场年雇用劳动力人次、农场总投资）投入的均值之比为 98.233∶101.613∶2.600∶2550.733∶180.487。根据 DEA 模型运行结果（表 4-7），从净利润的角度来看，在 15 家经济作物种植型家庭农场中，有 4 个家庭农场存在着产出不足，产出不足值分别为 14.056 万元、14.436 万元、14.866 万元和 16.526 万元。从生产要素投入的角度来看，投入 1（农场土地面积）的 radial movement 为 0 的家庭农场有 11 个，slack movement 为 0 的家庭农场有 8 个，投入 1（农场土地面积）的平均冗余（radial movement 及 slack movement）为 29.005 亩；投入 2（在农场工作的家庭成员人数）的 radial movement 为 0 的家庭农场有 11 个，slack movement 为 0 的家庭农场有 12 个，投入 2（在农场工作的家庭成员人数）的平均冗余（radial movement 及 slack movement）为 0.529 人；投入 3（农场年雇用劳动力人次）的 radial movement 为 0 的家庭农场有 11 个，slack movement 为 0 的家庭农场有 6 个，投入 3（农场年雇用劳动力人次）的平均冗余（radial movement 及 slack movement）为 1153.497 人次；投入 4（农场总投资）的 radial movement 为 0 的家庭农场有 11 个，slack movement 为 0 的家庭农场有 8 个，投入 4（农场总投资）的平均冗余（radial movement 及 slack movement）为 35.008 万元。因此，在成本最小化的目标下，各生产要素经过优化组合达到综合效率 DEA 有效后，四川省崇州市经济作物种植型家庭农场的净利润与各生产要素（农场土地面积、在农场工作的家庭成员人数、农场年雇用劳动力人次、农场总投资）投入的均值之比为 102.225∶72.607∶2.071∶1397.236∶145.478，也即，在经过生产要素优化组合后，可以实现四川省崇州市经济作物种植型家庭农场净利润升高 4.06%的同时，使土地要素投入减少 28.55%，家庭劳动力要素投入减少 20.35%，雇用劳动力人次要素投入减少 45.22%，资本要素投入减少 19.40%。

表4-7　四川省崇州市经济作物种植型家庭农场生产要素初始值和目标值情况

firm	output（净利润）				input1（农场土地面积）				input2（在农场工作的家庭成员数）				input3（农场年雇用劳动力人次）				input4（农场总投资）			
	original value	radial movement	slack movement	projected value	original value	radial movement	slack movement	projected value	original value	radial movement	slack movement	projected value	original value	radial movement	slack movement	projected value	original value	radial movement	slack movement	projected value
1	564.300	0.000	0.000	564.300	110.000	0.000	0.000	110.000	3.000	0.000	0.000	3.000	7290.000	0.000	0.000	7290.000	1000.000	0.000	0.000	1000.000
2	135.200	0.000	0.000	135.200	70.000	0.000	0.000	70.000	2.000	0.000	0.000	2.000	168.000	0.000	0.000	168.000	260.000	0.000	0.000	260.000
3	89.311	0.000	0.000	89.311	73.690	-9.477	0.000	64.213	3.000	-0.386	-0.591	2.023	5580.000	-717.605	-3363.553	1498.842	100.000	-12.860	0.000	87.140
4	21.000	0.000	14.056	35.056	70.000	-35.000	-5.000	30.000	4.000	-2.000	0.000	2.000	2910.000	-1455.000	-1305.000	150.000	150.000	-75.000	-45.000	30.000
5	9.500	0.000	0.000	9.500	130.000	0.000	0.000	130.000	2.000	0.000	0.000	2.000	0.000	0.000	0.000	0.000	55.000	0.000	0.000	55.000
6	20.620	0.000	14.436	35.056	32.500	0.000	-2.500	30.000	2.000	0.000	0.000	2.000	2282.000	0.000	-2132.000	150.000	50.000	0.000	-20.000	30.000
7	35.056	0.000	0.000	35.056	30.000	0.000	0.000	30.000	2.000	0.000	0.000	2.000	150.000	0.000	0.000	150.000	30.000	0.000	0.000	30.000
8	43.462	0.000	0.000	43.462	54.000	0.000	-17.523	36.477	2.000	0.000	0.000	2.000	870.000	0.000	-483.117	386.883	45.000	0.000	-8.060	36.940
9	59.572	0.000	0.000	59.572	50.000	-16.294	0.000	33.706	6.000	-1.955	-1.998	2.046	4890.000	-1593.571	-2815.685	480.744	120.000	-39.106	-5.961	74.933
10	20.190	0.000	14.866	35.056	93.000	0.000	-63.000	30.000	2.000	0.000	0.000	2.000	1448.000	0.000	-1298.000	150.000	200.000	0.000	-170.000	30.000
11	85.250	0.000	0.000	85.250	100.000	0.000	-45.873	54.127	2.000	0.000	0.000	2.000	723.000	0.000	-256.257	466.743	200.000	0.000	-70.887	129.113
12	125.900	0.000	0.000	125.900	100.000	0.000	0.000	100.000	2.000	0.000	0.000	2.000	2710.000	0.000	0.000	2710.000	105.000	0.000	0.000	105.000
13	18.530	0.000	16.526	35.056	51.000	-14.830	-6.170	30.000	3.000	-0.872	-0.128	2.000	1870.000	-543.759	-1176.241	150.000	42.300	-12.300	0.000	30.000
14	59.800	0.000	0.000	59.800	260.000	0.000	-219.416	40.584	2.000	0.000	0.000	2.000	370.000	0.000	-162.674	207.326	150.000	0.000	-65.949	84.051
15	185.800	0.000	0.000	185.800	300.000	0.000	0.000	300.000	2.000	0.000	0.000	2.000	7000.000	0.000	0.000	7000.000	200.000	0.000	0.000	200.000
平均值	98.233	0.000	3.992	102.225	101.613	-5.040	-23.965	72.607	2.600	-0.348	-0.181	2.071	2550.733	-287.329	-866.168	1397.236	180.487	-9.284	-25.724	145.478

(4)"经济作物种植+养殖"型家庭农场。

根据模型输出结果(表4-8),综合生产效率(crste)为1的"经济作物种植+养殖"型家庭农场个数为3个,纯技术效率(vrste)为1的"经济作物种植+养殖"型家庭农场个数为4个,规模效率(scale)为1的"经济作物种植+养殖"型家庭农场个数为4个。3个综合生产效率(crste)有效的决策单元,必定同时具备纯技术效率(vrste)有效和规模效率(scale)有效,而且规模报酬不变(-),决策单元2的综合生产效率(crste)和纯技术效率(vrste)均为0.546,规模效率(scale)也为1。因此,在8个"经济作物种植+养殖"型家庭农场中,除去前面的4个效率(scale)为1的"经济作物种植+养殖"型家庭农场,剩余的4个决策单元具有纯技术效率,但由于投入要素配置得不合理,未达到规模效率,即有4个"经济作物种植+养殖"型家庭农场处于规模报酬递增(irs)阶段,这些家庭农场可以通过调整投入要素提高规模效率,实现整体的经济效率。

表4-8 四川省崇州市"经济作物种植+养殖"型家庭农场效率值

firm	crste(综合生产效率)	vrste(纯技术效率)	scale(规模效率)	规模报酬
1	1.000	1.000	1.000	-
2	0.546	0.546	1.000	-
3	0.261	0.500	0.522	irs
4	0.018	0.200	0.090	irs
5	0.063	1.000	0.063	irs
6	0.226	0.333	0.678	irs
7	1.000	1.000	1.000	-
8	1.000	1.000	1.000	-
mean	0.514	0.697	0.669	

初始状态下四川省崇州市"经济作物种植+养殖"型家庭农场的净利润与各生产要素(农场土地面积、在农场工作的家庭成员人数、农场年雇用劳动力人次、农场总投资)投入的均值之比为41.685∶48.452∶2.625∶1743.750∶113.750。根据DEA模型运行结果(表4-9),从净利润的角度来看,在8个"经济作物种植+养殖"型家庭农场中,有3个家庭农场存在着产出不足,产出不足值分别为14.540万元、39.050万元和0.550万元。从生产要素投入的角度来看,投入1(农场土地面积)的radial movement为0的家庭农场有4个,slack movement为0的家庭农场有5个,投入1(农场土地面积)的平均冗余(radial movement及slack movement)为44.120亩;投入2(在农场工作的家庭成员人数)的radial movement为0的家庭农场有4个,slack movement为0的家庭农场有7个,投入2(在农场工作的家庭成员人数)的平均冗余(radial movement及slack movement)为1.125人;投入3(农场年雇用劳动力人次)的radial movement为0的家庭农场有4个,slack movement为0的家庭农场有4个,投入3(农场年雇用劳动力人次)的平均冗余(radial movement及slack movement)为1361.225人次;投入4(农场总投资)的radial movement为0的家庭农场有4个,slack movement为0的家庭农场有5个,投入4(农场总投资)的平均冗余(radial movement及slack movement)为72.498万元。因此,在成本最小化的目标下,各生产要素经

表 4-9　四川省崇州市"经济作物种植+养殖"型家庭农场生产要素组合的初始值与目标值

firm	output (净利润)				input1 (农场土地面积)				input2 (在农场工作的家庭成员人数)				input3 (农场年雇用劳动力人次)				input4 (农场总投资)			
	original value	radial movement	slack movement	projected value	original value	radial movement	slack movement	projected value	original value	radial movement	slack movement	projected value	original value	radial movement	slack movement	projected value	original value	radial movement	slack movement	projected value
1	23.140	0.000	0.000	23.140	22.000	0.000	0.000	22.000	2.000	0.000	0.000	2.000	5.000	0.000	0.000	5.000	100.000	0.000	0.000	100.000
2	44.200	0.000	0.000	44.200	55.000	-24.963	0.000	30.037	3.000	-1.362	-0.638	1.001	1000.000	-453.869	-105.929	440.202	200.000	-90.774	-79.216	30.010
3	29.610	0.000	14.540	44.150	80.000	-40.000	-10.000	30.000	2.000	-1.000	0.000	1.000	1300.000	-650.000	-210.000	440.000	150.000	-75.000	-45.000	30.000
4	5.100	0.000	39.050	44.150	200.000	-160.000	-10.000	30.000	5.000	-4.000	0.000	1.000	2630.000	-2104.000	-86.000	440.000	150.000	-120.000	0.000	30.000
5	0.575	0.000	0.000	0.575	40.000	0.000	0.000	40.000	3.000	0.000	0.000	3.000	15.000	0.000	0.000	15.000	30.000	0.000	0.000	30.000
6	43.600	0.000	0.550	44.150	138.000	-92.000	-16.000	30.000	3.000	-2.000	0.000	1.000	7720.000	-5146.667	-2133.333	440.000	200.000	-133.333	-36.667	30.000
7	44.150	0.000	0.000	44.150	30.000	0.000	0.000	30.000	1.000	0.000	0.000	1.000	440.000	0.000	0.000	440.000	30.000	0.000	0.000	30.000
8	143.102	0.000	0.000	143.102	103.600	0.000	0.000	103.600	2.000	0.000	0.000	2.000	840.000	0.000	0.000	840.000	50.000	0.000	0.000	50.000
平均值	41.685	0.000	6.768	48.452	83.575	-39.620	-4.500	39.455	2.625	-1.045	-0.080	1.500	1743.750	-1044.317	-316.908	382.525	113.750	-52.388	-20.110	41.251

过优化组合达到综合效率 DEA 有效后，四川崇州市"经济作物种植+养殖"型家庭农场的净利润与各生产要素（农场土地面积、在农场工作的家庭成员人数、农场年雇用劳动力人次、农场总投资）投入的均值之比为 48.452：39.455：1.500：382.525：41.251，也即，在经过生产要素优化组合后，可以实现四川省崇州市"经济作物种植+养殖"型家庭农场净利润升高 16.24%的同时，使土地要素投入减少 52.79%，家庭劳动力要素投入减少42.85%，雇用劳动力人次要素投入减少 78.06%，资本要素投入减少 63.74%。

（5）养殖型家庭农场。

根据模型输出结果（表 4-10），综合生产效率（crste）为 1 的养殖型家庭农场个数为 4 个，纯技术效率（vrste）为 1 的养殖型家庭农场个数为 8 个，规模效率（scale）为 1 的养殖型家庭农场个数为 4 个。4 个综合生产效率（crste）有效的决策单元，必定同时具备纯技术效率（vrste）有效和规模效率（scale）有效，而且规模报酬不变（-）。在 10 个养殖型家庭农场中，除去前面的 4 个综合生产效率（crste）为 1 的养殖型家庭农场，剩余的 6 个决策单元具有纯技术效率，但由于投入要素配置得不合理，未达到规模效率，即有 6 个养殖型家庭农场处于规模报酬递增（irs）阶段，这些家庭农场可以通过调整投入要素提高规模效率，实现整体的经济效率。

表 4-10　四川省崇州市养殖型家庭农场效率值

firm	crste（综合生产效率）	vrste（纯技术效率）	scale（规模效率）	规模报酬
1	1.000	1.000	1.000	-
2	1.000	1.000	1.000	-
3	1.000	1.000	1.000	-
4	0.656	1.000	0.656	irs
5	0.240	0.667	0.360	irs
6	0.704	1.000	0.704	irs
7	1.000	1.000	1.000	-
8	0.687	1.000	0.687	irs
9	0.181	0.667	0.271	irs
10	0.687	1.000	0.687	irs
mean	0.715	0.933	0.736	

初始状态下四川省崇州市养殖型家庭农场的净利润与各生产要素（农场土地面积、在农场工作的家庭成员人数、农场年雇用劳动力人次、农场总投资）投入的均值之比为114.484：69.624：2.778：1764.556：266.667。根据 DEA 模型运行结果（表 4-11），从净利润的角度来看，10 个养殖型家庭农场的产出变量都达到了最优值，产出变量没有需要改进的余地。从生产要素投入的角度来看，投入 1（农场土地面积）的 radial movement 为 0的家庭农场有 8 个，slack movement 为 0 的家庭农场有 7 个，投入 1（农场土地面积）的平均冗余（radial movement 及 slack movement）为 23.475 亩；投入 2（在农场工作的家庭成员人数）的 radial movement 为 0 的家庭农场有 8 个，slack movement 为 0 的家庭农场有 10个，投入 2（在农场工作的家庭成员人数）的平均冗余（radial movement 及 slack movement）

表4-11　四川省崇州市养殖型庭农场生产要素组合的初始值与目标值

firm	output (净利润)				input1 (农场土地面积)				input2 (在农场工作的家庭成员人数)				input3 (农场年雇用劳动力人次)				input4 (农场总投资)			
	original value	radial movement	slack movement	projected value	original value	radial movement	slack movement	projected value	original value	radial movement	slack movement	projected value	original value	radial movement	slack movement	projected value	original value	radial movement	slack movement	projected value
1	564.300	0.000	0.000	564.300	110.000	0.000	0.000	110.000	3.000	0.000	0.000	3.000	7290.000	0.000	0.000	7290.000	1000.000	0.000	0.000	1000.000
2	173.960	0.000	0.000	173.960	50.000	0.000	0.000	50.000	2.000	0.000	0.000	2.000	1720.000	0.000	0.000	1720.000	380.000	0.000	0.000	380.000
3	107.040	0.000	0.000	107.040	4.820	0.000	0.000	4.820	2.000	0.000	0.000	2.000	660.000	0.000	0.000	660.000	120.000	0.000	0.000	120.000
4	39.000	0.000	0.000	39.000	3.000	0.000	0.000	3.000	5.000	0.000	0.000	5.000	365.000	0.000	0.000	365.000	180.000	0.000	0.000	180.000
5	15.000	0.000	0.000	15.000	150.000	-50.000	-54.024	45.976	3.000	-1.000	0.000	2.000	934.000	-311.333	-247.616	375.050	70.000	-23.333	-18.558	28.109
6	26.000	0.000	0.000	26.000	50.000	0.000	-42.672	7.328	2.000	0.000	0.000	2.000	180.000	0.000	-54.063	125.937	400.000	0.000	-296.184	103.816
7	68.600	0.000	0.000	68.600	110.000	0.000	0.000	110.000	3.000	0.000	0.000	3.000	342.000	0.000	0.000	342.000	80.000	0.000	0.000	80.000
8	12.250	0.000	0.000	12.250	50.000	0.000	0.000	50.000	2.000	0.000	0.000	2.000	390.000	0.000	0.000	390.000	20.000	0.000	0.000	20.000
9	24.210	0.000	0.000	24.210	98.800	-32.933	-31.645	34.222	3.000	-1.000	0.000	2.000	4000.000	-1333.333	-2327.206	339.460	150.000	-50.000	-48.044	51.956
10	12.250	0.000	0.000	12.250	50.000	0.000	0.000	50.000	2.000	0.000	0.000	2.000	390.000	0.000	0.000	390.000	20.000	0.000	0.000	20.000
平均值	114.484	0.000	0.000	114.484	69.624	-9.215	-14.260	46.150	2.778	-0.222	0.000	2.556	1764.556	-182.741	-292.098	1289.716	266.667	-8.148	-40.310	218.209

为 0.222 人；投入 3（农场年雇用劳动力人次）的 radial movement 为 0 的家庭农场有 8 个，slack movement 为 0 的家庭农场有 7 个，投入 3（农场年雇用劳动力人次）的平均冗余（radial movement 及 slack movement）为 474.839 人次；投入 4（农场总投资）的 radial movement 为 0 的家庭农场有 8 个，slack movement 为 0 的家庭农场有 7 个，投入 4（农场总投资）的平均冗余（radial movement 及 slack movement）为 48.458 万元。因此，在成本最小化的目标下，各生产要素经过优化组合达到综合效率 DEA 有效后，四川省崇州市养殖型家庭农场的净利润与各生产要素（农场土地面积、在农场工作的家庭成员人数、农场年雇用劳动力人次、农场总投资）投入的均值之比为 114.484∶46.150∶2.556∶1289.716∶218.209，也即，在经过生产要素优化组合后，可以实现四川省崇州市养殖型家庭农场净利润保持不变的同时，使土地要素投入减少 33.72%，家庭劳动力要素投入减少 7.99%，雇用劳动力人次要素投入减少 26.91%，资本要素投入减少 18.17%。

2. 四川省宜宾市翠屏区

(1)经济作物种植型家庭农场。

根据模型输出结果（表 4-12），综合生产效率（crste）为 1 的经济作物种植型家庭农场个数为 6 个，纯技术效率（vrste）为 1 的经济作物种植型家庭农场个数为 11 个，规模效率（scale）为 1 的经济作物种植型家庭农场个数为 6 个。6 个综合生产效率（crste）有效的决策单元，必定同时具备纯技术效率（vrste）有效和规模效率（scale）有效，而且规模报酬不变(-)。在 21 个经济作物种植型家庭农场中，除去前面的 6 个综合生产效率（crste）为 1 的经济作物型家庭农场，剩余的 15 个决策单元具有纯技术效率，但由于投入要素配置得不合理，未达到规模效率，即有 14 个家庭农场处于规模报酬递增（irs）阶段，有 1 个经济作物种植型家庭农场处于规模报酬递减（drs）状态，这些家庭农场可以通过调整投入要素提高规模效率，实现整体的经济效率。

表 4-12　四川省宜宾市翠屏区经济作物种植型家庭农场效率值

firm	crste（综合生产效率）	vrste（纯技术效率）	scale（规模效率）	规模报酬
1	0.258	1.000	0.258	irs
2	0.242	1.000	0.242	irs
3	0.589	0.995	0.592	irs
4	1.000	1.000	1.000	-
5	0.406	0.997	0.407	irs
6	1.000	1.000	1.000	-
7	0.790	0.797	0.992	drs
8	0.474	0.557	0.850	irs
9	0.582	0.970	0.599	irs
10	0.682	1.000	0.682	irs
11	0.079	1.000	0.079	irs

firm	crste(综合生产效率)	vrste(纯技术效率)	scale(规模效率)	规模报酬
12	1.000	1.000	1.000	-
13	1.000	1.000	1.000	-
14	1.000	1.000	1.000	-
15	0.855	1.000	0.855	irs
16	0.342	0.654	0.524	irs
17	1.000	1.000	1.000	-
18	0.526	0.660	0.797	irs
19	0.644	0.655	0.983	irs
20	0.352	0.400	0.879	irs
21	0.733	0.982	0.746	irs
mean	0.645	0.889	0.737	

在初始状态下宜宾市翠屏区经济作物种植型家庭农场的净利润与各生产要素(农场土地面积、在农场工作的家庭成员人数、农场年雇佣劳动力人次、农场总投资)投入的均值之比为 19.609∶52.679∶2.571∶429.480∶18.090。根据 DEA 模型运行结果（表4-13），从净利润的角度来看，有 1 个家庭农场存在着产出不足，产出不足值为 0.110万元。从生产要素投入的角度来看，投入 1(农场土地面积)的 radial movement 为 0 的有 11 个家庭农场，slack movement 为 0 的有 17 个家庭农场，投入 1(农场土地面积)的平均冗余(radial movement 及 slack movement)为 4.151 亩；投入 2(在农场工作的家庭成员人数)的 radial movement 为 0 的有 11 个家庭农场，slack movement 为 0 的有 17个家庭农场，投入 2(在农场工作的家庭成员人数)的平均冗余(radial movement 及 slackmovement)为 0.555 人；投入 3(农场年雇用劳动力人次)的 radial movement 为 0 的有11 个家庭农场，slack movement 为 0 的有 12 个家庭农场，投入 3(农场年雇用劳动力人次)的平均冗余(radial movement 及 slack movement)为 345.166 人次；投入 4(农场总投资)的 radial movement 为 0 的有 11 个家庭农场，slack movement 为 0 的有 12 个家庭农场，投入 4(农场总投资)的平均冗余(radial movement 及 slack movement)为 7.05 万元。因此，在成本最小化的目标下，各生产要素经过优化组合达到综合效率 DEA 有效后，宜宾市翠屏区经济作物种植型家庭农场的净利润与各生产要素(农场土地面积、在农场工作的家庭成员人数、农场年雇用劳动力人次、农场总投资)投入的均值之比为19.614∶48.528∶2.016∶84.314∶11.041，也即，在经过生产要素优化组合后，可以实现宜宾市翠屏区经济作物种植型家庭农场净利润提高 0.0267%的同时，使土地要素投入减少 7.8797%，家庭劳动力要素投入减少 21.5944%，雇用劳动力人次要素投入减少80.3684%，资本要素投入减少 38.9689%。

表 4-13　四川省宜宾市翠屏区经济作物种植型家庭农场生产要素组合的初始值与目标值

firm	output (净利润)				input1 (农场土地面积)				input2 (在农场工作的家庭成员人数)				input3 (农场年雇用劳动力人次)				input4 (农场总投资)			
	original value	radial movement	slack movement	projected value	original value	radial movement	slack movement	projected value	original value	radial movement	slack movement	projected value	original value	radial movement	slack movement	projected value	original value	radial movement	slack movement	projected value
1	0.450	0.000	0.000	0.450	3.000	0.000	0.000	3.000	2.000	0.000	0.000	2.000	0.010	0.000	0.000	0.010	1.000	0.000	0.000	1.000
2	1.250	0.000	0.000	1.250	6.300	0.000	-2.359	3.941	3.000	0.000	-1.000	2.000	0.010	0.000	0.000	0.010	3.000	0.000	-1.624	1.376
3	5.420	0.000	0.000	5.420	12.000	-0.056	0.000	11.944	2.000	-0.009	0.000	1.991	35.000	-0.163	-28.032	6.805	3.000	-0.014	0.000	2.986
4	8.000	0.000	0.000	8.000	8.000	0.000	0.000	8.000	2.000	0.000	0.000	2.000	4.000	0.000	0.000	4.000	3.000	0.000	0.000	3.000
5	2.850	0.000	0.000	2.853	7.000	-0.019	0.000	6.981	2.000	-0.005	0.000	1.995	20.000	-0.054	-16.081	3.865	3.000	-0.008	-0.889	2.103
6	5.140	0.000	0.000	5.14	5.000	0.000	0.000	5.000	3.000	0.000	0.000	3.000	0.010	0.000	0.000	0.010	3.000	0.000	0.000	3.000
7	6.450	0.000	0.000	6.450	8.000	-1.626	0.000	6.374	4.000	-0.813	-0.645	2.542	25.000	-5.081	-18.082	1.838	5.000	-1.016	-0.984	2.228
8	5.100	0.000	0.000	5.100	11.000	-4.873	0.000	6.127	4.000	-1.772	-0.228	2.000	30.000	-13.291	-14.249	2.460	4.000	-1.772	0.000	2.228
9	15.120	0.000	0.000	15.120	40.000	-1.189	0.000	38.811	2.000	-0.059	0.000	1.941	1560.000	-46.364	-1477.649	35.987	76.000	-2.259	-63.755	9.987
10	3.300	0.000	0.000	3.300	8.750	0.000	-2.084	6.666	2.000	0.000	0.000	2.000	0.010	0.000	0.000	0.010	3.000	0.000	-0.715	2.285
11	0.340	0.000	0.110	0.450	4.200	0.000	-1.200	3.000	3.000	0.000	-1.000	2.000	0.010	0.000	0.000	0.010	5.000	0.000	-4.000	1.000
12	4.700	0.000	0.000	4.700	8.000	0.000	0.000	8.000	2.000	0.000	0.000	2.000	0.010	0.000	0.000	0.010	3.000	0.000	0.000	3.000
13	5.250	0.000	0.000	5.250	11.000	0.000	0.000	11.000	2.000	0.000	0.000	2.000	0.010	0.000	0.000	0.010	3.000	0.000	0.000	3.000
14	116.000	0.000	0.000	116.000	200.000	0.000	0.000	200.000	2.000	0.000	0.000	2.000	900.000	0.000	0.000	900.000	30.000	0.000	0.000	30.000
15	1.500	0.000	0.000	1.500	7.000	0.000	0.000	7.000	2.000	0.000	0.000	2.000	0.010	0.000	0.000	0.010	1.000	0.000	0.000	1.000
16	9.500	0.000	0.000	9.500	40.000	-13.854	0.000	26.146	3.000	-1.039	0.000	1.961	906.000	-313.799	-568.857	23.344	15.900	-5.507	-3.643	6.750
17	163.500	0.000	0.000	163.500	550.000	0.000	0.000	550.000	1.000	0.000	0.000	1.000	561.000	0.000	0.000	561.000	130.000	0.000	0.000	130.000
18	11.640	0.000	0.000	11.640	30.000	-10.201	0.000	19.799	3.000	-1.020	0.000	1.980	3610.000	-1227.478	-2363.033	19.490	50.000	-17.001	-27.321	5.678
19	13.050	0.000	0.000	13.050	45.000	-15.525	-2.078	27.397	3.000	-1.035	0.000	1.965	35.000	-12.075	0.000	22.925	20.000	-6.900	-5.655	7.445
20	10.040	0.000	0.000	10.04	52.000	-31.202	0.000	20.798	5.000	-3.000	0.000	2.000	183.000	-109.806	-9.198	63.996	8.000	-4.800	0.000	3.200
21	23.180	0.000	0.000	23.18	50.000	-0.903	0.000	49.097	2.000	-0.036	0.000	1.964	1150.000	-20.779	-1004.423	124.797	10.000	-0.181	0.000	9.819
平均值	19.609	0.000	0.005	19.614	52.679	-3.783	-0.368	48.528	2.571	-0.418	-0.137	2.016	429.480	-83.280	-261.886	84.314	18.090	-1.879	-5.171	11.041

（2）"经济作物种植+养殖"型家庭农场。

根据模型输出结果（表4-14），综合生产效率（crste）为1的"经济作物种植+养殖"型家庭农场个数为5个，纯技术效率（vrste）为1的"经济作物种植+养殖"型家庭农场个数为6个，规模效率（scale）为1的"经济作物种植+养殖"型家庭农场个数为5个。5个综合生产效率（crste）有效的决策单元，必定同时具备纯技术效率（vrste）有效和规模效率（scale）有效，而且规模报酬不变（-）。在14个"经济作物种植+养殖"型家庭农场中，除去前面的5个综合生产效率（crste）为1的"经济作物种植+养殖"型家庭农场，剩余的9个决策单元具有纯技术效率，但由于投入要素配置得不合理，未达到规模效率，即有8个"经济作物种植+养殖"型家庭农场处于规模报酬递增（irs）阶段，有1个"经济作物种植+养殖"型家庭农场处于规模报酬递减（drs）状态，这些家庭农场可以通过调整投入要素提高规模效率，实现整体的经济效率。

表4-14　四川省宜宾市翠屏区"经济作物种植+养殖"型家庭农场效率值

firm	crste（综合生产效率）	vrste（纯技术效率）	scale（规模效率）	规模报酬
1	1.000	1.000	1.000	-
2	0.829	0.853	0.971	irs
3	1.000	1.000	1.000	-
4	0.455	1.000	0.455	irs
5	0.721	0.845	0.853	irs
6	0.161	0.219	0.733	irs
7	0.313	0.567	0.552	irs
8	1.000	1.000	1.000	-
9	0.396	0.557	0.711	irs
10	0.884	0.921	0.959	irs
11	1.000	1.000	1.000	-
12	0.586	0.596	0.984	irs
13	0.597	0.614	0.971	drs
14	1.000	1.000	1.000	-
mean	0.710	0.798	0.871	

在初始状态下宜宾市翠屏区"经济作物种植+养殖"型家庭农场的净利润与各生产要素（农场土地面积、在农场工作的家庭成员人数、农场年雇用劳动力人次、农场总投资）投入的均值之比为15.051∶53.031∶2.500∶414.359∶78.751。根据DEA模型运行结果（表4-15），从净利润的角度来看，在14家"经济作物种植+养殖"型家庭农场中，产出变量都达到了最优值，产出变量没有需要改进的余地。从生产要素投入的角度来看，投入1（农场土地面积）的radial movement为0的有6个家庭农场，slack movement为0的有9个家庭农场，投入1（农场土地面积）的平均冗余（radial movement及slack movement）为16.7085亩；投入2（在农场工作的家庭成员人数）的radial movement为0的有6个家庭农场，slack movement为0的有13个家庭农场，投入2（在农场工作的家庭成员人数）的平均

表4-15　四川省宜宾市翠屏区"经济作物种植+养殖"型家庭农场生产要素组合的初始值与目标值

firm	output(净利润)				input1 (农场土地面积)				input2 (在农场工作的家庭成员人数)				input3 (农场年雇用劳动力人次)				input4 (农场总投资)			
	original value	radial movement	slack movement	projected value	original value	radial movement	slack movement	projected value	original value	radial movement	slack movement	projected value	original value	radial movement	slack movement	projected value	original value	radial movement	slack movement	projected value
1	108.950	0.000	0.000	108.950	320.000	0.000	0.000	320.000	3.000	0.000	0.000	3.000	2450.000	0.000	0.000	2450.000	640.000	0.000	0.000	640.000
2	5.190	0.000	0.000	5.190	28.000	-4.108	-13.647	10.245	2.000	-0.293	0.000	1.707	50.000	-7.335	0.000	42.665	10.000	-1.467	0.000	8.533
3	4.290	0.000	0.000	4.290	10.500	0.000	0.000	10.500	2.000	0.000	0.000	2.000	0.010	0.000	0.000	0.010	5.500	0.000	0.000	5.500
4	0.710	0.000	0.000	0.710	4.200	0.000	0.000	4.200	1.000	0.000	0.000	1.000	0.010	0.000	0.000	0.010	2.000	0.000	0.000	2.000
5	8.190	0.000	0.000	8.190	45.230	-7.006	-30.222	8.002	2.000	-0.310	0.000	1.690	30.000	-4.647	0.000	25.353	60.000	-9.294	-30.055	20.651
6	6.360	0.000	0.000	6.360	60.000	-46.845	0.000	13.155	6.000	-4.684	0.000	1.316	915.000	-714.380	-60.746	139.874	85.000	-66.363	-6.813	11.824
7	5.400	0.000	0.000	5.400	28.500	-12.343	0.000	16.157	2.000	-0.866	0.000	1.134	200.000	-86.614	0.000	113.386	80.000	-34.646	-21.889	23.465
8	22.640	0.000	0.000	22.640	38.000	0.000	0.000	38.000	3.000	0.000	0.000	3.000	760.000	0.000	0.000	760.000	50.000	0.000	0.000	50.000
9	5.980	0.000	0.000	5.980	95.000	-42.099	-34.193	18.708	2.000	-0.886	0.000	1.114	270.000	-119.650	0.000	150.350	45.020	-19.951	0.000	25.069
10	14.560	0.000	0.000	14.560	50.000	-3.929	-20.684	25.387	2.000	-0.157	0.000	1.843	181.000	-14.223	0.000	166.777	60.000	-4.715	0.000	55.285
11	10.210	0.000	0.000	10.213	5.000	0.000	0.000	5.000	2.000	0.000	0.000	2.000	0.010	0.000	0.000	0.010	20.000	0.000	0.000	20.000
12	6.650	0.000	0.000	6.650	12.000	-4.851	0.000	7.149	4.000	-1.617	-0.503	1.880	25.000	-10.107	-14.883	0.010	20.000	-8.085	0.000	11.915
13	5.760	0.000	0.000	5.760	25.000	-9.642	-4.350	11.008	3.000	-1.157	0.000	1.843	650.000	-250.691	-356.902	42.407	15.000	-5.785	0.000	9.215
14	5.830	0.000	0.000	5.830	21.000	0.000	0.000	21.000	1.000	0.000	0.000	1.000	270.000	0.000	0.000	270.000	10.000	0.000	0.000	10.000
平均值	15.051	0.000	0.000	15.051	53.031	-9.345	-7.364	36.322	2.500	-0.712	-0.036	1.752	414.359	-86.261	-30.895	297.204	78.751	-10.736	-4.197	63.818

冗余(radial movement 及 slack movement)为 0.7481 人；投入 3(农场年雇用劳动力人次)的 radial movement 为 0 的有 6 个家庭农场，slack movement 为 0 的有 11 个家庭农场，投入 3(农场年雇用劳动力人次)的平均冗余(radial movement 及 slack movement)为 117.1556 人次；投入 4(农场总投资)的 radial movement 为 0 的有 6 个家庭农场，slack movement 为 0 的有 11 个家庭农场，投入 4(农场总投资)的平均冗余(radial movement 及 slack movement)为 14.9331 万元。因此，在成本最小化的目标下，各生产要素经过优化组合达到综合效率 DEA 有效后，宜宾市翠屏区"经济作物种植+养殖"型家庭农场的净利润与各生产要素(农场土地面积、在农场工作的家庭成员人数、农场年雇用劳动力人次、农场总投资)投入的均值之比为 15.051∶36.322∶1.752∶297.204∶63.818，也即，在经过生产要素优化组合后，可以实现净利润保持不变的同时，使土地要素投入减少 31.5072%，家庭劳动力要素投入减少 29.9229%，雇用劳动力人次要素投入减少 28.2739%，资本要素投入减少 18.9623%。

(3)养殖型家庭农场。

根据模型输出结果(表 4-16)，综合生产效率(crste)为 1 的养殖型家庭农场个数为 3 个，纯技术效率(vrste)为 1 的养殖型家庭农场个数为 4 个，规模效率(scale)为 1 的养殖型家庭农场个数为 3 个。3 个综合生产效率(crste)有效的决策单元，必定同时具备纯技术效率(vrste)有效和规模效率(scale)有效，而且规模报酬不变(-)。在 4 个养殖型家庭农场中，除去前面的 3 个综合生产效率(crste)为 1 的养殖型家庭农场，剩余的 1 个决策单元具有纯技术效率，但由于投入要素配置得不合理，未达到规模效率，即有 1 个养殖型家庭农场处于规模报酬递增(irs)阶段，这个家庭农场可以通过调整投入要素提高规模效率，实现整体的经济效率。

表 4-16　四川省宜宾市翠屏区养殖型家庭农场效率值

firm	crste(综合生产效率)	vrste(纯技术效率)	scale(规模效率)	规模报酬
1	1.000	1.000	1.000	-
2	1.000	1.000	1.000	-
3	1.000	1.000	1.000	-
4	0.324	1.000	0.324	irs
mean	0.831	1.000	0.831	

在初始状态下宜宾市翠屏区养殖型家庭农场的净利润与各生产要素(农场土地面积、在农场工作的家庭成员人数、农场年雇用劳动力人次、农场总投资)投入的均值之比为 176.050∶218.750∶1.250∶1118.750∶801.775。根据 DEA 模型运行结果(表 4-17)，从净利润的角度来看，在 4 家养殖型家庭农场中，产出变量都达到了最优值，产出变量没有需要改进的余地，从生产要素投入的角度来看，投入 1(农场土地面积)、投入 2(在农场工作的家庭成员人数)、投入 3(农场年雇用劳动力人次)、投入 4(农场总投资)的平均冗余(radial movement 及 slack movement)均为 0。因此，在成本最小化的目标下，各生产要素组合已经达到综合效率 DEA 有效，即宜宾市翠屏区养殖型家庭农场的净利润与各生产要素(农场土地面积、在农场工作的家庭成员人数、农场年雇用劳动力人次、农场总投资)投入之间的搭配达到最佳状态。

表4-17　四川省宜宾市翠屏区养殖型家庭农场生产要素组合的初始值与目标值

firm	output (净利润)				input1 (农场土地面积)				input2 (在农场工作的家庭成员人数)				input3 (农场年雇用劳动力人次)				input4 (农场总投资)			
	original value	radial movement	slack movement	projected value	original value	radial movement	slack movement	projected value	original value	radial movement	slack movement	projected value	original value	radial movement	slack movement	projected value	original value	radial movement	slack movement	projected value
1	10.872	0.000	0.000	10.872	49.000	0.000	0.000	49.000	2.000	0.000	0.000	2.000	25.000	0.000	0.000	25.000	52.000	0.000	0.000	52.000
2	117.180	0.000	0.000	117.180	58.000	0.000	0.000	58.000	1.000	0.000	0.000	1.000	1200.000	0.000	0.000	1200.000	105.100	0.000	0.000	105.100
3	564.366	0.000	0.000	564.366	750.000	0.000	0.000	750.000	1.000	0.000	0.000	1.000	2710.000	0.000	0.000	2710.000	3000.000	0.000	0.000	3000.000
4	11.780	0.000	0.000	11.780	18.000	0.000	0.000	18.000	1.000	0.000	0.000	1.000	540.000	0.000	0.000	540.000	50.000	0.000	0.000	50.000
平均值	176.050	0.000	0.000	176.050	218.750	0.000	0.000	218.750	1.250	0.000	0.000	1.250	1118.750	0.000	0.000	1118.750	801.775	0.000	0.000	801.775

3. 湖北省荆州市监利县

(1)粮食作物种植型家庭农场。

根据模型输出结果(表 4-18),综合生产效率(crste)为 1 的粮食作物种植型家庭农场个数为 7 个,纯技术效率(vrste)为 1 的粮食作物种植型家庭农场个数为 16 个,规模效率(scale)为 1 的粮食作物种植型家庭农场个数为 7 个。7 个综合生产效率(crste)有效的决策单元,必定同时具备纯技术效率(vrste)有效和规模效率(scale)有效,而且规模报酬不变(-)。在 38 个粮食作物种植型家庭农场中,除去前面的 7 个综合生产效率(crste)为 1 的粮食作物种植型家庭农场,剩余的 31 个决策单元具有纯技术效率,但由于投入要素配置得不合理,未达到规模效率,即有 31 个粮食作物种植型家庭农场处于规模报酬递增(irs)阶段,这些家庭农场可以通过调整投入要素提高规模效率,实现整体的经济效率。

表 4-18　湖北省荆州市监利县粮食作物种植型家庭农场效率值

firm	crste(综合生产效率)	vrste(纯技术效率)	scale(规模效率)	规模报酬
1	0.023	0.507	0.045	irs
2	1.000	1.000	1.000	-
3	0.027	0.509	0.054	irs
4	0.152	0.511	0.297	irs
5	0.021	0.504	0.043	irs
6	0.057	0.552	0.102	irs
7	0.024	0.505	0.047	irs
8	0.679	1.000	0.679	irs
9	0.023	0.503	0.046	irs
10	0.040	0.508	0.079	irs
11	0.939	1.000	0.939	irs
12	0.037	0.506	0.073	irs
13	0.986	1.000	0.986	irs
14	0.024	0.503	0.047	irs
15	0.019	0.502	0.038	irs
16	1.000	1.000	1.000	-
17	1.000	1.000	1.000	-
18	1.000	1.000	1.000	-
19	0.041	0.398	0.103	irs
20	0.022	0.504	0.044	irs
21	0.020	0.502	0.040	irs
22	0.015	0.502	0.031	irs
23	0.071	1.000	0.071	irs
24	0.074	1.000	0.074	irs
25	0.044	0.505	0.087	irs

续表

firm	crste（综合生产效率）	vrste（纯技术效率）	scale（规模效率）	规模报酬
26	0.045	0.507	0.089	irs
27	1.000	1.000	1.000	-
28	0.629	1.000	0.629	irs
29	0.020	0.500	0.041	irs
30	0.830	1.000	0.830	irs
31	0.039	0.506	0.077	irs
32	1.000	1.000	1.000	-
33	0.070	0.509	0.138	irs
34	1.000	1.000	1.000	-
35	0.166	0.326	0.508	irs
36	0.215	1.000	0.215	irs
37	0.060	0.333	0.181	irs
38	0.098	1.000	0.098	irs
mean	0.329	0.703	0.361	

在初始状态下湖北省荆州市监利县粮食作物种植型家庭农场的净利润与各生产要素（农场土地面积、在农场工作的家庭成员人数、农场年雇用劳动力人次、农场总投资）投入的均值之比为 8.8442∶66.4737∶2.0263∶110.1579∶14.6542。根据 DEA 模型运行结果（表 4-19），从净利润的角度来看，在 38 家粮食作物种植型家庭农场中，产出变量都达到了最优值，产出变量没有需要改进的余地。从生产要素投入的角度来看，投入 1（农场土地面积）的 radial movement 为 0 的有 16 个家庭农场，slack movement 为 0 的有 21 个家庭农场，投入 1（农场土地面积）的平均冗余（radial movement 及 slack movement）为 30.2750 亩；投入 2（在农场工作的家庭成员人数）的 radial movement 为 0 的有 16 个家庭农场，slack movement 为 0 的有 34 个家庭农场，投入 2（在农场工作的家庭成员人数）的平均冗余（radial movement 及 slack movement）为 0.7282 人；投入 3（农场年雇用劳动力人次）的 radial movement 为 0 的有 16 个家庭农场，slack movement 为 0 的有 20 个家庭农场，投入 3（农场年雇用劳动力人次）的平均冗余（radial movement 及 slack movement）为 95.4969 人次；投入 4（农场总投资）的 radial movement 为 0 的有 16 个家庭农场，slack movement 为 0 的有 26 个家庭农场，投入 4（农场总投资）的平均冗余（radial movement 及 slack movement）为 11.1618 万元。因此，在成本最小化的目标下，各生产要素经过优化组合达到综合效率 DEA 有效后，湖北省荆州市监利县粮食作物种植型家庭农场的净利润与各生产要素（农场土地面积、在农场工作的家庭成员人数、农场年雇用劳动力人次、农场总投资）投入的均值之比为 8.8442∶36.1988∶1.2981∶14.6610∶3.4924，也即，在经过生产要素优化组合后，可以实现湖北省荆州市监利县粮食作物种植型家庭农场净利润保持不变的同时，使土地要素投入减少 45.5442%，家庭劳动力要素投入减少 35.9374%，雇用劳动力人次要素投入减少 86.6909%，资本要素投入减少 76.1679%。

表 4-19　湖北省荆州市监利县粮食作物种植型家庭农场生产要素组合的初始值与目标值

firm	output (净利润)				input1 (农场土地面积)				input2 (在农场工作的家庭成员人数)				input3 (农场年雇用劳动力人次)				input4 (农场总投资)			
	original value	radial movement	slack movement	projected value	original value	radial movement	slack movement	projected value	original value	radial movement	slack movement	projected value	original value	radial movement	slack movement	projected value	original value	radial movement	slack movement	projected value
1	3.520	0.000	0.000	3.520	60.000	-29.593	-6.571	23.836	2.000	-0.986	0.000	1.014	30.000	-14.796	-9.309	5.894	3.000	-1.480	0.000	1.520
2	153.270	0.000	0.000	153.270	43.000	0.000	0.000	43.000	2.000	0.000	0.000	2.000	24.000	0.000	0.000	24.000	3.000	0.000	0.000	3.000
3	4.210	0.000	0.000	4.210	50.000	-24.547	-1.528	23.925	2.000	-0.982	0.000	1.018	30.000	-14.728	-9.294	5.978	3.000	-1.473	0.000	1.527
4	4.150	0.000	0.000	4.150	50.000	-24.464	-10.501	15.035	2.000	-0.979	0.000	1.021	4.000	-1.957	-0.123	1.920	2.000	-0.979	0.000	1.021
5	3.290	0.000	0.000	3.290	70.000	-34.706	-2.719	32.576	2.000	-0.992	0.000	1.008	30.000	-14.874	-5.260	9.866	4.000	-1.983	0.000	2.017
6	4.330	0.000	0.000	4.330	51.000	-22.873	-14.199	13.928	2.000	-0.897	0.000	1.103	30.000	-13.455	-13.754	2.792	1.500	-0.673	0.000	0.827
7	2.940	0.000	0.000	2.940	35.000	-17.327	0.000	17.673	2.000	-0.990	0.000	1.010	28.000	-13.862	-6.839	7.300	8.350	-4.134	-2.491	1.726
8	1.270	0.000	0.000	1.270	43.000	0.000	-13.636	29.364	2.000	0.000	-0.634	1.366	0.000	0.000	0.000	0.000	1.500	0.000	-0.476	1.024
9	2.250	0.000	0.000	2.250	50.000	-24.870	-1.456	23.674	2.000	-0.995	0.000	1.005	15.000	-7.461	-1.798	5.741	3.000	-1.492	0.000	1.508
10	6.120	0.000	0.000	6.120	90.000	-44.250	0.000	45.750	2.000	-0.983	0.000	1.017	30.000	-14.750	0.000	15.250	10.000	-4.917	-0.744	4.339
11	1.220	0.000	0.000	1.220	15.000	0.000	-0.797	14.203	2.000	0.000	-0.106	1.894	0.000	0.000	0.000	0.000	2.000	0.000	-0.106	1.894
12	3.590	0.000	0.000	3.590	52.000	-25.673	0.000	26.327	2.000	-0.987	0.000	1.013	15.000	-7.406	0.000	7.594	3.500	-1.728	0.000	1.772
13	0.690	0.000	0.000	0.690	11.300	0.000	0.000	11.300	1.000	0.000	0.000	1.000	390.000	-193.747	-177.249	19.004	0.800	0.000	0.000	0.800
14	3.650	0.000	0.000	3.650	55.000	-27.323	0.000	27.677	2.000	-0.994	0.000	1.006	65.000	-32.386	-16.590	16.024	13.000	-6.458	-3.315	3.227
15	2.900	0.000	0.000	2.900	50.000	-24.912	0.000	25.088	2.000	-0.996	0.000	1.004	0.000	0.000	0.000	0.000	7.000	-3.488	-0.664	2.848
16	0.700	0.000	0.000	0.700	5.000	0.000	0.000	5.000	2.000	0.000	0.000	2.000	0.000	0.000	0.000	0.000	0.800	0.000	0.000	0.800
17	2.360	0.000	0.000	2.360	20.000	0.000	0.000	20.000	2.000	0.000	0.000	2.000	0.000	0.000	0.000	0.000	8.400	0.000	0.000	8.400
18	3.320	0.000	0.000	3.320	50.000	0.000	0.000	50.000	2.000	0.000	0.000	2.000	0.000	0.000	0.000	0.000	5.670	0.000	0.000	5.670
19	4.170	0.000	0.000	4.170	56.000	-33.719	-6.220	16.062	3.000	-1.806	0.000	1.194	20.000	-12.042	-2.622	5.336	2.000	-1.204	0.000	0.796
20	2.270	0.000	0.000	2.270	35.700	-17.689	-3.108	14.902	2.000	-0.991	0.000	1.009	30.000	-14.865	-13.393	1.742	2.000	-0.991	0.000	1.009
21	3.050	0.000	0.000	3.050	63.000	-31.348	0.000	31.652	2.000	-0.995	0.000	1.005	30.000	-14.927	-1.459	13.613	5.000	-2.488	0.000	2.512
22	2.200	0.000	0.000	2.200	40.000	-19.901	0.000	20.099	2.000	-0.995	0.000	1.005	30.000	-14.926	-8.421	6.653	3.260	-1.622	0.000	1.638
23	1.810	0.000	0.000	1.810	35.000	0.000	0.000	35.000	2.000	0.000	0.000	2.000	28.000	0.000	0.000	28.000	0.500	0.000	0.000	0.500
24	2.920	0.000	0.000	2.920	42.000	0.000	0.000	42.000	1.000	0.000	0.000	1.000	6.000	0.000	0.000	6.000	3.500	0.000	0.000	3.500
25	3.180	0.000	0.000	3.180	41.000	-20.278	0.000	20.722	2.000	-0.989	0.000	1.011	11.000	-5.441	0.000	5.559	8.000	-3.957	-2.198	1.845

续表

firm	output (净利润)				input1 (农场土地面积)				input2 (在农场工作的家庭成员人数)				input3 (农场年雇用劳动力人次)				input4 (农场总投资)			
	original value	radial movement	slack movement	projected value	original value	radial movement	slack movement	projected value	original value	radial movement	slack movement	projected value	original value	radial movement	slack movement	projected value	original value	radial movement	slack movement	projected value
26	3.520	0.000	0.000	3.520	70.000	-34.484	-14.504	21.013	2.000	-0.985	0.000	1.015	12.000	-5.911	-1.482	4.607	2.680	-1.320	0.000	1.360
27	2.120	0.000	0.000	2.120	60.000	0.000	0.000	60.000	2.000	0.000	0.000	2.000	0.000	0.000	0.000	0.000	1.000	0.000	0.000	1.000
28	1.260	0.000	0.000	1.260	43.000	0.000	-15.973	27.027	2.000	0.000	-0.726	1.274	0.000	0.000	0.000	0.000	1.900	0.000	-0.689	1.211
29	1.350	0.000	0.000	1.350	50.000	-25.000	-6.233	18.767	2.000	-1.000	0.000	1.000	10.000	-5.000	-1.247	3.753	10.000	-5.000	-3.398	1.602
30	1.370	0.000	0.000	1.370	30.000	0.000	-6.277	23.723	3.000	0.000	-1.000	2.000	0.000	0.000	0.000	0.000	1.800	0.000	-0.377	1.423
31	2.510	0.000	0.000	2.510	60.000	-29.650	-18.080	12.270	2.000	-0.988	0.000	1.012	10.000	-4.942	-4.502	0.557	1.700	-0.840	0.000	0.860
32	3.620	0.000	0.000	3.620	80.000	0.000	0.000	80.000	2.000	0.000	0.000	2.000	0.000	0.000	0.000	0.000	4.000	0.000	0.000	4.000
33	3.670	0.000	0.000	3.670	40.000	-19.635	-5.364	15.001	2.000	-0.982	0.000	1.018	8.000	-3.927	-2.199	1.874	2.000	-0.982	0.000	1.018
34	4.650	0.000	0.000	4.650	50.000	0.000	0.000	50.000	2.000	0.000	0.000	2.000	0.000	0.000	0.000	0.000	15.000	0.000	0.000	15.000
35	50.830	0.000	0.000	50.830	184.000	-123.959	0.000	60.041	4.000	-2.695	0.000	1.305	100.000	-67.369	0.000	32.631	85.000	-57.263	-22.075	5.662
36	16.440	0.000	0.000	16.440	140.000	0.000	0.000	140.000	1.000	0.000	0.000	1.000	150.000	0.000	0.000	150.000	20.000	0.000	0.000	20.000
37	13.860	0.000	0.000	13.860	486.000	-324.000	-43.082	118.918	3.000	-2.000	0.000	1.000	3000.000	-2000.000	-874.571	125.429	300.000	-200.000	-83.145	16.855
38	7.500	0.000	0.000	7.500	120.000	0.000	0.000	120.000	1.000	0.000	0.000	1.000	50.000	0.000	0.000	50.000	7.000	0.000	0.000	7.000
平均值	8.8442	0.0000	0.0000	8.8442	66.4737	-25.7948	-4.4802	36.1988	2.0263	-0.6633	-0.0649	1.2981	110.1579	-65.2308	-30.2661	14.6610	14.6542	-8.0124	-3.1494	3.4924

(2)"粮食作物种植+养殖"型家庭农场。

根据模型输出结果(表4-20),综合生产效率(crste)为1的"粮食作物种植+养殖"型家庭农场个数为8个,纯技术效率(vrste)为1的"粮食作物种植+养殖"型家庭农场个数为24个,规模效率(scale)为1的"粮食作物种植+养殖"型家庭农场个数为8个。8个综合生产效率(crste)有效的决策单元,必定同时具备纯技术效率(vrste)有效和规模效率(scale)有效,而且规模报酬不变(-)。在46个"粮食作物种植+养殖"型家庭农场中,除去前面的8个综合生产效率(crste)为1的"粮食作物种植+养殖"型家庭农场,剩余的38个决策单元具有纯技术效率,但由于投入要素配置得不合理,未达到规模效率,即有37个家庭农场处于规模报酬递增(irs)阶段,有1个"粮食作物种植+养殖"型家庭农场处于规模报酬递减(drs)阶段,这些家庭农场可以通过调整投入要素提高规模效率,实现整体的经济效率。

表 4-20　湖北省荆州市监利县"粮食作物种植+养殖"型家庭农场效率值

firm	crste(综合生产效率)	vrste(纯技术效率)	scale(规模效率)	规模报酬
1	1.000	1.000	1.000	-
2	0.466	0.492	0.948	irs
3	0.524	1.000	0.524	irs
4	0.539	1.000	0.539	irs
5	0.371	0.740	0.501	irs
6	0.192	0.798	0.240	irs
7	0.552	0.614	0.899	drs
8	0.775	1.000	0.775	irs
9	0.327	1.000	0.327	irs
10	0.949	1.000	0.949	irs
11	0.453	0.957	0.473	irs
12	0.218	0.900	0.242	irs
13	0.526	0.562	0.936	irs
14	1.000	1.000	1.000	-
15	0.204	0.755	0.270	irs
16	0.828	1.000	0.828	irs
17	0.539	1.000	0.539	irs
18	1.000	1.000	1.000	-
19	0.295	0.678	0.435	irs
20	0.389	0.681	0.572	irs
21	0.544	0.615	0.885	irs
22	0.269	1.000	0.269	irs
23	0.485	1.000	0.485	irs
24	0.360	1.000	0.360	irs
25	0.231	1.000	0.231	irs
26	1.000	1.000	1.000	-
27	0.408	0.667	0.611	irs
28	0.978	1.000	0.978	irs
29	0.285	0.815	0.350	irs
30	1.000	1.000	1.000	-
31	0.214	0.519	0.413	irs
32	1.000	1.000	1.000	-
33	1.000	1.000	1.000	-

firm	crste(综合生产效率)	vrste(纯技术效率)	scale(规模效率)	规模报酬
34	1.000	1.000	1.000	-
35	0.543	1.000	0.543	irs
36	0.111	0.500	0.222	irs
37	0.283	1.000	0.283	irs
38	0.526	1.000	0.526	irs
39	0.252	0.692	0.365	irs
40	0.760	1.000	0.760	irs
41	0.068	0.796	0.085	irs
42	0.160	0.736	0.217	irs
43	0.768	0.850	0.904	irs
44	0.369	0.610	0.604	irs
45	0.391	0.540	0.725	irs
46	0.208	0.422	0.492	irs
mean	0.530	0.847	0.615	

在初始状态下湖北省荆州市监利县"粮食作物种植+养殖"型家庭农场的净利润与各生产要素(农场土地面积、在农场工作的家庭成员人数、农场年雇用劳动力人次、农场总投资)投入的均值之比为30.4902∶194.2935∶2.3478∶640.2628∶82.1120。根据DEA模型运行结果(表4-21),从净利润的角度来看,有7个家庭农场存在着产出不足,产出不足值分别为0.421万元、0.319万元、0.576万元、2.915万元、1.405万元、2.732万元和2.285万元。从生产要素投入的角度来看,投入1(农场土地面积)的radial movement为0的有24个家庭农场,slack movement为0的有36个家庭农场,投入1(农场土地面积)的平均冗余(radial movement及slack movement)为39.8186亩;投入2(在农场工作的家庭成员人数)的radial movement为0的有24个家庭农场,slack movement为0的有43个家庭农场,投入2(在农场工作的家庭成员人数)的平均冗余(radial movement及slack movement)为0.5497人;投入3(农场年雇用劳动力人次)的radial movement为0的有24个家庭农场,slack movement为0的有28个家庭农场,投入3(农场年雇用劳动力人次)的平均冗余(radial movement及slack movement)为123.4676人次;投入4(农场总投资)的radial movement为0的有24个家庭农场,slack movement为0的有27个家庭农场,投入4(农场总投资)的平均冗余(radial movement及slack movement)为24.5011万元。因此,在成本最小化的目标下,各生产要素经过优化组合达到综合效率DEA有效后,湖北省荆州市监利县"粮食作物种植+养殖"型家庭农场的净利润与各生产要素(农场土地面积、在农场工作的家庭成员人数、农场年雇用劳动力人次、农场总投资)投入的均值之比为30.7218∶154.4749∶1.7981∶516.7952∶57.6108,也即,在经过生产要素优化组合后,可以实现湖北省荆州市监利县"粮食作物种植+养殖"型家庭农场净利润提高0.7595%的同时,使土地要素投入减少20.4941%,家庭劳动力要素投入减少23.4139%,雇用劳动力人次要素投入减少19.2839%,资本要素投入减少29.8387%。

表 4-21　湖北省荆州市监利县 "粮食作物种植+养殖" 型家庭农场生产要素组合的初始值与目标值

firm	output(净利润)				input1(农场土地面积)				input2(在农场工作的家庭成员人数)				input3(农场年雇用劳动力人次)				input4(农场总投资)			
	original value	radial movement	slack movement	projected value	original value	radial movement	slack movement	projected value	original value	radial movement	slack movement	projected value	original value	radial movement	slack movement	projected value	original value	radial movement	slack movement	projected value
1	297.000	0.000	0.000	297.000	2200.000	0.000	0.000	2200.000	2.000	0.000	0.000	2.000	16050.000	0.000	0.000	16050.000	1200.000	0.000	0.000	1200.000
2	48.750	0.000	0.000	48.750	200.000	-101.690	0.000	98.310	4.000	-2.034	0.000	1.966	440.000	-223.718	-188.704	27.579	130.000	-66.098	-16.183	47.718
3	16.320	0.000	0.000	16.320	128.000	0.000	0.000	128.000	2.000	0.000	0.000	2.000	1.000	0.000	0.000	1.000	38.000	0.000	0.000	38.000
4	4.500	0.000	0.000	4.500	100.000	0.000	-72.917	27.083	6.000	0.000	-4.000	2.000	0.010	0.000	0.000	0.010	10.000	0.000	-5.180	4.820
5	10.810	0.000	0.000	10.810	80.000	-20.793	0.000	59.207	2.000	-0.520	0.000	1.480	10.000	-2.599	0.000	7.401	23.000	-5.978	-7.210	9.813
6	4.620	0.000	0.421	5.041	70.000	-14.110	0.000	55.890	2.000	-0.403	0.000	1.597	30.000	-6.047	-19.032	4.921	4.500	-0.907	0.000	3.593
7	49.500	0.000	0.000	49.500	110.000	-42.435	0.000	67.565	4.000	-1.543	-0.311	2.146	620.000	-239.178	-361.797	19.025	80.000	-30.862	-5.966	43.172
8	19.240	0.000	0.000	19.240	70.000	0.000	0.000	70.000	1.000	0.000	0.000	1.000	55.000	0.000	0.000	55.000	20.000	0.000	0.000	20.000
9	6.550	0.000	0.000	6.550	50.000	0.000	0.000	50.000	1.000	0.000	0.000	1.000	40.000	0.000	0.000	40.000	10.000	0.000	0.000	10.000
10	3.580	0.000	0.000	3.580	40.000	0.000	-6.692	33.308	2.000	0.000	0.000	2.000	0.010	0.000	0.000	0.010	4.000	0.000	-0.218	3.782
11	9.420	0.000	0.000	9.420	60.000	-2.594	0.000	57.406	2.000	-0.086	0.000	1.914	75.000	-3.242	-51.719	20.039	4.000	-0.173	0.000	3.827
12	2.430	0.000	0.319	2.749	80.000	-7.968	-18.869	53.163	2.000	-0.199	0.000	1.801	2.000	-0.199	0.000	1.801	6.000	-0.598	-1.211	4.191
13	117.400	0.000	0.000	117.400	809.000	-354.518	0.000	454.482	5.000	-2.191	0.000	2.809	3160.000	-1384.768	-1590.027	185.205	500.000	-219.109	-105.491	175.400
14	60.300	0.000	0.000	60.300	300.000	0.000	0.000	300.000	2.000	0.000	0.000	2.000	4230.000	0.000	0.000	4230.000	45.000	0.000	0.000	45.000
15	5.010	0.000	0.576	5.586	50.000	-12.245	0.000	37.755	2.000	-0.490	0.000	1.510	50.000	-12.245	-18.158	19.597	10.000	-2.449	-0.102	7.449
16	6.350	0.000	0.000	6.350	30.000	0.000	0.000	30.000	4.000	0.000	0.000	4.000	0.010	0.000	0.000	0.010	10.000	0.000	0.000	10.000
17	8.470	0.000	0.000	8.470	75.000	0.000	0.000	39.498	4.000	0.000	-1.893	2.107	0.010	0.000	0.000	0.010	20.000	0.000	-9.761	10.239
18	40.640	0.000	0.000	40.640	30.000	0.000	-35.502	30.000	2.000	0.000	0.000	2.000	20.000	0.000	0.000	20.000	30.000	0.000	0.000	30.000
19	10.780	0.000	0.000	10.780	70.000	-22.529	0.000	47.471	2.000	-0.644	0.000	1.356	30.000	-9.655	0.000	20.345	16.000	-5.150	-0.788	10.063
20	9.560	0.000	0.000	9.560	52.000	-16.576	0.000	35.424	3.000	-0.956	0.000	2.044	30.000	-9.563	-16.641	3.796	9.500	-3.028	0.000	6.472
21	31.420	0.000	0.000	31.420	100.000	-38.475	0.000	61.525	3.000	-1.154	0.000	1.846	40.000	-15.390	-4.690	19.920	30.000	-11.542	0.000	18.458
22	5.200	0.000	0.000	5.200	90.000	0.000	0.000	90.000	2.000	0.000	0.000	2.000	0.010	0.000	0.000	0.010	25.000	0.000	0.000	25.000
23	8.900	0.000	0.000	8.900	70.000	0.000	0.000	70.000	1.000	0.000	0.000	1.000	12.000	0.000	0.000	12.000	6.000	0.000	0.000	6.000
24	5.710	0.000	0.000	5.710	46.000	0.000	0.000	46.000	2.000	0.000	0.000	2.000	20.000	0.000	0.000	20.000	3.000	0.000	-2.000	3.000
25	4.810	0.000	2.915	7.725	75.000	0.000	-15.000	60.000	1.000	0.000	0.000	1.000	40.000	0.000	-14.000	26.000	10.000	0.000	0.000	8.000

续表

firm	output (净利润) original value	radial movement	slack movement	projected value	input1 (农场土地面积) original value	radial movement	slack movement	projected value	input2 (在农场工作的家庭成员人数) original value	radial movement	slack movement	projected value	input3 (农场年雇用劳动力人次) original value	radial movement	slack movement	projected value	input4 (农场总投资) original value	radial movement	slack movement	projected value
26	2.000	0.000	0.000	2.000	44.030	0.000	0.000	44.000	2.000	0.000	0.000	2.000	0.010	0.000	0.000	0.010	2.000	0.000	0.000	2.000
27	33.720	0.000	0.000	33.720	283.000	-94.177	-57.788	131.035	2.000	-0.666	0.000	1.334	60.000	-19.967	0.000	40.033	370.000	-123.129	-206.836	40.034
28	40.660	0.000	0.000	40.660	170.000	0.000	0.000	170.000	2.000	0.000	0.000	2.000	30.000	0.000	0.000	30.000	20.000	0.000	0.000	20.000
29	6.070	0.000	0.000	6.070	50.000	-9.266	0.000	40.734	2.000	-0.371	0.000	1.629	60.000	-11.120	-42.204	6.676	7.000	-1.297	0.000	5.703
30	51.910	0.000	0.000	51.910	157.500	0.000	0.000	157.500	3.000	0.000	0.000	3.000	40.000	0.000	0.000	40.000	8.000	0.000	0.000	8.000
31	11.170	0.000	0.000	11.170	110.000	-52.937	0.000	57.063	2.000	-0.962	0.000	1.038	74.000	-35.612	0.000	38.388	50.000	-24.062	-13.469	12.468
32	8.640	0.000	0.000	8.640	80.000	0.000	0.000	80.000	2.000	0.000	0.000	2.000	2.000	0.000	0.000	2.000	1.500	0.000	0.000	1.500
33	222.250	0.000	0.000	222.250	800.000	0.000	0.000	800.000	5.000	0.000	0.000	5.000	0.010	0.000	0.000	0.010	300.000	0.000	0.000	300.000
34	4.660	0.000	0.000	4.660	26.000	0.000	0.000	26.000	2.000	0.000	0.000	2.000	0.010	0.000	0.000	0.010	5.000	0.000	0.000	5.000
35	14.910	0.000	0.000	14.910	82.000	0.000	-18.824	63.176	1.000	0.000	0.000	1.000	487.000	0.000	-437.118	49.882	25.000	0.000	-8.412	16.588
36	5.400	0.000	1.405	6.805	120.000	-60.000	-7.826	52.174	2.000	-1.000	0.000	1.000	85.000	-42.500	-5.543	36.957	40.000	-20.000	-10.435	9.565
37	5.760	0.000	0.000	5.760	90.000	0.000	0.000	90.000	1.000	0.000	0.000	1.000	9.000	0.000	0.000	9.000	13.000	0.000	0.000	13.000
38	4.380	0.000	0.000	4.380	150.000	0.000	-122.105	27.895	2.000	0.000	0.000	2.000	0.010	0.000	0.000	0.010	10.000	0.000	-5.316	4.684
39	7.780	0.000	0.000	7.780	65.000	-20.021	0.000	44.979	2.000	-0.616	0.000	1.384	30.000	-9.240	-0.934	19.826	12.000	-3.696	0.000	8.304
40	39.110	0.000	0.000	39.110	240.000	0.000	0.000	240.000	1.000	0.000	0.000	1.000	540.000	0.000	0.000	540.000	110.000	0.000	0.000	110.000
41	2.700	0.000	2.732	5.432	45.000	-9.194	0.000	35.806	2.000	-0.409	0.000	1.591	40.000	-8.172	-15.478	16.350	26.000	-5.312	-13.645	7.043
42	4.280	0.000	2.285	6.565	70.000	-18.491	0.000	51.509	2.000	-0.528	0.000	1.472	30.000	-7.925	-15.731	6.344	7.000	-1.849	0.000	5.151
43	88.610	0.000	0.000	88.610	800.000	-120.118	-192.070	487.811	2.000	-0.300	0.000	1.700	2040.000	-306.301	0.000	1733.699	320.000	-48.047	-42.881	229.072
44	14.290	0.000	0.000	14.290	100.000	-38.956	0.000	61.044	2.000	-0.779	0.000	1.221	100.000	-38.956	-48.169	12.875	16.650	-6.486	0.000	10.164
45	37.350	0.000	0.000	37.350	380.000	-174.970	0.000	205.030	2.000	-0.921	0.000	1.079	740.000	-340.731	-1.311	397.958	170.000	-78.276	-2.343	89.381
46	9.630	0.000	0.000	9.630	90.000	-51.999	0.000	38.001	4.000	-2.311	0.000	1.689	130.000	-75.109	-46.018	8.873	20.000	-11.555	0.000	8.445
平均值	30.4902	0.0000	0.2316	30.7218	194.2335	-27.9144	-11.9042	154.4749	2.3478	-0.4148	-0.1349	1.7981	640.2628	-60.9182	-62.5494	516.7952	82.1120	-14.5566	-9.9445	57.6108

（3）"经济作物种植+养殖"型家庭农场。

根据模型输出结果（表 4-22），综合生产效率（crste）为 1 的"经济作物种植+养殖"型家庭农场个数为 6 个，纯技术效率（vrste）为 1 的"经济作物种植+养殖"型家庭农场个数为 7 个，规模效率（scale）为 1 的"经济作物种植+养殖"型家庭农场个数为 6 个。6 个综合生产效率（crste）有效的决策单元，必定同时具备纯技术效率（vrste）有效和规模效率（scale）有效，而且规模报酬不变（-）。在 7 个"经济作物种植+养殖"型家庭农场中，除去前面的 6 个综合生产效率（crste）为 1 的"经济作物种植+养殖"型家庭农场，剩余的 1 个决策单元具有纯技术效率，但由于投入要素配置得不合理，未达到规模效率，即有 1 个"经济作物种植+养殖"型家庭农场处于规模报酬递增（irs）阶段，这些家庭农场可以通过调整投入要素提高规模效率，实现整体的经济效率。

表 4-22　湖北省荆州市监利县"经济作物种植+养殖"型家庭农场效率值

firm	crste（综合生产效率）	vrste（纯技术效率）	scale（规模效率）	规模报酬
1	1.000	1.000	1.000	-
2	1.000	1.000	1.000	-
3	1.000	1.000	1.000	-
4	1.000	1.000	1.000	-
5	1.000	1.000	1.000	-
6	1.000	1.000	1.000	-
7	0.357	1.000	0.357	irs
mean	0.908	1.000	0.908	

在初始状态下湖北省荆州市监利县"经济作物种植+养殖"型家庭农场的净利润与各生产要素（农场土地面积、在农场工作的家庭成员人数、农场年雇用劳动力人次、农场总投资）投入的均值之比为 120.459：543.286：3.429：4644.571：942.571。根据 DEA 模型运行结果（表 4-23），从净利润的角度来看，在 7 家"经济作物种植+养殖"型家庭农场中，产出变量都达到了最优值，产出变量没有需要改进的余地，从生产要素投入的角度来看，投入 1（农场土地面积）、投入 2（在农场工作的家庭成员人数）、投入 3（农场年雇用劳动力人次）、投入 4（农场总投资）的平均冗余（radial movement 及 slack movement）均为 0。因此，在成本最小化的目标下，湖北省监利县"经济作物种植+养殖"型家庭农场各生产要素组合已经达到综合效率 DEA 有效，即湖北省监利县"经济作物种植+养殖"型家庭农场的净利润与各生产要素（农场土地面积、在农场工作的家庭成员人数、农场年雇用劳动力人次、农场总投资）投入之间的搭配达到最佳状态。

表 4-23　湖北省荆州市监利县"经济作物种植+养殖"型家庭农场生产要素组合的初始值与目标值

firm	output (净利润)				input1 (农场土地面积)				input2 (在农场工作的家庭成员人数)				input3 (农场年雇用劳动力人次)				input4 (农场总投资)			
	original value	radial movement	slack movement	projected value	original value	radial movement	slack movement	projected value	original value	radial movement	slack movement	projected value	original value	radial movement	slack movement	projected value	original value	radial movement	slack movement	projected value
1	264.000	0.000	0.000	264.000	200.000	0.000	0.000	200.000	4.000	0.000	0.000	4.000	1488.000	0.000	0.000	1488.000	1000.000	0.000	0.000	1000.000
2	110.150	0.000	0.000	110.150	250.000	0.000	0.000	250.000	3.000	0.000	0.000	3.000	790.000	0.000	0.000	790.000	800.000	0.000	0.000	800.000
3	225.400	0.000	0.000	225.400	1580.000	0.000	0.000	1580.000	6.000	0.000	0.000	6.000	1052.000	0.000	0.000	1053.000	600.000	0.000	0.000	600.000
4	214.780	0.000	0.000	214.780	1500.000	0.000	0.000	1500.000	5.000	0.000	0.000	5.000	4680.000	0.000	0.000	4680.000	4000.000	0.000	0.000	4000.000
5	6.260	0.000	0.000	6.260	70.000	0.000	0.000	70.000	2.000	0.000	0.000	2.000	12.000	0.000	0.000	12.000	8.000	0.000	0.000	8.000
6	6.670	0.000	0.000	6.670	68.000	0.000	0.000	68.000	3.000	0.000	0.000	3.000	80.000	0.000	0.000	80.000	10.000	0.000	0.000	10.000
7	15.950	0.000	0.000	15.950	135.000	0.000	0.000	135.000	1.000	0.000	0.000	1.000	1950.000	0.000	0.000	1950.000	180.000	0.000	0.000	180.000
平均值	120.459	0.000	0.000	120.459	543.286	0.000	0.000	543.286	3.429	0.000	0.000	3.429	4644.571	0.000	0.000	4644.571	942.571	0.000	0.000	942.571

(4)养殖型家庭农场。

根据模型输出结果(表4-24),综合生产效率(crste)为1的养殖型家庭农场个数为3个,纯技术效率(vrste)为1的养殖型家庭农场个数为5个,规模效率(scale)为1的养殖型家庭农场个数为 3 个。3 个综合生产效率(crste)有效的决策单元,必定同时具备纯技术效率(vrste)有效和规模效率(scale)有效,而且规模报酬不变(-)。在 5 个养殖型家庭农场中,除去前面的 3 个综合生产效率(crste)为 1 的养殖型家庭农场,剩余的两个决策单元具有纯技术效率,但由于投入要素配置得不合理,未达到规模效率,即有两个养殖型家庭农场处于规模报酬递增(irs)阶段,这些家庭农场可以通过调整投入要素提高规模效率,实现整体的经济效率。

表 4-24   湖北省荆州市监利县养殖型家庭农场效率值

firm	crste(综合生产效率)	vrste(纯技术效率)	scale(规模效率)	规模报酬
1	0.491	1.000	0.491	irs
2	0.629	1.000	0.629	irs
3	1.000	1.000	1.000	-
4	1.000	1.000	1.000	-
5	1.000	1.000	1.000	-
mean	0.000	0.200	4.998	

在初始状态下湖北省监利县养殖型家庭农场的净利润与各生产要素(农场土地面积、在农场工作的家庭成员人数、农场年雇用劳动力人次、农场总投资)投入的均值之比为23.812 : 102.000 : 2.800 : 55.004 : 24.480。根据 DEA 模型运行结果(表4-25),从净利润的角度来看,有 1 个家庭农场存在着产出不足,产出不足值为 10.950 万元。从生产要素投入的角度来看,投入 1(农场土地面积)的 radial movement 为 0 的有 5 个家庭农场,slack movement 为 0 的有 5 个家庭农场,投入 1(农场土地面积)的平均冗余(radial movement 及 slack movement)为 0 亩,已经达到最优且没有改进的余地;投入 2(在农场工作的家庭成员人数)的 radial movement 为 0 的有 5 个家庭农场,slack movement 为 0 的有 4 个家庭农场,投入 2(在农场工作的家庭成员人数)的平均冗余(radial movement 及 slack movement)为 0.2000 人;投入 3(农场年雇用劳动力人次)的 radial movement 为 0 的有 5 个家庭农场,slack movement 为 0 的有 4 个家庭农场,投入 3(农场年雇用劳动力人次)的平均冗余(radial movement 及 slack movement)为 4.998 人次;投入 4(农场总投资)的 radial movement 为 0 的有 5 个家庭农场,slack movement 为 0 的有 4 个家庭农场,投入 4(农场总投资)的平均冗余(radial movement 及 slack movement)为 0.400 万元。因此,在成本最小化的目标下,各生产要素经过优化组合达到综合效率 DEA 有效后,湖北省监利县养殖型家庭农场净利润与农场土地面积、在农场工作的家庭成员人数、农场年雇用劳动力人次、农场总投资的投入的均值之比为26.002 : 102.000 : 2.600 : 50.006 : 24.080,也即,在经过生产要素优化组合后,湖北省监利县养殖型家庭农场净利润提高 9.1970%的同时,使家庭劳动力要素投入减少 7.1429%,雇用劳动力人次要素投入减少 9.0866%,资本要素投入减少 1.6340%。

表 4-25 湖北省荆州市监利县养殖型家庭农场生产要素组合的初始值与目标值

firm	output (净利润)				input1 (农场土地面积)				input2 (在农场工作的家庭成员人数)				input3 (农场年雇用劳动力人次)				input4 (农场总投资)			
	original value	radial movement	slack movement	projected value	original value	radial movement	slack movement	projected value	original value	radial movement	slack movement	projected value	original value	radial movement	slack movement	projected value	original value	radial movement	slack movement	projected value
1	10.550	0.000	10.950	21.500	50.000	0.000	0.000	50.000	3.000	0.000	-1.000	2.000	25.000	0.000	-24.990	0.010	22.000	0.000	-2.000	20.000
2	7.700	0.000	0.000	7.700	70.000	0.000	0.000	70.000	3.000	0.000	0.000	3.000	242.000	0.000	0.000	242.000	8.000	0.000	0.000	8.000
3	55.110	0.000	0.000	55.110	260.000	0.000	0.000	260.000	4.000	0.000	0.000	4.000	0.010	0.000	0.000	0.010	36.000	0.000	0.000	36.000
4	24.200	0.000	0.000	24.200	30.000	0.000	0.000	80.000	2.000	0.000	0.000	2.000	8.000	0.000	0.000	8.000	36.400	0.000	0.000	36.400
5	21.500	0.000	0.000	21.500	50.000	0.000	0.000	50.000	2.000	0.000	0.000	2.000	0.010	0.000	0.000	0.010	20.000	0.000	0.000	20.000
平均值	23.812	0.000	2.190	26.002	102.000	0.000	0.000	102.000	2.800	0.000	-0.200	2.600	55.004	0.000	-4.998	50.006	24.480	0.000	-0.400	24.080

4. 江苏省(宜兴市、仪征市、盱眙县、新沂市)

(1)粮食作物种植型家庭农场。

根据模型输出结果(表 4-26),综合生产效率(crste)为 1 的粮食作物种植型家庭农场个数为 6 个,纯技术效率(vrste)为 1 的粮食作物种植型家庭农场个数为 12 个,规模效率(scale)为 1 的粮食作物种植型家庭农场个数为 6 个。6 个综合生产效率(crste)有效的决策单元,必定同时具备纯技术效率(vrste)有效和规模效率(scale)有效,而且规模报酬不变(-)。在 44 个粮食作物种植型家庭农场中,除去前面的 6 个综合生产效率(crste)为 1 的粮食作物种植型家庭农场,剩余的 38 个决策单元具有纯技术效率,但由于投入要素配置得不合理,未达到规模效率,即有 35 个粮食作物种植型家庭农场处于规模报酬递增(irs)阶段,有 3 个粮食作物种植型家庭农场处于规模报酬递减(drs)阶段,这些家庭农场可以通过调整投入要素提高规模效率,实现整体的经济效率。

表 4-26　江苏省(宜兴市、仪征市、盱眙县、新沂市)粮食作物种植型家庭农场效率值

firm	crste(综合生产效率)	vrste(纯技术效率)	scale(规模效率)	规模报酬
1	1.000	1.000	1.000	-
2	0.325	0.419	0.775	irs
3	0.411	0.667	0.615	irs
4	0.090	0.500	0.180	irs
5	0.909	1.000	0.909	irs
6	0.561	0.731	0.768	irs
7	0.717	0.721	0.994	drs
8	0.965	0.984	0.980	irs
9	0.782	0.843	0.928	irs
10	0.300	0.709	0.422	irs
11	0.094	0.500	0.188	irs
12	0.349	0.852	0.410	irs
13	0.218	0.670	0.325	irs
14	0.232	0.527	0.440	irs
15	0.440	0.528	0.832	irs
16	0.347	0.378	0.916	irs
17	0.034	0.392	0.085	irs
18	1.000	1.000	1.000	-
19	0.315	0.572	0.551	irs
20	0.577	0.661	0.873	irs
21	0.306	0.501	0.611	irs
22	0.353	0.575	0.614	irs
23	0.542	1.000	0.542	irs
24	0.579	0.610	0.949	irs
25	0.039	0.837	0.046	irs
26	0.458	0.833	0.550	irs
27	0.566	1.000	0.566	irs
28	0.799	1.000	0.799	drs
29	1.000	1.000	1.000	-

续表

firm	crste(综合生产效率)	vrste(纯技术效率)	scale(规模效率)	规模报酬
30	0.449	0.515	0.872	irs
31	0.968	1.000	0.968	drs
32	0.424	0.669	0.634	irs
33	1.000	1.000	1.000	-
34	0.462	0.569	0.812	irs
35	0.552	0.738	0.748	irs
36	1.000	1.000	1.000	-
37	0.297	0.676	0.439	irs
38	0.481	0.689	0.699	irs
39	0.626	0.805	0.777	irs
40	0.609	0.836	0.729	irs
41	1.000	1.000	1.000	-
42	0.697	1.000	0.697	irs
43	0.375	0.928	0.404	irs
44	0.726	0.797	0.912	irs
mean	0.545	0.755	0.695	

在初始状态下江苏省(宜兴市、仪征市、盱眙县、新沂市)粮食作物种植型家庭农场的净利润与各生产要素(农场土地面积、在农场工作的家庭成员人数、农场年雇用劳动力人次、农场总投资)投入的均值之比为 20.515∶366.043∶2.364∶647.727∶69.293。根据 DEA 模型运行结果(表 4-27),从净利润的角度来看,有 5 个家庭农场存在着产出不足,产出不足值分别为 1.730 万元、0.140 万元、1.134 万元、3.005 万元和 2.898 万元。从生产要素投入的角度来看,投入 1(农场土地面积)的 radial movement 为 0 的有 12 个家庭农场,slack movement 为 0 的有 28 个家庭农场,投入 1(农场土地面积)的平均冗余(radial movement 及 slack movement)为 134.8049 亩;投入 2(在农场工作的家庭成员人数)的 radial movement 为 0 的有 12 个家庭农场,slack movement 为 0 的有 39 个家庭农场,投入 2(在农场工作的家庭成员人数)的平均冗余(radial movement 及 slack movement)为 0.6824 人;投入 3(农场年雇用劳动力人次)的 radial movement 为 0 的有 12 个家庭农场,slack movement 为 0 的有 34 个家庭农场,投入 3(农场年雇用劳动力人次)的平均冗余(radial movement 及 slack movement)为 206.8585 人次;投入 4(农场总投资)的 radial movement 为 0 的有 12 个家庭农场,slack movement 为 0 的有 18 个家庭农场,投入 4(农场总投资)的平均冗余(radial movement 及 slack movement)为 32.7938 万元。因此,在成本最小化的目标下,各生产要素经过优化组合达到综合效率 DEA 有效后,江苏省(宜兴市、仪征市、盱眙县、新沂市)粮食作物种植型家庭农场的净利润与各生产要素(农场土地面积、在农场工作的家庭成员人数、农场年雇用劳动力人次、农场总投资)投入的均值之比为 20.717∶231.239∶1.681∶440.869∶36.499,也即,在经过生产要素优化组合后,可以实现江苏省(宜兴市、仪征市、盱眙县、新沂市)粮食作物种植型家庭农场净利润提高 0.9868%的同时,使土地要素投入减少 36.8276%,家庭劳动力要素投入减少 28.8692%,雇用劳动力人次要素投入减少 31.9361%,资本要素投入减少 47.3264%。

表 4-27　江苏省（宜兴市、仪征市、盱眙县、新沂市）粮食作物种植型家庭农场生产要素组合的初始值与目标值

firm	output (净利润)				input1 (农场土地面积)				input2 (在农场工作的家庭成员人数)				input3 (农场年雇用劳动力人次)				input4 (农场总投资)			
	original value	radial movement	slack movement	projected value	original value	radial movement	slack movement	projected value	original value	radial movement	slack movement	projected value	original value	radial movement	slack movement	projected value	original value	radial movement	slack movement	projected value
1	23.680	0.000	0.000	23.680	370.000	0.000	0.000	370.000	2.000	0.000	0.000	2.000	170.000	0.000	0.000	170.000	40.000	0.000	0.000	40.000
2	24.980	0.000	0.000	24.980	696.000	-404.528	0.000	291.472	3.000	-1.744	0.000	1.256	1500.000	-871.829	0.000	628.171	120.000	-69.746	-21.839	28.415
3	13.560	0.000	0.000	13.560	366.000	-121.728	-27.161	217.111	2.000	-0.665	0.000	1.335	470.000	-156.317	0.000	313.683	40.000	-13.304	-5.755	20.942
4	3.060	0.000	1.730	4.790	288.000	-144.000	-41.000	103.000	2.000	-1.000	0.000	1.000	630.000	-315.000	-10.000	305.000	40.000	-20.000	-12.000	8.000
5	36.720	0.000	0.000	36.720	395.000	0.000	0.000	395.000	1.000	0.000	0.000	1.000	1150.000	0.000	0.000	1150.000	45.000	0.000	0.000	45.000
6	21.070	0.000	0.000	21.070	430.000	-115.746	-11.589	302.664	2.000	-0.538	0.000	1.462	560.000	-150.739	0.000	409.261	45.000	-12.113	-3.228	29.659
7	26.840	0.000	0.000	26.840	300.000	-83.599	0.000	216.401	3.000	-0.836	-0.012	2.152	450.000	-125.399	0.000	324.601	120.000	-33.440	-28.560	58.000
8	20.430	0.000	0.000	20.430	192.000	-2.994	0.000	189.006	2.000	-0.031	0.000	1.969	200.000	-3.119	0.000	196.881	35.000	-0.546	-5.224	29.230
9	68.910	0.000	0.000	68.910	1481.000	-232.834	-444.940	803.226	2.000	-0.314	0.000	1.686	1590.000	-249.971	0.000	1340.029	350.000	-55.025	-218.424	76.551
10	7.560	0.000	0.000	7.560	250.000	-72.661	-87.016	90.323	2.000	-0.581	0.000	1.419	280.000	-81.380	0.000	198.620	35.000	-10.173	-12.639	12.189
11	4.650	0.000	0.140	4.790	460.000	-230.000	-127.000	103.000	2.000	-1.000	0.000	1.000	830.000	-415.000	-110.000	305.000	60.000	-30.000	-22.000	8.000
12	5.630	0.000	0.000	5.630	135.000	-19.919	-29.440	85.641	2.000	-0.295	0.000	1.705	115.000	-16.968	0.000	98.032	23.000	-3.394	-8.935	10.671
13	3.530	0.000	1.134	4.664	150.000	-49.451	-5.385	95.165	2.000	-0.659	0.000	1.341	300.000	-98.901	0.000	201.099	18.000	-5.934	-3.385	8.681
14	11.470	0.000	0.000	11.470	520.000	-245.732	-99.577	174.690	2.000	-0.945	0.000	1.055	800.000	-378.050	0.000	421.950	62.000	-29.299	-17.804	14.897
15	13.990	0.000	0.000	13.990	300.000	-141.475	-24.734	133.791	3.000	-1.415	0.000	1.585	500.000	-235.792	0.000	264.208	35.000	-16.505	0.000	18.495
16	23.720	0.000	0.000	23.720	520.000	-323.278	0.000	196.722	4.000	-2.487	0.000	1.513	1570.000	-976.050	0.000	593.950	130.000	-80.819	-10.745	38.436
17	1.720	0.000	3.005	4.725	648.000	-393.801	-155.267	98.932	3.000	-1.823	0.000	1.177	640.000	-388.939	0.000	251.061	128.000	-77.788	-41.859	8.354
18	4.420	0.000	0.000	4.420	80.000	0.000	0.000	80.000	2.000	0.000	0.000	2.000	0.000	0.000	0.000	0.000	10.000	0.000	0.000	10.000
19	14.250	0.000	0.000	14.250	500.000	-214.172	-76.312	209.516	2.000	-0.857	0.000	1.143	760.000	-325.541	0.000	434.459	50.000	-21.417	-9.845	18.737
20	20.860	0.000	0.000	20.860	296.000	-100.400	0.000	195.600	2.000	-0.678	0.000	1.322	920.000	-312.054	0.000	607.946	50.000	-16.959	0.000	33.041
21	34.280	0.000	0.000	34.280	1180.000	-588.829	-217.857	373.313	2.000	-0.998	0.000	1.002	2160.000	-1077.857	0.000	1082.143	130.000	-64.871	-23.050	42.079
22	7.600	0.000	0.000	7.600	185.000	-78.588	0.000	106.412	2.000	-0.850	0.000	1.150	728.000	-309.253	-101.796	316.950	25.150	-10.684	-1.511	12.955
23	4.790	0.000	0.000	4.790	103.000	0.000	0.000	103.000	1.000	0.000	0.000	1.000	305.000	0.000	0.000	305.000	8.000	0.000	0.000	8.000
24	14.840	0.000	0.000	14.840	220.000	-85.896	0.000	134.104	3.000	-1.171	0.000	1.829	810.000	-316.254	-275.700	218.045	30.000	-11.713	0.000	18.287

续表

firm	output（净利润）				input1（农场土地面积）				input2（在农场工作的家庭成员人数）				input3（农场年雇用劳动力人次）				input4（农场总投资）			
	original value	radial movement	slack movement	projected value	original value	radial movement	slack movement	projected value	original value	radial movement	slack movement	projected value	original value	radial movement	slack movement	projected value	original value	radial movement	slack movement	projected value
25	0.370	0.000	2.898	3.268	120.500	-19.663	-47.013	53.824	2.000	-0.326	0.000	1.674	275.000	-44.874	-100.272	129.854	7.950	-1.297	0.000	6.653
26	4.760	0.000	0.000	4.760	140.000	-23.333	-39.156	77.511	2.000	-0.333	0.000	1.667	365.000	-60.833	-145.977	158.189	8.000	-1.333	0.000	6.667
27	2.530	0.000	0.000	2.530	30.000	0.000	0.000	30.000	2.000	0.000	0.000	2.000	45.000	0.000	0.000	45.000	6.000	0.000	0.000	6.000
28	26.780	0.000	0.000	26.780	305.000	0.000	0.000	305.000	4.000	0.000	0.000	4.000	200.000	0.000	0.000	200.000	100.000	0.000	0.000	100.000
29	38.910	0.000	0.000	38.910	304.000	0.000	0.000	304.000	1.000	0.000	0.000	1.000	1440.000	0.000	0.000	1440.000	80.000	0.000	0.000	80.000
30	9.450	0.000	0.000	9.450	105.000	-50.909	0.000	54.091	4.000	-1.939	-0.061	2.000	365.000	-176.971	-127.972	60.057	68.100	-33.018	-20.048	15.034
31	37.590	0.000	0.000	37.590	407.500	0.000	0.000	407.500	4.000	0.000	0.000	4.000	290.000	0.000	0.000	290.000	370.000	0.000	0.000	370.000
32	15.050	0.000	0.000	15.053	304.000	-100.677	0.000	203.323	2.000	-0.662	0.000	1.338	540.000	-178.834	0.000	361.166	70.000	-23.182	-25.942	20.876
33	14.020	0.000	0.000	14.020	70.000	0.000	0.000	70.000	2.000	0.000	0.000	2.000	70.000	0.000	0.000	70.000	21.000	0.000	0.000	21.000
34	11.920	0.000	0.000	11.922	150.000	-64.628	0.000	85.372	3.000	-1.293	0.000	1.707	270.000	-116.330	0.000	153.670	80.000	-34.468	-27.567	17.964
35	6.630	0.000	0.000	6.630	60.000	-15.727	0.000	44.273	3.000	-0.786	-0.214	2.000	520.000	-136.298	-329.781	53.921	48.380	-12.681	-24.347	11.352
36	254.210	0.000	0.000	254.210	2700.000	0.000	0.000	2700.000	2.000	0.000	0.000	2.000	5250.000	0.000	0.000	5250.000	250.000	0.000	0.000	250.000
37	9.450	0.000	0.000	9.450	600.000	-194.230	-270.747	135.024	2.000	-0.647	0.000	1.353	350.000	-113.301	0.000	236.699	70.000	-22.660	-31.991	15.348
38	5.780	0.000	0.000	5.780	60.000	-18.686	0.000	41.314	3.000	-0.934	-0.066	2.000	80.000	-24.914	-3.014	52.071	45.000	-14.014	-20.743	10.243
39	18.200	0.000	0.000	18.200	280.000	-54.673	0.000	225.327	2.000	-0.391	0.000	1.609	370.000	-72.247	0.000	297.753	92.300	-18.023	-48.049	26.228
40	7.500	0.000	0.000	7.500	100.000	-16.431	0.000	83.569	2.000	-0.329	0.000	1.671	150.000	-24.647	0.000	125.353	15.000	-2.465	0.000	12.535
41	8.710	0.000	0.000	8.710	127.000	0.000	0.000	127.000	2.000	0.000	0.000	2.000	156.000	0.000	0.000	156.000	6.000	0.000	0.000	6.000
42	3.660	0.000	0.000	3.660	52.270	0.000	0.000	52.270	2.000	0.000	0.000	2.000	40.000	0.000	0.000	40.000	7.000	0.000	0.000	7.000
43	3.950	0.000	0.000	3.950	52.640	-3.797	0.000	48.843	2.000	-0.144	0.000	1.856	86.000	-6.203	0.000	79.797	20.000	-1.443	-10.682	7.876
44	10.620	0.000	0.000	10.620	73.000	-14.836	0.000	58.164	5.000	-1.016	-1.984	2.000	200.000	-40.648	-96.750	62.602	55.000	-11.178	-27.261	16.561
平均值	20.515	0.000	0.202	20.717	366.043	-96.073	-38.732	231.239	2.364	-0.629	-0.053	1.681	647.727	-177.284	-29.574	440.869	69.293	-17.261	-15.533	36.499

(2)"粮食作物种植+养殖"型家庭农场。

根据模型输出结果(表4-28),综合生产效率(crste)为1的"粮食作物种植+养殖"型家庭农场个数为4个,纯技术效率(vrste)为1的"粮食作物种植+养殖"型家庭农场个数为10个,规模效率(scale)为1的"粮食作物种植+养殖"型家庭农场个数为4个。4个综合生产效率(crste)有效的决策单元,必定同时具备纯技术效率(vrste)有效和规模效率(scale)有效,而且规模报酬不变(-)。在15个"粮食作物种植+养殖"型家庭农场中,除去前面的4个综合生产效率(crste)为1的"粮食作物种植+养殖"型家庭农场,剩余的11个决策单元具有纯技术效率,但由于投入要素配置得不合理,未达到规模效率,即有11个"粮食作物种植+养殖"型家庭农场处于规模报酬递增(irs)阶段,这些家庭农场可以通过调整投入要素提高规模效率,实现整体的经济效率。

表 4-28　江苏省(宜兴市、仪征市、盱眙县、新沂市)"粮食作物种植+养殖"型家庭农场效率值

firm	crste(综合生产效率)	vrste(纯技术效率)	scale(规模效率)	规模报酬
1	1.000	1.000	1.000	-
2	0.304	0.667	0.456	irs
3	0.564	1.000	0.564	irs
4	1.000	1.000	1.000	-
5	0.423	0.680	0.622	irs
6	0.590	1.000	0.590	irs
7	0.465	1.000	0.465	irs
8	0.212	0.565	0.375	irs
9	1.000	1.000	1.000	-
10	0.507	0.609	0.833	irs
11	0.523	1.000	0.523	irs
12	0.134	0.400	0.335	irs
13	1.000	1.000	1.000	-
14	0.964	1.000	0.964	irs
15	0.222	1.000	0.222	irs
mean	0.594	0.861	0.663	

在初始状态下江苏省(宜兴市、仪征市、盱眙县、新沂市)"粮食作物种植+养殖"型家庭农场的净利润与各生产要素(农场土地面积、在农场工作的家庭成员人数、农场年雇用劳动力人次、农场总投资)投入的均值之比为 48.310∶372.760∶3.000∶1231.667∶151.200。根据 DEA 模型运行结果(表4-29),从净利润的角度来看,有 1 个家庭农场存在着产出不足,产出不足值为 0.010 万元。从生产要素投入的角度来看,投入 1(农场土地面积)的 radial movement 为 0 的有 10 个家庭农场,slack movement 为 0 的有 10 个家庭农场,投入 1(农场土地面积)的平均冗余(radial movement 及 slack movement)为 133.5481 亩;投入 2(在农场工作的家庭成员人数)的 radial movement 为 0 的有 10 个家庭农场,slack movement 为 0 的有 15 个家庭农场,投入 2(在农场工作的家庭成员人数)的平均冗余(radial movement 及 slack movement)为 0.5508 人;投入 3(农场年雇用劳动力人次)的 radial movement 为 0

表4-29　江苏省(宜兴市、仪征市、盱眙县、新沂市)"粮食作物种植+养殖"型家庭农场生产要素组合的初始值与目标值

firm	output(净利润)				input1(农场土地面积)				input2(在农场工作的家庭成员人数)				input3(农场年雇用劳动力人次)				input4(农场总投资)			
	original value	radial movement	slack movement	projected value	original value	radial movement	slack movement	projected value	original value	radial movement	slack movement	projected value	original value	radial movement	slack movement	projected value	original value	radial movement	slack movement	projected value
1	151.050	0.000	0.000	151.050	380.000	0.000	0.000	380.000	3.000	0.000	0.000	3.000	1580.000	0.000	0.000	1580.000	130.000	0.000	0.000	130.000
2	43.920	0.000	0.000	43.920	700.000	-233.333	-149.600	317.067	3.000	-1.000	0.000	2.000	1585.000	-528.333	-559.061	497.606	120.000	-40.000	-8.970	71.030
3	22.680	0.000	0.000	22.680	200.000	0.000	0.000	200.000	2.000	0.000	0.000	2.000	350.000	0.000	0.000	350.000	41.000	0.000	0.000	41.000
4	21.290	0.000	0.000	21.290	300.000	0.000	0.000	300.000	3.000	0.000	0.000	3.000	100.000	0.000	0.000	100.000	60.000	0.000	0.000	60.000
5	30.740	0.000	0.000	30.740	280.000	-89.543	0.000	190.457	3.000	-0.959	0.000	2.041	660.000	-211.065	0.000	448.935	100.000	-31.980	-10.656	57.364
6	45.490	0.000	0.000	45.490	195.900	0.000	0.000	195.900	3.000	0.000	0.000	3.000	970.000	0.000	0.000	970.000	40.000	0.000	0.000	40.000
7	26.900	0.000	0.000	26.900	320.000	0.000	0.000	320.000	4.000	0.000	0.000	4.000	1440.000	0.000	0.000	1440.000	30.000	0.000	0.000	30.000
8	23.220	0.000	0.010	23.230	416.000	-180.870	-19.478	215.652	4.000	-1.739	0.000	2.261	1020.000	-443.478	-84.348	492.174	70.000	-30.435	0.000	39.565
9	100.240	0.000	0.000	100.240	248.000	0.000	0.000	248.000	3.000	0.000	0.000	3.000	960.000	0.000	0.000	960.000	52.000	0.000	0.000	52.000
10	102.180	0.000	0.000	102.180	997.000	-389.841	-198.956	408.203	4.000	-1.564	0.000	2.436	3260.000	-1274.707	-935.507	1049.785	510.000	-199.417	-197.504	113.078
11	25.710	0.000	0.000	25.710	170.000	0.000	-8.261	161.739	2.000	0.000	0.000	2.000	450.000	0.000	-21.867	428.133	70.000	0.000	-11.921	58.079
12	33.750	0.000	0.000	33.750	870.000	-522.000	-211.339	136.661	5.000	-3.000	0.000	2.000	3540.000	-2124.000	-859.932	556.068	800.000	-480.000	-234.400	85.600
13	24.880	0.000	0.000	24.880	15.000	0.000	0.000	15.000	2.000	0.000	0.000	2.000	570.000	0.000	0.000	570.000	90.000	0.000	0.000	90.000
14	64.410	0.000	0.000	64.410	430.000	0.000	0.000	430.000	2.000	0.000	0.000	2.000	640.000	0.000	0.000	640.000	100.000	0.000	0.000	100.000
15	8.190	0.000	0.000	8.190	69.500	0.000	0.000	69.500	2.000	0.000	0.000	2.000	1350.000	0.000	0.000	1350.000	55.000	0.000	0.000	55.000
平均值	48.310	0.000	0.001	48.311	372.760	-94.372	-39.176	239.212	3.000	-0.551	0.000	2.449	1231.667	-305.439	-164.048	762.180	151.200	-52.122	-30.897	68.181

的有 10 个家庭农场，slack movement 为 0 的有 10 个家庭农场，投入 3(农场年雇用劳动力人次)的平均冗余(radial movement 及 slack movement)为 469.4865 人次；投入 4(农场总投资)的 radial movement 为 0 的有 10 个家庭农场，slack movement 为 0 的有 10 个家庭农场，投入 4(农场总投资)的平均冗余(radial movement 及 slack movement)为 83.0189 万元。因此，在成本最小化的目标下，各生产要素经过优化组合达到综合效率 DEA 有效后，江苏省(宜兴市、仪征市、盱眙县、新沂市)"粮食作物种植+养殖"型家庭农场的净利润与各生产要素(农场土地面积、在农场工作的家庭成员人数、农场年雇用劳动力人次、农场总投资)投入的均值之比为 48.311∶239.212∶2.449∶762.180∶68.181，也即，在经过生产要素优化组合后，可以实现江苏省(宜兴市、仪征市、盱眙县、新沂市)"粮食作物种植+养殖"型家庭农场净利润提高 0.0014%的同时，使土地要素投入减少 35.8268%，家庭劳动力要素投入减少 18.3600%，雇用劳动力人次要素投入减少 38.1180%，资本要素投入减少 54.9067%。

(3)经济作物种植型家庭农场。

根据模型输出结果(表 4-30)，综合生产效率(crste)为 1 的经济作物种植型家庭农场个数为 3 个，纯技术效率(vrste)为 1 的经济作物种植型家庭农场个数为 8 个，规模效率(scale)为 1 的经济作物种植型家庭农场个数为 3 个。3 个综合生产效率(crste)有效的决策单元，必定同时具备纯技术效率(vrste)有效和规模效率(scale)有效，而且规模报酬不变(-)。在 24 个经济作物种植型家庭农场中，除去前面的 3 个综合生产效率(crste)为 1 的经济作物种植型家庭农场，剩余的 21 个决策单元具有纯技术效率，但由于投入要素配置得不合理，未达到规模效率，即有 21 个经济作物种植型家庭农场处于规模报酬递增(irs)阶段，这些家庭农场可以通过调整投入要素提高规模效率，实现整体的经济效率。

表 4-30　江苏省(宜兴市、仪征市、盱眙县、新沂市)经济作物种植型家庭农场效率值

firm	crste(综合生产效率)	vrste(纯技术效率)	scale(规模效率)	规模报酬
1	1.000	1.000	1.000	-
2	1.000	1.000	1.000	-
3	0.224	0.993	0.226	irs
4	0.238	0.920	0.259	irs
5	0.344	0.673	0.510	irs
6	0.187	0.968	0.193	irs
7	0.514	1.000	0.514	irs
8	0.147	1.000	0.147	irs
9	1.000	1.000	1.000	-
10	0.157	0.484	0.324	irs
11	0.206	0.703	0.293	irs
12	0.249	0.955	0.261	irs
13	0.419	0.967	0.433	irs
14	0.126	0.827	0.152	irs
15	0.163	0.687	0.238	irs

续表

firm	crste(综合生产效率)	vrste(纯技术效率)	scale(规模效率)	规模报酬
16	0.043	0.942	0.045	irs
17	0.336	0.938	0.359	irs
18	0.130	0.832	0.157	irs
19	0.175	0.904	0.194	irs
20	0.162	0.500	0.324	irs
21	0.438	1.000	0.438	irs
22	0.042	1.000	0.042	irs
23	0.056	0.974	0.058	irs
24	0.012	1.000	0.012	irs
mean	0.307	0.886	0.341	

在初始状态下江苏省(宜兴市、仪征市、盱眙县、新沂市)经济作物种植型家庭农场的净利润与各生产要素(农场土地面积、在农场工作的家庭成员人数、农场年雇用劳动力人次、农场总投资)投入的均值之比为 100.352∶116.375∶2.542∶2983.833∶114.125。根据DEA 模型运行结果(表4-31),从净利润的角度来看,有 10 个家庭农场存在着产出不足,产出不足值分别为16.329 万元、37.893 万元、31.893 万元、39.753 万元、140.745 万元、152.769 万元、1.316 万元、134.582 万元、11.100 万元和55.686 万元。从生产要素投入的角度来看,投入 1(农场土地面积)的 radial movement 为 0 的有 8 个家庭农场,slack movement 为 0 的有 22 个家庭农场,投入 1(农场土地面积)的平均冗余(radial movement 及 slack movement)为 14.7663 亩;投入 2(在农场工作的家庭成员人数)的 radial movement 为 0 的有 8 个家庭农场,slack movement 为 0 的有 22 个家庭农场,投入 2(在农场工作的家庭成员人数)的平均冗余(radial movement 及 slack movement)为 0.4524 人;投入 3(农场年雇用劳动力人次)的 radial movement 为 0 的有 8 个家庭农场,slack movement 为 0 的有 16 个家庭农场,投入 3(农场年雇用劳动力人次)的平均冗余(radial movement 及 slack movement)为 1385.5609 人次;投入 4(农场总投资)的 radial movement 为 0 的有 8 个家庭农场,slack movement 为 0 的有 11 个家庭农场,投入 4(农场总投资)的平均冗余(radial movement 及 slack movement)为 37.9408 万元。因此,在成本最小化的目标下,各生产要素经过优化组合达到综合效率 DEA 有效后,江苏省(宜兴市、仪征市、盱眙县、新沂市)经济作物种植型家庭农场的净利润与各生产要素(农场土地面积、在农场工作的家庭成员人数、农场年雇用劳动力人次、农场总投资)投入的均值之比为 126.272∶101.609∶2.089∶1598.272∶76.184,也即,在经过生产要素优化组合后,可以实现江苏省(宜兴市、仪征市、盱眙县、新沂市)经济作物种植型家庭农场净利润提高 25.8285%的同时,使土地要素投入减少 12.6885%,家庭劳动力要素投入减少 17.8000%,雇用劳动力人次要素投入减少 46.4356%,资本要素投入减少 33.2451%。

表4-31 江苏省（宜兴市、仪征市、盱眙县、新沂市）经济作物种植型家庭农场生产要素组合的初始值与目标值

firm	output（净利润）				input1（农场土地面积）				input2（在农场工作的家庭成员人数）				input3（农场年雇用劳动力人次）				input4（农场总投资）			
	original value	radial movement	slack movement	projected value	original value	radial movement	slack movement	projected value	original value	radial movement	slack movement	projected value	original value	radial movement	slack movement	projected value	original value	radial movement	slack movement	projected value
1	499.570	0.000	0.000	499.570	317.000	0.000	0.000	317.000	1.000	0.000	0.000	1.000	2210.000	0.000	0.000	2210.000	50.000	0.000	0.000	50.000
2	312.660	0.000	0.000	312.660	386.000	0.000	0.000	386.000	2.000	0.000	0.000	2.000	250.000	0.000	0.000	250.000	120.000	0.000	0.000	120.000
3	45.760	0.000	0.000	45.760	52.000	-0.350	0.000	51.650	2.000	-0.013	0.000	1.987	1400.000	-9.411	0.000	1390.589	70.000	-0.471	-15.526	54.003
4	88.000	0.000	16.329	104.329	100.000	-7.979	0.000	92.021	2.000	-0.160	0.000	1.840	1570.000	-125.269	0.000	1444.731	150.000	-11.968	-78.575	59.456
5	143.000	0.000	0.000	143.000	100.000	-32.704	0.000	67.296	3.000	-0.981	0.000	2.019	12000.000	-3924.439	-5634.058	2441.503	150.000	-49.055	-49.281	51.663
6	34.000	0.000	37.893	71.893	50.000	-1.603	0.000	48.397	2.000	-0.064	0.000	1.936	4220.000	-135.256	-1668.846	2415.897	60.000	-1.923	-26.795	31.282
7	74.360	0.000	0.000	74.360	52.000	0.000	0.000	52.000	2.000	0.000	0.000	2.000	1170.000	0.000	0.000	1170.000	40.000	0.000	0.000	40.000
8	28.110	0.000	0.000	28.110	51.000	0.000	0.000	51.000	2.000	0.000	0.000	2.000	1200.000	0.000	0.000	1200.000	64.000	0.000	0.000	64.000
9	624.450	0.000	0.000	624.450	150.000	0.000	0.000	150.000	3.000	0.000	0.000	3.000	2720.000	0.000	0.000	2720.000	220.000	0.000	0.000	220.000
10	40.000	0.000	31.893	71.893	100.000	-51.603	0.000	48.397	4.000	-2.064	0.000	1.936	13600.000	-7017.949	-4166.154	2415.897	65.000	-33.542	-0.176	31.282
11	27.520	0.000	0.000	27.520	150.000	-44.623	-41.356	64.020	5.000	-1.487	-0.595	2.917	160.000	-47.598	0.000	112.402	100.000	-29.749	-37.397	32.855
12	43.500	0.000	39.753	83.253	60.000	-2.724	0.000	57.276	2.000	-0.091	0.000	1.909	2450.000	-111.230	0.000	2338.770	50.000	-2.270	-13.944	33.786
13	79.910	0.000	0.000	79.910	57.000	-1.858	0.000	55.142	2.000	-0.065	0.000	1.935	2115.000	-68.932	0.000	2046.068	60.000	-1.956	-22.852	35.192
14	52.000	0.000	140.745	192.745	170.000	-29.389	0.000	140.611	2.000	-0.346	0.000	1.654	2040.000	-352.665	0.000	1687.335	100.000	-17.288	-27.371	55.341
15	21.840	0.000	0.000	21.840	55.000	-17.226	0.000	37.774	5.000	-1.566	-0.508	2.926	500.000	-156.603	0.000	343.397	100.000	-31.321	-37.982	30.697
16	12.200	0.000	152.769	164.969	150.000	-8.748	0.000	141.252	2.000	-0.117	0.000	1.883	1200.000	-69.984	0.000	1130.016	60.000	-3.499	0.000	56.501
17	98.050	0.000	1.316	99.366	70.000	-4.348	0.000	65.652	2.000	-0.124	0.000	1.876	4600.000	-285.714	-1911.615	2402.671	220.000	-13.665	-173.851	32.484
18	61.600	0.000	134.582	196.182	152.000	-25.543	0.000	126.457	2.000	-0.336	0.000	1.664	3722.000	-625.460	-740.479	2356.061	200.000	-33.609	-129.669	36.722
19	32.500	0.000	0.000	32.500	100.000	-9.594	-43.555	46.851	3.000	-0.288	0.000	2.712	900.000	-86.346	-159.099	654.555	30.000	-2.878	0.000	27.122
20	31.500	0.000	11.100	42.600	60.000	-30.000	0.000	30.000	4.000	-2.000	0.000	2.000	5405.000	-2702.500	-272.500	2430.000	60.000	-30.000	0.000	30.000
21	42.600	0.000	0.000	42.600	30.000	0.000	0.000	30.000	3.000	0.000	0.000	3.000	2430.000	0.000	0.000	2430.000	30.000	0.000	0.000	30.000
22	1.820	0.000	0.000	1.820	35.000	0.000	0.000	35.000	3.000	0.000	0.000	3.000	100.000	0.000	0.000	100.000	25.000	0.000	0.000	25.000
23	10.500	0.000	55.686	66.186	46.000	-1.187	0.000	44.813	2.000	-0.052	0.000	1.948	5400.000	-139.355	-2842.000	2418.645	65.000	-1.677	-32.290	31.032
24	3.000	0.000	0.000	3.000	300.000	0.000	0.000	300.000	2.000	0.000	0.000	2.000	250.000	0.000	0.000	250.000	650.000	0.000	0.000	650.000
平均值	100.352	0.000	25.919	126.272	116.375	-11.228	-3.538	101.609	2.542	-0.406	-0.046	2.089	2983.833	-660.780	-724.781	1598.272	114.125	-11.036	-26.905	76.184

（4）"经济作物种植+养殖"型家庭农场。

根据模型输出结果（表4-32），综合生产效率（crste）为1的"经济作物种植+养殖"型家庭农场个数为两个，纯技术效率（vrste）为1的"经济作物种植+养殖"型家庭农场个数为8个，规模效率（scale）为1的"经济作物种植+养殖"型家庭农场个数为两个。两个综合生产效率（crste）有效的决策单元，必定同时具备纯技术效率（vrste）有效和规模效率（scale）有效，而且规模报酬不变(-)。在15个"经济作物种植+养殖"型家庭农场中，除去前面的两个综合生产效率（crste）为1的"经济作物种植+养殖"型家庭农场，剩余的13个决策单元具有纯技术效率，但由于投入要素配置得不合理，未达到规模效率，即有13个"经济作物种植+养殖"型家庭农场处于规模报酬递增（irs）阶段，这些家庭农场可以通过调整投入要素提高规模效率，实现整体的经济效率。

表4-32　江苏省（宜兴市、仪征市、盱眙县、新沂市）"经济作物种植+养殖"型家庭农场效率值

firm	crste（综合生产效率）	vrste（纯技术效率）	scale（规模效率）	规模报酬
1	0.659	0.797	0.827	irs
2	0.071	0.667	0.106	irs
3	1.000	1.000	1.000	-
4	0.165	0.500	0.329	irs
5	0.117	0.835	0.140	irs
6	0.133	1.000	0.133	irs
7	0.154	0.775	0.198	irs
8	0.583	1.000	0.583	irs
9	0.258	1.000	0.258	irs
10	0.214	1.000	0.214	irs
11	0.305	0.859	0.355	irs
12	0.265	0.584	0.454	irs
13	1.000	1.000	1.000	-
14	0.191	1.000	0.191	irs
15	0.307	1.000	0.307	irs
mean	0.361	0.868	0.406	

在初始状态下江苏省"经济作物种植+养殖"型家庭农场的净利润与各生产要素（农场土地面积、在农场工作的家庭成员人数、农场年雇用劳动力人次、农场总投资）投入的均值之比为82.837：160.133：3.067：1569.067：261.997。根据DEA模型运行结果（表4-33），从净利润的角度来看，15个江苏省"经济作物种植+养殖"型家庭农场的产出变量都达到了最优值，产出变量没有需要改进的余地。从生产要素投入的角度来看，投入1（农场土地面积）的radial movement为0的有8个家庭农场，slack movement为0的有9个家庭农场，投入1（农场土地面积）的平均冗余（radial movement及slack movement）为55.2821亩；投入2（在农场工作的家庭成员人数）的radial movement为0的有8个家庭农场，slack movement为0的有10个家庭农场，投入2（在农场工作的家庭成员人数）的平均冗余（radial movement及slack movement）为0.7539人；投入3（农场年雇用劳动力人次）的radial

表 4-33　江苏省(宜兴市、仪征市、盱眙县、新沂市)"经济作物种植+养殖"型家庭农场生产要素组合的初始值与目标值

firm	output (净利润)				input1 (农场土地面积)				input2 (在农场工作的家庭成员人数)				input3 (农场年雇用劳动力人次)				input4 (农场总投资)			
	original value	radial movement	slack movement	projected value	original value	radial movement	slack movement	projected value	original value	radial movement	slack movement	projected value	original value	radial movement	slack movement	projected value	original value	radial movement	slack movement	projected value
1	161.500	0.000	0.000	161.500	400.000	-81.023	-213.496	105.480	4.000	-0.810	-0.132	3.058	620.000	-125.586	0.000	494.414	100.000	-20.256	0.000	79.744
2	18.250	0.000	0.000	18.250	115.000	-38.333	-20.813	55.854	3.000	-1.000	0.000	2.000	850.000	-283.333	-281.248	285.419	150.000	-50.000	-62.550	37.450
3	342.900	0.000	0.000	342.900	150.000	0.000	0.000	150.000	4.000	0.000	0.000	4.000	450.000	0.000	0.000	450.000	140.000	0.000	0.000	140.000
4	58.000	0.000	0.000	58.000	200.000	-100.000	-11.760	88.240	4.000	-2.000	0.000	2.000	2200.000	-1100.000	-129.363	970.637	291.950	-145.975	-25.296	120.679
5	14.280	0.000	0.000	14.280	62.000	-10.242	0.000	51.758	3.000	-0.496	-0.469	2.035	500.000	-82.598	-355.458	61.943	50.000	-8.260	-9.807	31.934
6	22.980	0.000	0.000	22.980	100.000	0.000	-41.335	58.665	2.000	0.000	0.000	2.000	4160.000	0.000	-3763.934	396.066	100.000	0.000	-58.972	41.028
7	22.600	0.000	0.000	22.600	70.000	-15.755	0.000	54.245	5.000	-1.125	-1.790	2.085	1550.000	-348.858	-1129.374	71.768	60.000	-13.504	-11.826	34.670
8	100.950	0.000	0.000	100.950	105.000	0.000	0.000	105.000	2.000	0.000	0.000	2.000	2220.000	0.000	0.000	2220.000	100.000	0.000	0.000	100.000
9	46.310	0.000	0.000	46.310	151.500	0.000	-78.971	72.529	2.000	0.000	0.000	2.000	3200.000	0.000	-2258.180	941.820	200.000	0.000	-141.327	58.673
10	14.700	0.000	0.000	14.700	117.500	0.000	0.000	117.500	3.000	0.000	0.000	3.000	1810.000	0.000	0.000	1810.000	28.000	0.000	0.000	28.000
11	50.920	0.000	0.000	50.920	73.000	-10.288	0.000	62.712	4.000	-0.564	-1.182	2.254	2406.000	-339.097	-1961.692	105.210	100.000	-14.094	-41.924	43.983
12	51.970	0.000	0.000	51.970	108.000	-44.975	0.000	63.025	4.000	-1.666	-0.074	2.261	2720.000	-1132.693	-1480.856	106.450	80.000	-33.315	-2.358	44.328
13	259.000	0.000	0.000	259.000	410.000	0.000	0.000	410.000	2.000	0.000	0.000	2.000	25.000	0.000	0.000	25.000	1500.000	0.000	0.000	1500.000
14	8.400	0.000	0.000	8.400	50.000	0.000	0.000	50.000	2.000	0.000	0.000	2.000	55.000	0.000	0.000	55.000	30.000	0.000	0.000	30.000
15	69.800	0.000	0.000	69.800	290.000	0.000	-162.241	127.759	2.000	0.000	0.000	2.000	770.000	0.000	-430.777	339.223	1000.000	0.000	-673.195	326.805
平均值	82.837	0.000	0.000	82.837	160.133	-20.041	-35.241	104.851	3.067	-0.511	-0.243	2.313	1569.067	-227.478	-786.059	555.530	261.997	-19.027	-68.484	174.486

movement 为 0 的有 8 个家庭农场,slack movement 为 0 的有 6 个家庭农场,投入 3(农场年雇用劳动力人次)的平均冗余(radial movement 及 slack movement)为 1013.5365 人次;投入 4(农场总投资)的 radial movement 为 0 的有 8 个家庭农场,slack movement 为 0 的有 6 个家庭农场,投入 4(农场总投资)的平均冗余(radial movement 及 slack movement)为 87.5106 万元。因此,在成本最小化的目标下,各生产要素经过优化组合达到综合效率 DEA 有效后,江苏省"经济作物种植+养殖"型家庭农场的净利润与各生产要素(农场土地面积、在农场工作的家庭成员人数、农场年雇用劳动力人次、农场总投资)投入的均值之比为 82.837:104.851:2.313:555.530:174.486,也即,在经过生产要素优化组合后,可以实现江苏省"经济作物种植+养殖"型家庭农场净利润保持不变的同时,使土地要素投入减少 34.5226%,家庭劳动力要素投入减少 24.5804%,雇用劳动力人次要素投入减少 64.5949%,资本要素投入减少 33.4013%。

5. 山东省邹城市

(1)粮食作物种植型家庭农场。

根据模型输出结果(表 4-34),综合生产效率(crste)为 1 的粮食作物种植型家庭农场个数为 4 个,纯技术效率(vrste)为 1 的粮食作物种植型家庭农场个数为 8 个,规模效率(scale)为 1 的粮食作物种植型家庭农场个数为 4 个。4 个综合生产效率(crste)有效的决策单元,必定同时具备纯技术效率(vrste)有效和规模效率(scale)有效,而且规模报酬不变(-)。在 23 个粮食作物种植型家庭农场中,除去前面的 4 个综合生产效率(crste)为 1 的粮食作物种植型家庭农场,剩余的 19 个决策单元具有纯技术效率,但由于投入要素配置得不合理,未达到规模效率,即有 19 个粮食作物种植型家庭农场处于规模报酬递增(irs)阶段,这些家庭农场可以通过调整投入要素提高规模效率,实现整体的经济效率。

表 4-34 山东省邹城市粮食作物种植型家庭农场效率值

firm	crste(综合生产效率)	vrste(纯技术效率)	scale(规模效率)	规模报酬
1	0.341	1.000	0.341	irs
2	0.304	0.541	0.563	irs
3	0.154	0.571	0.270	irs
4	0.090	0.639	0.141	irs
5	1.000	1.000	1.000	-
6	0.379	0.996	0.381	irs
7	0.439	0.691	0.636	irs
8	0.674	0.755	0.892	irs
9	0.481	0.692	0.695	irs
10	0.654	1.000	0.654	irs
11	0.464	1.000	0.464	irs
12	0.474	0.834	0.569	irs
13	0.357	0.559	0.640	irs
14	0.543	0.747	0.727	irs

firm	crste(综合生产效率)	vrste(纯技术效率)	scale(规模效率)	规模报酬
15	0.424	0.619	0.684	irs
16	1.000	1.000	1.000	-
17	1.000	1.000	1.000	-
18	1.000	1.000	1.000	-
19	0.056	0.267	0.210	irs
20	0.052	0.685	0.075	irs
21	0.275	0.563	0.488	irs
22	0.418	1.000	0.418	irs
23	0.474	0.736	0.644	irs
mean	0.481	0.778	0.587	

在初始状态下山东省邹城市粮食作物种植型家庭农场的净利润与各生产要素(农场土地面积、在农场工作的家庭成员人数、农场年雇用劳动力人次、农场总投资)投入的均值之比为 4.886：157.148：2.478：713.478：66.987。根据 DEA 模型运行结果(表4-35),从净利润的角度来看,有 7 个家庭农场存在着产出不足,产出不足值分别为 1.246 万元、3.388 万、2.558 万元、2.057 万元、3.315 万元、0.877 万元和 0.590 万元。从生产要素投入的角度来看,投入 1(农场土地面积)的 radial movement 为 0 的有 8 个家庭农场,slack movement 为 0 的有 13 个家庭农场,投入 1(农场土地面积)的平均冗余(radial movement 及 slack movement)为 52.9936 亩;投入 2(在农场工作的家庭成员人数)的 radial movement 为 0 的有 8 个家庭农场,slack movement 为 0 的有 20 个家庭农场,投入 2(在农场工作的家庭成员人数)的平均冗余(radial movement 及 slack movement)为 0.7472 人;投入 3(农场年雇用劳动力人次)的 radial movement 为 0 的有 8 个家庭农场,slack movement 为 0 的有 9 个家庭农场,投入 3(农场年雇用劳动力人次)的平均冗余(radial movement 及 slack movement)为 561.1401 人次;投入 4(农场总投资)的 radial movement 为 0 的有 8 个家庭农场,slack movement 为 0 的有 16 个家庭农场,投入 4(农场总投资)的平均冗余(radial movement 及 slack movement)为 25.4496 万元。因此,在成本最小化的目标下,各生产要素经过优化组合达到综合效率 DEA 有效后,山东省邹城市粮食作物种植型家庭农场的净利润与各生产要素(农场土地面积、在农场工作的家庭成员人数、农场年雇用劳动力人次、农场总投资)投入的均值之比为 5.496：104.154：1.731：152.338：41.537,也即,在经过生产要素优化组合后,可以实现山东省邹城市粮食作物种植型家庭农场净利润提高 12.4853%的同时,使土地要素投入减少 33.7221%,家庭劳动力要素投入减少 30.1526%,雇用劳动力人次要素投入减少 78.6485%,资本要素投入减少 37.9919%。

表 4-35　山东省邹城市粮食作物种植型家庭农场生产要素组合的初始值与目标值

firm	output (净利润)				input1 (农场土地面积)				input2 (在农场工作的家庭成员人数)				input3 (农场年雇用劳动力人次)				input4 (农场总投资)			
	original value	radial movement	slack movement	projected value	original value	radial movement	slack movement	projected value	original value	radial movement	slack movement	projected value	original value	radial movement	slack movement	projected value	original value	radial movement	slack movement	projected value
1	1.420	0.000	0.000	1.420	67.000	0.000	0.000	67.000	2.000	0.000	0.000	2.000	55.000	0.000	0.000	55.000	35.000	0.000	0.000	35.000
2	5.300	0.000	0.000	5.330	230.000	-105.671	-37.434	86.895	2.000	-0.919	0.000	1.081	610.000	-280.258	-264.181	65.561	100.000	-45.944	-22.434	31.622
3	2.120	0.000	1.246	3.356	130.000	-55.714	-7.357	66.929	3.000	-1.286	0.000	1.714	990.000	-424.286	-319.286	246.429	40.000	-17.143	0.000	22.857
4	0.690	0.000	3.388	4.078	135.000	-48.763	-8.533	77.705	2.000	-0.722	-0.152	1.125	100.000	-36.120	0.000	63.880	45.000	-16.254	0.000	28.746
5	4.230	0.000	0.000	4.230	80.000	0.000	0.000	80.000	1.000	0.000	0.000	1.000	25.000	0.000	0.000	25.000	30.000	0.000	0.000	30.000
6	1.640	0.000	2.558	4.198	80.000	-0.342	0.000	79.658	4.000	-0.017	-2.963	1.020	30.000	-0.128	0.000	29.872	30.000	-0.128	0.000	29.872
7	3.810	0.000	0.000	3.810	106.000	-32.759	0.000	73.241	2.000	-0.618	0.000	1.382	200.000	-61.810	-88.460	49.730	200.000	-61.810	-96.817	41.373
8	5.350	0.000	0.000	5.350	110.000	-26.947	0.000	83.053	2.000	-0.490	0.000	1.510	150.000	-36.745	-4.027	109.228	103.000	-25.232	-33.729	44.040
9	6.090	0.000	0.000	6.090	120.000	-36.952	0.000	83.048	3.000	-0.924	0.000	2.076	500.000	-153.965	-15.880	330.155	51.000	-15.704	0.000	35.296
10	2.810	0.000	0.000	2.810	60.000	0.000	0.000	60.000	2.000	0.000	0.000	2.000	80.000	0.000	0.000	80.000	60.000	0.000	0.000	60.000
11	3.020	0.000	0.000	3.020	61.700	0.000	0.000	61.700	2.000	0.000	0.000	2.000	335.000	0.000	0.000	335.000	20.000	0.000	0.000	20.000
12	5.470	0.000	0.000	5.470	208.000	-34.607	-90.917	82.476	2.000	-0.333	0.000	1.667	1440.000	-239.584	-941.556	258.860	33.100	-5.507	0.000	27.593
13	5.660	0.000	0.000	5.660	150.000	-66.221	-0.020	83.759	3.000	-1.324	0.000	1.676	500.000	-220.736	-15.179	264.084	50.000	-22.074	0.000	27.926
14	4.680	0.000	0.000	4.680	105.000	-26.598	0.000	78.402	2.000	-0.507	0.000	1.493	200.000	-50.663	-62.156	87.180	60.000	-15.199	-0.788	44.013
15	7.380	0.000	0.000	7.380	176.000	-66.984	-8.716	100.299	2.000	-0.761	0.000	1.239	785.000	-298.764	-341.827	144.409	65.000	-24.738	-5.485	34.776
16	17.420	0.000	0.000	17.420	165.000	0.000	0.000	165.000	2.000	0.000	0.000	2.000	525.000	0.000	0.000	525.000	50.000	0.000	0.000	50.000
17	6.410	0.000	0.000	6.410	60.700	0.000	0.000	60.700	5.000	0.000	0.000	5.000	200.000	0.000	0.000	200.000	120.000	0.000	0.000	120.000
18	14.100	0.000	0.000	14.100	620.000	0.000	0.000	620.000	3.000	0.000	0.000	3.000	0.000	0.000	0.000	0.000	120.000	0.000	0.000	120.000
19	1.770	0.000	2.057	3.827	300.000	-220.000	-6.100	73.900	5.000	-3.667	0.000	1.333	4960.000	-3637.333	-1194.333	128.333	100.000	-73.333	0.000	26.667
20	0.390	0.000	3.315	3.705	106.000	-33.397	0.000	72.603	2.000	-0.630	0.000	1.370	140.000	-44.110	-50.548	45.342	65.000	-20.479	-3.425	41.096
21	3.200	0.000	0.877	4.077	160.000	-69.859	-12.461	77.680	2.000	-0.873	0.000	1.127	250.000	-109.155	-76.549	64.296	51.000	-22.268	0.000	28.732
22	3.640	0.000	0.590	4.230	260.000	0.000	-180.000	80.000	1.000	0.000	0.000	1.000	3800.000	0.000	-3775.000	25.000	77.600	0.000	-47.600	30.000
23	5.780	0.000	0.000	5.780	124.000	-32.771	-9.729	81.499	3.000	-0.793	-0.207	2.000	535.000	-141.393	-22.190	371.417	35.000	-9.250	0.000	25.750
平均值	4.886	0.000	0.610	5.496	157.148	-37.286	-15.707	104.154	2.478	-0.603	-0.144	1.731	713.478	-249.350	-311.790	152.338	66.987	-16.307	-9.143	41.537

（2）"粮食作物种植+养殖"型家庭农场。

根据模型输出结果（表 4-36），综合生产效率（crste）为 1 的"粮食作物种植+养殖"型家庭农场个数为 1 个，纯技术效率（vrste）为 1 的"粮食作物种植+养殖"型家庭农场个数为 3 个，规模效率（scale）为 1 的"粮食作物种植+养殖"型家庭农场个数为 1 个。1 个综合生产效率（crste）有效的决策单元，必定同时具备纯技术效率（vrste）有效和规模效率（scale）有效，而且规模报酬不变（-）。在 3 个"粮食作物种植+养殖"型家庭农场中，除去前面的 1 个综合生产效率（crste）为 1 的"粮食作物种植+养殖"型家庭农场，剩余的两个决策单元具有纯技术效率，但由于投入要素配置得不合理，未达到规模效率，即有两个"粮食作物种植+养殖"型家庭农场处于规模报酬递增（irs）阶段，这些家庭农场可以通过调整投入要素提高规模效率，实现整体的经济效率。

表 4-36   山东省邹城市"粮食作物种植+养殖"型家庭农场效率值

firm	crste（综合生产效率）	vrste（纯技术效率）	scale（规模效率）	规模报酬
1	1.000	1.000	1.000	-
2	0.434	1.000	0.434	irs
3	0.156	1.000	0.156	irs
mean	0.530	1.000	0.530	

在初始状态下山东省邹城市"粮食作物种植+养殖"型家庭农场的净利润与各生产要素（农场土地面积、在农场工作的家庭成员人数、农场年雇用劳动力人次、农场总投资）投入的均值之比为 15.293∶112.000∶3.667∶600.000∶166.667。根据 DEA 模型运行结果（表 4-37），从净利润的角度来看，在 3 家"粮食作物种植+养殖"型家庭农场中，产出变量都达到了最优值，产出变量没有需要改进的余地。从生产要素投入的角度来看，投入 1（农场土地面积）、投入 2（在农场工作的家庭成员人数）、投入 3（农场年雇用劳动力人次）、投入 4（农场总投资）的平均冗余（radial movement 及 slack movement）均为 0。因此，在成本最小化的目标下，各生产要素组合已经达到综合效率 DEA 有效，即山东省邹城市"粮食作物种植+养殖"型家庭农场的净利润与各生产要素（农场土地面积、在农场工作的家庭成员人数、农场年雇用劳动力人次、农场总投资）投入之间的搭配达到最佳状态。

表 4-37 山东省邹城市 "粮食作物种植+养殖" 型家庭农场生产要素组合的初始值与目标值

firm	output (净利润)				input1 (农场土地面积)				input2 (在农场工作的家庭成员人数)				input3 (农场年雇用劳动力人次)				input4 (农场总投资)			
	original value	radial movement	slack movement	projected value	original value	radial movement	slack movement	projected value	original value	radial movement	slack movement	projected value	original value	radial movement	slack movement	projected value	original value	radial movement	slack movement	projected value
1	32.100	0.000	0.000	32.100	86.000	0.000	0.000	86.000	4.000	0.000	0.000	4.000	150.000	0.000	0.000	150.000	200.000	0.000	0.000	200.000
2	10.440	0.000	0.000	10.440	170.000	0.000	0.000	170.000	3.000	0.000	0.000	3.000	1550.000	0.000	0.000	1550.000	200.000	0.000	0.000	200.000
3	3.340	0.000	0.000	3.340	80.000	0.000	0.000	80.000	4.000	0.000	0.000	4.000	100.000	0.000	0.000	100.000	100.000	0.000	0.000	100.000
平均值	15.293	0.000	0.000	15.293	112.000	0.000	0.000	112.000	3.667	0.000	0.000	3.667	600.000	0.000	0.000	600.000	166.667	0.000	0.000	166.667

(3)经济作物种植型家庭农场。

根据模型输出结果(表4-38),综合生产效率(crste)为1的经济作物种植型家庭农场个数为两个,纯技术效率(vrste)为1的经济作物种植型家庭农场个数为4个,规模效率(scale)为1的经济作物种植型家庭农场个数为两个。两个综合生产效率(crste)有效的决策单元,必定同时具备纯技术效率(vrste)有效和规模效率(scale)有效,而且规模报酬不变(-)。在5个经济作物种植型家庭农场中,除去前面的两个综合生产效率(crste)为1的经济作物种植型家庭农场,剩余的3个决策单元具有纯技术效率,但由于投入要素配置得不合理,未达到规模效率,即有3个经济作物种植型家庭农场处于规模报酬递增(irs)阶段,这些家庭农场可以通过调整投入要素提高规模效率,进而实现整体上的经济效率。

表4-38　山东省邹城市经济作物种植型家庭农场效率值

firm	crste(综合生产效率)	vrste(纯技术效率)	scale(规模效率)	规模报酬
1	1.000	1.000	1.000	-
2	0.344	0.621	0.554	irs
3	1.000	1.000	1.000	-
4	0.311	1.000	0.311	irs
5	0.300	1.000	0.300	irs
mean	0.591	0.924	0.633	

在初始状态下山东省邹城市经济作物种植型家庭农场的净利润与各生产要素(农场土地面积、在农场工作的家庭成员人数、农场年雇用劳动力人次、农场总投资)投入的均值之比为451.927:444.600:2.200:3962.000:161.200。根据DEA模型运行结果(表4-39),从净利润的角度来看,有1个家庭农场存在着产出不足,产出不足值为2.913万元,从生产要素投入的角度来看,投入1(农场土地面积)的radial movement和slack movement不为0的家庭农场各有1个,存在改进的空间,投入1(农场土地面积)的平均冗余(radial movement及slack movement)为31.000亩;投入2(在农场工作的家庭成员人数)的radial movement不为0的家庭农场有1个,存在改进的空间,投入2(在农场工作的家庭成员人数)的平均冗余(radial movement及slack movement)为0.2274人;投入3(农场年雇用劳动力人次)的radial movement和slack movement不为0的家庭农场各有1个,投入3(农场年雇用劳动力人次)的平均冗余(radial movement及slack movement)为1250.2662人次;投入4(农场总投资)的radial movement不为0的家庭农场有1个,投入4(农场总投资)的平均冗余(radial movement及slack movement)为9.8548万元。因此,在成本最小化的目标下,各生产要素经过优化组合达到综合效率DEA有效后,山东省邹城市经济作物种植型家庭农场的净利润与各生产要素(农场土地面积、在农场工作的家庭成员人数、农场年雇用劳动力人次、农场总投资)投入的均值之比为452.510:413.600:1.973:2711.734:151.345,也即,在经过生产要素优化组合后,可以实现山东省邹城市经济作物种植型家庭农场净利润提高0.1289%的同时,使土地要素投入减少6.9726%,家庭劳动力要素投入减少10.3364%,雇用劳动力人次要素投入减少31.5564%,资本要素投入减少6.1134%。

表 4-39　山东省邹城市经济作物种植型家庭农场生产要素组合的初始值与目标值

firm	output (净利润)				input1 (农场土地面积)				input2 (在农场工作的家庭成员人数)				input3 (农场年雇用劳动力人次)				input4 (农场总投资)			
	original value	radial movement	slack movement	projected value	original value	radial movement	slack movement	projected value	original value	radial movement	slack movement	projected value	original value	radial movement	slack movement	projected value	original value	radial movement	slack movement	projected value
1	1380.500	0.000	0.000	1380.500	1200.000	0.000	0.000	1200.000	3.000	0.000	0.000	3.000	3000.000	0.000	0.000	3000.000	200.000	0.000	0.000	200.000
2	110.790	0.000	2.913	113.733	280.000	-106.129	-48.871	125.000	3.000	-1.137	0.000	1.863	8200.000	-3108.065	-3143.266	1948.669	130.000	-49.274	0.000	80.726
3	739.200	0.000	0.000	739.200	660.000	0.000	0.000	660.000	1.000	0.000	0.000	1.000	6000.000	0.000	0.000	6000.000	400.000	0.000	0.000	400.000
4	14.325	0.000	0.000	14.325	40.000	0.000	0.000	40.000	2.000	0.000	0.000	2.000	1305.000	0.000	0.000	1305.000	30.000	0.000	0.000	30.000
5	14.820	0.000	0.000	14.820	43.000	0.000	0.000	43.000	2.000	0.000	0.000	2.000	1305.000	0.000	0.000	1305.000	46.000	0.000	0.000	46.000
平均值	451.927	0.000	0.583	452.510	444.600	-21.226	-9.774	413.600	2.200	-0.227	0.000	1.973	3962.000	-621.613	-628.653	2711.734	161.200	-9.855	0.000	151.345

第二节　家庭农场土地适度规模与投资回报机制

(一)家庭农场主收入水平标准的确定

家庭农场经济效益最大化的关键就在于适度经营。中共中央办公厅、国务院办公厅印发的《关于引导农村土地经营权有序流转发展农业适度规模经营的意见》(中办发〔2014〕61号)指出："各地要研究确定本地区土地规模经营的适宜标准"。由于地理环境差异,经济发展与市场发育程度有别,其研究结论都有它特定的适用范围,这说明农业土地适度规模很难有普遍适用性的数值。经营规模过小,就难以获得规模效益,失去了规模经营的意义;规模过大,超过一定的限度,又会造成平均成本上升,规模收益递减。因此,规模经营也有一个适度的问题。不同地区的家庭农场适度规模经营标准各异,山东省家庭农场的经营规模普遍在 200 亩左右,200 亩以下的占农场总数的 76.20%。江苏省规定家庭农场适度经营规模在 100～200 亩。上海松江区固定在 100～150 亩,嘉定区规定在 150～250 亩。张红宇等(2014)也表示,"很难提出一个在全国范围内普遍适用的具体面积标准"。关于对适度规模经营的"度"的衡量标准逐渐达成共识,一个是效率标准,即在现有经营水平下,家庭农场最优的经营规模必定是规模提升带来的边际产量为零时所对应的规模,若规模的提升能带来效率的提高,则说明仍可以继续扩大规模,直到规模提升的边际产量为零。另一个是收入标准,在机会成本的理论指导下,家庭农场规模经营农户与非农生产户均以同等收入为目标,即家庭农场规模经营的收入至少不低于外出务工的工资收入。从我国基本国情来看,将收入作为土地适度规模的判断标准更合适。因为家庭农场规模要与家庭成员的劳动生产水平相适应,同时,我国家庭农场的适度规模经营,要考虑到不同区域间客观条件差异、家庭成员劳动力供给程度和能够取得的期望收入水平,如果期望的收入水平得不到满足是很难实现家庭农场这一新型农业经营主体持续健康发展的。许庆等(2011)基于我国粮食主产区 5 省 100 个村庄 1049 个农户的实地调查数据分析后认为:如果政府是为了提高农民的收入,开展适度规模经营则是有效的;但是,如果政府为了提高粮食产量,那么推进适度规模经营可能会适得其反。因此,家庭农场是一个追求家庭收入最大化的农业经营主体。故而,家庭农场主会根据经济收益的变化调整土地的经营规模,以达到适度规模经营的状态。例如,在山东省邹城市太平镇中行村的一位受访家庭农场主,在 2014年时农场经营的土地面积为 320 多亩,由于管理不好且效益也不佳,农资与用工成本均较高的情况下,2015 年退回土地 80 多亩,2016 年再退回土地 70 多亩,调查时仅保留 164亩的农场用地规模。相反,山东省邹城市太平镇东纪村的一位受访家庭农场主,由于种植西施山药、白玉山药及兼培育有山药种植,盈利颇为丰厚,其家庭农场的规模在 2014年创建时为 360 亩,2015 年扩大到 640 亩,2016 年扩大到 840 亩,2017 年进一步扩大到 1200 亩。

表 4-40 所示为学术界关于家庭农场土地适度规模经营的收入判断标准。

表 4-40　学术界关于家庭农场土地适度规模经营的收入判断标准

作者与文献年份	土地适度规模化经营的收入判断描述	判断标准
张成玉 (2015)	结合我国实际情况,应选取城镇在岗职工平均工资性收入作为适度规模经营的参考指标	城镇居民收入
袁赛男 (2013)	家庭农场适度规模要能保证种粮家庭人均收入与城镇居民家庭人均收入基本相当	
田伟、肖融、谢丹 (2016)	真正的适度规模应该既能保证家庭农业收入达到当地城镇居民收入,又不会超出家庭农场的实际生产能力	
朱立志 (2013)	如果某个农户经营的规模达到一定程度,使其人均纯收入与附近城镇居民人均可支配收入对等时,这样的规模经营就是"适度规模经营"	
蔡颖萍 (2015)	要与取得较为体面的收入相匹配,即家庭农场人均纯收入能达到或超过城市居民可支配收入水平	
孔祥智、黄博、张效榕 (2017)	由于老人、孩子等非就业人口的存在,城镇居民人均可支配收入低估了城镇就业人员收入。如果以城镇居民人均可支配收入与农场家庭劳动力数量的乘积表示经营农场的机会成本,则计算结果低估了适度规模	高于城镇居民收入
李静 (2016)	同其他行业相比,保障家庭农场主家庭成员的平均收入达到或超过城镇居民平均收入水平	达到或超过城镇居民平均收入水平
阚凯 (2014)	保证家庭农场的平均收入与第二、第三产业的收入保持平衡	与第二、第三产业的收入相平衡
王婉莹 (2015)	现阶段,对土地经营规模的务农收入相当于当地第二、第三产业务工收入的,土地经营规模相当于当地户均承包土地面积 10～15 倍的,应当给予重点扶持	外出务工收入
贾敬敦、张缔庆 (1998)	为了吸引青壮劳动力从事农业,解决农业继承人危机,土地的适度规模经营就是实现种粮收入与进城务工收入相当	
钱克明、彭廷军 (2014)	目前农民种粮的最大机会成本是放弃了外出务工的收入,因此,应将种粮专业户的年收入与其家庭全部劳动力外出打工收入相同时的耕地经营规模作为适度规模的目标值	
张建雷 (2018)	家庭农场的亩均净收益水平基本相当于或略高于农户外出务工经商的收入水平	略高于外出务工收入
孔祥智、黄博、张效榕 (2017)	当家庭农场主获得和外出务工收入或城镇居民收入相当的利润时,相应的农场规模就是适度规模	外出务工收入或城镇居民收入
丁慧媛 (2012)	我国农业要发展,在推进规模经营的同时,政府必须对农业进行支持,以保证农民获得社会平均收入	社会平均收入
李宪宝 (2012)	只有农户劳动力的平均收入水平不低于社会平均收益水平的情况下,农户才有可能做出从事农业经营的决策,从而具备成长为适度规模现代农业经营主体的可能	不低于社会平均收益水平
陈富春、郭锐 (1994)	土地适度规模经营是指在保证土地生产率有所提高的前提下,与一定的经济发展水平、物质装备程度和生产技术结构相适应的、能使从事专业化农业生产的农民的收入达到或略高于当地农村社会平均水平时,一个务农劳动力(或农户)所应经营的耕地面积	高于农村社会平均劳动力收入
贾敬敦、张缔庆 (1998)	农业适度土地规模是指在当时经济社会背景下,实现农业劳动力获取高于农村社会平均劳动力收入,每个劳动力所经营的土地面积	

从表 4-40 可以看出,关于家庭农场土地适度规模化经营的收入认定标准主要有"社会平均收入""不低于社会平均收益水平""高于农村社会平均劳动力收入""外出务工收入""略高于外出务工收入""城镇居民收入""高于城镇居民收入"等。其中,由于我国城乡二元结构,"社会平均收入"应该分为农村社会平均收入和城镇社会平均收入

两种，那么，按照从低到高的梯度，家庭农场土地适度规模的收入判断标准可以分为 6 种：第一，农村社会平均收入水平；第二，高于农村社会平均收入水平；第三，与外出务工收入水平相当；第四，高于外出务工收入水平；第五，与城镇居民收入水平相当；第六，高于城镇居民收入水平。根据外业问卷调查问卷统计结果显示(图 4-3)，家庭农场主选择最多的是"高于当地农村平均收入水平"，占 26.72%，其次是"适当高于外出务工收入水平"，占 24.43%，排在第三的是"与附近城镇居民收入水平相当"，占 15.23%。

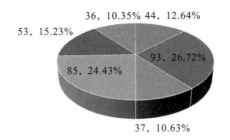

36，10.35% 44，12.64%
53，15.23%
93，26.72%
85，24.43%
37，10.63%

- 当地农村社会平均收入水平　　■ 高于当地农村平均收入水平
- 与外出务工收入水平相当　　　　■ 适当高于外出务工收入水平
- 与附近城镇居民收入水平相当　　■ 其他

图 4-3　家庭农场主收入水平意愿选择示意图

2014 年 2 月 24 日，农业部《关于促进家庭农场发展的指导意见》(农经发〔2014〕1 号)指出"家庭农场经营规模适度，种养规模与家庭成员的劳动生产能力和经营管理能力相适应，符合当地确定的规模经营标准，收入水平能与当地城镇居民相当"。2014 年 11 月 20 日，中共中央办公厅、国务院办公厅印发《关于引导农村土地经营权有序流转发展农业适度规模经营的意见》指出"现阶段，对土地经营规模相当于当地户均承包地面积 10 至 15 倍、务农收入相当于当地二三产业务工收入的，应当给予重点扶持"。可以看出，国家层面对家庭农场土地适度规模经营的收入判断标准也存在着不统一，存在着"与当地城镇居民相当"和"与当地二三产业务工收入相当"两个政策标准。

首先，家庭农场主选择最多的"高于当地农村平均收入水平"这一标准显得有些保守，因为高于农村平均收入哪怕是 0.1%也算是"高于"，这根本达不到吸引家庭农场主投身现代农业的积极性；其次，家庭农场主获得的收入"与附近城镇居民收入水平相当"这一标准存在着对比主体身份不匹配的问题，由于家庭农场主是农民身份，因此，在农村社会体系内进行对比更具科学性。现阶段，除农业收入之外，农民的主要收入来源就是外出务工收入，然而，选择"与外出务工收入水平相当"这一标准，虽然能够弥补普通农民创建家庭农场而付出的外出务工这一机会成本，但是尚不能绝对调动普通农民创建家庭农场投身现代农业的积极性，因此，"适当高于外出务工收入水平"这一判断标准就能弥补这一缺陷。但是，家庭农场规模不宜过大，从业收入不能超过外出务工家庭收入太多，否则，会致使农民重新要地自营，家庭农场规模不会稳定。综上所述，考虑到国家政策文件的规定，本研究认为，家庭农场土地适度规模经营获得的收入应该确定为"当地二三产业务工收入"和"与附近城镇居民收入水平相当"这两个标准的平均值。

表 4-41 所示为 2016 年外出务工年收入和城镇全部单位就业人员平均工资情况。

表 4-41　2016 年外出务工年收入和城镇全部单位就业人员平均工资情况

地区	外出务工收入 （元/年）	城镇全部单位就业 人员平均工资(元/年)	均值
四川省	41399.47	54425	47912.24
湖北省	31787	51415	41601.00
山东省	41892	63562	52727.00
江苏省	41952	59365	50658.50

（二）考虑政府补贴状态下的不同类型家庭农场单位土地面积年净利润

家庭农场的发展积累和赢利，主要应依靠家庭农场本身，而不应过多依赖政府补贴和转移支付。然而，成本高、利润薄已经成为各地从事粮食种植的新型经营主体的常态，不少种粮大户处在亏损边缘，他们更多的是依靠补贴来达到收支勉强平衡。同时，鉴于国情，我国三大粮食作物水稻、小麦和玉米的自给率需要保持在高位，而且根据调查的结果，纯粮食型家庭农场平均每亩收益是最低的，其他类型的家庭农场平均每亩收益比纯粮食型家庭农场要高得多，长期下去是不可持续的，会有越来越多的纯粮型家庭农场转营其他，甚至粮食为主兼营其他型的家庭农场，也有可能放弃粮食生产，最终会威胁到国家的粮食安全。因此，除了家庭农场自身通过土地规模化经营获得收益，不同地区的地方政府对从事粮食作物生产的家庭农场等新型农业经营主体有一定的财政补贴或奖补政策。具体而言，这种财政补贴或奖补政策并不是在全国都普遍存在的。例如，在湖北省荆州市监利县、江苏省徐州市新沂市、四川省宜宾市翠屏区、江苏省扬州市仪征市等地调研时，当地家庭农场主表示自己并没有由于从事粮食作物种植而获得过相应的补贴或奖补。另外，不同地区的财政补贴或奖补政策是存在很大差异的，在补贴方式上，存在着实物补贴和现金直补两种；在补贴的粮食作物类型上，四川省成都市补贴的作物包括水稻(含制种)、小麦、玉米(含制种)，江苏省宜兴市高塍镇和淮安市盱眙县补贴的作物均为小麦和水稻，而山东省邹城市补贴的作物为小麦；在补贴标准上，最高的为成都市，每亩补贴可达 200 元，最低为盱眙县，将小麦实物补贴换算成货币，仅为 32.24 元/亩(表 4-42)；在补贴的面积上，家庭农场规模如果没有高线，容易形成鼓励越大越好的政策导向。因此，粮食规模经营支持政策应更多倾向于"适度规模"而非大规模甚至超大规模。故而，江苏省淮安市盱眙县和宜兴市高塍镇、四川省成都市、山东省邹城市都对补贴的家庭农场面积及相应的补贴数额进行引导性规定，以达到政策引导家庭农场土地适度规模经营的目标。那么，就可以计算出分地区、不同类型的家庭农场考虑政府政策补贴的单位土地面积纯收益和不考虑政府政策补贴的单位面积纯收益。将家庭农场经营获取的收入标准除以单位面积土地纯收益，就可以得到家庭农场每个劳动力应当经营的土地适度规模(表 4-43 和表 4-44)。

表 4-42　不同区域地方政府对粮食型家庭农场的财政补贴政策

省份	地区	补贴对象	补贴粮食作物类型	补贴方式	补贴规模	补贴标准
江苏省	淮安市盱眙县	资金补贴对象为粮食适度规模经营生产经营者,重点向种粮大户、家庭农场、农民合作社和农业社会化服务组织等新型经营主体和新型服务主体倾斜	小麦、水稻	不提倡现金直补,采取实物补贴	优先补贴种植规模100~300亩的主体(超过500亩的,按500亩补贴)	①支持2017年小麦一喷三防补贴资金338.42万元,补贴面积241343.8亩,平均每亩14.02元;②支持耕地质量提升综合技术补贴资金489.58万元,补贴面积268706亩,平均每亩18.22元;③支持优质稻米清洁高效生产技术资金1378万元,主要用于采购高效复合肥料,每亩补贴20千克,补贴面积296014.21亩,平均每亩46.55元
	宜兴市高塍镇	从事土地规模化经营的种粮户	小麦、水稻	现金补贴	年度承包种植30亩(含30亩)至500亩(超过500亩以上的按500亩计)	全市补贴资金总额预计达1370万元。暂定补贴标准:80元/亩,其中,种子款32元/亩,肥料款48元/亩
四川省	成都市	在一个区(市)县域内种植水稻(含制种)、小麦、玉米(含制种),任一以上农作物规模化生产连片面积达到50亩及以上,并向市发展改革委确认的粮食收购单位按照150千克/亩交售所产稻谷(小麦、玉米、制种除外),采取稻田养殖模式的按照100千克/亩交售稻谷(稻田养殖面积由区(市)县农业部门依据当地稻田养殖规划界定);秸秆综合利用率达到100%的粮食规模化生产经营者	水稻(含制种)、小麦、玉米(含制种)	现金补贴	50亩及以上的粮食规模化生产经营者	①面积50~100亩(不含100亩)的,每亩奖励160元;②面积在100~500亩(不含500亩)的,每亩奖励180元;③面积在500亩(含500亩)以上的,每亩奖励200元
山东省	邹城市	经营面积50亩以上的种粮大户和种植粮食家庭农场	小麦	现金补贴	50亩以上200亩以下的粮食家庭农场	每亩按照60元标准补贴,每户限额补贴1.2万元

表 4-43　不同地区不同类型家庭农场的单位土地面积净收益　　　　　　单位:元

地区	湖北省	江苏省			四川省 成都市			宜宾市	山东省		
		不考虑政策补贴	考虑政策补贴	变化幅度	不考虑政策补贴	考虑政策补贴	变化幅度		不考虑政策补贴	考虑政策补贴	变化幅度
粮食作物种植型家庭农场	1330.40	560.43	621.70	10.93%	537.70	854.55	58.93%	—	310.94	365.05	17.40%
经济作物种植型家庭农场	—	8623.15	8623.15	0.00%	9667.37	9667.37	0.00%	3722.29	10164.80	10164.80	0.00%
"粮食作物种植+养殖"型家庭农场	1569.27	1295.99	1332.48	2.82%	1326.74	1609.92	21.34%	—	1325.28	1365.64	3.05%
"经济作物种植+养殖"型家庭农场	2217.22	5172.99	5172.99	0.00%	5157.39	5157.39	0.00%	2837.99	—	—	—
养殖型家庭农场	2334.55	39003.95	39003.95	0.00%	8444.93	8444.93	0.00%	8047.98	—	—	—

表 4-44 不同地区不同类型家庭农场的人均土地适度经营规模（按收入标准）

单位：亩

家庭农场类型	收入标准	湖北省荆州市监利县	江苏省（宜兴市、仪征市、盱眙县、新沂市）			四川省 成都市（崇州市、金堂县）			宜宾市翠屏区	山东省（邹城市）		
			不考虑政策补贴	考虑政策补贴	变化幅度	不考虑政策补贴	考虑政策补贴	变化幅度		不考虑政策补贴	考虑政策补贴	变化幅度
粮食作物种植型家庭农场	外出务工收入	23.89	74.86	67.48	-9.86%	76.99	48.45	-37.08%	—	134.73	114.76	-14.82%
	城镇全部单位就业人员平均工资	38.65	105.93	95.49	-9.86%	101.22	63.69	-37.08%	—	204.42	174.12	-14.82%
	均值	31.27	90.39	81.48	-9.86%	89.11	56.07	-37.08%	—	169.57	144.44	-14.82%
经济作物种植型家庭农场	外出务工收入	—	4.87	4.87	0.00%	4.28	4.28	0.00%	11.12	4.12	4.12	0.00%
	城镇全部单位就业人员平均工资	—	6.88	6.88	0.00%	5.63	5.63	0.00%	14.62	6.25	6.25	0.00%
	均值	—	5.87	5.87	0.00%	4.96	4.96	0.00%	12.87	5.19	5.19	0.00%
"粮食作物种植+养殖"型家庭农场	外出务工收入	20.26	32.37	31.48	-2.74%	31.2	25.72	-17.59%	—	31.61	30.68	-2.96%
	城镇全部单位就业人员平均工资	32.76	45.81	44.55	-2.74%	41.02	33.81	-17.59%	—	47.96	46.54	-2.96%
	均值	26.51	39.09	38.02	-2.74%	36.11	29.76	-17.59%	—	39.79	38.61	-2.96%
"经济作物种植+养殖"型家庭农场	外出务工收入	14.34	8.11	8.11	0.00%	8.03	8.03	0.00%	14.59	—	—	—
	城镇全部单位就业人员平均工资	23.19	11.48	11.48	0.00%	10.55	10.55	0.00%	19.18	—	—	—
	均值	18.76	9.79	9.79	0.00%	9.29	9.29	0.00%	16.88	—	—	—
养殖型家庭农场	外出务工收入	13.62	1.08	1.08	0.00%	4.9	4.9	0.00%	5.14	—	—	—
	城镇全部单位就业人员平均工资	22.02	1.52	1.52	0.00%	6.44	6.44	0.00%	6.76	—	—	—
	均值	17.82	1.30	1.30	0.00%	5.67	5.67	0.00%	5.95	—	—	—

从表 4-44 中可以看出，第一，除了宜宾市翠屏区，在 5 种不同类型的家庭农场中，为了达到既定的收入标准，粮食作物种植型家庭农场所需的人均土地适度经营规模最大。最高的为山东省邹城市，在不考虑政策补贴的情况下，家庭农场人均土地适度经营规模达到 169.57 亩，最低的为湖北省荆州市监利县，家庭农场人均土地适度经营规模为 31.27 亩。第二，除了四川省宜宾市翠屏区，在 5 种不同类型的家庭农场中，为了达到既定的收入标准，"粮食作物种植+养殖"型家庭农场人均土地适度经营规模位列第二，其中，最高的是山东省邹城市，在不考虑政策补贴的情况下，家庭农场人均土地经营规模为 39.79 亩，最低的为湖北省荆州市监利县，家庭农场人均土地适度经营规模为 26.51 亩。第三，除山东省邹城市，在 5 种不同类型的家庭农场中，为了达到既定的收入标准，"经济作物种植+养殖"型家庭农场人均土地适度经营规模位列第三，其中，最高的是湖北省荆州市监利县，家庭农场人均土地适度经营规模为 18.76 亩，最低的是成都市(崇州市、金堂县)，家庭农场人均土地适度经营规模为 9.29 亩。第四，在 5 种不同类型的家庭农场中，为了达到既定的收入标准，经济作物种植型家庭农场和养殖型家庭农场所需的人均土地适度经营规模相对较小，只是在不同地区两种类型的家庭农场的排序有所不同，在江苏省，经济作物种植型家庭农场人均土地适度经营规模为 5.87 亩，而养殖型家庭农场人均土地适度经营规模仅为 1.3 亩，然而，在四川省成都市的崇州市和金堂县的经济作物种植型家庭农场人均土地适度经营规模为 4.96 亩，养殖型家庭农场人均土地适度经营规模为 5.67 亩。

政府的财政补贴或奖补政策对于粮食作物种植型家庭农场人均土地适度经营规模有一定程度的影响，其中，影响幅度最大的是成都市(崇州市、金堂县)，粮食作物种植型家庭农场人均土地适度经营规模从 89.11 亩下降到 56.07 亩，降幅达到 37.08%，"粮食作物种植+养殖"型家庭农场的人均土地适度经营规模从 36.11 亩下降到 29.76 亩，降幅为 17.59%；其次为山东省邹城市，粮食作物种植型家庭农场人均土地适度经营规模从 169.57 亩下降到 144.44 亩，降幅为 14.82%，"粮食作物种植+养殖"型家庭农场的人均土地适度经营规模从 39.79 亩下降到 38.61 亩，降幅为 2.96%；影响幅度最小的为江苏省(宜兴市、仪征市、盱眙县、新沂市)，粮食作物种植型家庭农场人均土地适度经营规模从 90.39 亩下降到 81.48 亩，降幅为 9.86%，"粮食作物种植+养殖"型家庭农场的人均土地适度经营规模从 39.09 亩下降到 38.02 亩，降幅为 2.74%。

第三节　农民收益的实现机制

(一)农地权利流转交易收益动态调整

家庭农场土地适度规模集中经营需要保持农地流转期限较长且具有稳定性，当然，土地流转年限不宜短也不宜长，短了难以保证农场经营的稳定性，而长了农民想拿回土地或流转价格上涨都不方便操作。郭熙保(2013)认为，家庭农场与农户之间就耕地签订的土地经营权流转合同应该在 10 年以上，如果签订的土地经营权流转合同期限短，就会造成家庭农场经营的耕地面积不稳定，一旦农户中途把承包地收回去，就会导致家庭农场解体，同时,租期短也不利于调动家庭农场对耕地整治和肥力提升进行长期投资的积极性。然而,由于农民缺乏对长期承包土地的收益预期,许多农户不愿长期出租土地,致使家庭农场难以稳定地保持足够的土地经营规模。因此,家庭农场主自然而然地要与参与进来的众多小农户进行合作,形成一个新的联盟,但这在"非亲缘"条件下的合作必须要保证在长期中能够实现双方连续性的互惠,那么,在家庭农场主和农户之间通过建立"利益共同体"、构建"紧密的利益共同体"等方式,实现利益共享以达到稳定农地产权的目的就成为应有之义。李莹和陶元磊(2015)认为英国模式具有一定的借鉴意义,即散户的租金可以及时调整并且随着土地收益上升,租金也会上升,这样就可以提高农地权利人流转土地的积极性,同时,在土地产权明晰的前提下,也是解决散户疑虑的一种有效手段。因此,本研究认为,为强化农户签订长期农地权利流转交易合同的信心,应建立农地权利流转交易收益动态调整机制,使农户从家庭农场土地规模化经营中分享的土地增值收益最大化,以达到稳定家庭农场主与农户之间契约关系的目标。关于农地权利流转交易收益动态调整的方式及需要着重考量的问题为:第一,关于农地权利流转交易收益调整的增减问题,这里就有两个策略:①农地权利流转交易收益只向上调整;②农地权利流转交易收益既可以向上调整,也可以向下调整。第二,关于农地权利流转交易收益的调整幅度也有两个方式:①固定幅度调整;②不固定幅度调整。第三,农地权利流转交易收益调整的期间有4种策略:①每年调整;②随时调整;③合同期内固定年限后定期调整;④每轮土地合同期限届满调整。

对于农地权利流转交易收益调整的增减问题,本研究认为,农地权利流转交易收益动态调整最好应采取向上调整的方式,这样才能让流转交易农地权利的农户有积极性签订长期稳定的合同;如果合同中约定农地权利流转交易收益可以采取向下调整,虽然考虑了家庭农场主的利益,但是农地权利流转交易收益调增和调减所带来的抵消效应,以及调减比例的不确定性,会使得农地权利流转交易收益动态调整给农户带来的利好大大减弱,甚至毫无收益增量可言。然而,在用地成本是家庭农场重要经济负担之一的情况下,如果只强调农地权利流转交易收益的向上调整,而不顾及农场主的实际利润和收益是不太妥当的。故而,为了更好地兼顾家庭农场主和农户的利益,同时,又能够被交易双方所接受,实物计租货币结算是一种比较可行的方式,农地权利流转交易收益动态调整以一定数量的粮食为基准,而非货币为基准,即按照一定数量稻谷或小麦或玉米支付农地权利流转交易收益,并以当年水稻、玉米、小麦上市时的市场价格进行结算。"实物计租、货币兑现"形成合理的定价机制,既可以帮助家庭农场有效防范由于粮价下跌带来的种粮风险,又能保证粮价上涨带来的收益,实现土地流转双方共享,兼顾农地权利流转交易双方合理的利润收益,体现了风险共担、互惠互利的原则。

关于农地权利流转交易收益调整的幅度问题,本研究建议采取固定幅度调整的方式,因为在签订农地权利流转交易合同时,如果不事先约定好每次农地权利流转交易收益的调整幅度,那么,就等于给家庭农场主和农户留下了博弈的空间,也给农户未来的"敲竹杠"行为埋下了伏笔。那么,农地权利流转交易收益动态调整策略不仅起不到稳定地权的效果,反而会加速农地权利流转交易合同双方关系的破裂,致使农户以"双方流转价格达不成一致意见"这一正当理由提前终止合同。由于集体经济组织内往往不止一个家庭农场,而家庭农场的数量会对农户转出土地意愿产生显著的正向影响,即集体经济组织内的家庭农场数量越多，农户转出土地的意愿越强烈，此时，如果农户针对一个家庭农场主"敲竹杠"出现失败，他们会很快寻找到下一个家庭农场转出土地。故而，采取农地权利流转交易收益固定幅度调整的方式，能够让家庭农场主和农户都能在签订合同时事先清晰地判断出自己需要承担的成本和可以预期获得的当期收益，从而站在理性人的角度做出签订合同与否的决定，这就提前扫除了后期可能出现的问题和隐患。

　　然而，根据外业调查结果(表 4-45)，家庭农场主与农户签订的农地权利流转交易价格类型，采取"定期动态增长调整型"的占 49.56%，其中，固定比例定期动态增长调整型的占 14.16%，不固定比例定期动态增长调整型的占 35.40%(表 4-45)。可以看出，采取不固定比例定期动态增长调整型的占比更高，这主要由于在现实中很多家庭农场主和农户都愿意接受以粮价作为农地权利流转交易价格调整依据和标准，这主要有两个方面原因，首先，粮价与农地生产的产品的市场供需情况直接相关，不受交易双方控制；其次，粮价深刻地影响着家庭农场的利润多寡，如果家庭农场主因粮价连年持续大幅下降而利润受损，调低农地权利流转交易价格也是能够被农民从情理和经济上所接受的。况且，从 2009—2016 年全国主要农产品生产者价格指数(表 4-46)来看，除玉米 2016 年生产者价格指数出现较大幅度的降幅外，小麦、稻谷的生产者价格指数稳中有增，即使有下跌，也跌幅较小。从历年的整体趋势来看，农产品的价格是保持增长的，2009—2016 年，小麦生产者价格总体上涨了 29.00%，年均上涨 4.14%，稻谷生产者价格总体上涨了 40.20%，年均上涨 5.74%，玉米生产者价格总体上涨了 16.30%，年均上涨 2.33%。因此，本研究建议，农地权利流转交易收益调整的幅度可以提供两种方式让农户选择，第一，定期固定比例幅度的向上调整，如每隔 5 年，向上调整 5%；第二，定期参照相应年份的农产品生产者价格平均增减幅度进行调整。如果 3 年一调整，在 2009—2016 年间，小麦 2009—2011 年的生产者价格平均上涨幅度最大，为 7.00%，小麦 2014—2016 年的生产者价格平均下降-0.53%。稻谷 2009—2011 年的生产者价格平均上涨幅度最大，为 10.43%，稻谷 2014—2016 年的生产者价格平均上涨幅度最小，为 0.87%。玉米 2010—2012 年的生产者价格平均上涨幅度最大，为 10.87%，玉米 2014—2016 年的生产者价格平均下降-5.00%；如果 5 年一调整，小麦 2009—2013 年的生产者价格平均上涨幅度最大，为 6.12%，小麦 2012—2016 年的生产者价格平均上涨幅度最小，为 1.60%；稻谷 2009—2013 年的生产者价格平均上涨幅度最大，为 7.52%，稻谷 2012—2016 年的生产者价格平均上涨幅度最小，为 1.78%；玉米 2010—2014 年的生产者价格平均上涨幅度最大，为 6.90%，玉米 2012—2016 年的生产者价格平均下降-1.64%。可见，无论采取隔 3 年一调整，还是隔 5 年一调整，农地权利流转收益的调整方向都存在向上和向下两种可能，总体而言，采取 5 年一调整对家庭农场主更有利，采取 3 年一调整对农户更有利。

表 4-45　家庭农场主与农户签订的农地权利流转交易价格类型统计表

地区合同类型	湖北省监利县		江苏省盱眙县、仪征市、宜兴市、新沂市		四川省崇州市、金堂县		山东省邹城市		四川省宜宾市翠屏区		小计	
	频次	比例	频次	比例	频次	比例	频次	比例	频次	比例	频次	比例
固定不变型	44	45.36%	61	59.22%	28	37.33%	22	68.75%	16	50.00%	171	50.44%

地区合同类型	湖北省监利县		江苏省盱眙县、仪征市、宜兴市、新沂市		四川省崇州市、金堂县		山东省邹城市		四川省宜宾市翠屏区		小计	
	频次	比例	频次	比例	频次	比例	频次	比例	频次	比例	频次	比例
定期动态增长调整型:固定比例	10	10.31%	3	2.91%	22	29.33%	2	6.25%	11	34.38%	48	14.16%
定期动态增长调整型:不固定比例	43	44.33%	39	37.86%	25	33.33%	8	25.00%	5	15.63%	120	35.40%
小计	97	100.00%	103	100.00%	75	100.00%	32	100.00%	32	100.00%	339	100.00%

表 4-46　2009—2016 年全国主要农产品生产者价格指数与平均增长率　　　（上年=100）

农产品		2009	2010	2011	2012	2013	2014	2015	2016
小麦		107.9	107.9	105.2	102.9	106.7	105.1	99.2	94.1
3 年移动平均增长率	2009—2011		7.00%						
	2010—2012			5.33%					
	2011—2013				4.93%				
	2012—2014					4.90%			
	2013—2015						3.67%		
	2014—2016							-0.53%	
5 年移动平均增长率	2009—2013			6.12%					
	2010—2014				5.56%				
	2011—2015					3.82%			
	2012—2016						1.60%		
稻谷		105.2	112.8	113.3	104.1	102.2	102.2	101.6	98.8
3 年移动平均增长率	2009—2011		10.43%						
	2010—2012			10.07%					
	2011—2013				6.53%				
	2012—2014					2.83%			
	2013—2015						2.00%		
	2014—2016							0.87%	
5 年移动平均增长率	2009—2013			7.52%					
	2010—2014				6.92%				
	2011—2015					4.68%			
	2012—2016						1.78%		
玉米		98.5	116.1	109.9	106.6	100.2	101.7	96.5	86.8
3 年移动平均增长率	2009—2011		8.17%						
	2010—2012			10.87%					
	2011—2013				5.57%				
	2012—2014					2.83%			
	2013—2015						-0.53%		
	2014—2016							-5.00%	
5 年移动平均增长率	2009—2013			6.26%					
	2010—2014				6.90%				
	2011—2015					2.98%			
	2012—2016						-1.64%		

注：数据来源于《中国统计年鉴》。

　　关于农地权利流转交易收益调整的启动时间问题，本研究认为，"每年调整"的策略会导致收益调整太过于频繁，不利于农地权利流转交易收益的稳定性；"每轮土地合同期限届满调整"的策略虽然从形式上看似乎具有一定的道理，但是由于不同农户与家庭农场主在农地权利流转交易期限上存在着短期出租(1～3 年)、转让(剩余承包期内农地权利一次性让渡)等差异，致使农地权利流转交易收益调整难以执行，同时，如果采取"每轮土地合同期限届满调整"的策略，会造成农户都不愿意选择签订长期的农地权利流转交易合同；"随时调整"策略则会导致农地权利流转交易收益的启动时点显得过于随意，使得已经签订的农地权利流转交易合同缺乏严肃性和约束性。因此，本研究建议采取的"合同期内固定年限后定期调整"策略，就是在农户和家庭农场主签订的农地权利流转交易合同期内，选定一个时间段(3 年或 5 年)届满后，根据家庭农场的经营情况、周边的土地流转价格市场行情等，给予农户农地权利流转交易收益一定幅度的调增，依次类推。这样对于签订长期合同或短期合同的农户而言都是公平的，且有利于引导农户签订长期合同或租期届满后续签合同。

　　根据本研究得出的结论，虽然不同类型的家庭农场的经济收益是存在着较大差异的，它们对农地权利流转交易成本的承受能力也是极不相同的，但是无一例外，每种类型的家庭农场都存在着一个可承受的农地权利流转交易成本最高额度($R_{\max}$)，即通过农地权利流转交易收益动态调整，从最初的农地流转收益 R，经过几轮调整后，最高也只能达到 $R_{\max}$，如图 4-4 所示。

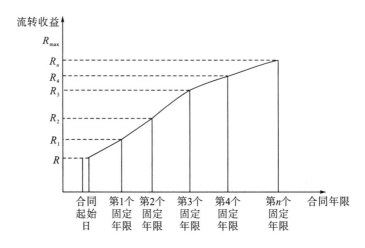

图 4-4　农地权利流转交易收益动态调整示意图

　　根据外业问卷调查显示，可以发现粮食作物种植型家庭农场、经济作物种植型家庭农场、"粮食作物种植+养殖"型家庭农场、"经济作物种植+养殖"型家庭农场、养殖型家庭农场的单位转入土地面积的纯收益、土地初始租金、可承受的最高土地租金及土地租金可调整的幅度情况如表 4-47 所示。

表 4-47　不同类型家庭农场农地权利流转交易价格的可调整增幅情况

家庭农场的类型	单位转入土地面积获得的纯收益(元/亩)	土地初始租金			可承受的最高土地租金			土地租金可以调整的增幅(%)		
		最大值	平均值	最小值	最大值	平均值	最小值	最大值	平均值	最小值
粮食作物种植型家庭农场	360.92	1200.00	587.22	80.00	2100.00	693.67	100.00	450.00	30.77	-30.00
经济作物种植型家庭农场	1105.36	1500.00	784.36	80.00	3000.00	1015.70	110.00	420.09	54.65	-50.00
"粮食作物种植+养殖"型家庭农场	739.58	1200.00	583.07	150.00	3000.00	777.72	100.00	400.00	43.59	-66.67
"经济作物种植+养殖"型家庭农场	882.99	1300.00	692.93	100.00	1300.00	853.62	100.00	109.09	32.06	-30.00
养殖型家庭农场	1004.93	1400.00	633.10	100.00	1600.00	852.38	200.00	127.27	40.56	0.00

　　从均值来看，不同类型家庭农场可承受的农地权利流转交易成本最大调整幅度存在着较大的差异，排在第一位的是经济作物种植型家庭农场，最高可调整幅度为 54.65%；第二位是"粮食作物种植+养殖"型家庭农场，最高调整幅度为 43.59%；再次为养殖型家庭农场，最高调整幅度为 40.56%；第四位为"经济作物种植+养殖型"家庭农场最高调整幅度 32.06%；最后为粮食作物种植型家庭农场，最高调整幅度 30.77%。按照常理，家庭农场经营单位土地面积获得的利润越高，其可承受的土地成本也越高。然而，通过对比不同类型家庭农场转入土地面积获得的亩均净收益与农地权利流转交易收益最高可调整增幅两列数据，可以发现，除了粮食作物种植型家庭农场和经济作物种植型家庭农场两者之间存在着严格的顺序一致性，其他类型家庭农场均产生了错位现象。例如，养殖型家庭农场的转入土地面积的亩均净利润排在第二位，但是农地权利流转交易收益可调整增幅排在第三位，这主要是由于养殖型家庭农场虽然所需的土地面积较少，在正常年份下创造出的经济利润要远远高于其他类型的家庭农场，但是养殖型家庭农场在笔者调研时正遭受着环保风暴，大量养殖型家庭农场面临着被关停和整顿，同时养殖型家庭农场的市场价格波动较大，且面临着动物疾病等风险的侵扰；"粮食作物种植+养殖"型家庭农场通过流转交易转入土地面积的亩均净利润排在第四位，但是农地权利流转交易价格可调整增幅仅排在第二位，这主要是由于种养结合能使单位土地面积的产出产生较大幅度的提高，且种养结合型家庭农场一般具有投资回收期短、见效快的特点，这使得家庭农场主可以承受的农地权利流转交易成本大幅提高。例如，湖北省荆州市监利县毛市镇双碾村的一位受访家庭农场主表示"如果单纯种植水稻，可以承受的土地租金为 500 元/亩；如果'稻虾共养'，可以承受的租金则可以上涨到 2000 元/亩"。湖北省荆州市监利县毛市镇莲福村的另一位受访的家庭农场主表示"如果单纯种植水稻，可以承受的最高土地租金是 700 元/亩，如果'稻虾共养'，承受的最高土地租金可以达到 3000 元/亩"。本研究认为，家庭农场主与农户之间签订的农地权利流转交易收益动态调整的区间，应该控制在平均值范围内，对于个别家庭农场由于效益较高而能够给出更高土地租金调整增幅，如 450%、420.09%、400% 等情况，应该由政府相关部门给予规范和引导，以免由于转出土地的农户竞相攀比而引起该区域农地流转租金的大幅攀升，造成家庭农场等新型农业经营主体的利润遭到不断的挤

压，使得他们的经济利益得不到保障，影响到他们从事土地适度规模化经营的积极性，最终削弱家庭农场的竞争力。

(二)土地退出获得一次性补偿

1. 土地退出下家庭农场主与农户之间的农地权利关系

由于农民阶层分化、城镇化的决心、家庭收入、土地依赖程度等方面的差异，部分进城农民已经在城市站稳脚跟、安家落户，不再依赖土地作为主要收入来源和生计的依托，故而，盘活承包地资产能够使自己在城市生活得更好，因此，他们最有可能会选择将承包地权利一次性退出让渡给其他单位或个人，放弃承包权和经营权，获得一次性退地补偿收益。关于农民土地退出的承包地的承接主体和补偿主体，理论界存在着不一致。吴康明(2011)认为，农民退出土地，在理论层面上应界定的对象为该农户所在的农民集体经济组织。然而，由于村民小组尤其是欠发达地区的村民小组，一般都没有多少集体资产可用于支付补偿，通过向村民收费来支付补偿在实践中也难以操作，因此国家应拿出一部分资金用于补偿迁徙农民的资产性投入。白现军(2013)认为，退地补偿金首先应当由村集体经济组织支付，村集体经济组织确实无力支付的，可以经审批程序后由县区一级专门设立的退地管理机构代为支付。在现阶段，由农地承包权退出地的地方财政和中央财政分担农地承包权退出的补偿费用，应该是较为合适的选择。也即，农民应该将土地退出给集体经济组织，但是由政府财政来承担成本，这种逻辑无疑是行不通的。因为国家支付了土地退出的代价，但是又不能对土地进行很有效的组织和利用，同时，如果支付土地退出成本后，该片土地属于国家所有，由于零散农民退出的土地是异常分散的，故而不便于集体土地和国有土地的统计和管理。本研究认为，农民土地退出是一种市场行为，是退地农民和家庭农场主之间的农地权利流转交易行为，退地农民可以一次性获得较高的退地货币收益，但同时让渡承包权和经营权归家庭农场主，家庭农场主一次性获得农民转出的承包权和经营权，实质上取代退地农民成为物权性质的土地承包经营权的实际"主人"。

2. 土地退出对于家庭农场主的优势

家庭农场主通过土地退出获得的承包经营权具有以下优势。

(1)家庭农场主享有更完全充分的农地权利，对土地的支配控制程度空前提高。在家庭农场经营权仅享有债权性质农地权利的状态下，转出经营权的农民对土地仍享有最终的收回权和支配权，因此，他们会凭借手中的权利干扰或影响家庭农场主。例如，在湖北省荆州市监利县柘木乡龚塘村的一位受访家庭农场主表示"在农场内种水稻等粮食作物时，农民会采取遵守合同约定租金的态度，但是只要当家庭农场主养虾时，农民就会要求涨价，自己对土地的利用做不了主"。然而，家庭农场主通过土地退出获得了物权性质土地承包经营权的情况下，家庭农场主可以对该部分土地进行直接管领、控制，不用再和农民重新签订农地权利流转交易合同，相当于农民将拥有的"两权"一次性完全让渡给家庭农场主，他们丧失了对退出承包地的一切权利，不至于农民再犯"眼红病"而影响家庭农场主的土地利用。在土地退出状态下，家庭农场内部的土地理论上仍由三部分组成：自有土地、通过退出获得的土地和通过流转获得的土地(图 4-5)。随着通过土地退出获得的承包地数量日益增加,农民享有物权的承包地数量也随之增加,债权性的承包经营权所占比例逐步降低,那么,农民选择中途违约或流转期限届满而不再续签合同所造成的"钉子户"的概率将大大降低,地权更加稳定。

(2)家庭农场主面临的土地权利关系和利益分配关系相对更加简单。不再是土地流转状况下的集体经济组织、家庭农场主、农户三者之间的农地权利关系,仅仅是集体经济组织和家庭农场主双方之间的农地权利关系,家庭农场主对通过退出获得的承包地享有土地承包关系"长久不变"政策;家庭农场主不用再支付农地权利流转交易成本,避免了租用土地状态下未来可能因租金上涨而面临支付更高的用地成本。家庭农场主拥有和农户一样的农地权利,对退出土地可以在法律政策允许的范围内进行使用,将可享有未实现的资产增值,这种净资产值的增加,将使其更容易进行财务调整和扩大。即未来承包地所获得的增值收益均归家庭农场主所有,不存在和转出农地权利农民之间的收益分享问题。另外,由于退地农民获得了一次性退地补偿收益,因此,未来如果该片土地被政府征收,征地补偿款只涉及家庭农场主和集体经济组织之间的分配问题,利益关系相对简单。

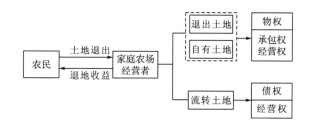

图 4-5 土地退出状态下家庭农场的农地产权内部结构示意图

3. 基于条件价值法(CVM)的土地退出收益评估

土地退出虽然不是所有权层面的流转交易,但也是物权性质的农地权利通过市场在不同主体之间的配置。在土地退出市场尚未构建,土地退出价格标准不明朗的状况下,清晰界定土地退出补偿标准,构建科学合理的承包地退出的货币化补偿机制是其必然的核心前提。农民退出土地具体的补偿标准可以参照土地征收补偿标准确定,也可以按照土地租金的一定年期来计算。目前重庆土地退出以征地标准为参照。但是征地的前提是公共利益,是一种政府强制性行为,是垄断性定价,而土地退出是一种民事行为,应以市场为标准,由市场供需状况来定价。因此,选择科学合理的方法对农户退出土地承包经营权的价格进行评估,给家庭农场主和农户双方提供可供参考和借鉴的标准是当务之急。

目前,最常用的环境资源的价值评估方法有两种:表现偏好法(Revealed Preference,RP)和自述偏好法(Stated Preference,SP),而条件价值(Contingent Valuation Method,CVM)就是最经常使用、最成熟的 SP 方法。1947 年,经济学家 Ciriacy-Wantrup 提出可以直接采用访问的方式来了解人们对公共物品的支付意愿和需求状况,这是 CVM 思想的最初萌芽。自从 1963 年 Davis 首次将 CVM 运用于研究美国缅因州林地宿营、狩猎方面的娱乐价值以来,CVM 的应用领域逐渐得到极大的扩展,由最初的林地宿营、狩猎娱乐价值评估扩展到自然资源休憩娱乐、灾害损失、政策效益的价值评估。CVM 被广泛应用于农地的价值评估，聂艳等(2008)基于 CVM 法对荆州市城乡接合部农地的非市场价值进行了评估，张艳和刘新平(2011)利用 CVM 对艾比湖流域农地生态价值进行了评价，黄滟和张安录(2012)运用 CVM 对武汉远城区的农地发展权进行了定价，张鹏(2008)运用 CVM 对仙桃、荆门、宜昌和武汉市的征地补偿合理价格进行了评估，任艳胜(2009)运用 CVM 测算对湖北、宜昌、仙桃地区的农地价格进行了测算。因此，本研究运用 CVM 对家庭农场主和农民之间的土地退出补偿价格进行研究具有一定的理论依据和实践依据。

本课题土地退出受偿和支付意愿数据选用条件价值法(CVM)进行采集，并严格遵循 CVM 的基本步骤和程序，具体步骤如下。

第一步：建立假想的土地退出市场。土地退出市场因法律尚未明确规定而不存在，故而不能通过市场交易反映出来。因此，运用 CVM 测算土地退出的价格就需要建立一个假想的交易市场，向受访家庭农场主询问“假设通过土地开发整理等手段，集体经济组织内部增加了部分耕地，或者村内某人想要出售自己的承包地，按照相关法律，您作为集体经济组织成员享有优先购买权，在土地购买后，您将享有这部分土地的一切权利(承包权和经营权)，且可以留给子孙继承，那么一亩水田(旱地)，您愿意支付的最高价格是？”让受访家庭农场主自己去判断在自身效用不变的情况下，通过流转交易获得一亩水田或旱地的农地权利所愿意支付的最大货币量。

第二步：使受访者正确地理解交易对象。受访者对假想市场内的流转交易的对象有正确的理解，使之尽可能地接近现实市场内发生的场景，这是有效避免假想偏差的关键。因此，在调查过程中重点解答受访者围绕流转交易对象的各种疑虑或不清晰之处，其中，受访者疑虑最多的问题集中在获得承包地的一切权利是不是就是相当于“买卖”？对此调查人员都耐心地进行解释，就是农民退出的仅仅是承包权和经营权，所有权仍归集体经济组织所有，但是区别于一般流转情况下的仅仅是经营权，且在土地承包关系“长久不变”的政策情况下，家庭农场主对流转交易获得的土地享有物权性质的权利，将与自己从集体承包的土地一样持续地归家庭经营和使用，并且子孙能够继承。受访家庭农场主对评价对象有正确的理解，有助于其对获得农地资源对自身效用的影响有一个科学的衡量，并据此给出准确的 WTA 和 WTP。

第三步：开展调查和资料收集。本研究采用直接入户面对面进行访谈的方式对家庭农场主进行调查，调查内容不仅包括家庭农场主的 WTA 和 WTP，还包括家庭农场个人、家庭、家庭农场的土地与收益等基本情况信息。

第四步：数据检验，计算分析，得出结论。通过外业问卷调查获得的数据是单个受访家庭农场主的 WTA_i 和 WTP_i 值，首先要对调查数据的有效性、可靠性进行检验，剔除异常数据，然后，运用受访家庭农场主的 WTP_i、WTA_i 的算数平均值或者建立受访者 WTP_i、WTA_i 与影响因素之间的数学模型等方法，测算出土地退出的价格标准。

从理论上讲，在完全竞争市场上，以 WTA 或 WTP 计算所得到的最终结果应该相同或是异常接近的。本研究认为，在询问家庭农场主自己的承包地被征收愿意接受的最低补偿标准时，容易出现漫天要价的情形，进而使得调查获得的 WTA 值偏高，而咨询家庭农场主购买承包经营权时，则其表现得相对比较慎重和谨慎，能够给出一个相对合理的价格。

同时，Cummings 等(1986)认为"WTP 问题总是优先考虑的"。另外，Freeman(1993)在对 WTP 与 WTA 的差异综合分析的基础上指出：大多数评价问题应该采用 WTP 形式。因此，本研究选择 WTP 作为测算家庭农场主支付农民土地退出补偿标准的测算依据。

根据调查结果汇总得到不同类型家庭农场主对交易获得承包经营权的支付意愿的区间分布情况和数字特征(表 4-48)。从中可以看出，除养殖型家庭农场主的支付意愿集中小于等于 2.0 万元这一区间之外，其他类型的家庭农场主的支付意愿主要集中的区间在 2.0 万元～4.0 万元。其中，第一，粮食作物种植型家庭农场主对水田有支付意愿的 112 人，支付率为 91.06%，最大支付意愿为 125000 元/亩，最小支付意愿为 500 元/亩，平均支付意愿为 38598.21 元/亩；粮食作物种植型家庭农场主对旱地有支付意愿的 102 人，支付率为 82.93%，最大支付意愿为 125000 元/亩，最小支付意愿为 500 元/亩，平均支付意愿为 36475.49 元/亩。第二，经济作物种植型家庭农场主对水田有支付意愿的 67 人，支付率为 91.78%，最大支付意愿为 105000 元/亩，最小支付意愿为 200 元/亩，平均支付意愿为 30185.82 元/亩；经济作物种植型家庭农场主对旱地有支付意愿的 66 人，支付率为 90.41%，最大支付意愿为 105000 元/亩，最小支付意愿为 200 元/亩，平均支付意愿为 27575.00 元/亩。第三，"粮食作物种植+养殖"型家庭农场主对水田有支付意愿的 75 人，支付率为 91.46%，最大支付意愿为 115000 元/亩，最小支付意愿为 2500 元/亩，平均支付意愿为 37199.33 元/亩；"粮食作物种植+养殖"型家庭农场主对旱地有支付意愿的 70 人，支付率为 85.37%，最大支付意愿为 115000 元/亩，最小支付意愿为 2500 元/亩，平均支付意愿为 35070.71 元/亩。第四，"经济作物种植+养殖"型家庭农场主对水田有支付意愿的 45 人，支付率为 91.84%，最大支付意愿为 105000 元/亩，最小支付意愿为 175 元/亩，平均支付意愿为 37615.00 元/亩；"经济作物种植+养殖"型家庭农场主对旱地有支付意愿的 45 人，支付率为 91.84%，最大支付意愿为 105000 元/亩，最小支付意愿为 175 元/亩，平均支付意愿为 32392.78 元/亩。第五，养殖型家庭农场主对水田有支付意愿的 20 人，支付率为 90.91%，最大支付意愿为 200000 元/亩，最小支付意愿为 2500 元/亩，平均支付意愿为 37375.00 元/亩；养殖型家庭农场主对旱地有支付意愿的 22 人，支付率为 100.00%，最大支付意愿为 200000 元/亩，最小支付意愿为 2500 元/亩，平均支付意愿为 32727.27 元/亩。从中可以看出，家庭农场主对土地退出的支付意愿与经济效益的高低是不呈正比例关系的，粮食作物种植型家庭农场主单位土地面积获得的净利润最低，但是承接农民土地退出的权利时的支付意愿却是最高的。相反，经济作物种植型家庭农场单位土地面积获得的净利润最高，但是承接农民土地退出的权利时的支付意愿却是最低的。

表 4-48 不同类型家庭农场主承接农民退出土地的支付意愿的区间分布与数字特征

家庭农场类型	价格区间	≤2.0万元	2.0万元~4.0万元	4.0万元~6.0万元	6.0万元~8.0万元	8.0万元~10.0万元	>10.0万元	参与人数	支付率	平均值(元)	最大值(元)	最小值(元)	标准差
粮食作物种植型家庭农场	水田	17	56	24	8	2	5	112	91.06%	38598.21	125000	500	23014.25
	旱地	22	49	19	5	2	5	102	82.93%	36475.49	125000	500	24013.52
经济作物种植型家庭农场	水田	19	37	5	4	1	1	67	91.78%	30185.82	105000	200	20521.20
	旱地	23	34	4	4	0	1	66	90.41%	27575.00	105000	200	19142.79
"粮食作物种植+养殖"型家庭农场	水田	17	30	22	2	2	2	75	91.46%	37199.33	115000	2500	22539.66
	旱地	19	29	16	1	2	3	70	85.37%	35070.71	115000	2500	24161.70
"经济作物种植+养殖"型家庭农场	水田	9	21	8	3	2	2	45	91.84%	37615.00	105000	175	25154.55
	旱地	12	23	5	2	2	1	45	91.84%	32392.78	105000	175	22846.41
养殖型家庭农场	水田	8	4	7	0	0	1	20	90.91%	37375.00	200000	2500	41521.64
	旱地	10	6	5	0	0	1	22	100.00%	32727.27	200000	2500	40077.40

表 4-49 不同地区家庭农场主土地退出支付意愿与数字特征

调研地区	土地类型	≤2.0万元	2.0万元~4.0万元	4.0万元~6.0万元	6.0万元~8.0万元	8.0万元~10.0万元	10.0万元以上	参与人数	支付率	平均值(元)	最大值(元)	最小值(元)	标准差
湖北省荆州市监利县	水田	17	32	28	7	2	3	89	90.82%	38623.60	105000	2500	22594.53
	旱地	21	32	22	5	2	1	83	84.69%	37151.16	105000	2500	23998.05
江苏省无锡市宜兴市	水田	5	14	3	0	0	0	22	100.00%	28636.36	55000	15000	10930.71
	旱地	8	5	1	0	0	0	14	63.64%	21428.57	45000	15000	9287.83
江苏省淮安市盱眙县	水田	5	13	3	0	2	1	24	88.89%	38750.00	105000	2500	27106.87
	旱地	6	11	3	0	2	1	23	85.19%	37934.78	105000	2500	28600.42
江苏省扬州市仪征市	水田	0	6	5	0	0	2	13	92.86%	51923.08	125000	25000	30655.24
	旱地	1	6	4	0	1	1	13	92.86%	47307.69	125000	15000	29198.70
江苏省徐州市新沂市	水田	15	14	3	2	3	0	37	94.87%	29721.62	95000	500	26443.16
	旱地	17	14	2	3	1	0	37	94.87%	24991.89	95000	500	22552.43
山东省邹城市	水田	6	12	6	3	0	1	28	87.50%	37500.00	105000	2500	21376.26
	旱地	7	12	5	2	0	1	27	84.38%	34166.67	105000	2500	21794.49
四川省成都市崇州市、金堂县	水田	13	38	12	3	0	3	69	88.46%	37144.93	200000	500	28405.30
	旱地	16	41	8	0	0	3	68	87.18%	32544.12	200000	500	27935.52
四川省宜宾市翠屏区	水田	9	19	5	3	0	1	37	90.24%	32172.30	105000	175	21378.19
	旱地	10	20	3	3	0	1	37	90.24%	30550.68	105000	175	20894.14

从表 4-49 可以看出，不同地区的家庭农场主承接农民土地退出权利支付意愿主要集中在≤2.0 万元、2.0 万～4.0 万元、4.0 万～6.0 万元这 3 个区间内。其中，第一，湖北省荆州市监利县的家庭农场主对水田有支付意愿的 89 人，支付率为 90.82%，最大支付意愿为 105000 元/亩，最小支付意愿为 2500 元/亩，平均支付意愿为 38623.60 元/亩；对旱地有支付意愿的 83 人，支付率为 84.69%，最大支付意愿为 105000 元/亩，最小支付意愿为 2500 元/亩，平均支付意愿为 37151.16 元/亩。第二，江苏省宜兴市高塍镇家庭农场主对水田有支付意愿的 22 人，支付率为 100.00%，最大支付意愿为 55000 元/亩，最小支付意愿为 15000 元/亩，平均支付意愿为 28636.36 元/亩；对旱地有支付意愿的 14 人，支付率为 63.64%，最大支付意愿为 45000 元/亩，最小支付意愿为 15000 元/亩，平均支付意愿为 21428.57 元/亩。第三，江苏省淮安市盱眙县的家庭农场主对水田有支付意愿的 24 人，支付率为 88.89%，最大支付意愿为 105000 元/亩，最小支付意愿为 2500 元/亩，平均支付意愿为 38750 元/亩；对旱地有支付意愿的 23 人，支付率为 85.19%，最大支付意愿为 105000 元/亩，最小支付意愿为 2500 元/亩，平均支付意愿为 37934.78 元/亩。第四，江苏省扬州市仪征市的家庭农场主对水田有支付意愿的 13 人，支付率为 92.86%，最大支付意愿为 125000 元/亩，最小支付意愿为 25000 元/亩，平均支付意愿为 51923.08 元/亩；对旱地有支付意愿的 13 人，支付率为 92.86%，最大支付意愿为 125000 元/亩，最小支付意愿为 15000 元/亩，平均支付意愿为 47307.69 元/亩。第五，江苏省徐州市新沂市的家庭农场主对水田有支付意愿的 37 人，支付率为 94.87%，最大支付意愿为 95000 元/亩，最小支付意愿为 500 元/亩，平均支付意愿为 29721.62 元/亩；对旱地有支付意愿的 37 人，支付率为 94.87%，最大支付意愿为 95000 元/亩，最小支付意愿为 500 元/亩，平均支付意愿为 24991.89 元/亩。第六，山东省邹城市的家庭农场主对水田有支付意愿的 28 人，支付率为 87.50%，最大支付意愿为 105000 元/亩，最小支付意愿为 2500 元/亩，平均支付意愿为 37500.00 元/亩；对旱地有支付意愿的 27 人，支付率为 84.38%，最大支付意愿为 105000 元/亩，最小支付意愿为 2500 元/亩，平均支付意愿为 34166.67 元/亩。第七，四川省成都市崇州市、金堂县的家庭农场主对水田有支付意愿的 69 人，支付率为 88.46%，最大支付意愿为 200000 元/亩，最小支付意愿为 500 元/亩，平均支付意愿为 37144.93 元/亩；对旱地有支付意愿的 68 人，支付率为 87.18%，最大支付意愿为 200000 元/亩，最小支付意愿为 500 元/亩，平均支付意愿为 32544.12 元/亩。第八，四川省宜宾市翠屏区的家庭农场主对水田有支付意愿的 37 人，支付率为 90.24%，最大支付意愿为 105000 元/亩，最小支付意愿为 175 元/亩，平均支付意愿为 32172.30 元/亩；对旱地有支付意愿的 37 人，支付率为 90.24%，最大支付意愿为 105000 元/亩，最小支付意愿为 175 元/亩，平均支付意愿为 30550.68 元/亩。

4. 家庭农场支付给农民退地收益的压力化解

相较分年度支付农民农地权利流转交易收益而言，家庭农场主一次性支付给所有农民全部的退地收益，无疑需要承受巨大的经济压力，这对于普通的家庭农场主而言一般是无力承担的，但是考虑到土地退出对于家庭农场地权稳定性的益处，以及未来部分农民土地退出的现实需求，可以通过以下策略来化解家庭农场主的一次性支付土地退出价款所面临的经济负担问题。

第一，分批购买。由于选择土地退出策略，农民将完全丧失承包地的权利，故而，农民会持谨慎的态度；同时，并非全部农民都愿意选择退地的方式与家庭农场主发生农地权利流转交易，因此，在家庭农场规模化经营的土地范围内，家庭农场主很可能不必一次性"购买"农场内全部土地的承包权和经营权，而是遵循农民的个人意愿，依次分批"购买"想要退地农民的承包权和经营权，这样通过"一块地""一块地"逐步推进策略，不仅可以逐渐扩大家庭农场主自有土地的范围和规模，而且分批次小规模逐步"购买"承包权和经营权所需的资金完全可以用家庭农场利润、积蓄或临时小额借贷的方式予以解决，能有效地避免家庭农场主一次性拿出巨额退地成本所面临的资金压力。同时，逐步"购买"农民承包权和经营权的方式能够产生一种累积的示范效应，只要家庭农场主支付的退地成本不低于征地补偿标准，就能够使更多的农民加入到退地的行列中来。

第二，通过银行贷款融资的方式解决。当家庭农场主支付农民一定规模数量土地的退出补偿成本存在经济压力时，家庭农场主可以通过向金融机构贷款融资的方式来渡过难关，缓解一次性"购地"的经济压力，此时，只要家庭农场主通过判断并基于每年每亩土地支付的贷款利息与需要支付的用地成本基本相当或略高这一经济衡量，就可以采取贷款方式解决资金的困难和压力问题。对于银行贷款可以采取两种方式予以偿还：①按年现金偿还。根据贷款的金额，按照适当高于家庭农场主每年需要支付给农民的农地权利流转交易收益的标准，计算出合理的偿还年限，家庭农场主通过支付相应年限"年供"的方式以偿还银行的贷款，但是，在家庭农场主资金充盈的情况下，应该赋予家庭农场主可以提前偿还全部借贷资金的权利。②按订单形式偿还。家庭农场主每年投入资金、劳动力等而收获的农产品，应承诺每年将一定规模土地上的全部产出或固定数额的农产品作为偿还贷款的基础来源。如果家庭农场由于自然灾害或市场波动导致当年处于亏损状态，家庭农场主也应当按照还款约定支付银行本金和利息，具体主要通过保险赔偿、政府补贴或盈余年份的利润提存来进行统筹解决。对于银行需要提供抵押的情况，家庭农场主可以采取将自有土地和已经购入的农民退出的土地作为抵押，也可以将自己拥有产权的住房或大型农机具作为抵押，作为自己能够按期偿还贷款的信用担保。

第四节　集体经济组织收益的实现机制

(一)经济利益方面的体现

在农村土地"三权分置"政策下，集体经济组织享有土地所有权，农户作为承包方享有对土地的承包权和经营权，农户可以行使土地处置权，进而引起农地权利结构的变动，根据上述章节分析，农户不同的农地权利处置方式所引起的法律后果是不同的(表 4-50)。

表 4-50　农户不同农地权利流转交易方式的结果

权利类型 \ 处置方式	出租	互换	入股	转让	退出	抵押变现
所有权	不转移	不转移	不转移	不转移	不转移	不转移
承包权	不转移	不转移	不转移	不转移	转移	转移
经营权	合同期限内权利转移	合同期限内交换使用	合同期限内权利转移	剩余承包年限内权利转移	完全转移	完全转移
发展权	不转移	不转移	不转移	不转移	完全转移	完全转移

　　国家出于公共利益的需要对集体经济组织的土地实施征收时,集体经济组织的土地向国家产生了不可逆性的转移,因此,根据"谁付出,谁受益"的原则,集体经济组织作为土地所有者地位应该在经济上有所体现,应该获得其丧失土地所有权的对价补偿。然而,从表 4-50 中可以看出,农户行使土地处置权,包括出租、互换、入股、转让、退出、抵押变现所诱发的只是承包权、经营权和发展权层面的主体间转移变化,土地所有权根本没有发生任何转移,也就意味着集体经济组织的所有者地位并未受到动摇,这与土地征收所引起的农地权利格局变动存在着本质的区别。因此,集体经济组织的土地权益并未因农户的农地权利处置行为而受损,故而,集体经济组织不应参与农户处置农地权利所获得收益的分配。同时,由于农户的上述农地权利处置行为均不涉及所有权的流转,因此,可以认为是一种《中华人民共和国农村土地承包法》范围内的土地流转范畴,根据《中华人民共和国农村土地承包法》第三十九条规定:"土地经营权流转的价款,应当由当事人协商确定。流转收益归承包方所有,任何组织和个人不得擅自截留、扣缴"。因此,农地权利处置的收益也应该全部归农户所有,集体经济组织不应该参与收益分配。

　　在家庭农场集中起来成片土地进行规模化经营后,在正常年份下,可以获得两部分增值收益:第一,在农业生产结构保持不变的情况下,土地集中成片经营相较传统农户分散经营所带来的增值收益。第二,种养结合、经济作物取代传统粮食作物种植所带来的增值收益。那么,集体经济组织是否有权通过参与分享家庭农场主规模化经营带来的增值收益以体现土地所有者地位?这一问题在理论界尚很少有学者进行研究和提及。本研究认为,家庭农场主通过集中土地后从事规模化经营获得的经济利润应归家庭农场所有,集体经济组织无权参与分配。主要原因有两个方面:第一,集体经济组织没有向家庭农场投入土地、资金、劳动力等生产资料,集中土地、投入资金和劳动力以及农业生产管理等行为都是家庭农场主及其家庭成员为主导开展的,故而,集体经济组织没有理由参与家庭农场经营利润的分配。即使家庭农场集中的土地中存在着集体经济组织的机动地、"四荒地"等,家庭农场主已经支付了相应的农地权利流转交易收益(如租金)给集体经济组织,这也是集体经济组织农地权利的体现,是家庭农场理应承担的成本,但是,集体经济组织无权再参与到利润的分配中。第二,家庭农场主对集体经济组织参与经营利润分配绝大多数持否定态度,在受访的 349 名家庭农场主中,有 327 名家庭农场主明确拒绝集体经济组织参与农场经营利润的分配,占 93.70%,仅有 6.30%的家庭农场主支持集体经济组织可以参与农场经营利润分配(图 4-6),且大部分是有条件的。例如,集体经济组织投入资金、帮助协调解决农户纠纷等。

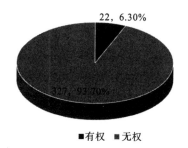

图4-6　集体经济组织参与家庭农场经营利润分配的情况

(二)监督管理和服务保障方面的体现

1. 监督管理职能

家庭农场主在集中起来的成片规模化土地上进行农业生产经营的过程中,集体经济组织作为土地所有者代表应当监督家庭农场主是否按照合同约定的用途和期限使用土地、是否存在土地抛荒闲置、是否存在掠夺性土地利用而不培育地力等行为,以维持土地的可持续利用。同时,在农户选择将土地退出给家庭农场主时,由于涉及农户承包权和经营权的一次性完全让渡,这种行为可能危及退地农户未来的生存和发展。因此,集体经济组织应该履行其相应的审核监督职能:第一,农户是否达到退出承包地的资格和条件,不至于退出承包权后沦为失地农民,又无可持续性收入来源或无雄厚的经济基础。第二,土地退出的承接方是否按规定合理支付了退地价款,是否符合当地接受退地的主体资格范围。

2. 服务保障职能

在家庭农场土地适度规模经营过程中,集体经济组织可以发挥如下服务职能。

(1)集体经济组织作为"中间人"先集中起来成片土地,然后交由家庭农场主使用,这可以大大提高土地集中的速度和效率。

(2)帮助家庭农场主处理农地权利流转交易矛盾纠纷,如"钉子户"、敲竹杠、中途收回土地等,使之维持成片集中的状态不中途被破坏。

(3)在家庭农场成片集中土地上存在部分零碎地块未纳入的情况下,作为集体土地所有者的代表帮助家庭农场主进行土地互换,以实现土地的集中连片。

(4)以家庭农场为代表的新型农业经营主体,在集中土地发展适度规模经营的过程中,存在着农地权利流转交易主体多元化、交易方式多样化等情形。

因此,集体经济组织作为土地所有者的代表,应及时了解集体经济组织内每个农户的农地权利流转交易情况,包括参与流转交易的双方当事人、时间、方式、价格与支付方式等信息,并在政府部门的技术支撑下利用区块链等信息化手段,对农地权利流转交易的全过程进行数字化管理,清晰掌握众多主体参与的多元化农地权利流转交易方式与不同类型农地权利处置方式相互交叉融合所形成的复杂关系。当然,集体经济组织在发挥服务功能的过程中，可以收取适当的服务费以弥补相应开支。例如，在四川省崇州市道明镇永乐村的一户受访家庭农场主表示，每年支付给村委会 1 万元的管理费。

第五节　政府的收益实现机制与政府间收益的平衡机制

(一)政府的收益实现机制

政府在家庭农场发展过程中要在经济利益上有所体现，那么最直接的体现莫过于税收。然而，在现行税收政策中，《中华人民共和国增值税暂行条例》《中华人民共和国企业所得税法》《中华人民共和国企业所得税法实施条例》等法律法规，没有明确的针对家庭农场的税收规定，仅有农业部《关于促进家庭农场发展的指导意见》(农经发〔2014〕1号)在"落实对家庭农场的相关扶持政策"中指出了"税收优惠"，但是要不要征税、征税的对象与比例以及具体怎么优惠等均没有再出台配套的详细性规定。

表 4-51 所示为关于涉农企业与家庭农场税收的相关法律政策。

表 4-51　关于涉农企业与家庭农场税收的相关法律政策

法律政策名称	具体内容
中华人民共和国增值税暂行条例	第十五条规定"农业生产者销售的自产农产品"属于免征增值税的项目。具体指直接从事种植业、养殖业、林业、牧业、水产业的单位和个人销售自产的属于税法规定范围的农业产品
《财政部国家税务总局关于对若干项目免征营业税的通知》(财税字〔1994〕2号)	将土地使用权转让给农业生产者用于农业生产，免征营业税
《国家税务总局关于农业土地出租征税问题的批复》(国税函〔1998〕82号)	农村、农场将土地承包(出租)给个人或公司用于农业生产，收取的固定承包金(租金)，可比照2号文件的规定免征营业税
《财政部国家税务总局关于农村税费改革试点地区有关个人所得税问题的通知》(财税〔2004〕30号)	农村税费改革试点期间，取消农业特产税、减征或免征农业税后，对个人或个体户从事种植业、养殖业、饲养业、捕捞业，且经营项目属于农业税(包括农业特产税)、牧业税征税范围的，其取得的"四业"所得暂不征收个人所得税
《财政部、国家税务总局关于个人独资企业和合伙企业投资者取得种植业、养殖业、饲养业、捕捞业所得有关个人所得税问题的批复》(财税〔2010〕96号)	对个人独资企业和合伙企业从事种植业、养殖业、饲养业和捕捞业(简称"四业")，其投资者取得的"四业"所得暂不征收个人所得税
中华人民共和国企业所得税法	第二十七条规定"企业的下列所得，可以免征、减征企业所得税"，其中包括"从事农、林、牧、渔业项目的所得"
《中华人民共和国企业所得税法实施条例》(国务院令〔2007〕第512号)	(一)企业从事下列项目的所得，免征企业所得税：1.蔬菜、谷物、薯类、油料、豆类、棉花、麻类、糖料、水果、坚果的种植；2.农作物新品种的选育；3.中药材的种植；4.林木的培育和种植；5.牲畜、家禽的饲养；6.林产品的采集；7.灌溉、农产品初加工、兽医、农技推广、农机作业和维修等农、林、牧、渔服务业项目；8.远洋捕捞。(二)企业从事下列项目的所得，减半征收企业所得税：1.花卉、茶以及其他饮料作物和香料作物的种植；2.海水养殖、内陆养殖
《农业部关于促进家庭农场发展的指导意见》(农经发〔2014〕1号)	加强与有关部门沟通协调，推动落实涉农建设项目、财政补贴、税收优惠、信贷支持、抵押担保、农业保险、设施用地等相关政策，帮助解决家庭农场发展中遇到的困难和问题

　　由于法律法规没有对家庭农场是否纳税进行明确的规定，加之家庭农场以家庭为单位进行生产经营以及从事农业生产的特殊性，在政府部门和理论界关于家庭农场是否应该缴纳税收存在着较大的争议。第一，缴纳税收。高志坚(2002)认为，现代家庭农场制度下的土地经营收益是农场主上缴了国家税金和土地租金后的余额，它分配有序，量化具体，透明度高，使农场主的收入预期可以建立在理性的和科学的投入产出分析基础之上。第二，不缴纳税收。重庆市黔江区财政局在回复政府公开信箱中关于"微型企业，家庭农场需要缴税吗？"这一问题时，给出的答复中有如下表述"属于家庭农场的要看有多大的规模，注册资金多少，效益如何等多方面综合是否达到收税标准，但是一般家庭式农场都是免征税款的"。第三，区分情况交税。杭春燕等(2013)对于"申领家庭农场执照后，是否要交税"这一问题进行了深入的了解，这与家庭农场的注册类型密切相关，选择"个体工商户"，从事种植、养殖、饲养等生产经营活动，国家免收一切税种；选择"企业"，则免征企业所得税。梁影(2013)认为，家庭农场是否应该交税，应该根据家庭农场的组织形式和经营范围来确定，对注册形式为个人或个体工商户、个人独资企业和合伙企业的，其从事种植业、养殖业、饲养业和捕捞业(简称"四业")，其投资者取得的"四业"所得暂不征收个人所得税。对于注册形式为有限责任公司的家庭农场，如果从事花卉、茶以及其他饲料作物和香料作物的种植和海水养殖、内陆养殖两项内容，则减半征收企业所得税，如果从事粮食作物和其他经济作物种植、牲畜和家禽的饲养、农业服务业项目、远洋捕捞等八项内容，则免征企业所得税。然而，山东省胶州市工商局的领导在接受采访时说，已经进行工商注册的家庭农场属于个体工商户和个人独资企业性质，原则上应当交税。家庭农场从事的是种植养殖业，这些属于第一产业，不需要交税；但有些家庭农场已经进行到农产品深加工环节，属于第二产业了，应当交税。任明杰(2013)认为，已经进行工商注册的家庭农场属于个体工商户和个人独资企业性质，原则上应当交税。家庭农场在种养殖环节属于第一产业的，不需要交税，但是进行到农产品深加工环节属于第二产业的，则应当交税。周仕雅和林森(2013)认为，从事种植业、养殖业等行业的家庭农场涉及的税收均为免征或不征，但家庭农场的房产及花卉盆景等对外出租取得的营业收入，家庭农场所从事的餐饮服务取得的收入以及为其他单位绿化维护等工程取得的收入均要缴纳相关税收。可以看出，对家庭农场纳税与否这一问题的看法，理论界和政府部门支持"不纳税"和"纳税"两种观点的较少，持"区分情况交税"这一观点的占大多数，即要看家庭农场的注册类型、经营内容等情况。

　　在外业调查时，受传统小农的农业税等各项税收免征等思维惯性的作用，且家庭农场属于涉农经营主体，因此，在向受访家庭农场主咨询"您觉得经营家庭农场获得的利润是否应该向政府交税？"这一问题时，认为不应该交税的有 294 人，占 84.24%，认为应该交税的有 55 人，占 15.76%(图 4-7)。大多数家庭农场主均以"农业免税"这一理由予以回复，对征税持否定的态度。

　　根据家庭农场的经营内容和注册与否、注册类型对受访家庭农场进行划分，并统计不同状态下家庭农场主的纳税意愿(表 4-52 和表 4-53)，可以看出：第一，从不同经营内容的家庭农场来看，所有类型的家庭农场的纳税意愿都低于 5%，其中，养殖型家庭农场纳税意愿最低，为 1.15%，最高的是经济作物种植型家庭农场，为 4.58%。第二，从家庭农场注册与否来看，已在工商部门注册的家庭农场共计 254 家，其中，认为应该纳税的 40 家，占 15.75%，而没有在工商部门注册的家庭农场 95 家，认为应该纳税的 15 家，占 15.79%，可以看出，家庭农场注册与否对纳税意愿的影响不明显。同时，从家庭农场的不同注册类型来看，注册为个人独资企业的家庭农场，纳税意愿是最高的，占 28.57%；其次是合伙企业，占 19.23%；再次是个体工商户，占 11.04%；注册为有限责任公司或其他类型的，纳税意愿比较低，受访家庭农场主均表示不应该纳税。

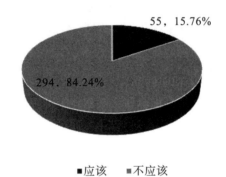

图 4-7　家庭农场经营利润缴纳税收的意愿调查示意图

　　本研究认为，政府部门应该对家庭农场的企业所得税通过建议立法、政策文件等形式明确，具体而言，第一，应该避免采取家庭农场注册与否来进行区分是否应该纳税，因为家庭农场在工商部门注册登记是一种自主决定的自愿性行为，并非强制性的，以注册与否来判定是否缴税，会诱发家庭农场采取不注册的方式以规避税收。例如，在四川省内江市资中县，有的种植养殖大户对转为家庭农场有顾虑，担心转为家庭农场后会参照工商企业缴纳税费，增加家庭经营负担。第二，应该避免按照家庭农场的规模来区分是否应该纳税，因为规模大小是家庭农场的外在表征，并不能反映家庭农场的经营内容，也不代表着经营利润的高低。本研究认为，对于家庭农场的所得税而言，应该按照家庭农场的经营内容进行征缴企业所得税，具体而言，参照《中华人民共和国企业所得税法实施条例》(国务院令〔2007〕512 号)第八十六条的规定，对于家庭农场从事的经营范围属于免征企业所得税的 8 种情况之一的，予以免征，对于家庭农场从事花卉、茶以及其他饮料作物和香料作物的种植以及海水养殖、内陆养殖的，予以减半征收企业所得税。同时，由于家庭农场在我国尚属新生事物，属于国家现阶段鼓励和支持的发展对象，处在补贴的范畴。因此，即使对家庭农场征收所得税也应该掌握好力度，建议目前应该采取象征性的纳税方式，避免税收给新型农业经营主体带来较为沉重的负担，加上自然和市场风险的交叉作用，诱发家庭农场退回传统农户的现象。对于家庭农场的增值税和营业税而言，应参照《中华人民共和国增值税暂行条例》《财政部国家税务总局关于对若干项目免征营业税的通知》(财税字〔1994〕2 号)等予以免征，以避免出现类似大通县由于占武家庭农场 2017 年 4 月 1 日至 2017 年 6 月 30 日的增值税(商业 11%)未按期进行申报而进行的行政处罚(大国税罚〔2017〕196 号)行为。

表 4-52　不同经营类型家庭农场经营利润缴纳税收意愿统计表

家庭农场经营类型	粮食作物种植型			经济作物种植型			粮食作物种植+养殖型			经济作物种植+养殖型			养殖型		
交税意愿	交税	不交税	小计	交税	不交税	小计	交税	不交税	小计	交税	不交税	小计	交税	不交税	小计
数量	11	112	123	16	57	73	14	67	81	10	39	49	4	19	23
比例	3.15%	32.09%	35.24%	4.58%	16.33%	20.92%	4.01%	19.20%	23.21%	2.87%	11.17%	14.04%	1.15%	5.44%	6.59%

表 4-53　不同注册类型的家庭农场经营利润缴纳税收意愿统计表

| 注册状态 | 已注册 | | | | | | | | | | | | | | | 没有注册 | | |
	个体工商户			个人独资企业			合伙企业			有限责任公司			其他类型					
交税意愿	应该	不应该	小计	应该	不应该	小计	应该	不应该	小计	应该	不应该	小计	应该	不应该	小计	应该	不应该	小计
数量	17	137	154	18	45	63	5	21	26	0	5	5	0	6	6	15	80	95
比例	11.04%	88.96%	100.00%	28.57%	71.43%	100.00%	19.23%	80.77%	100.00%	0.00%	100.00%	100.00%	0.00%	100.00%	100.00%	15.79%	84.21%	100.00%

(二)政府间的收益平衡机制

国家多次强调，农民是家庭经营的主体、农村土地的主人，但家庭农场集中成片土地进行规模化经营，势必以不少农民让渡土地承包经营权为前提，这些农民要么进城务工，要么在家乡打零工，要么留在农场兼职，要么赋闲在家无所事事……这无疑是一种"挤出效应"。这部分被"挤出去"的农民，只有在城镇稳定就业站稳脚跟，或者在农场打工收入加上农地权利流转交易收益超过其自行耕种所得，他们才会支持，家庭农场才有生命力。因此，农民将农地权利流转交易给家庭农场主，必然释放出大量的剩余劳动力，这部分剩余劳动力的妥善转移分流对于家庭农场获得成片集中土地的地权稳定性具有重要的作用。尤其是"80后""90后"新生代农民，由于外出务工等接触城市的机会更多，同时受快速城镇化的波及和影响，他们对城市生活方式的认同感更高，更倾向于到城市落户生活，但是却遭遇着两大困境：第一，城市的高房价。不断攀升的房价使得绝大多数农民工的进城梦想彻底破碎，成为阻拦进城农民城镇化进程的首要门槛。第二，没有稳定的工作和收入来源。除农村大学生之外，大量进城务工农民都是吃青春体力饭，没有学历、缺乏一技之长，只能干一些脏活、苦活、累活，工作收入低、工作稳定性差、工作满意度低。

对于地方政府而言，由于法律制度效率、人口数量巨大以及以户籍制度为核心的制度等，中国农业人口的转移存在着巨大的成本。最近，国家发改委城镇化专题调研组发表一份调查报告称，几乎所有被调查城市的市长都强烈反对农民工市民化，因为这将增加巨额财政负担。在对基层政府官员的访谈中发现，用于支付大规模农民转户后社会保障的财政资金无法落实，是造成区县政府缺乏推动户籍制度改革的内在激励的一个重要原因。因此，农业经营体制的变革带来的直接问题是剩余劳动力的社会保障的资金支付问题，这个改革成本不能完全依赖财政，因为财政能力有限；也不能完全依赖银行，因为银行的钱是追求效益的；短期内难以依赖社会就业，因为城市就业压力大，吸收农业剩余劳动力就业需要一个过程。故而，既能解决农业转型释放出的剩余农村劳动力的妥善安置转移问题，又能调动地方政府的积极性和主动性而不至于承担过重的财政负担，这是亟须考虑的重大现实问题。

本研究认为，解决问题的最终之策还是要从农民城镇化转移这一过程中的生产要素流动盘活上来找答案，最佳的对策是让土地资产流动起来，钱可以从土地资产中来，故而，政府可以通过城乡建设用地增减挂钩、宅基地复垦耕地和市场出售土地指标的机制，使农户的宅基地财产化转变为农民定居城镇的资金或资本，即通过合理配置农民市民化后宅基地用地节约指标和腾退指标；同时，结合财政转移支付等激励手段，实现发展家庭农场所释放出的剩余劳动力区域内或跨区域转移安置过程中政府间财政收支平衡(图4-8)。

在农民将农地权利流转交易给家庭农场主后，除留在家乡继续务农之外，大部分农民将前往城市务工赚取收益，由于家庭背景、个人综合素质以及务工城市、行业与工资收入等方面的差异，进城农民在流动模式上呈现明显的内部分化，大致分为两种类型："候鸟式"流动型和"永久性"扎根型，"候鸟式"流动型进城农民只是把进城务工当成一种赚钱谋生的手段，其本人并不打算在城市长久地生活下去，只在农闲和农忙、工作日和节假日往返穿梭于城市和乡村之间，呈现一种城乡往复式迁移流动的状态；然而"永久性"扎根型农民，则把自己转变成为"第一代市民"视为己任，想要彻底留在城市发展，不打算再返回农村，他们虽然偶尔会返回农村，但是与农村的各项联系和关系会逐渐淡化。当然"永久性"扎根型农民城镇化进程中的最大障碍无疑是住房问题，同时，在"永久性"扎根型农民的示范带动下，如果"候鸟式"流动型进城农民的城市住房问题得到妥善解决，也无疑会吸引他们中间的一部分农民加入到城镇化的行列中去，实现由"候鸟式"流动型向"永久性"扎根型的彻底转变。

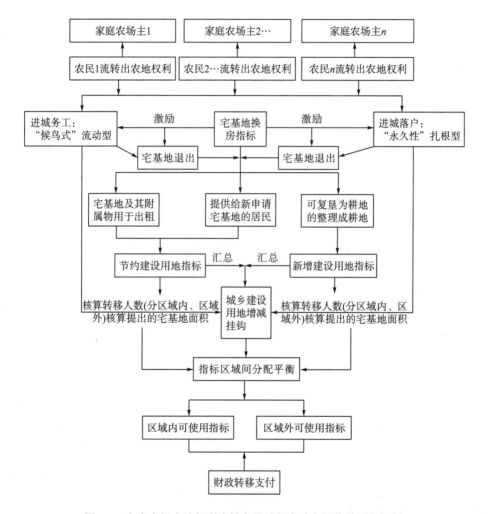

图4-8　家庭农场农地权利流转交易过程中政府间收益平衡机制

为了解决进城农民的住房难题，加速农民与土地的分离度，本研究认为，可以将进城农民宅基地退出与城市住房问题解决相挂钩(图4-9)，即在平等自愿的基础上，农民将宅基地退出给政府部门组建的机构法人，并获得相应的退地收益；同时，作为一项激励措施，在政府部门对宅基地退出进行审核确认后，退出宅基地的农民可以获得一定区域范围内的保障房购房指标。然后，进城农民凭借宅基地市场化退出获得的货币收益(购房款)与保障房购房指标(购房资格)有效解决城镇住房问题。然而，目前中国的保障房主要有经济适用房、廉租房、政策性租赁房和公共租赁房等类型，与廉租房、政策性租赁房、公共租赁房等租赁式保障不同，经济适用房属于产权式保障，通过向被保障对象出售经济适用房所有权来满足其住房需求。租赁式保障仅仅满足了进城农民在城市务工期间的临时性居住需求，而产权式保障房则兼顾居住需求与资产积累两大功能。因此，此处所指的保障房专指经济适用房。同时，为避免在四川省凉山、贵州省毕节市等贫穷落后地区退出宅基地的农民，想要在北上广深等一线城市兑现保障房指标这类情况的发生，应对宅基地退出农民获得的保障房购房指标的使用区域进行一定的限制。本研究认为，对于保障房购房指标的使用范围应限制在进城农民家乡所在地的地级市范围内较为适宜，若其家乡所在地为省会城市或直辖市的，则应限定在下辖区(市、县)范围内为宜，这样就避免了宅基地与经济适用房地域不一致所面临的不同地区政府间政策差异与行政协调问题。

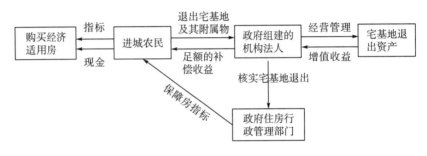

图 4-9   进城农民宅基地退出与城市住房问题解决相挂钩示意图

如果进城农民凭借保障房指标和宅基地退出获得的补偿款仍不足以解决住房问题，缺乏的资金可以采取两种途径加以解决：第一，"共有产权"模式。政府可以根据进城农民的资金短缺程度，出资提供相应数量的购房款，这样购买获得的保障房由进城农民和政府共同享有住房的所有权，农民按照自己支付的货币总量占住房价格的比例，享有相应份额的住房产权，其余部分由政府享有所有权，同时，农民应按照市场租金乘以政府享有份额的比例向政府相关部门支付租金。当然，在经济条件允许的情况下，应当赋予农民通过支付货币的形式向政府购买其相应的份额，相当于"赎回"政府占有住房产权份额，达到占有完全产权的目标。第二，土地承包经营权抵押贷款。农民可以将户内的承包经营权抵押给金融机构获得相应的资金收益，用这笔收益作为支付购房款的一部分开支。这些联合措施可以有效地盘活农民手中的土地资产，帮助进城农民获得购买城市住房的第一笔启动资金和购房指标名额，激励农民宅基地退出的积极性和速度；同时，将宅基地退出与城市住房问题解决相挂钩，有利于农村建设用地的节约与集约利用，破除城镇化进程中农村建设用地和城市建设用地双增长的悖论，有利于实现农民转变进城态度和决策的转变，即由"候鸟式"流动型向"永久性"扎根型转变。

对于进城农民退出宅基及其附属建筑物所形成的"资产池"，应构建科学的资产运营管理体系达到财产保值增值的功效，形成稳定的投资回报和利益合理共享机制，这样才能实现农民宅基地退出与城市问题解决相挂钩政策的可持续性。本研究认为，农民退出的宅基地及其地上附属物，可以采取 3 种方式加以盘活利用：第一，用于出租，即出租给集体经济组织内或外来的农民、企业法人等，赚取一定的租金收入。第二，用于申请宅基地的农民，即具有宅基地申请资格且有宅基地需求的农民，优先从农民退出的宅基地中筛选供应，农民享有挑选和选择权，但是这种方式下，遵循"房地一体"的原则，地上附属物应当一并采取折价的方式出售给新申请宅基地的农民，如果新申请宅地基的农民对地上附着物都不满意的，就只能通过审批新宅基地的方式加以解决，不过这种方式要受当年的宅基地指标的限制。进城农民退出的宅基地及其建筑物与村民新申请宅基地的需求相结合，这样不仅可以获得一笔出让收益，而且可以将宅基地存量盘活与新增宅基地用地需求相结合，减少新批宅基地对耕地的占用，节余出耕地转用指标。第三，复垦整理成耕地。如果农民退出的宅基地零星、分散且紧邻耕地，达到复垦为耕地的条件的，由政府部门出资将其复垦为耕地。

通过上述综合举措可以形成两部分建设用地指标来源：节约建设用地指标和新增建设用地指标，这两部分指标统一纳入城乡建设用地增减挂钩的范畴，可以在进城农民宅基地退出的地级市或者省会城市、直辖市范围内的区（市、县）范围内合理安排使用。那么，政府部门对进城农民宅基地退出与购买保障房的地域分别进行核算和统计，并建议精确到县（市、区）级单位，即分两种情况：第一，宅基地退出购买保障房在进城农民家乡的县（市、区）范围内；第二，宅基地退出购买保障房在进城农民家乡的县（市、区）范围外。具体列出退出宅基地所在的县（市、区）、具体位置、四至、面积、地上附着物情况、退地的人数和购买保障房所在的县（市、区）、保障房面积、位置、价格等信息。然后，省级政府部门统筹各地区宅基地的退出面积、进城农民在区域内和区域外购买保障房的数量、不同城市接纳的进城农民人数等情况，对建设用地指标进行合理的分配。例如，某一区域接纳异地转移进来的农民越多、对区域外的进城农民出售的保障房数量越多，作为人口流入地，可以享有的建设用地指标增量配额就越多，这些建设用地指标，当地政府部门可以直接用来进行招商引资，也可以用于保障房项目的落地，这样就可以激发地方政府接纳异地转城落户农民和建设保障房的积极性，同时，建设用地指标的开发利用可以产生较高的价值量，一定程度上解决异地农民市民化给本地政府带来的巨额财政负担。另外，中央政府为鼓励地方政府进行户籍制度改革的积极性，也可以根据不同地区接纳进城农民的数量以及建设保障房的数量给予一定数额的财政转移支付数额。接纳转户农民越多、建设保障房越多的地方，可以获得的财政转移支付数额越多。综上，通过建设用地指标的区域间平衡与财政转移支付两种手段相结合，可以很好地解决家庭农场土地适度规模集中过程中农村劳动力转移安置过程中的政府间利益不均衡问题。

第五章　家庭农场土地适度规模经营的权利均衡机制研究

第一节　农地权利流转交易方式多元化下家庭农场不同主体间的权利均衡

(一)农民享有农地权利的期限

20 世纪 70 年代末，中国开始推行家庭联产承包责任制，取代了"一大二公"的人民公社，将集体经济组织内的耕地按照家庭人口数量进行发包分配，实现土地所有权归集体经济组织所有和土地承包经营权归农民享有的"两权分离"，农民获得了对承包地的经营自主权和剩余收益的保留权，极大地调动了农民的生产积极性，促进了农业增长和农村经济的迅速发展。在 1984 年之前，农民对承包地享有的使用期限普遍为 2～3 年，1984 年的中央农村工作 1 号文件《中共中央关于 1984 年农村工作的通知》提出"延长土地承包期，鼓励农民增加投资，培养地力，实行集约经营。土地承包期一般应在十五年以上。生产周期长的和开发性的项目，如果树、林木、荒山、荒地等，承包期应当更长一些"。由于较长承包期限内不同家庭人口变动诱发了大量新增人口的调地需求和农户间人地配置比的不公平以及立法对承包地的期限规定不明确等，"15 年承包期"的政策没有得到很好的执行，在广大农村地区普遍存在着"三年一大调，五年一小调"的现象。为了稳定农村土地承包关系，消除地权不稳定对土地长期投资激励不足的影响，打破人口变动必然引发土地再次调整以实现土地分配均匀的惯例，防止耕地经营规模不断被细分，1993 年中央 11 号文件《关于当前农业和农村经济发展的若干政策措施》提出"增人不增地、减人不减地"的办法。1993 年 11 月 15 日，中共中央、国务院《关于当前农业和农村经济发展的若干政策措施》中指出"为了稳定土地承包关系，鼓励农民增加投入，提高土地的生产率，在原定的耕地承包期到期之后，再延长三十年不变"。1998 年 8 月 29 日通过的《中华人民共和国土地管理法》对集体经济组织和农户之间 30 年的土地承包期进行了确认。2003 年实施的《中华人民共和国农村土地承包法》将土地承包期延长到 30 年，并明确规定"承包期内，发包方不得调整承包地"，对"增人不增地、减人不减地"政策在法律上予以了确认。2008 年 10 月，党的十七届三中全会通过的《中共中央关于推进农村改革发展若干重大问题的决定》中提出"赋予农民更加充分而有保障的土地承包经营权，现有土地承包关系要保持稳定并长久不变"，意味着"30 年土地承包期"将逐步向"长久不变"过渡，土地承包关系"长久不变"政策是我国未来农村土地制度建设的基本方向，在

"30 年土地承包期"政策下，农民通过土地发包获得的土地承包期是经过法律予以明确的固定期限，这一固定期限总会有到期届满的时候，然而，农民与土地之间则是一种长期依赖的关系，因此，为协调土地承包期的有限性与农民对土地依赖的长期性之间的矛盾，在固定的土地承包期届满后，集体经济组织会再次启动土地发包程序，届时享有集体经济组织成员资格的农民可以继续参与土地承包，并以此再次拥有对部分集体土地的承包经营权，且该项权利得到了法律的认可。《中华人民共和国物权法》第一百二十六条第二款规定，"前款规定的承包期届满，由土地承包经营权人按照国家有关规定继续承包"。因此，可以做如下推理，假设集体经济组织在第 A 年开展了第一轮土地发包工作，此时集体经济组织内每个家庭依据户内享有成员资格的人口总数分配到相应数量和质量的承包地，并根据法律规定享有固定年限 T 年的土地承包期，在此期间，农户对土地享有物权性质的承包经营权。在 $(A+T)$ 年末，意味着第一轮土地承包期限届满，按照法理，农民应该将土地交回给集体经济组织土地所有者，集体经济组织依法组织第二轮土地发包工作，届时每个家庭再依据当时的集体土地发包规则分得相应数量和质量的承包地……如此循环，依次类推，如图 5-1 所示。

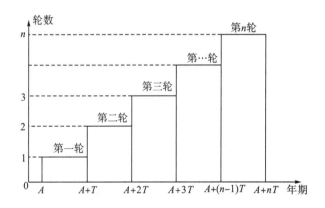

图 5-1　集体和农户土地产权内在关系

产权期限是产权制度安排的重要内容，无论是所有权的无权限，还是对某物品享有多少年的使用权，抑或是我国 30 年的土地承包经营权，这都是有明确的产权期限。因此，"长久不变"是具有指引方向功能的政策性语言，要转变为准确表述、便于执行的法言法语，就必须明确土地承包经营权的具体期限。土地承包关系"长久不变"政策的最直接解读就是土地承包期限的"长久不变"，然而，在理论界对"长久"二字所蕴含的承包期限的理解存在着较大的分歧。张艳丽（2010）认为，"长久"应指剩余的 20 年，即到 2028 年承包期到期前不变；陈锡文（2008）认为，"长久不变"肯定比现在的 30 年不变要长；郑新立（2008）认为，"长久"二字"至少是在社会主义初级阶段内，初级阶段有多长呢？'十五大'说至少有 100 年"；张亚（2009）、李凤梅（2011）分别指出，"长久不变"即"将土地承包期无限延长"，"真正赋予农民无限期的土地承包经营权"；胡昕宇和韩伟（2010）认为，"长久不变"的土地承包期限应该超过现行的 30 年，同时，考虑到农民的态度，也不应该超过 70 年；冀县卿和黄季焜（2013）认为，应改 30 年农地承包使用权政策为 99 年或永久承包使用权政策；张红宇等(2014)认为，建议可参照城市建设用地使用权 70 年的规定，明确"长久不变"的土地承包周期为 70 年；唐忠(2015)认为，"长久不变"应是"终身经营制"，即承包经营期限到劳动者从农业上退休为止。可以看出，学术界对"长久"二字所蕴含期限理解的巨大分歧，这不利于土地承包关系"长久不变"政策顺利实施。

本研究认为，首先应抛弃土地私有制的改革逻辑思维，"长久不变"绝对不能理解为"无限年"这一不顾及中国土地法律制度的观点和言论。"长久不变"是个总原则，在此基础上，还是分时段确定延包期为好。因此，在坚持土地集体所有制的前提下，土地承包期的"长久"性可以通过"法定承包期届满+自动无偿续期"来实现，即每轮土地承包期是由法律设定的固定期限，每轮土地承包期届满，农民拥有的土地权利可以自动无偿续期。为什么要无偿而非有偿，本研究认为，目前在中国农村集体经济组织推行的第一轮和第二轮土地发包工作中，很少听说要农民先交钱再承包集体土地的。虽然在家庭联产承包责任制的早期，农民耕种土地获得的收益要"交足国家的，留够集体的，剩下的全是自己的"，但是随着 2006 年 1 月 1 日农业税的全面免除，农村"三提留五统筹"的逐步免除，农民种地赚取的是全部纯收益。因此，要求农民有偿续期是违背党和国家的方针政策以及潮流趋势的。同时，如果要求全部农民缴纳款项才能进入下一轮土地承包，将导致贫困户、五保户、低保户等这类农村特殊群体因交不起费用而丧失土地资格，对于承担的起费用的农户，如果他们不愿意缴费，并联合起以"沉默"或"公开"方式来抗拒缴费，此时，农村集体经济组织强制性收费将导致群体对立，诱发社会冲突。因此，每一轮农户的土地承包经营权期限届满应该采取无偿续期的策略，甚至可以不申请、不进行更换土地承包经营权证书，这可以通过在土地承包经营权证书的相应栏里备注"承包期届满自动无偿续期"来实现。在这种情况下，每轮法定土地承包期可仍坚持现有的 30 年，而不必更改为 70 年或 99 年，因为每轮土地承包期届满自动无偿续期与承包地块空间位置保持不变相结合已实现了人地关系的彻底锁定，何况 30 年属于一个新老更替年龄段，已是一个不太短的承包年限。同时，30 年土地承包期与自动续期已经在《中华人民共和国土地管理法》《中华人民共和国农村土地承包法》《中华人民共和国物权法》等法律法规中有明确规定，故而，仅需再通过修改法律明确续期的无偿性即可，这样涉及的法律条文修改量和范围均最小，能够避免频繁地或大幅度修改法律而维护法律的权威与尊严。2017 年 10 月，党的十九大报告也指出，"保持土地承包关系稳定并长久不变，第二轮土地承包到期后再延长三十年"。可见，30 年土地承包期的法律概念已经深入人心，通过一直延长承包期的策略来达到"长久不变"的目标是一种较为妥当和理想的方式。

(二)农民享有农地权利的构成内容

自家庭联产承包责任制实施以来，农户享有的承包经营权权能逐渐得到扩张，经历了由债权属性向物权属性的转变，物权权能的内容得到明确和强化，并最终获得了《中华人民共和国物权法》的确认。但是由于集体概念的模糊性和承包经营权权能的有限性，农民实际获得的只不过是一种"半截子土地产权"，这种权利配置状态不仅影响到农村土地承包权的稳定，而且会给农村社会的稳定以及国民经济的宏观运行带来危害，因此，从理论与各国的实践来看，赋予农民更加完整的土地财产权，是维护农民土地权益的关键，是处理农民与国家关系的一个最重大的政策课题。土地承包关系"长久不变"的政策导向要顺应农民渴望的土地财产权利"梦"，使农民的土地"权利束"更加"丰富"和"圆满"，否则，难免会因违背民众意愿而再次被农民"自下而上"的改革所取代。本研究认为"赋予农民更加充分而有保障的土地承包经营权"可通过如下3个方面来体现。

第一，在农地农用状态下。在实定法之下，土地承包经营权虽有占有、使用、收益等权能，但土地承包经营权的处分颇受限制，2013年党的十八届三中全会通过的《中共中央关于全面深化改革若干重大问题的决定》提出"赋予农民对承包地占有、使用、收益、流转及承包经营权抵押、担保权能"，2016年《关于完善农村土地所有权承包权经营权分置办法的意见》（以下简称"三权分置意见"）中指出"要充分维护承包农户使用、流转、抵押、退出承包地等各项权能"。因此，根据中央政策文件精神，未来农地处分权应至少逐步拓展到流转权、抵押和担保权、退出权，使农民拥有土地用于农业用途的全部权利，包括占用、使用、收益、处分4个方面权利齐备。

第二，在农地非农转用的状态下。农地发展权是农地由农业用途转为最佳非农建设用途的权利，农地发展权归农地所有者所有，由于集体土地所有权的主体是农民集体，所谓农民集体，是指一定社区范围内的全体成员的集合体，因此，本研究认为农地发展权应由集体经济组织和农民所共享。由于农地发展权并不是可以随时实现的，要受到法律政策、规划等因素的限制，因此，在合法合规的前提下，农民可以自行将承包地转变用途用于非农建设，也可以将农地发展权流转交易给他人，通过农地用途的转换参与土地增值收益的分享。

第三，在土地承包人死亡的情况下。在学术界关于土地承包经营权的继承问题存在着激烈争议，顾昂然（2002）和刘保玉和李运杨（2014）认为，家庭中部分家庭成员死亡的，土地承包经营权不发生继承问题，周应江（2010）认为，只有在"绝户"的情形下才可能会发生家庭承包经营权的继承问题。本研究认为，土地承包经营权属于物权，属于物权中的他物权，属于他物权中的用益物权，且是一种新型用益物权，故而，土地承包经营权是农民的一项重要财产权利，同时，土地承包关系"长久不变"，在农民心里形成稳定的财产预期，承包地的继承问题在农民眼里与其他不动产继承的差异性越来越小。因此，土地承包经营权理应作为遗产继承。在第二轮土地发包后，农村新增人口获得承包地的主要途径是通过分配集体经济组织预留机动地、土地开发整理的新增耕地、部分集体成员自愿交回的承包地以及集体经济组织依法收回的土地，然而，在上述途径行不通时，在农户内部的农民死亡时，其拥有承包经营权作为遗产通过"户内继承"的方式转移到没有承包地的家庭成员手中，使无地家庭成员的承包权由"期待权"变为"既得权"的重要实现方式，土地继承已成为无地农民凭借承包权获得承包地的现实途径。如果农民死亡时，居住在农村的其余家庭成员业已全部死亡的，有遗嘱或遗赠抚养协议的，按照遗嘱或协议处置死亡农民的土地承包经营权等遗产遗物；如果无遗嘱或遗赠抚养协议，应当按照《中华人民共和国继承法》的继承人顺序，确定享有土地承包经营权的继承人选。土地承包经营权继承不仅是对承包关系"长久不变""增人不增地，减人不减地"等政策的积极回应，而且也是土地承包经营权期限长久化的必然要求，更是体现着农民对自己拥有承包地的最终处分。

图 5-2 所示为土地承包关系"长久不变"政策下农民土地权利体系示意图。

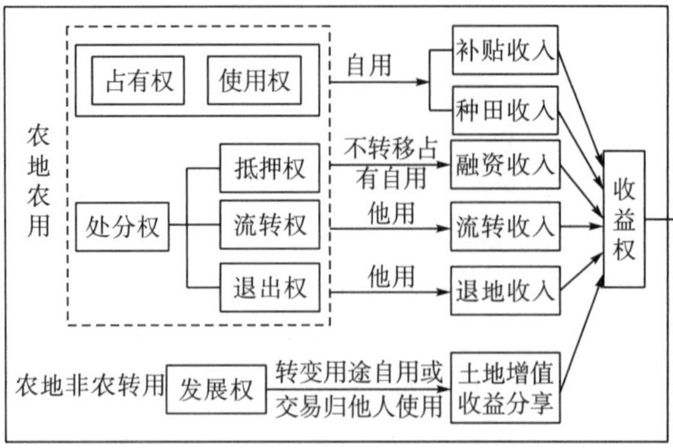

图 5-2 土地承包关系"长久不变"政策下农民土地权利体系示意图

在农村土地"三权分置"政策下，土地所有权属于集体经济组织所有，农民享有的承包经营权可以再细分为承包权和经营权。那么，农民享有的土地权利还可以从承包权和经营权这两项权利各自包含的内容进行解读。

关于承包权的性质在学术界还存在着较大争议，第一，持"成员权说"者认为，土地承包权的根本性质为成员权，也有学者将其定位为社员权、身份权，但无论哪个说法都表明土地承包权的基础为身份，与个人的"本集体经济组织成员"这一资格息息相关。承包权是指集体经济组织在行使所有者权利发包土地时，农户依法享有承包土地的资格，实际上是成员权在土地承包上的一种具体化，是土地经营权取得的一种中介，是其社区成员权在家庭承包制下的实现方式。第二，持"物权说"者认为，承包权是一项独立的物权，性质上为用益物权，是一种实实在在的权利。第三，蔡立东和姜楠(2015)和朱继胜(2016)认为，土地承包权既非"成员权"也非"物权"，而是当农户在土地承包经营权上设立土地经营权，将土地交给他人利用时，其占有、使用权能受到土地经营权限制的土地承包经营权。第四，持"期待权说"的丁关良(2007)认为，土地承包权可谓是一种期待权，在农村土地发包前，只有可能性而不具有现实性。作为一种可期待利益，其最终是否能转化为一种现实利益，即土地承包权人是否能取得土地承包经营权，具有或然性，要受制于诸多主、客观因素。第五，持"综合权利说"者认为，承包权包括持续承包、继续承包、优先购买和补偿请求等权利内容，承包地位维持权、分离对价请求权、征收补偿获取权、继承权、退出权等。张克俊(2016)认为，在农村土地"三权分置"政策下，土地承包权的权能包括承包地位维持权、经营权分离时的对价请求权、土地征收补偿获取权、监督流转土地使用权、到期收回承包地再次转包权、继承权、有偿退出权等。

本研究认为，土地承包权与成员权之间存在着紧密的内在联系，但是并非等同的关系。集体经济组织成员权是与农民村籍密切相关的具有财产权利属性的复合权利束，不仅包括凭借集体身份获得土地权利的承包权、山川河流等资源共享权、集体收益分红权等财产性经济权利，而且还包括知情、决策权、选举权与被选举权、监督权等政治权利。因此，在家庭联产承包责任制下，承包权的初始获得具有身份属性，必定与集体经济成员身份相挂钩,是成员权这一"权利束"中的一项重要权利。同时,在"增人不增地,减人不减地"、土地承包关系"长久不变"政策下,集体经济组织内部新增成员没有参与到土地分配而形成的无地农民以及因土地征收等原因被动性丧失土地的失地农民凭借集体成员身份再获得土地的可能性已经很小。因此,承包权属于期待权的说法也不太成立。本研究认为,承包权是一项实实在在的权利,是一项综合性的权利,承包权具有流转交易的属性,因此,非本集体经济组织成员的其他单位或个人可以通过支付对价的方式来继受取得承包权,也即,承包权的继受取得并非与承包资格或成员身份必然挂钩。仅拥有承包权而流转出经营权的权利主体,已丧失在一定期限内土地的管领和控制权,只有经营权流转期限届满,经营权收回时,才能恢复到原来的初始承包经营权状态。通过流转交易获得经营权的单位或个人,仅拥有一定期限内的经营权而没有承包权,享有的只能是一种债权性的农地权利。可以认为,承包权与经营权只有"合二为一"被同一主体所享有才属于《中华人民共和国物权法》范畴内的用益物权,如果发生分离,任何一个主体享有的土地权利,均不是完整意义上的用益物权。具体而言,承包权的权利包括如下权利内容。

第一,土地持续承包权。法律政策规定的土地承包期是有期限的,那么,如何使得土地承包期的有限性与农民对土地的长久依赖性相衔接,这是一个重要的理论问题和社会问题。解决这一问题的关键就在于承包权所蕴含的土地持续承包权在发挥着作用。也即,在法律政策规定的一轮土地承包期届满时,拥有土地承包权的个体天然地拥有自动无偿续期、持续承包土地的权利,直至该个体死亡。相反,没有承包权的个体,意味着只享有债权性的农地权利,对土地只能拥有一定年限的经营权,该年限届满,农地权利会自动回归到原农地权利人手中。

第二,土地退出权。农民通过家庭承包取得对土地的承包权和经营权,并享有对这些权利的完全处分和让渡的权利,那么,在农民具备进城落户条件且家庭殷实不需要以土地作为保障等情况下,可以选择将自己享有的承包权和经营权一并完全让渡出去,也可以在土地经营权已经流转出的情况下,将带有租赁关系的土地承包权退出。相反,通过出租、转包、转让等方式获得土地权利的单位或个人,只享有债权性质的农地权利,只存在经营权使用期限是否到期,以及经营权使用期限到期后是否续期的问题,根本不存在土地退出与否的问题。

第三,土地监督权与收回权。拥有承包权和经营权的农民,通过签订合同将一定年限内的经营权流转给其他单位或个人,在合同履行期间,有权监督经营权转入方对承包地的利用有无违反国家法律政策以及经营权流转交易合同等行为,如若发现可以单方面中止合同履行并索赔相应的违约金。另外,一旦承包权人选择将土地经营权进行流转,经营权人会通过土地经营权流转合同取得承包土地的占有、使用权,这就必然出现经营权流出方(农民)与经营权流入方(其他单位或个人)之间划分土地权利的需要。此时承包权对经营权的作用主要体现在土地流转收益权和土地收回权上,也即,在经营权流转交易期限届满,在经营权流入方选择不续期或者流转交易双方就续期没有达成一致协议的情况下,拥有承包权的主体有权收回承包地。

第四,农地发展权。农地发展权是农地"权利束"中的一项重要权利,是承包地实际拥有者的一项权利,在经营权未流转时,农民毫无疑问是土地的实际拥有者,即使农民将一定年限的土地经营权流转出去，只要土地承包权仍然在手而没有退出，土地经营权最终还是要回归到土地承包权实际享有者手中，只享有一定年限经营权的单位或个人仅仅是土地的临时使用方，并非土地的实际拥有者。因此，只有拥有承包权的主体才享有农地发展权，只享有土地经营权的主体是不享有农地发展权的，土地增值与他们无关，他们也不能参与土地增值收益的分配。

第五，征地补偿收益分配权。无论承包权与经营权是否发生分离，只要拥有承包权，就意味着农民同时享有经营权，抑或经营权转出年限届满后仍可以再次实现承包权和经营权的"合二为一"。承包权成为能否最终占有和控制土地的关键性权利。土地征收会对农地权利持有者的利益造成不同程度的损害，那么，征地补偿款就应该在农地权利受损方之间进行科学合理的分配。土地征收造成农村土地不可逆地向国家转移，持有土地承包权的农民，必然享有相应份额的征地补偿款，其分得的征地补偿收益不仅应体现在当前的利益损失，还应体现未来的经济利益损失，如土地持续承包权的丧失与消灭。

第六，土地继承权。理论界关于承包经营权继承人的确定存在着"单嗣继承制""只有与被继承人共同承包的人才能对承包地有继承权"、"只有从事农业生产的继承人才享有继承权，其他继承人不享有继承权"等多种观点。本研究认为，在土地承包关系"长久不变"政策下，继承权是农村户内新增人口承包权由期待权变为既得权的重要实现途径。由于农村土地采取的是以户为单位的承包形式，那么，在拥有土地承包经营权的成员死亡时，户内拥有承包权而无经营权的农民享有优先继承权，"户内继承"成为承包权实现的主要方式。

土地经营权是农民对承包地实际占有、使用和获取收益的权利，同时，农民也可以将经营权以出租、入股、转让等方式流转出去。在农民自己持有经营权的情况下，农民自己从事农业生产经营，此时，承包权和经营权两项权利的享有主体是"合二为一"的，农民享有的农地权利是一项用益物权。在农民将经营权流转给其他单位或个人时，这属于农民对经营权的一种处置，不再直接占有和使用承包地，享有一定年限内转出土地经营权的相应收益。农民脱离农业生产，农地流入方取而代之成为新的农业生产经营主体，此时，承包权和经营权两项权利的享有主体从"合二为一"状态转化到"相互分离"状态，然而，农民享有凭借土地流转合同在土地经营权转出期限届满时行使到期收回权，而农地流转方只享有债权性的土地经营权。

图 5-3 所示为农村土地"三权分置"政策下农民享有的农地权利体系图。

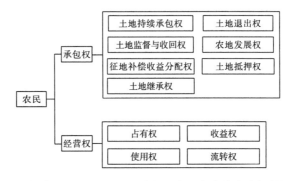

图 5-3   农村土地"三权分置"政策下农民享有的农地权利体系图

(三)农民不同农地权利流转交易方式的法律后果

1. 土地流转的法律后果

土地流转是指依照法律规定农村土地承包方自愿地将其拥有的部分或者全部承包地一定期限内的经营权转给他人,并从经营权让渡中获得相应收益的行为。对于承包地的转包、出租,其实质是原承包人(农地转出方)在保留物权性质的土地承包经营权的前提下,将部分或者全部承包地在合同期限内交由农地转入方使用,在合同约定的经营权流转期限届满时,农地转出方收回转出承包地,并继续享有土地承包关系"长久不变"政策下承包期届满自动续期等一系列权利,农地转入方获得的仅仅是合同约定期限内承包地农地农用状态下的土地经营权。

对于转让的法律后果学术界存在着两种不同的观点:第一种观点认为,转让是指农村土地承包经营权人在承包经营期限内,将农村土地承包经营权有偿地出让给他人。转让后,土地承包经营权发生转移,由受让人向发包人履行义务,原承包人完全退出承包经营关系;第二种观点认为,转让是指转让方在通过农村土地承包方式取得物权性质土地承包经营权有效存在前提下,在承包期限内依法将部分或者全部承包地上物权性质土地承包经营权转移给受让人的行为。两种观点的本质差异在于承包地转让涉及的期限问题,第一种观点认为,转让使得农地受让方获得自农地转让发生时点之后的全部权利,即承包权和经营权。第二种观点则认为,转让所涉及的权利内容仅为承包期内剩余年限的经营权。本研究赞同第二种观点,即转让是一轮土地承包期剩余年限内经营权的完全让渡。因此,转包、出租和转让的差别仅在于土地经营权转出期限上的不同,转包、出租的期限由流转双方协商确定,具有一定的弹性,而土地转让的期限必须是土地承包期的剩余年限,没有弹性。同时,土地流转所涉及的权利内容不涉及农地发展权,农地转入方不仅不能自行改变土地用途,而且在国家通过征地方式强制性地将土地用途转变为非农业用途时,农地转入方仅仅能获得合同约定剩余期限内农地农用状态下的征地补偿,农地发展权所代表的增值收益归原承包方所有。

对于农户以土地承包经营权作价入股所产生的法律后果在理论界也有着较大争议,代表性的有 3 种观点:①物权流动说,即入股才是一种物权性流转,而转包、出租是一种债权性流转。土地承包经营权入股引起的是物权的变动,受让方取得用益物权性质的土地承包经营权。②债权性流转说,即土地承包经营权入股不发生物权关系的变动,原承包方仍然保留着物权性质的土地承包经营权。③股权性流转说,入股方仍保留物权性质的土地承包经营权,入股方不是债权人而是股东,被入股方也不是债务人。土地承包经营权入股既不属于物权性的土地承包经营权流转,也不属于债权性的土地承包经营权流转,应该属于股权性的土地承包经营权流转。土地承包经营权入股属于物权性流转,抑或是债权性流转的本质区别在于,前者认为受让方取得的是土地承包权和土地经营权,后者认为受让方仅仅取得的是土地经营权。2005 年《农村土地承包经营权流转管理办法》中对土地承包经营权入股的概念进行了详细的界定,即入股是指实行家庭承包方式的承包方之间为发展农业经济,将土地承包经营权作为股权,自愿联合从事农业合作生产经营;其他承包方式的承包方将土地承包经营权量化为股权，入股组成股份公司或者合作社等，从事农业生产经营。同时，第十六条规定："承包方依法采取转包、出租、入股方式将农村土地承包经营权部分或者全部流转的，承包方与发包方的承包关系不变，双方享有的权利和承担的义务不变"。从中可以看出，法律政策认为的入股产生的法律结果是债权性流转。本研究认为，土地承包经营权作价入股必然发生物权转移的效果，属于物权性流转，否则，可能会构成公司法上的虚假出资。农民的土地承包经营权折价入股后，入股的土地成为家庭农场、专业合作社、龙头企业等规模化经营主体登记资产的一部分。在经营期间，农民不可以随意退股，在家庭农场等新型农业经营主体选择退出时，应当将入股的土地返还给农民继续使用。然而，当受让方因发生经营不善而破产时，这些入股的土地不可避免作为破产资产的一部分用于偿还债权人的债务，从而导致农民失去赖以生存的土地。对于农民因入股而面临的丧失土地风险，可以采取受让方破产时让农民以等价的现金或财产作为替代品而赎回土地，同时，严格把关选择入股方式的农民的条件，对于家庭条件一般、土地依赖性强的农民，可以建议不采取入股的方式流转土地。

2."三权分置"下土地退出的法律后果

在理论界，部分学者对土地退出所产生的法律后果进行了一定的描述，然而，现有研究对土地退出法律后果存在着一定的争议和模糊：第一，土地退出的是土地承包经营权。周记和陈杰（2004）认为，土地承包经营权退出权是指让渡出土地承包经营权（即一般意义上的土地使用权），退出种田而去干别的行当，刘超（2018）认为，土地承包经营权退出的目的是切断已经进城落户的离土农民与土地的利益关系，承包农户依法、自愿、有偿、规范退出土地承包经营权，由集体在本集体经济组织成员内部重新发包。第二，土地退出的是成员权。楚德江（2011）指出，农地承包权退出是指农民放弃承包集体土地的权利，它通常意味着农民作为集体成员身份的丧失和农民数量的减少。第三，土地退出的是承包权和宅基地使用权。严燕等（2012）认为，土地退出主要是指城镇化进程中农民市民化后按照相关的法律法规，应当退出其成为新市民前作为集体经济组织成员所享有的宅基地使用权和农村土地的承包权。对于第一种认识，仅仅简单地将退出的农地权利表述为土地承包经营权，缺乏深入剖析土地承包经营权退出所涉及的权利内容构成。相较土地流转而言，农民土地退出所代表的农地权利让渡是绝对彻底的，意味着农民与承包地在承包关系层面、权利归属层面的完全脱离，从退地农民、集体经济组织、退地接收方达成三方协议时，退地农民在土地承包关系"长久不变"政策下拥有的农地"权利束"全部让渡给退地接收方，无论退地接收方是否为本集体经济组织的成员，抑或是企业法人，不仅享有对承包地在农地农用状态下的占有、使用、收益和处分的全部权利，而且享有农地非农转用下的发展权。在本轮土地承包期届满，退地接收方取代退地农民成为土地承包期的自动续期后的权利拥有者，如果退地接收方死亡，其合法继承人或者遗嘱继承人依法获得该承包地的一切权利。也即，土地退出的是物权性质的土地承包经营权，包括承包权和经营权两项权利内容。对于第二种认识，土地退出的是成员权这一观点存在着商榷之处，正如国务院发展研究中心副主任韩俊指出的"农民进城不能以放弃土地权为代价"和国务院强调的"不得以进城落户为由强迫农民退出承包地"一样，农民土地退出也不能以丧失集体成员资格为前提，集体经济组织成员权是一项综合性权利，包括选举权、被选举权、参与管理权、知情权、土地承包权、参与福利分红权等，土地承包权和经营权只是成员权的重要组成部分，因此，农民退出土地后，不意味着成员权所包含的其他各项权能的丧失、也不意味着集体成员资格的丧失，更不是与进城落户相挂钩。第三种认识对于农民而言，宅基地使用权和土地承包经营权是农民在集体经济组织内部享有的两项重要土地权利，农民可以选择退出土地承包经营权和宅基地使用权其中的任意一项，也可以选择两项权利同时退出。另外，农民土地退出的应该是承包权和经营权，而非承包权一项权能。因此，上述几种观点关于土地退出的表述都不太精确，农民可以选择退出宅基地使用权和土地的承包权、经营权，对于本研究而言，并不涉及宅基地使用权的退出问题。因此，土地退出的是承包权和经营权。当然，对于转户农民如何在退出承包地后继续享有土地规模经营的增值收益分配，可以通过构建相应的制度设计来解决。

图 5-4 所示为农民土地退出流程示意图，表 5-1 所示为不同农地权利流转交易方式的权利变动法律后果。

图 5-4　农民土地退出流程示意图

表 5-1　不同农地权利流转交易方式的权利变动法律后果

农地权利流转交易方式		农地权利供给方	农地权利接收方
土地流转	出租 转包	丧失合同约定期限的农地使用权；保留合同约定期限届满后的农地使用权、本轮承包期届满时自动无偿免费续期权、农地发展权	合同约定期限内的农地的占有权、使用权和收益权
	转让	丧失本轮承包期剩余年限土地使用权；保留本轮承包期届满时自动无偿免费续期权、农地发展权	本轮承包期剩余年限内农地的占有权、使用权和收益权
	入股	丧失对入股土地在农地农用状态下的全部权利，保留农地发展权	对入股土地享有占有权、使用权和收益权及抵押等处置权
土地退出		丧失本轮承包期剩余年限土地使用权、本轮承包期届满时自动无偿免费续期权、农地发展权	占有、使用、收益、处分(抵押权、流转权)；农地发展权

(四)家庭农场主、集体经济组织和农民之间的土地权利关系

家庭农场主作为集体经济组织成员享有通过土地发包获得承包地(自有土地)的权利。然而，自有土地往往呈现出地块零碎分散、单个地块规模"超小"的特征。因此，家庭农场实现土地适度规模化集中有赖于农民城镇化转移所带动的土地流转和土地退出等农地权利市场流转交易行为。现阶段，政府通过政策引导和激励农民流转或退出土地，农民通过市场渠道自愿让渡农地权利以赚取理想的经济收益，家庭农场主以农地转入方身份介入市场接收土地并将零散地块归并，这是目前家庭农场土地适度规模集中的重要实现途径。因此，在中国，家庭农场的土地来源与构成存在着两种方式：家庭成员从集体经济组织承

包获得的自有土地和通过农地权利流转交易获得的土地，其中，后者又可分为通过土地流转获得的土地和通过土地退出获得的土地。因此，在家庭农场内部存在着独特的集体经济组织、家庭农场主、农户三方土地产权关系。

集体经济组织是法律意义上的土地所有权主体，对集体土地依法享有占有、使用、收益和处分的权利。在完善"三权分置"办法过程中，集体经济组织对承包地享有发包、调整、监督、收回等各项权能，发挥土地集体所有的优势和作用。同时，集体经济组织与农户共享农地发展权，参与农地用途转变下的土地增值收益分享，并具有农地权利一次性完全让渡(如土地退出、土地征收)时的收益分配权。家庭农场主对于自有土地，拥有和普通农户一样的物权性质的承包经营权；家庭农场主对于通过出租、转包、入股、互换等方式获得的土地，仅拥有债权性质的农地权利，需按年度支付给转地农户一定数额的流转费，土地使用期限为合同载明的流转年限，合同期限届满后土地使用权自动重归原土地承包者所有，同时，农地蕴含的向非农用途转换的发展权并不随土地流转让渡给家庭农场主所有。土地退出与土地流转所产生的权利转移结果有着本质的区别，土地退出属于农地权利的一次性完全让渡，家庭农场主一次性支付给农民数额较大的退地补偿收益。因此，家庭农场主对于土地退出获得的土地，拥有农民退出承包地的一切权利，包括农地的发展权，相当于承包经营权的"买卖"行为。

图 5-2 所示为家庭农场主与集体经济组织、普通农户拥有的土地权利对比。

表 5-2　家庭农场主与集体经济组织、普通农户拥有的土地权利对比

主体类型		土地权利类型	土地权利期限	土地权利内容	土地收益类型
集体经济组织		土地所有权	无限期	以土地所有者身份行使发包权、调整权、监督权、收回权；与农户共享农地发展权；征地补偿收益分配权	无权参与农户种地、土地流转等获得收益的分配，有权参与农地权利一次性完全让渡(如土地征收等)获得收益的分配
农户		物权性的土地承包经营权	本轮土地承包期届满+自动无偿续期	占有、使用、收益、处分(抵押权、流转权)；土地持续承包权；农地发展权；征地补偿收益分配权	种地纯收益，或流转年收益，或退地收益
家庭农场主	自有土地	物权性的土地承包经营权	本轮土地承包期届满+自动无偿续期	占有、使用、收益、处分(抵押权、流转权、退出权)；土地持续承包权；农地发展权；征地补偿收益分配权	适度规模经营总收益扣除经营成本的纯收益
	转入土地 土地流转	债权性的土地使用权	合同约定的转入年限或本轮承包期剩余承包年限	合同约定期限内的农地的占有权、使用权、收益权、处置权(再次流转土地的权利)	适度规模经营总收益扣除经营成本和土地流转成本的纯收益
	土地退出	物权性的土地承包经营权	本轮土地承包期届满+自动无偿续期	占有、使用、收益、处分(抵押权、流转权、退出权)；土地持续承包权；农地发展权；征地补偿收益分配权	适度规模经营总收益扣除经营成本和一次性退地补偿折算到每年的土地成本后的纯收益

第二节　多样化筹资渠道下的家庭农场
不同主体间的权利均衡

(一)家庭农场的多样化筹资渠道

家庭农场主通过农地权利市场流转交易获得成片集中且期限稳定的土地资源需要支付大量的用地成本,同时,家庭农场的土地整理、基础设施建设、机械设备购置、农资采购、日常管理运营、劳动力雇用等也需要投入大量的资金。故而,家庭农场发展需要强大的财力支撑,融资问题在家庭农场的发展中非常突出,而完善的融资体系能够为家庭农场规模经营破除资金瓶颈。因此,针对家庭农场发展过程中面临的融资渠道单一问题,构建多样化融资渠道是家庭农场稳定发展的重要环节之一。

图 5-5 所示为家庭农场多样化筹资渠道结构体系图。

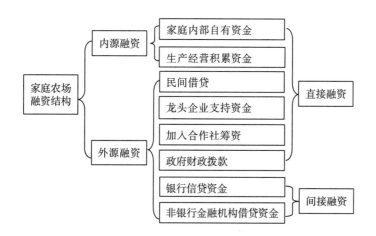

图 5-5　家庭农场多样化筹资渠道结构体系图

第一,按资金来源划分,家庭农场的融资模式分为内源融资和外源融资。内源融资主要是指家庭农场主的自有资金和在生产经营过程中的资金积累部分;外源融资是指通过一定方式从家庭农场之外的其他单位或个人筹集资金用于自身周转和投资,主要包括金融机构贷款以及民间借贷、龙头企业支持和加入合作社筹集资金。第二,按是否有金融中介机构参与,家庭农场的融资模式分为直接融资和间接融资。直接融资就是直接为家庭农场提供资金支持,没有中间环节。直接融资包含所有的内源融资以及民间借贷、政府财政支持、龙头企业的支持、加入合作社筹集的资金以及通过发行债券与股票融资;间接融资是指通过金融中介机构间接实现资金融通的活动。第三,按家庭农场融资是否经过正规金融组织,家庭农场的融资分为正规借贷和非正规借贷。正规借贷是指通过政策性银行和商业银行、商业性小额信贷机构等正规金融机构获得资金;非正规借贷是指通过亲朋、邻里、合作社或高利贷等非正规金融组织获得资金。

(二)多样化筹资渠道与多元化农地权利流转交易交错下的家庭农场土地权利问题

1.土地抵押下的家庭农场与金融机构之间的土地权利关系

资金短缺是家庭农场持续发展的重要障碍,由于农业生产风险大、保障低,缺少抵押物,家庭农场主很难获得企业和一般信贷机构的资金支持,致使家庭农场的资本来源呈现"内源融资为主,外源融资为辅"的局面。因此,创新家庭农场融资模式,允许家庭农场主利用享有的农地权利进行抵押贷款是破解其资金瓶颈的重要一环,土地承包经营权抵押贷款是未来家庭农场重要的贷款模式。一般而言,抵押权人可以为任意单位或个人,但是农民为农业生产或经济发展筹集资金而抵押农地的,重点应考虑以金融机构(国家土地政策性银行)作为抵押权人。2008 年 10 月,中国人民银行和银监会联合下发《关于加快推进农村金融产品和服务方式创新的意见》,农村土地经营权抵押开始在全国 9 省(区)的部分县(市)中试点。2014 年中央 1 号文件《关于全面深化农村改革加快推进农业现代化的若干意见》中明确规定"允许承包土地的经营权向金融机构抵押融资"。家庭农场对自有土地和通过土地退出获得的土地均享有物权性质的农地权利,而对通过出租、转包、转让等方式获得的土地享有债权性质的农地权利,仅在一定期限内对土地享有占有、使用和收益的权能而无处分权。本研究认为,家庭农场可以用于抵押的农地权利应该为自有土地和通过土地退出获得的农地权利,通过土地流转获得的农地权利不应作为抵押物用于银行贷款,这主要是由于:第一,根据我国法律规定,抵押权的客体有动产和不动产。债权抵押的"创新"违背了大陆法系"债权不得单独抵押只能质押"的国内外立法例。因此,债权不能抵押,只能成为质押标的物。第二,家庭农场将通过土地流转获得的农地权利进行抵押,会遭到农地转出方的强烈抵制和反对,由于农地抵押权的变现可能会导致丧失农民承包经营权而沦为"失地农民",也会增加农民将土地流转给家庭农场主的顾虑和担心。另外,即使转出农户同意抵押,在贷款出现违约去处置农户的土地时,如果不能完全补偿转出农户的利益,处置难度将会非常大。第三,家庭农场主与农户之间普遍以短期合同流转的土地将面临着抵押权难以变现的窘境。顾华详(2016)提出,在"三权分置"的权属框架下,家庭农场主可以土地经营权的收益权作为担保获得金融支持。但是,本研究认为,短期的土地流转合同即使以收益权作为担保也引不起金融机构的兴趣。因此,无论从法理上还是现实上来看,在物权保留型流转中土地承包经营权的抵押人只能为仍享有用益物权的原土地承包人。

故而,在家庭农场利用农地权利抵押进行贷款时,首先应做出清晰的农地权利构成台账,将土地流转获得的农地权利剔除出可用于抵押贷款的抵押物范围,然后按照家庭农场主享有的农地权利类型组合及相应的面积情况评估确定价值。避免将家庭农场经营的全部土地都纳入抵押物的范围、抵押物价值简单完全比照农民享有的物权性质土地承包经营权进行评估确定,使得家庭农场获得的贷款抵押额度偏高,造成金融机构的不良贷款风险。家庭农场根据贷款的金额以及农地权利的估价结果,选择相应区位、数量的承包地进行抵押,家庭农场主与金融机构之间的农地权利抵押合同自登记之日起生效,金融机构成为家庭农场相应数量农地份额的抵押权人,并对农地享有如下权利。

第一，财产保全。由于抵押不转移对承包地的实际占有，家庭农场主仍享有对抵押农地的使用和收益，当家庭农场主的某些行为足以造成抵押物的价值减少时，金融机构有权要求家庭农场主停止其行为；当家庭农场主的行为实际上已造成属于抵押物的农地价值减少时，金融机构有权要求家庭农场主提供价值相当的农地权利作为担保。

第二，优先受偿权。优先受偿权是抵押权人享有的最关键、最核心的权利，否则，拥有抵押权的债权人与普通债权人将变得几乎没有差别。《中华人民共和国担保法》第三十三条规定"债务人不履行债务时，债权人有权依照本法规定以该财产折价或者以拍卖、变卖该财产的价款优先受偿"。本研究认为，当土地承包经营权的抵押权人为商业银行、商业企业等主体时，财产折价归己这种抵押权实现方式应予以禁止。因为，银行是经营货币资本的企业，不能因其行使土地承包经营抵押权而变成农业生产者、经营者。所以，农地抵押权的实现更多地依赖于在公开的土地交易市场上的拍卖和变卖，然而，家庭农场集中起来的土地属于不同类型农地权利流转交易形成地块拼合起来的结果，通过土地流转获得的农地权利不能用于抵押，那么，很可能使得家庭农场用于抵押的农地权利在地块形态上是不集中成片的，同时，抵押权在实现时，农地的集体土地所有权性质和不能擅自用于非农业用途的前提不会发生任何改变；另外，一般农村地区，零散承包地的价值量往往也不大，而土地抵押权的实现还面临着较高的处置成本，同时，拍卖与变现的方式有赖于完善的土地权利交易市场，而在广大农村土地交易平台往往是缺失或者极度不健全的。这些因素综合到一起对农地抵押权的实现都形成了一定的障碍，故而，在通过拍卖和变卖实现农地抵押权的方式行不通时，如果金融机构贷款金额较少，可以采取强制管理的方法，将相应农地转包或出租，并以该收益清偿债务，清偿完毕时即归还农地于抵押人。

第三，代位受偿权。当家庭农场抵押出的土地被征收时，家庭农场主与金融机构之间的抵押关系会因公共利益征收承包地而消灭，根据物上代位原则，家庭农场主分配获得的相应征地补偿费在性质上属于原抵押农地权利的代位物，金融机构作为抵押权人可在补偿费上代位行使其优先受偿权。征地机关非经金融机构同意，不得将属于家庭农场主所有的补偿金交付于家庭农场主，或者应为家庭农场主提存，并通知金融机构。如果被担保的债权已届清偿期，金融机构可以直接向征地机关请求给付，未届清偿期，可以向法院请求将补偿金予以保全。

2. 土地证券化下的家庭农场与不同权利主体之间的土地权利关系

资产证券化（asset securitization）这一概念最先起源于 20 世纪 70 年代美国的住房抵押贷款证券化，作为一项新型金融工具，资产证券化不仅在成熟的市场经济国家，而且在许多新兴市场经济国家，都得到了大力推行。资产证券化的本质是达到融资的目的，把不能流动或者流动性差但是在未来能够产生可预期的、稳定的现金流的资产进行重组和信用增级，然后，以这类资产的未来现金流收益为基础发行在金融市场上流通和交易证券的过程。从本质上来讲，是被证券化资产未来现金流的分割和重组过程。资产证券化运行的基本原理有 3 个：资产重组、风险隔离和信用增级，其中，资产重组和风险隔离必须通过一个特定目的机构（Special Purpose Vehicle，SPV）来展开，因此，SPV 是整个资产证券化流程中的核心环节和灵魂所在，直接关系到资产证券化的成败。首先，发起人通过"真实销售"

的方式将资产转移给 SPV 后，SPV 对发起人转移过来的基础资产进行评估，将多个属性相同或相近的资产进行重新配置，形成一个"资产池"，在信用增级和信用评级之后，以该"资产池"为基础对外发行证券。其次，发起人以"真实销售"方式处置给 SPV 的基础资产将转移到发起人的资产负债表以外，发起人的其他债权人在其破产时对已经转移给 SPV 的用于证券化的基础资产没有索取权，由此 SPV 将被打造成为一个名副其实的"破产隔离实体"，包括 SPV 与发起人的破产风险隔离、SPV 自身的破产风险隔离，从而确保了基础资产支持证券的持有人能够得到及时足额的偿付。

以真实销售的方式转移资产是实现资产证券化风险隔离机制目标的主要手段之一，那么，在资产证券化过程中，发起人与 SPV 之间的基础资产转移是否在法律定性上属于"真实销售"的认定就显得异常关键。在资产证券化理论和实践最成熟的美国，"真实销售"的认定需要以下 3 个方面的条件：①发起人和 SPV 具有真实销售资产的意图；②证券化资产的权利和利益被完整地转移；③价格必须公平合理。发起人完全放弃对证券化资产的支配权、控制权，将基础资产上承载的主要风险和报酬全部转移给 SPV，丧失对证券化收益支付完全部投资者利益后剩余收入的享有权。

资产证券化的基础资产主要有 3 种类型：金融债权、不动产物权、知识产权。其中，不动产证券化是指将流动性较低的、非证券形态的不动产的投资转化为资本市场上的证券资产的金融交易过程，从而使投资人与不动产投资标的物之间的物权关系转化为以有价证券为表现形式的股权和债权。土地具有流动性差、价值量高等特点，是一种非常适合证券化的资产。土地证券化属于资产证券化、不动产证券化的一个下位概念。由于中国土地按照所有权归属的不同，分为城市土地和农村土地，相应地，土地证券化也分为农村土地证券化和城市土地证券化两种。农村土地证券化，在中国现行的法律政策框架下，是指农村土地承包经营权的证券化，即在农村土地不丧失集体所有的前提下，将土地增值收益或者土地未来一定预期收益转变成资本市场上可销售和可流通的金融产品的过程，通过市场进行农地融资。

为破解家庭农场的资金瓶颈障碍，2014 年 2 月 13 日，《中国人民银行关于做好家庭农场等新型农业经营主体金融服务的指导意见》指出"鼓励支持金融机构选择涉农贷款开展信贷资产证券化试点，盘活存量资金，支持家庭农场等新型农业经营主体发展"。2014 年 4 月 22 日，国务院办公厅《关于金融服务"三农"发展的若干意见》中也提到引导加大涉农资金投放，也提出"开展涉农资产证券化试点"。同时，众多学者都提出创新家庭农场融资模式，支持开展土地证券化。朱玉林等（2008）和罗琼芳（2013）等学者运用经济模型及经济数学方法，从投资者的视角出发，论证了农村土地证券化经济的可行性。郭步超（2009）指出，农村土地证券化通过信用升级环节，其风险可与国债媲美，而收益率则相对较高，是一种风险较低而收益率较高的投资工具。徐淑萍（2001）认为，一项资产如果具有价值稳定、经济增长潜力良好、产权关系明晰的性质，就可以对其进行证券化。本研究认为，家庭农场集中起来的规模化土地是具备证券化条件的。第一，家庭农场对集中经营的土地产权关系明晰。完整、清晰的产权归属是农村土地证券化必备的前提条件之一。虽然家庭农场集中经营的规模化土地在权利构成上有多样化的特征，既有债券性的农地权利，也有物权性的农地权利，但是家庭农场主对自有土地以及对通过市场交易获得的土地所享有的权利内容是清晰的，在集体经济组织（土地所有者）、家庭农场主（土地需求方）、农户（土地供给方）之间不存在产权边界不清、权能归属模糊等问题。同时，资本化的前提是这些证券化的对象必须是所有者的财产或者经营者的法人财产，而家庭农场主对自有土地和通过土地退出获得的土地享有物权性质的土地承包经营权，因此，可以之为基础资产进行证券化操作。第二，家庭农场经营的土地价值稳定。土地本身具有位置不可移动性、自然供给的完全无弹性等特征，同时，随着社会经济发展对农地的非农化占用使得农村土地显得愈发稀缺。因此，农村土地和城市土地一样都具有保值增值、抵御通货膨胀的功能，是资产避险的优质工具，这可以从农村土地征地补偿标准的逐步提高中得到侧面印证。第三，家庭农场具有良好的经济效益且投资收益率完全能满足投资者的需求。农民通过农地上生产农产品的销售可以获得可预测的、可持续的、可观的现金流收益，同时，与传统小农的分散经营相对比，家庭农场具有机械化、集约化、规模化的特点，可以获得更高的农业的劳动生产率、土地产出率和农产品商品率，给经营家庭农场带来更多的经济效益和收入。穆玉花和吴晨（2013）通过对粤、皖两省的调查发现，家庭农场内部家庭成员人均收入是当地普通农户家庭成员的 1.2～1.8 倍。

按照资产是否抵押，资产证券化可以分为资产支撑证券化（Asset-Backed Securities，ABC）和抵押支撑证券化（Mortgage-Backed Securities，MBS），与之相对应，家庭农场土地证券化可以分为土地实体资产证券化和土地抵押债权证券化，前一种的证券发起人是家庭农场主；后一种的证券发起人是金融机构。家庭农场土地实体资产证券化是指家庭农场主为了获得土地规模化经营所需的发展资金，将拥有的物权性质的土地承包经营权以"真实销售"的方式转让给特定目的机构（SPV），特定目的机构（SPV）运用一定的金融工具和手段对土地资产中的风险与收益进行分割重组从而形成一个"资产池"，并以此为担保设计土地证券产品，在对证券进行信用增级与信用评级后，聘请证券承销机构向社会公开销售土地证券以融通资金。其运作过程一般为：①家庭农场主将一定数量农地的权利转移给特定目的机构（SPV），并获得一定数额的农业生产发展资金。②特定目的机构（SPV）将这些农地资产进行分类汇集并重组形成"资产池"，并以此为基础资产来设计土地证券。③特定目的机构（SPV）通过内部增级和外部增级的方式提高资产的信用级别，并以此为担保来发行土地证券。④证券承销机构通过包销或分销的方式承担特定目的机构设计的证券化产品的销售，负责将证券产品出售给社会投资者。⑤由于证券的现金流是由资产池来支持的，分散的投资者不可能去监视资产池的运营状况及收取本金和利息，这就需要专业的机构来管理。因此，需要组建一个专门的资金管理机构，全程负责管理土地证券化资产所产生的现金流，包括社会投资者购买证券募集资金的汇集与保管、信用增级服务机构和信用评级服务机构佣金的支付、证券销售机构按合同应得收益的支付、支付所有成本后剩余收益向特定目的机构（SPV）的移交。

图 5-6 所示为家庭农场土地实体资产证券化示意图。

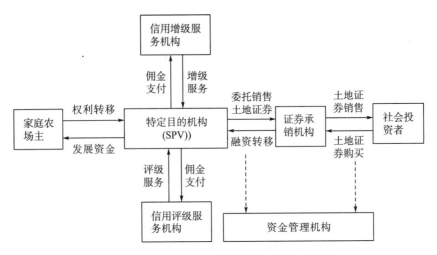

图 5-6　家庭农场土地实体资产证券化示意图

　　家庭农场土地抵押债权证券化是指家庭农场主为了获得土地适度规模经营所需的发展资金，以拥有物权的土地承包经营权作为抵押向金融机构贷款，在抵押贷款的债权与债务关系产生之后，金融机构出于风险转移等利益因素考量再将土地抵押贷款让渡给特定目的机构(SPV)，SPV 运用一定的金融工具和手段对这些贷款的风险与收益进行分割重组从而形成一个"资产池"，并以此为担保设计土地证券产品，在对证券进行信用增级与信用评级后，聘请证券承销机构向社会公开销售土地证券以融通资金。其运作过程一般为：①家庭农场主以物权性的土地承包经营权为抵押向金融机构申请贷款，家庭农场主获得用于农业发展生产的资金，金融机构成为债权人并获得对一定数量农地的抵押权。②土地承包经营权抵押贷款是借款人与银行等金融机构签订的标准化的贷款合同和抵押合同，合同中就借款人在整个偿还期内还本付息做了明确约定，以此为基础可预测农地抵押贷款未来可产生稳定的现金流入。金融机构将这些抵押贷款汇总打包出售给特定目的机构(SPV)，同时，金融机构也要注意对信贷用途的追踪、动态管理，以防范风险。③特定目的机构(SPV)将贷款进行组合形成"资产池"，并以此为基础来设计土地证券。④特定目的机构(SPV)通过内部增级和外部增级来提高贷款组合的信用级别，并以此为担保来发行土地证券。⑤证券承销机构以包销或分销的方式承担特定目的机构(SPV)设计的土地证券产品的销售，负责将土地证券出售给社会投资者。⑥组建一个专门的资金管理机构，全程负责管理土地证券化资产所产生的现金流，同时，在家庭农场土地抵押债权证券化的过程中，资金管理机构还承担向大众提供抵押资产目前品质状况及相关报告、资讯等的义务。

　　家庭农场土地抵押债权证券化示意图如图 5-7 所示。

　　家庭农场土地实体资产证券化和土地抵押债权证券化过程中，参与主体包括家庭农场主、金融机构、特定目的机构(SPV)、信用增级服务机构、信用评级机构、证券承销机构和社会投资者等，其中，信用增级机构、信用评级机构、证券承销机构作为土地证券化的中介机构根据协议以获取一定收益为目的，与家庭农场的土地不产生任何权利关系。证券是指各类记载并代表了一定权利的法律凭证，它用以证明持有人有权依其所持凭证记载的内容而取得应有的权益，资产证券化其实质是资产证券的发行者将被证券化的金融资产的未来现金收益权转让给投资者。因此，社会投资者作为土地证券的持有者其享有的权利仅仅是收益权，对家庭农场的土地并不拥有直接的任何权利。故而，在家庭农场土地证券化融资过程中，土地权利问题主要产生在发起人与特定目的机构(SPV)之间。由于特定目的机构(SPV)分为3种类型：公司形式的特定目的机构(Special Purpose Company，SPC)、合伙形式的特定目的机构(Special Purpose Partnership，SPP)和信托形式的特定目的机构(Special Purpose Trust，SPT)，家庭农场土地证券化融资也分为土地实体资产证券化和土地抵押债权证券化两种形式，因此，不同状况下土地产权转移关系是存在很大差异的。

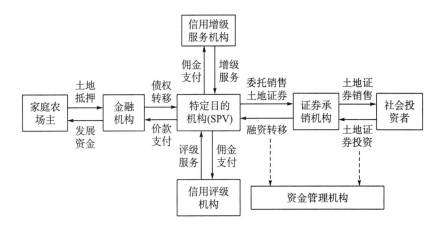

图 5-7　家庭农场土地抵押债权证券化示意图

在特定目的机构采取 SPC 或 SPP 的组织形式时，资产转移方式一般表现为发起人将基础资产以"真实销售"的方式转移给 SPC 或 SPP，相当于发起人将基础资产"出售"给 SPC 或 SPP。在家庭农场土地实体资产证券化过程中，从家庭农场主角度来看，最终目的是以这些物权性质的土地承包经营权向 SPC 或 SPP 融资，而不是为了获得"出售"物权性质土地承包经营权的对价；从 SPC 或 SPP 的角度而言，它并非以获得基础资产的正常"所有者"地位为目的，而仅仅是有权以这些物权性质的土地承包经营权为担保发行资产证券从事资金募集活动，由于"真实销售"往往意味着发起人丧失基础资产的全部权利，包括对基础资产的支配和控制，然而，在家庭农场土地实体资产证券化过程中，如果家庭农场主将承包地的全部权利转移给 SPC 或 SPP，就意味着家庭农场主将不能直接在已证券化的土地从事农业生产经营活动，SPC 或 SPP 就面临着自行经营或委托第三方经营的问题。因此，本研究认为，在家庭农场土地实体资产证券化过程中，家庭农场主作为发起人与 SPC 或 SPP 之间转移的实际权利应为土地收益权。在家庭农场土地抵押债权证券化过程中，家庭农场主是债务人和抵押人，金融机构则是债权人和抵押权人并成为证券化过程的实际发起人，资产转移发生在金融机构与 SPC 或 SPP 之间，金融机构将对家庭农场主拥有的贷款债权完全转让给 SPC 或 SPP，转让的贷款债权从金融机构的资产负债表上剥离。在大陆法系中，作为证券化债权资产担保的抵押权，在主债权转移时也应随之转让。因此，SPC 或 SPP 一并拥有家庭农场主土地的抵押权。

如果该特定目的机构采取 SPT 的组织形式，发起人与 SPT 之间形成信托的法律关系。

根据《中华人民共和国信托法》关于信托的规定是"委托人基于对受托人的信任，将其财产权委托给受托人，由受托人按委托人的意愿以自己的名义，为受益人的利益或者特定目的，进行管理或者处分的行为"。根据委托人是否为受益人，信托可以分为自益信托和他益信托。由于在他益信托中，委托人转移信托财产是一种无对价的真实转让，类似于赠予。对于受益人来说，信托财产就是礼物，他可以不付任何对价地享受利益，而家庭农场土地实体证券化过程中，家庭农场主作为委托人具有以信托财产为基础进行融资的目的，在家庭农场土地抵押债权证券化过程中，金融机构作为委托人具有转移风险和盈利的目的，因此，发起人(家庭农场主或金融机构)与 SPT 应该是自益信托。家庭农场主未来的土地收益权或金融机构的贷款债权与抵押权属于信托财产，发起人(家庭农场主或金融机构)与 SPT 之间的信托关系一经设立，这些信托财产就从家庭农场主或金融机构的自有财产中分离出来，成为一种处于独立状态的财产，然而，对于受托人 SPT 来说，对信托财产取得仅仅是名义所有权而非法定所有权，因此，这些信托财产应该与属于 SPT 所有的财产相区别，SPT 必须将信托财产与其固有财产分别管理、分别记账，不得归入 SPT 的固有财产或者成为固有财产的一部分。然而，SPT 有权基于"受益人利益最大化"的原则对信托财产行使管理处分权，就处分而言，理论上有事实上的处分与法律上的处分两种，但是依据《中华人民共和国信托法》第二十二条规定当受托人(SPT)违反信托目的处分信托财产或者因违背管理职责、处理信托事务不当致使信托财产受到损失的，委托人(家庭农场主或金融机构)有权申请人民法院撤销该处分行为。

第三节　家庭农场土地适度规模经营权利均衡 的实现步骤

家庭农场需要的土地不仅需要成片集中，而且需要规模适度，也需要期限较长、地权稳定。因此，家庭农场土地适度规模化经营的实现大致需要经历两个步骤：第一步，将适度规模的分散零碎地块整合起来成为一整片，统一流转交易给家庭农场主，称为"地块物理拼合机制"；第二步，在物理空间上拼合起来的规模化土地，需要权利稳定，不至于是一种松散的、随意的合约关系，随时会分崩离析，称为"地块权利稳定机制"。

(一)"地块物理拼合机制"：拼合起来

家庭农场的土地来源主要包括家庭农场主作为集体经济组织成员承包获得的自有土地以及通过农地权利市场流转交易从众多农户转移而来的承包地，由于自有土地和市场流转交易获得的承包地往往在空间分布上是零碎化的，恰好能够组成一整片规模化土地的概率是很低的。因此，在家庭农场主选择的单片适度规模土地的位置和范围确定之后，他们所面对的农地权利流转交易对象并非不特定的农民群体，而是具有明确的谈判交易对象。如图 5-8 所示，假设家庭农场想要集中的适度规模土地为矩形区域，土地总面积为 S，该面积也是家庭农场经营的最佳土地规模。在这一矩形土地区域范围内，该幅土地包含 n 个地块，n 个农户(1，2，3，4，5，6，7，8，…，n-1，n)，每个地块权利都归属于不同的农户，每个农户对应的土地面积为 s_1, s_2, …, s_n。那么，就意味着家庭农场主要想获得这幅土地的经营权就必须与 n 个农户都达成农地权利流转交易协议，如果在 n 个农户中有 1 户或者几户不愿意流转交易农地权利，就会令家庭农场主获得纯粹意义上单片集中土地的美好意愿化为泡影。在这种情况下，家庭农场主必须忍受自己的规模化经营的土地上存在着部分小农独立经营的状态，家庭农场的作物种植、农田灌溉、机械耕作等要做到与这些小农地块的完全隔离，同时，这些不愿意参与农地权利流转交易的农户在使用或经营自己的土地时对家庭农场的规模化土地享有地役权，这无疑会对家庭农场土地的成片集中以及后期经营管理形成障碍。鉴于这种现实情况，本研究提出的"地块物理拼合机制"是指运用一定的方法和手段，使权利分属于不同农户的在空间上彼此相邻的众多地块通过市场交易实现整体性向家庭农场主转移的过程。

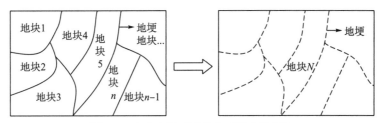

图 5-8　家庭农场"地块物理拼合机制"

　　如图 5-8 所示，在家庭农场主尚未介入之前，该幅土地呈现小农户分散经营的状态，不同农户之间地块边界线(地埂)是十分清晰的，这些地埂使得每个地块的四至边界清晰明确，起着地块权属界线的功能和作用。在家庭农场主介入之后，通过"地块物理拼合机制"使权利归属于不同农户的 n 个地块被整合成为一个规模化成片的地块(N)。通过"地块物理拼合机制"，家庭农场主通过市场流转交易将一定区域范围内的分散零碎土地集中起来，初步实现地块在物理状态下的合并，然而，家庭农场表面上的成片规模化土地，实际上是由众多农户分散零碎承包地的权利拼接而成的，家庭农场主获得的仅仅是不同年限的不同地块组成的地块(N)。此时，地埂作为地块间的一种权利界线还具有显性状态存在的必要。由于很多地区田埂是农户间承包地的分界标志，使得即使家庭农场获得连片土地的经营权，往往也不能对原有田埂进行平整，为其机械化作业带来很大的障碍。总之，在"地块物理拼合机制"下，家庭农场主和农户之间的农地权利市场流转交易存在如下特征：第一，家庭农场主与众多农户都达成了流转交易农地权利的协议，但是不同农户之间的流转交易期限是不统一的，且不同农户对农地流转交易期限届满时的续约问题不明确、不确定。第二，因为家庭农场主没有掌握稳定的地权，农户存在着索回土地自己耕种的动机和可能，所以，未来的农地权利变动趋势存在着不确定性和变数。家庭农场主与众多农户没有完全抛弃地埂这一地权界线的必要性。

　　(二)"地块权利稳定机制"：稳定下来

　　由于农民对土地依赖程度的差异以及固有的"惜地"等，家庭农场主与农户之间签订的往往是 1～3 年的短期合同，甚至是一年一签，个别地块甚至仅仅是农户口头上委托家庭农场主代耕。在湖北省荆州市监利县调研中发现，由于家庭农场这一种新型农业经营组织在荆州市还处于培育和发展的起步阶段，当地的家庭农场土地规模化经营存在着较多的长期代耕现象，最长的代耕长达十几年，不用支付土地使用成本或者每年支付 100～300 元/亩的较低使用成本，双方不签订土地流转合同。但是在耕地流出方外出打工返乡要回土地时，家庭农场主要要及时返还土地。因此，通过"地块物理拼合机制"实现的土地规模化成片集中只是众多地块在物理空间上的暂时性契约合并，家庭农场由于与农户之间的关系并不稳定和紧密，个别农户随时存在着偏离配合家庭农场土地规模化经营的可能性。诚然，家庭农场为了规模化经营的需要会实施土地整理使原来不同农户地块与地块之间的权利分界线(地埂)消失，然而，在农地权利转移期限届满或者农户选择中途违约索回土地时，个别农户的地埂仍会再次以实体地界标志的形式出现，并发挥着与家庭农场主土地的权属区分功能，届时，家庭农场的土地成片规模化经营与个别农户小规模经营相并存的状态会继续在地块(N)上出现。故而，家庭农场仅仅通过"地块物理拼合机制"实现的土地适度规模化经营存在着地权稳定性差的特征，这不利于家庭农场主对农业的长期投入和先进农业科技的应用，甚至会导致部分家庭农场主破坏地力进行掠夺性生产的行为。

在理论界，兰勇等(2017)对家庭农场土地经营权的稳定机制进行了研究，并指出"土地经营权稳定问题是当前制约我国家庭农场持续健康发展的瓶颈，主要表现在流转成本高、集中连片难、流转期限短 3 个方面"。然而，本研究认为，"流转成本高"属于家庭农场主与农户之间的农地权利流转交易价格问题，"集中连片难"属于"地块物理拼合机制"需要解决的问题，"流转期限短"才是需要通过"地块权利稳定机制"发挥作用予以解决的问题。因此，本研究提出的"地块权利稳定机制"是指家庭农场主运用一定的方法使权利归属于不同农户的众多地块在物理上的拼合之后能够实现长期持续稳定下来的过程。

图 5-9 所示为家庭农场"地块权利稳定机制"示意图。

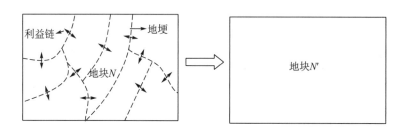

图 5-9　家庭农场"地块权利稳定机制"示意图

家庭农场通过整合自有土地和农地权利市场流转交易获得的土地实现成片土地物理上的合并之后，要想使这种状态长期持续稳定下来，就要追求如下条件的实现：第一，家庭农场规模化经营的土地上不存在不愿意流转交易农地权利的"钉子户"。第二，因为土地退出属于农地权利的一次性完全让渡，所以，为降低家庭农场受到归属于他人的农地权利掣肘的可能性，家庭农场主应与尽可能多的农户达成土地退出协议，以提高对农场内享有绝对支配和控制土地的面积和规模。第三，与选择土地流转的农户达成的协议均是符合家庭农场主期限预期的长期流转合同,避免签署短期土地流转合同,或者以口头协议替代土地流转合同。第四,家庭农场主与农户达成土地流转协议后,不存在个别农户中途违约索回土地的情形。首先,"钉子户"的产生是由诸多原因造成的,应该区分不同类型的"钉子户",采取针对性的策略加以克服,具体办法会在第六章中加以描述。其次,在农户都是理性经济人的情况下,农户做出是否愿意退出土地问题的决策,他们会进行成本、收益与风险评估,关键取决于退地的价格是否公平合理;对于土地退出价格应当参照市场价值对其农地进行产权交易评估,同时,土地退出包含农地发展权的转移,因此,退地价格标准应当对该权利转移有所体现,但是要求家庭农场主提前支付农地发展权的价值,而自己对农地不能随意改变用途仍受土地用途管制政策的限制,那么,这无疑是在无形中拔高了家庭农场主的退地补偿标准,所以对于土地退出的价格标准中关于农地发展权的体现程度和体现方式应该谨慎和妥善地加以确定。最后,农户做出流转土地、不流转土地的决策,关键取决于农户自己每年耕种所取得的收益与农地权利转移每年获得的收益的对比;农户做出是否长期转移农地权利以及是否中途违约的决策,关键取决于农户能够多大程度参与到家庭农场土地适度规模经营所产生的增值收益的分享之中。因此,家庭农场主应设计出一套科学的流转价格体系:①根据每种不同的土地流转方式,家庭农场主应与每个签约农户确定一个科学合理的农地权利流转交易基础价格($M_{i\text{基础}}$)。②在家庭农场主与农户农地权利转移合同存续期间,家庭农场主能够根据农场的利润情况、物价情况、银行存款利率等因素逐年或者每隔一定年限(3~5 年)对农地权利流转交易基础价格做恰当比例(r)的累计递增。③明确中途违约或者期限届满不再续签合同的处理规则机制。如果农户一直保持土地流转合同关系中途不违约,那么,在第 s 个合同期,每年每个农户可以获得的土地流转收益为 $M_{i\text{基础}}\times(1+r)^{(s-1)}$,如果农户选择在第 s 个合同期届满选择不再续签合同,就意味着将丧失在第(s+1)个合同期每年 $M_{i\text{基础}}\times(1+r)^{s}$ 的农地权利流转收益,仅能获得自己耕种土地的种粮收益,倘若选择不再续签的农户在未来想要再流转土地给家庭农场主,那么农地权利流转收益将要从基础价格($M_{i\text{基础}}$)重新起算。如果农户中途违约,他不仅要损失未来递增的农地权利流转交易收益,还要根据土地流转合同支付一定数额的违约金。

综上所述,通过这样的利益制度设计,就好似在家庭农场主和众多地块的权利主体之间形成一个紧密的"利益链",这个"利益链"所决定的收益分配格局使得不同权利主体之间构建起紧密的"利益共同体",这就像在家庭农场集中起来任意相邻地块的地埂上"上了"一把锁,不被轻易拆散、分崩离析,进而能够确保在家庭农场集中起来的适度规模土地具备地权稳定性,能有效避免或者大幅度降低农户不再续签合同、中途违约等情况的发生。由于"利益链"的存在使家庭农场主与农户之间的农地权利转移达到了期限长且稳定的状态。那么,原来地块权利分界线(地埂)在较长时间内都不会产生作用或者再次浮出地面,已经暂时没有必要以显性的状态存在,最终使得家庭农场主拥有的成片集中地块从 N 转变成了 N'。

当然,家庭农场主与众多农户之间的地权稳定,不是仅仅通过相互之间紧密的"利益链"就能完全达到的,还需要宏观的土地制度政策的支撑以及集体经济组织的严格贯彻落实予以保障。具体而言,应该严格遵照"增人不增地,减人不减地"的中央政策精神以及"承包期内,发包方不得调整承包地"的法律规定,同时,明确第二轮土地承包期届满时采取直接延长承包期而非打乱重新再分配的衔接策略，否则，无论"利益链"构建得再科学合理，都无法阻止宏观法律制度不能得到贯彻落实对家庭农场地权稳定性施加的颠覆性破坏。例如，在山东省邹城市太平镇与石墙镇的集体经济组织普遍存在着"五年一调地"的情况，在湖北省监利县周老嘴镇等地方的个别村庄存在着"五年一调地"的情况，荆州市监利县一位受访家庭农场主表示"当地会根据人口增减情况实施五年分一次田，因此，自己与农户签订的土地合同期限最长就是5年。自己想一次性给农户5年租金，但是农户只愿意一次接纳两年的租金。等自己用两年时间把养殖小龙虾的沟渠等基础设施建成后，转出土地的农民又想自己养殖小龙虾，所以毁约选择不出租土地了"。可见，在集体经济组织内仍然存在的定期调地现象，会从两个方面对家庭农场的地权稳定性造成破坏，第一，"五年一调地"的集体规则深刻地影响着家庭农场可以签订的农地权利流转交易合同期限，农户普遍认为自己对承包地享有的期限仅有5年。因此，农户认为无权签订更长期合同。第二，当"五年一调地"的期限到来时，使得家庭农场流转获得的土地也被纳入打乱重新分配的范围之内，意味着家庭农场届时需要再重复一遍与众多农户谈判协商达成土地集中的过程。

第四节　家庭农场土地适度规模经营权利均衡的模式创新

(一)模式创新的具体思路

由于在自然状态下，土地受到河流、道路、沟渠等线状地物的切割导致地块的初步细碎化。在家庭联产承包责任制下，在"平均地权"思想指导下，集体经济组织严格按照各户的农业人口数量或者劳动力人数进行平均分配土地，同时，由于农地质量等级差异的客观存在，在土地发包时还兼顾了"好坏肥瘦搭配""耕作距离远近协调"两项原则，这种操作模式所造成的直接结果就是土地格局的细碎化现象异常严重。因此，家庭农场土地适度规模化集中的实现如果仅靠家庭农场主零零散散地去转承包其他农户不能或不愿经营的土地，需要家庭农场主与一家一户的小农打交道，户户做工作、户户签合同、户户去维护，这样不仅面临着极高的交易成本，而且从零碎分散地块实现成片土地物理上的合并集中都存在着极大的难度，更何况要实现规模化土地的地权稳定性。因此，从家庭联产承包责任制小农分散经营向家庭农场规模化集中经营的变迁过程，不顾农村居民的意愿单纯依靠行政高压实现农地集中是行不通的，完全不要行政干预，农民的"制度惰性"会导致农地集中过于迟缓。因此，家庭农场土地适度规模经营应在政府部门、村干部、家庭农场主、村民、金融机构等多元主体的共同参与下，制定并完善《集体经济组织农地权利配置总体方案》。首先，应充分尊重农户土地资产处置方式的选择权，不应通过行政干预来帮助家庭农场获得成片集中的土地，否则，不仅容易侵犯农户的财产权益，使政府与农户围绕农地权利处置问题展开激烈争执而诱发利益冲突，而且也与农地权利市场化配置占主导地位的未来发展趋势相背离。故而，在信息透明公开以及充分尊重农户农地权利处置意愿的原则下，由拥有承包地的农户在土地保留、土地流转和土地退出3种方式中做出自由选择。

其次,应该重点明确转包、出租、入股、转让等各种土地流转方式下的农民收益标准及支付方式,土地退出方式下农户收益标准以及支付方式。再次,为了避免农地权利自由流转状态下期限短、农户中途违约等问题,在科学核算出家庭农场投资回收期的前提下,明确规定农地流转的最低年限不应低于家庭农场的投资回收期,并在土地流转合同中加以明确限定,以保证家庭农场主获得稳定的土地权利。然而,土地承包经营权作为农地的一种产权形态,必须有明确的最高流转年期,因此,在家庭农场投资回收期大于最高流转年限时,应该以最高流转年限为准,但是应建立土地流转收益动态调整机制,使农户从家庭农场土地规模化经营中分享的增值收益最大化,在土地流转期限届满时,确保农户能够选择土地流转合同续期。最后,统计出土地保留、土地流转和土地退出 3 种方式的人员名单,统计出集体经济组织内部每个成员在第二轮土地发包时有无分配到承包地以及分配到承包地的成员的土地面积,进而计算出土地保留的总面积、土地流转的总面积和土地退出的总面积。以此为依据,将集体经济组织的土地划分为 3 个区域:土地保留分户经营区(区域Ⅰ)、土地流转集中经营区(区域Ⅱ)和土地退出集中经营区(区域Ⅲ),其中,在区域Ⅰ仍继续采取传统的发包到户的小规模分散农地经营模式,区域Ⅱ和区域Ⅲ适合采取家庭农场土地适度规模集中经营模式。

图 5-10 所示为农民农地权利处置与家庭农场土地适度规模集中衔接程序。

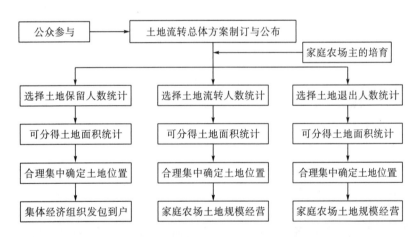

图 5-10 农民农地权利处置与家庭农场土地适度规模集中衔接程序

在区域Ⅱ和区域Ⅲ土地集中的具体范围落实后,首先,根据各地政府部门鼓励的土地适度规模经营面积,将区域Ⅱ和区域Ⅲ内的土地划分成若干个规模适度且集中成片的地块;其次,采用招投标的方式在先期培育的家庭农场主中选拔合适的投资者,在同等条件下,本集体经济组织成员应具有优先权。由于区域Ⅲ是在农民完全让渡土地权利的基础上集中起来的,因此,仅涉及集体经济组织和家庭农场主两个利益相关者。我国现行农村土地制度创新的基本方向应是在农民自愿的基础上,以村民委员会为建制单位,农民将承包的集体土地经营权折价入股,组建土地租赁经营股份公司,公司统一适度规模出租农村集体土地,逐步推行建立适度规模经营的现代家庭农场,称为农地股份合作制。因此,在区域Ⅱ范围内农户与土地之间的关系最好是确权确份额不确地,即农户的土地权利不具体指向清晰位置的地块,仅享有相应的土地份额,该份额可视为农户享有的土地权利收益面积。如果区域Ⅱ和区域Ⅲ所包括的土地面积较小致使发展家庭农场受到限制的,或者相邻区域不够划分为一个独立的适度规模地块,可以将两个区域进行适当合并。对于单个集体经济组织所辖土地面积过少的,要打破土地社区界限和行政壁垒,允许跨地区买卖和承包土地,鼓励跨地区连片经营土地。

图 5-11 所示为集体经济组织所属土地内部分区示意图。

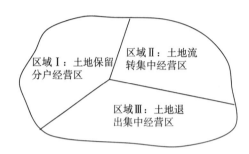

图 5-11　集体经济组织所属土地内部分区示意图

陈浩和陈中伟(2013)也曾有类似的集体经济组织土地区域划分,他们认为,在尊重家庭对土地流转意愿的前提下,以自然村为单位对土地重新规划,分成集中经营区、周期动态流转区和家庭单独经营区 3 个区域。这种划分仅将农民的农地权利处置方式局限在土地流转与土地保留两种选择范围内,同时,周期性动态流转区往往由于流转期限短等不利于家庭农场的集中经营。相较陈浩和陈中伟(2013)的思路,本研究提出的方法和思路具有如下 3 个方面的不同和特色,首先,将集体经济组织的土地划分为三大区域:土地保留分户经营区、土地流转集中经营区和土地退出集中经营区,拓展了农民农地权利处置方式和类型。其次,钱伟和孙小静(2013)认为,在流转年限等问题上也要把握好尺度,不要为了推进而勉强推进。虽然对土地流转的期限进行了限定,但是出发点是为了保证集中起来成片土地的地权更加稳定,同时,也充分考虑了农户的意愿,如果农户不接受长期流转土地的协议内容,可以选择相对保守的土地保留策略。最后,家庭农场主成片集中的土地不可能仅仅局限在一个村民小组或者一个村庄的范围之内,应根据家庭农场生产经营的客观需要调节和配置土地资源,这就需要突破农地权利流转交易的社区限制,而该模式可以在相邻村庄或者整个乡镇范围内进行,拓展家庭农场主获取土地的空间范围。

(二)模式创新的资金运行

1. 土地流转集中区的资金运行

在土地流转集中经营区(区域Ⅱ)建立的家庭农场,无论盈亏都应将土地租金视为固定的成本支出,并按合同约定的时间将足额的土地租金支付给集体经济组织,并沿着预定的轨道足额发放到农户手中。《中华人民共和国农村土地承包法》第三十九条规定,"流转的收益归承包方所有,任何组织和个人不得擅自截留、扣缴"。因此,集体经济组织在这个资金运行过程中仅发挥管理服务、资金中转的功能。同时,在不遭遇自然灾害和市场价格波动的正常年份下，家庭农场主保持正常的生产经营状态，这个资金运行过程从理论上收支平衡是相对很容易实现的。

图 5-12 所示为土地流转资金运行情况示意图。

图 5-12　土地流转资金运行情况示意图

2. 土地退出集中区的资金运行

与在土地流转集中经营区（区域Ⅱ）建立的家庭农场相比，在土地退出集中经营区（区域Ⅲ）建立的家庭农场最大的区别在于农地权利关系所涉及的权利主体仅有家庭农场主和集体经济组织，因为农户在拿到退地补偿费后，其与集体经济组织之间的承包关系彻底消灭，家庭农场主取代了退地农户的承包地位。然而，大量农户退出土地所需支付的补偿费用数额是庞大的，在现阶段，由农地承包权退出地的地方财政和中央财政分担农地承包权退出的补偿费用应该是较为合适的选择，或者通过引进城市工商企业资本、银行抵押贷款等方式来化解土地退出这笔成本开支，然而，这些手段都将面临着如何界定投资补偿主体对农户退出土地所享有的权利性质这一难题。同时，集体经济组织土地所有权没有参与交易，交易的仅仅是农民土地承包经营权，那么投资者享有的土地使用权期限应该是"长久不变"的，但是这个期限的设定，既缺乏法律政策依据，又缺乏可参照的科学标准。因此，农户退出土地，在理论层面上应界定的对象为该农户所在的农村集体经济组织，这样可以使设定在集体土地所有权之上的定限物权解除，使土地权利恢复到圆满状态，然而，现实情况，一是农村集体经济组织有名无实，二是农村集体经济组织根本无力支付相关补偿费用。因此，应该创新制度设计为集体经济组织解决资金困局。党的十八届三中全会发布的《中共中央关于全面深化改革若干重大问题的决定》以及 2014 年中央 1 号文件《关于全面深化农村改革加快推进农业现代化的若干意见》均指出，在符合规划和用途管制前提下，允许农村集体经营性建设用地出让、租赁、入股，实行与国有土地同等入市、同权同价。本研究认为，在土地利用总体规划制定过程中，应该给符合一定人口规模或者经济规模的集体经济组织分配相应数量的经营性建设用地指标，这部分经营性建设用地可以由集体经济组织自主决定入市交易，或者招商引资用于商业开发，或者用于银行抵押贷款，对于偏远地区、经济不发达地区农村集体经济组织的经营性建设用地指标，由于直接入市以及抵押变现困难，则可以像重庆"地票"那样流转交易到需要的地区使用，以更大范围地配置经营性建设用地指标。经营性建设用地的入市交易收入、开发经营收益或者抵押贷款收入可以直接用于支付农民土地退出所需的成本费用，这就相当于为集体经济组织构建了一个"自有资金池"，大大提高了集体经济组织自身的"造血"功能。此时，家庭农场每年定期支付的土地租金，归集体经济组织所有，这笔资金可以用于弥补经营性建设用地筹资的不足部分，也可以作为集体经济组织的资金积累。政府部门通过土地利用总体规划的方式给予集体经济组织一定数额的经营性建设用地指标，并将其与家庭农场土地适度规模集中相结合，有利于激活集体经济组织的土地资产，有利于资源的合理配置、要素的优化组合和资产的保值增值，不仅为传统农业向现代农业、传统农民向职业农民的转变提供了契机，而且有助于发展农村经济，促进农民增收，缩小城乡差距，形成以工促农、以城带乡、工农互惠、城乡一体的新型工农、城乡关系。

图 5-13 所示为土地退出资金运行情况示意图。

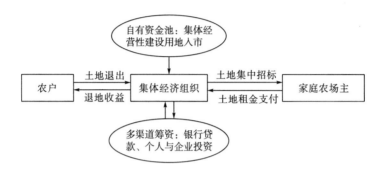

图 5-13　土地退出资金运行情况示意图

(三) 实施模式创新的时间节点选择

本研究得出土地承包期的"长久"性可以通过"法定承包期届满+自动无偿续期"来实现，党的十九大报告也指出"保持土地承包关系稳定并长久不变，第二轮土地承包到期后再延长三十年"。那么，落实土地承包关系"长久不变"政策，应合理处理"30 年不变"与"长久不变"两者之间的关系，做好有效衔接，当然，目前最紧要的是处理好第二轮土地承包到期后再延长 30 年政策的如何衔接问题。由于法律政策的内容过于宏观，现行农地使用制度存在着不确定性，其中本轮承包与下轮承包如何衔接存在模糊即为不确定性的主要表现之一，届时集体经济组织的实际操作方式就至少存在两种可能性：第一，按各户享有承包资格的人数打乱重新进行土地发包。第二，维持上轮承包地位置、面积等不变，单纯地延长农户对土地的承包期限。本研究认为，从"30 年不变"到"长久不变"的过渡应采取第二种延长承包期的策略，即实行"长久不变"，除法定事由之外，广大农民在第二轮承包以后承包经营的耕地(包括面积和具体地块)的权利和义务长久不变，所承包的地块不应该再有所调整，主要理由为：①符合党中央和国务院的一贯政策意图。1997年中共中央办公厅、国务院办公厅针对土地承包期再延长 30 年政策详细的解释中指出"延长土地承包期要使绝大多数农户原有的承包地继续保持稳定，不能将原有的承包地打乱重新分配"，可见，中共中央和国务院对两轮土地承包的衔接过渡倾向于支持单纯延长承包期的策略。②维护农民的土地财产观念。第二轮土地承包期的长期稳定性已经使农民对土地形成了较稳固的财产意识，如果继续沿用打乱重新分配的策略，无疑是对党和中央政府一直以来"稳定土地承包关系，保障农民土地财产权益"既有努力成果的一种无情破坏。③减轻集体经济组织土地调整压力，减低制度运行成本。第二轮土地承包期届满，如果为了暂时的公平，通过土地调整甚至打乱重新分配以应对新增人口的土地需求，这会使农民发现土地承包关系是可大规模调的，虽然给新增人口创造了获得承包地的机会，但是也使未来集体经济组织很难拒绝农户的调地诉求，同时，在"减人"的土地不足以满足"增人"的土地需求时，"增人"谁先获得"减人"的土地？此类问题如果得不到妥善的处理，同样会诱发激烈的社会矛盾和利益冲突。④实现了农民内部利益的相对公平。虽然打乱重新分配土地固然具有一定的公平性特质，但是无疑也是"平均主义大锅饭""土地均分"思想的一种变相延续，那些土地被征收拿到补偿款并全部占为己有的农民无疑会继续以集体成员身份自居要求重新分配土地。因此，如果迁就个别村民的意愿将土地以公平的原则重新分配，不仅与现行法律政策相悖，而且也容易引发新的矛盾诱发社会不稳定现象发生。故而，在第二轮土地承包期限届满时，集体经济组织作为土地所有者采取第一种打乱重新分配的策略，根据届时享有承包资格农民的农地权利处置意愿分流，将集体经济组织的全部土地划分为三大区域，这种时间节点的选择不仅不符合法律政策的要求，而且还要等待第二轮土地承包期届满才能实施，因此，这个时间节点选择应该予以排除。本研究认为，作为村民自治的一部分，法律政策应允许"土地流转总体方案"获得集体成员一致同意的情况下，采取上述规定性动作，以此作为采取家庭农场土地适度规模集中思路具体实施的时间节点选择。

（四）模式创新的配套策略

（1）完善土地法律政策为家庭农场土地适度规模经营的实现提供法律制度保障。基于农民农地权利在土地保留、土地流转和土地退出3种策略之间的自由处置，对集体经济组织土地进行区域重划，为家庭农场的发展提供重要前提——适度规模集中且期限稳定的土地，这一模式虽然可以突破农地自由流转与家庭农场土地适度规模集中相衔接的障碍，但是一些操作方法在法律政策方面尚缺乏依据，因此，需要通过完善相关土地法律政策来解决。主要包括如下几个方面。

第一，农地使用制度不确定性的消除。法律政策应明确本轮承包与下轮承包如何衔接的策略，规定集体经济组织应采取直接在现有承包地基础上延长承包期的策略，不支持打乱后重新分配这一衔接方式。同时，在符合土地利用总体规划的前提下，将土地利用的决定权交由集体经济组织的全体农民自主决定，当《集体经济组织农地权利配置总体方案》获得法定人数支持时，应当赋予集体经济组织对集体土地进行区域划分和重新配置的权利。当然，如果集体未经村民投票表决程序擅自采取该方式的，应当追究实施者的责任，同时，恢复土地原来的权利格局。

第二，赋予土地退出合法地位。应对基层地方政府的土地退出实践及政策在修改完善的基础上通过法律予以确认，明确土地退出与土地流转一样具有合法地位，详细制定出农民土地退出的法律后果、补偿标准、支付主体、筹款方式与支付方式。

第三，集体经济组织经营性建设用地指标的落实。现行各级土地利用总体规划编制过程中尚无集体经济组织经营性建设用地这一项指标，鉴于第二轮土地利用总体规划修编业已基本完成，因此，建议在全国范围内制定《集体经营性建设用地专项规划》，遵循"自上而下，上下结合"的原则，完成指标的下达与分解，并将指标在空间上予以定位，使具备一定人口规模和经济规模的集体经济组织获得相应的经营性建设用地指标份额。

第四，农村土地管理体制机制的创新。公众参与下《集体经济组织农地权利配置总体方案》的制定与完善、农民农地权利处置的服务与引导、农民农地权利处置与家庭农场土地适度规模集中经营过程中的收支平衡、集体经营性建设用地指标利用与管理、在国家年度建设用地指标中单列一定比例专门用于家庭农场建设配套辅助设施的方案制订、集体经济组织内部农户分散小规模经营和家庭农场土地适度规模经营相并存的科学管理等，这些新的情况均需要对现行农村土地管理制度的要素构成及内部运行机制进行优化，以更好地服务于农村土地资源要素的合理优化配置，带动整个农村社会经济的发展。

(2) 建立家庭农场土地适度规模集中过程中各主体间紧密的利益联结机制。家庭农场通过农民农地权利自由处置实现土地适度规模集中，涉及的利益群体众多，如果不能很好地处理各主体之间的利益关系，使各主体之间形成紧密的利益联结体，将势必因利益冲突影响到家庭农场地权的稳定性。主要应处理好如下两个方面的关系。

①科学界定农民各种农地权利处置方式所获收益的比例关系。

第一，假设农地土地出租、土地入股和土地转让的收入分别为 N_1、N_2 和 N_3，应合理界定 N_1/N_2、N_1/N_3 和 N_2/N_3 三者之间的比例关系，以防止收益不均衡所导致的部分土地流转方式失效，或者农民在各种土地流转方式间的频繁更换调整。

第二，应合理确定农民土地退出所获补偿收益额 M 和 N_1、N_2、N_3 这 3 种流转收益之间的比例关系。根据马克思所指出的："土地的购买价格，是按年收益若干倍来计算的"，那么 M 与 N_1、N_2、N_3 的比值应该控制在一定的合理年限范围内。

②保证农民合理分享家庭农场土地规模经营的增值收益，同时，确保家庭农场承担的土地成本在可承受的范围之内，这就需要注意 3 个方面：一是建立农民农地权利处置方式的动态调整机制，以及农地权利处置收益的动态调整机制，使农民能够通过适时地变换农地权利处置方式获得更高的收益。二是研究集体经济组织参与家庭农场经济收益分配的条件和依据，合理确定集体经济组织分享家庭农场经营收益的比例标准。三是科学测算家庭农场年纯收益与土地成本之间的比例关系的科学范围。

(3) 家庭农场土地适度规模集中与农民农地权利处置方式弹性机制相结合。在一个集体经济组织范围内，通过农民自由选择土地保留、土地流转和土地退出 3 种农地权利处置方式，进而划分土地保留分户经营区、土地流转集中经营区和土地退出集中经营区三大集中区域，获得家庭农场所需的成规模集中稳定的土地。但是农民是有限理性的，在家庭农场正式运营管理期间，不可避免会出现部分农民想要更换农地权利处置方式的现象，因此，应建立农民农地权利处置方式弹性调整机制，并将其写入合同之中加以规范，以应对这种情况的发生。首先，应允许农民在出租、入股和转让等流转方式之间进行更换，这属于农地权利同一处置方式内的弹性调整。其次，应允许农民在土地保留、土地流转和土地退出之间进行更换，这属于农地权利 3 种不同的处置方式之间进行弹性调整，主要包括：①"土地保留→土地流转"之间的弹性调整，这应具体分两种情况：如果该农户选择从保留变更为流转的承包地位置与区域Ⅱ或区域Ⅲ的地块相连，则直接纳入家庭农场所属土地的范围；如果该农户选择从保留变更为流转的承包地位置与区域Ⅱ或区域Ⅲ的地块均不相毗邻，则该农户只能通过与区域Ⅱ或区域Ⅲ土地毗邻的农户进行互换，或者与在区域Ⅱ内想进行"土地流转→土地保留"弹性调整的农户相衔接。然后，农户与家庭农场主签订土地流转合同，享受相应流转收益。②"土地保留→土地退出"之间的动态调整，这应具体分两种情况：如果该农户选择从保留变更为退出的承包地位置与区域Ⅱ或区域Ⅲ的地块相连，则直接纳入家庭农场所属土地的范围；如果该农户选择从保留变更为退出的承包地位置与区域Ⅱ或区域Ⅲ的地块均不毗邻，则该农户只能通过和区域Ⅱ或区域Ⅲ土地毗邻的农户进行互换，或者与在区域Ⅲ内想进行"土地退出→土地保留"弹性调整的农户相衔接。然后，农户与集体经济组织签订土地退出协议，并享受一次性退地补偿。③"土地流转→土地保留"之间的动态调整，良好的土地流转机制，不但要为农民流转交易农地权利提供便利的渠道及法律保障，还应当在土地赎回方面进行周详的规划，契约期间，农户有权以支付违约金的方式赎回自己的土地；契约期满后，农户可以选择续签合同继续出租，也可以选择终止合同由家庭成员自己进行耕种。但是在土地流转合同协议规定的流转期限内，农户单方面违约要回承包地的，不仅要承担相应的违约金支出，而且农户无权指定一定数量一定空间范围内的土地进行索回，只能在公平合理以及不影响家庭农场后期经营的前提下给予划出相应的土地份额，同时，如果区域Ⅰ内有农户想通过土地流转处置承包地的，违约农户的土地也可以在区域Ⅰ范围内给予落实。④"土地流转→土地退出"之间的动态调整，集体经济组织按照该农户享有的土地份额根据当时的退地价格一次性支付相应的补偿款，农户与家庭农场主、集体经济组织之间的土地关系彻底解除，家庭农场主支付的该份额土地租金归集体经济组织所有。⑤"土地退出→土地流转"之间的动态调整，农户按照届时的退地价格支付相应份额农地的退地金额给集体经济组织，农户与集体经济组织原先签订的土地退出合同予以废止，同时，该农户与家庭农场主签订土地流转合同，并享受相应的流转收益。⑥"土地退出→土地保留"之间的动态调整仅可与"土地保留→土地退出"相衔接。

第六章　家庭农场土地适度规模经营的冲突解决机制研究

第一节　家庭农场前期介入阶段的冲突类型及解决机制

家庭农场的初建阶段，主要是购买土地使用权和进行基础设施的建设。在家庭农场主通过市场交易获得众多农户小规模分散的农地资源进行地块合并与权利整合实现适度规模经营的过程中，在固定区域的成片土地中间，难免会遇到个别农户由于这样或者那样的原因不愿意流转农地权利而诱发的"钉子户"的难题，倘若该问题得不到妥善解决，发展家庭农场获得集中成片的土地这一理想状态就会随之破灭，并且会对家庭农场的后期经营管理造成极大的困扰。同样，家庭农场土地适度规模经营的正常开启需要基础设施配套齐全，然而，不同农户众多地块合并起来的成片土地面临着地块平整以及灌排沟渠、道路等基础设施的修建，这无疑是一大笔开支。那么，这笔基础设施修建开支应该由集体经济组织、家庭农场主、全体受益村民哪个主体承担？这也是必须面对和解决的问题。

(一)家庭农场集中土地过程中的"钉子户"问题

1. "钉子户"问题产生的背景

集体经济组织内部的不同地块在距离远近、好坏肥瘦、道路通达、灌排优劣等方面的差异是非常明显的。在土地发包时，集体经济组织为减少分地矛盾以保证土地发包工作的顺利推进，都倾向于采取"好坏肥瘦搭配"兼顾"耕作半径距离远近"的"均田"式分地策略，这样每个农户分到的土地面积小且分散在不同的方位空间。在这种众多农户超小型的小块土地经营格局背景下，通过农地权利流转交易使家庭农场获得规模适度、成片集中、期限稳定的土地存在着诸多障碍。遵循自愿原则是农地权利流转交易的前提，《中华人民共和国农村土地承包法》第十条规定"国家保护承包方依法自愿、有偿流程土地经营权"。为引导农村土地(指承包耕地)经营权有序流转、发展农业适度规模经营，2014年11月，中共中央办公厅、国务院办公厅印发《关于引导农村土地经营权有序流转发展农业适度规模经营的意见》明确提出，"没有农户的书面委托，农村基层组织无权以任何方式决定流转农户的承包地，更不能以少数服从多数的名义，将整村整组农户承包地集中对外招商经营。防止少数基层干部私相授受，谋取私利"。法律政策赋予了农户参与农地权利流转交易与否的自由选择权，由于不同农户在家庭成员构成、经济收入状况、非农化程度、承包地数量以及土地依赖程度等方面存在着差异。因此，同一集体经济组织内的不同农户就农地权利流转交易的决策肯定存在着内部分化，同时，即使愿意交易农地权利的农户一般也不会选择把全部承包地都流转出去。所以，如果采取家庭农场主与众多农户针对农地权利流转交易逐个谈判的模式，很可能会出现家庭农场主获得的承包地面积总量大但地块上是分散不连片的，愿意交易农地权利的农户和不愿意交易农地权利的农户所承包经营的土地相互分割、相互交叉地交织在一起，使家庭农场主通过农地权利流转交易从"小块并大块"的方式获得固定地域的规模化成片土地的愿望总是难以完全实现，由于固定地域的规模化成片土地是由众多农户的分散地块组成的，出于各种原因总有一户、两户或者几户农民不愿意交易农地权利。如图 6-1 所示，如果地块 2 和地块 5 的权利主体不愿意参与农地权利流转交易，那么土地的规模化就难以形成，机械化和集约化就难以实施。

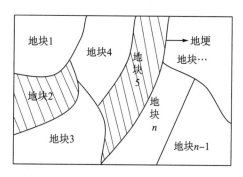

图 6-1　家庭农场"钉子户"示意图

2."钉子户"问题形成的具体原因

家庭农场的推广离不开大规模土地流转，而土地流转若遵循自愿原则，难免会出现所谓的"钉子户"。关于农户不愿意将农地权利转移给家庭农场进而作为"钉子户"的原因是多种多样的，通过四川省、湖北省、江苏省、山东省 4 个省份 349 户家庭农场主的调查，可以归纳总结出"钉子户"形成的 6 个主要原因(图 6-2)。

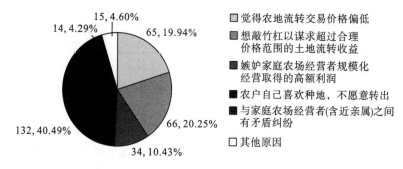

图 6-2　家庭农场土地适度规模经营过程中"钉子户"的形成原因

(1)土地持有偏好。在"钉子户"的形成原因中，有 132 个家庭农场主选择了"农户自己喜欢种地，不愿意转出"这一选项，占 40.49%，排在第一位。由于农户一般不会严格适用利润最大化理论，而是兼采风险规避理论，在收入和保障之间寻求权衡。因此，无论流转土地可获得的收益相对于种地收益从经济上而言多么有利，部分农户出于风险规避的目的总是想要自己持有土地并由家庭耕种经营，不愿意转出农地权利，这样他们才觉得心里踏实、有保障。在四川省成都市崇州市怀远镇石子村，一位家庭农场主在谈及"钉子户"产生的原因时就表示"土地是农民的'命根子'、是农民赖以生存的根本、是农民养老的最终保障"。另外，现阶段农民工外出务工呈现"亦工亦农、亦城亦乡"的"两栖"式流动状态，由于政策上户籍制度限制、经济上房价"飞涨"与城市生活成本大幅攀升等，大部分农民工很难通过自己的努力打拼换来在城市的"安居乐业"，顺利融入城市成为"第一代市民"，那么，在农民工年龄大的时候，他们返乡继续耕种自己的土地，就成为比较理想的选择，因此，这部分农户不愿意将土地完全转出去给家庭农场主使用。在山东省邹城市太平镇中行村一位家庭农场主表示，"当地农民在 20～30 岁的时候基本外出务工，选择不种地，但是在 40 岁之后，发现自己岁数大了，不愿出去务工，又发现不种地不行"。在四川省成都市崇州市元通镇聚源村的一位受访家庭农场主也表示，"钉子户主要是老人，他们不愿意流转土地"。

(2) 经济利益考量。如果土地流转中利益分配不均，农民的利益得不到保护，会打击农民流出土地的积极性，导致在土地集中过程中遇到"钉子户"，从而使项目搁浅，土地流转失败，影响农民增收，阻碍规模经营和现代化农业的发展。这又可分为以下几个方面的原因：①农户自己经营土地的产出值不一定低于流转农地权利所获得的收益。部分农户属于种田能手型，他们自己从事农业种植或者发展小规模特色经营，能够取得较为不错的收益，因此，他们不愿意将农地权利流转交易出去赚取固定的租金。②农地权利流转交易价格偏低，与家庭农场主协商不成，不同意转移农地权利。家庭农场主选择这一选项作为"钉子户"产生原因的有 65 人次，占 19.94%。家庭农场主将农地权利流转交易过来从事规模化经营，受农业的自然风险和市场风险的双重影响，是否能够获得超额利润尚存在不确定性。因此，家庭农场主给出的农地权利流转交易价格一般不可能过高，这就有可能使得农地权利流转交易双方在价格预期上形不成交集，进而达不成协议。③想敲竹杠以谋求超过合理价格范围的土地流转收益。家庭农场主选择这一选项作为"钉子户"产生原因的有 66 人次，占 20.25%，这主要是由于一些农户会利用受让方形成土地集中连片的规模经营从而提高土地整体耕作效能的想法，大幅抬高流转条件，即家庭农场主想要获得的成片土地在空间上固定性，个别农户自恃承包地位于家庭农场成片土地的核心位置或者迟迟不签订农地权利转移协议使自己成为规模化经营最终实现的"关键人物"等缘由向家庭农场主索取更高额的农地权利转移价格，否则，就以不转移农地权利相要挟。另外，由于家庭农场土地规模化经营过程中投入的物质资产(如农业机械、建筑物等)具有专用性投资的特征，且专用性投资用途不可改变。因此，家庭农场主投入的专用性资产成本越高，很容易在家庭农场主和家庭农场之间产生一种牢牢的"锁定"效应，考虑到较高的退出成本，致使家庭农场主在面临拥有较少专用资产方农民的"敲竹杠"时处于被动状态。投资方的资产专用性越强，其遭受"敲竹杠"的可能性越大。④担心家庭农场主不兑现合同约定的租金。由于受网络上出现的家庭农场主违约跑路的报道以及周边地区曾经出现过类似案例的影响，致使农民担心流转出去的土地拿不到租金，且要自行承担土地恢复原状等任务开支，造成部分农民不愿流转交易出农地权利。在四川省成都市崇州市怀远镇龙潭村等地的家庭农场主表示"害怕拿不到租金"也成为"钉子户"产生的原因之一。⑤"待价而沽"的心理。一个区域内的农地权利流转交易价格受社会经济发展情况、农地资源禀赋、市场供需、土地等级等要素的影响，在农地权利流转交易市场活跃的地区，受市场供需诱发的竞争的影响，部分市场意识较强的农户可能会选择暂时不流转等到价格合适时再出手，甚至不乏一些宁愿撂荒也不愿意流转农地权利而坐等土地升值的投机行为出现。在江苏省无锡市宜兴市高塍镇当地的家庭农场主表示，"由于很多浙江省和安徽省等地外来人员到本地来租地，导致农地流转市场的竞争太激烈，价格不断攀升至600～700元"，这导致部分农户对未来农地权利流转交易行情比较看好，故而暂时选择做"钉子户"而不愿意流转土地。

(3)嫉妒心理。在受访家庭农场主面对"钉子户"形成的原因这一问题时，选择"嫉妒家庭农场经营者规模化经营取得的高额利润"的有34人次，占10.43%。这主要是由于农民的文化素质、接受新事物的观念、理念、能力参差不齐，小农意识、嫉妒心理也很严重。因此，即使农民转移农地权利获得的租金与市场价相当，但是考虑到家庭农场规模化经营的产出值和利润更大，存在心理落差而不愿意流转农地权利，或者农民在流转农地权利给家庭农场后，看到家庭农场主土地适度规模化经营获得较高的经济利润犯"红眼病"，进而选择中途违约甘做"钉子户"。这一问题尤其在如下两种情况下容易发生：①农民会观察周边家庭农场主土地规模化经营后的经济收入状况的改变，如果觉察到土地适度规模化经营会给家庭农场主带来巨大的经济利益使之成为"先富起来的一部分"，那么，出于嫉妒心理作祟，部分农民会选择不配合农地权利流转交易甘做"钉子户"；②家庭农场主集中起来规模化的土地后，改变原来单纯的粮食作物种植为经济作物种植，或者改变粮食作物种植为单纯的动物养殖或者种养结合，这一农业产业结构上的调整往往会在经济收益上带来很大的改变，此时，原来转出土地的农民会有较大的收益心理落差进而选择违约做"钉子户"。

(4)家庭农场主与农户的人际关系。在受访的家庭农场主对"钉子户"形成的原因中，选择"与家庭农场经营者(含近亲属)之间有矛盾纠纷"的有14人次，占4.29%。这主要是由于家族恩怨、口角争端、肢体冲突等原因，在一个集体经济组织内部，每个农户难免会与少部分农户存在着矛盾纠葛，直观的表现为平时见面不讲话，甚至老死不相往来。如果家庭农场主需要集中的土地区域范围内存在这类农户的土地或者其近亲属、亲朋好友的土地，那么，这类农户会直接拒绝参与农地权利流转交易，并以各种理由、各种方式游说自己的近亲属、亲朋好友不参与农地权利流转交易，出于村内人际关系亲疏远近以及"不得罪人"的心态，无论家庭农场主给出的农地权利流转交易价格多么诱人，这类农户的近亲属、亲朋好友一般不会愿意将农地权利转移给家庭农场主。

(5)其他原因。除上述原因之外，家庭农场通过市场化手段集中土地过程中遭遇"钉子户"的原因还有如下几个方面：①农地权利流转交易双方围绕土地规模化集中后的用途或作物种植类型形不成一致意见，进而形成"钉子户"。例如，在湖北省监利县周老嘴镇孙小村的一个家庭农场主表示，"农户要做水田种植水稻，而家庭农场主要做养殖，双方因此谈不拢"；在山东省邹城市太平镇南城村，"农户要求只能种小麦、玉米，不能种其他的，且不能转为农业设施用地，双方因此谈不拢"。②涉及部分农户自己投资开发整理出来的土地，因经济利益问题协调不顺而产生"钉子户"。例如，在山东省邹城市太平镇北亢村的一个家庭农场主表示，"在自己经营家庭农场的土地范围内，有一片土地原来是窑厂，是由一个农户自己花了10多万元整理出来的，在家庭农场主集中土地的过程中，大队收不回来，村集体经济组织出面也协调不成"。③对土地政策的不了解。在成都市崇州市怀远镇石子村的受访家庭农场主表示，"由于个别农户对农村土地'三权分置'政策不甚清楚，担心土地流转给家庭农场主后会永久地丧失土地，进而危机自己赖以生存的根本"，因此，部分农户不愿意流转出土地而形成"钉子户"。④受谣传的影响。在江苏省徐州市新沂市时集镇时集村一位受访的家庭农场主遇到一个因听信谣言而形成的"钉子户"。"钉子户是一个寡妇，丈夫早年去世了。家庭农场因发展需要流转她家的承包地，由于她家的地块临近道路，她道听途说这块土地政府要开发。因此，她就不着急流转土地，等到第二年她又听说这一区域的土地不开发了，于是自己又主动去找家庭农场主流转土地"。⑤选择性流转土地。在家庭联产承包责任制下，单个农户拥有的土地在块数上往往是较多的，不同地块在面积、位置、形状、肥力等方面存在着较大的差异，农户往往倾向于选择位置偏、肥力差、形状不规则的土地作为转出对象，而保留位置好、肥力高、形状规则的土地自己耕种。在江苏省无锡市宜兴市高塍镇赋村的一位家庭农场主就表示，"农户的好地不愿意流转出来"是形成"钉子户"的原因之一。⑥其他诉求得不到满足。土地转出户会利用"离地农户"的身份诉求更高比例的新农合医疗与农村养老金，要求获得等同于城镇居民的社会保障，或者要求提供就业岗位，或者要求获得再就业培训机会。因此，保障目标能否满足直接决定着农户流转土地的意愿，如果地方政府的保障工作有所缺失，农户会在流转土地上持消极态度，成为土地集中连片流转中的"钉子户"，流转行为将无法实现，影响了家庭农场的正常运作。

3. "钉子户"的存在对家庭农场的影响

在349户家庭农场中存在"钉子户"的有122户，占34.96%，可见家庭农场土地适度规模经营过程中"钉子户"是比较普遍存在且值得关注的现象。在家庭农场主规模化集中的土地上如果有一个或者几个"钉子户"存在，会使家庭农场集中起来的成片土地上出现若干个"独立区域"，使整片土地呈现由多个权利人持有进而形成条块分割的状态。

表6-1所示为家庭农场"钉子户"的数量及涉及的耕地面积情况统计表。

表6-1   家庭农场"钉子户"的数量及涉及的耕地面积情况统计表

统计指标	"钉子户"数量	涉及耕地面积(亩)
最小值	1.00	0.50
最大值	25.00	200.00
总数	439.00	2264.90
平均值	4.03	19.87

在受访的家庭农场内部存在"钉子户"的经营者中，表示"钉子户"对家庭农场生产经营有很大影响的占26.23%，较大影响的占27.05%，影响一般的占22.95%，影响较小和

很小的占 23.77%，可见，"钉子户"会对家庭农场造成较大的影响（图 6-3），具体表现在如下几个方面。

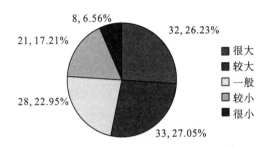

图 6-3 家庭农场"钉子户"的数量及涉及的耕地面积情况统计表

（1）影响到家庭农场的形成。家庭农场经营土地的最佳状态是一定区域范围内的集中连片的规模化土地，如果在这一区域内有一户或者多户农民不愿意交易农地权利，这都会给想投身家庭农场事业的农民以心理上的打击，同时，考虑到未来处理与这些"钉子户"关系的难度以及"钉子户"存在对家庭农场后期生产经营管理造成的巨大影响，家庭农场主甚至会产生放弃投身规模化农业的念头。在江苏省扬州市仪征市月塘镇四庄村一位受访家庭农场主表示，家庭农场主与"钉子户"之间在规模化土地的池塘灌溉用水上存在着尖锐的矛盾，"钉子户"会故意把塘中的灌溉用水全部用完，进而对家庭农场的土地灌溉产生巨大的影响。因此，必须要把"钉子户"的土地流转过来，否则，不敢从事规模化经营。古鹏（2015）以豫中 W 村为个案，由于部分"钉子户"的存在和从中间作梗，最终导致承包商老刘放弃流转土地发展家庭农场的计划。

（2）影响到家庭农场的日常经营管理。家庭农场主与"钉子户"在同一大片土地上生产经营，由于两个群体都对自己的土地拥有经营自主权，因此双方在土地平整、作物种植、灌溉排水、农药喷洒、田间除草、农产品收割等方面很难协调一致，而家庭农场主的任何生产经营活动都要顾及不对"钉子户"的土地、农作物等方面造成影响。同时，由于家庭农场主的土地与"钉子户"的土地是相连的，"钉子户"的土地（需役地）对家庭农场的土地（供役地）享有地役权，可以利用家庭农场的土地进行道路通行、排水、用水、修建渠（沟）等。这些无疑极大地增加了家庭农场的经营管理难度。在江苏省徐州市新沂市合沟镇青石桥村的一户家庭农场集中起来的土地面积总计 400.84 亩，但是其中存在着 6 个"钉子户"，共计 40 多亩地，家庭农场主采取请村里和镇里的干部做工作、农民代表协商、调地换地、涨租金（每年每亩给"钉子户"1300 元，其他农户每年每亩 1000 元）等办法都没有用，这些"钉子户"非得种自己的地，该家庭农场主表示"钉子户"的存在导致"飞机打药无法实施，耕种收、施肥、植保都无法大规模开展"。在四川省成都市崇州市白头镇三洞村的一位受访家庭农场主表示，由于"钉子户"的存在，在农场内不能种植高秆作物，因为这样会影响"钉子户"种植作物的采光，引起"钉子户"的不满。在江苏省淮安市盱眙县盱城镇新华村的一位家庭农场主表示，由于"钉子户"的存在，致使土地不集中成片，进而影响到"稻虾共养"的实现。

（3）影响到家庭农场的生产运营成本。适度规模家庭农场不仅是土地经营规模数量上的扩大，更重要的是土地集中连片；由于"钉子户"的存在，导致家庭农场经营的土地无法完全集中连片，这使得家庭农场开展土地平整、机械化田间作业、农作物收割等田间作业需要绕开"钉子户"的地块，甚至造成大中型的先进农机具无法开展正常的田间作业，这无疑会增加机械和人工的难度进而增加开支。同时，家庭农场在布置农田内部的道路、沟渠等基础设施时，"钉子户"会采取不配合的态度，这不仅会造成修建成本的增加，甚至导致基础设施建设计划的最终搁浅。为了谋求土地集中连片的最终彻底实现，家庭农场主会直接与"钉子户"就农地权利流转交易展开持续长期的协商和谈判，或者寻求镇或村干部、熟人的帮忙居间协调，这从整体上增加了交易成本。另外，家庭农场主在自己的土地上进行生产经营时可能会损及"钉子户"的土地或农作物而被索赔；为了避免其他农户效仿"钉子户"的做法，家庭农场主难免会通过提高农地权利流转交易价格的方式来维持地权稳定，同时，也需要通过宴请等交际方式维持与转出土地农民的关系，以免由于关系破裂而造成"钉子户"的形成。

4. 家庭农场内部"钉子户"的治理策略

关于土地规模化集中过程中遇到的"钉子户"问题，部分学者提出了解决的对策和方法：第一，依靠行政性强制手段。夏柱智（2014）指出，"地方政府流转成片土地，往往动用行政强制力来解决不愿意流转土地的'钉子户'问题"。蒋永穆等（2010）认为，动用国家机器力量，对"抗拒"乡村两级命令的所谓"钉子户"采取强制手段。田传浩和乌爱其（2003）通过对浙江省绍兴市柯桥镇和江苏省江阴市璜土镇的调查发现，璜土镇对待"钉子户"的态度是尊重农户对特定地块的承包权而使得土地集中无法进行，柯桥镇对"钉子户"采取的态度是以集体利益为重，强制性地将其土地置换进而实现土地集中。如果个别农户要价过高或出于自身合理的原因，如对土地的情感与心理依赖，即便有看起来合理的价格也拒绝参与流转，则难免会出现像城市扩张中出现的强制拆迁一样的土地"强制流转"，这将可能上演更多的农村"钉子户"大战。第二，利用乡村"混混"群体的参与介入。曾红萍（2015）指出，可以凭借乡村"混混"的身体暴力和符号暴力的威胁拔掉少量的"钉子户"，最终使得土地集中流转的目标得以实现。第三，依靠"钉子户"思想观念的转变。现在一些土地流转"钉子户"的思想也在转变，愿意把土地流转出来做大规模的规划、种植。

笔者在湖北、江苏、山东、四川外业调查中，向受访家庭农场主咨询"您觉得'钉子户'问题该如何解决"时，给出的方案包括：①私下加价，重订协议，并签保密协议；②土地互换；③找村委会干部和熟人居间协调；④由政府出面解决；⑤寻求双方利益共赢的办法；⑥通过法律法规进行解决；⑦放弃"钉子户"的土地，不追求土地的集中连片。本研究认为，对于家庭农场土地适度规模化经营过程中遭遇的"钉子户"问题，如果默认"钉子户"的存在而不采取任何措施的放任态度是一种消极不作为的表现。然而，政府为追求农地流转效率和规模，借助其行政组织、财政支持和政策倾斜先天优势的存在，利用强制性的行政手段或者半强制性手段（如乡村"混混"的恐吓）迫使农户参与，虽然实现了大规模分散零碎农地的快速集中、连片经营，但是没有做到完全尊重农户个人的农地权利处置选择的自由，否定了农户的市场经济主体地位，使土地家庭经营变成了政府经营或集体经营。同时，这种强力推动模式，一般都是以牺牲农民利益为代价的，成功者少，失败者多。如果只靠农民转变思想观念而主动选择不做"钉子户"，似乎也太理想化，而且不太符合农民"利己主义"的内在动机。另外，采取针对"钉子户"私下加价的策略，虽然有可能破除了"钉子户"问题，但是正如四川省崇州市王场镇东风村一位受访家庭农场主表示，"不可能涨价，如果开先例，其他农户'跟风'都要求涨价"，这无疑会从整体上抬高家庭农场的土地集中成本。通过土地互换方式虽然可以解决部分"钉子户"的问题，但是对于持土地位置而"敲竹杠"、因社会矛盾等形成的"钉子户"似乎显得无能为力；找村委会干部和熟人居间协调解决"钉子户"问题，在乡村社会是一种比较有效和常用的处理办法，但是也并非对于任何类型的"钉子户"都能做到一一化解。因此，本研究认为，"钉子户"拥有农地权利流转交易与否的自由选择权，同时，每个农户选择做"钉子户"的原因也是不尽相同的，故而，对于家庭农场土地适度规模化集中过程中"钉子户"问题的解决，应坚持"遵循农户意愿，市场化手段为主，柔性调解感化为辅"的原则，并针对不同类型的"钉子户"采取不同的应对策略(表6-2)。

表6-2　家庭农场土地集中过程中"钉子户"解决策略与办法

"钉子户"的形成原因	应对策略		策略失效时的对策
	共同策略	针对性策略	
农户喜欢种地，不愿意转出		采取土地互换策略，使之获得的承包地在面积和质量上均不低于换出的承包地	
想"敲竹杠"以谋求超过合理价格范围的土地流转收益	村干部、熟人的斡旋协调	公开说明支付土地流转价格的合理之处，通过"动之以情，晓之以理"的说服策略，使之明白"家庭农场主的收益受自然风险和市场风险的双重影响，利润并不丰厚且存在不确定性，因此土地成本负担不能过重，同时，自己将农地权利流转交易给家庭农场主才是其利益最大化的最优策略"	容忍个别"钉子户"的存在。采取以"钉子户"的地块为分界线划分农场生产经营区域
觉得农地流转交易价格偏低		政府合理确定土地流转参考价格，土地流转价格动态调整机制	
嫉妒家庭农场主规模化经营取得的高额利润		农户以土地承包经营权入股家庭农场，参与土地规模化利润分享。家庭农场优先雇用、租用这类农户的劳动力、农业机械	
与家庭农场主(含近亲属)之间有矛盾纠纷		解决双方矛盾冲突优先的策略	

(1)对于经济利益最大化考量的"钉子户"。不同农户对农地权利流转交易价格的心理预期是存在差异的，因此，家庭农场主与农户之间的农地权利流转交易价格不应依据经验而定。首先，根据土地的位置、质量、灌溉条件、形状、面积以及农地权利市场供求关系等情况，地方政府应针对不同的农地权利流转交易方式出台一个指导价，然后，家庭农场主与农民以政府出台的指导价为参照标准协商出最终双方都能接受的农地权利流转交易价格，并签订农地权利流转交易协议，同时，该农地权利流转交易价格在合同期内采取逐年或者定期递增的办法使农户能够最大限度地参与增值利润分配。这种策略既做到农地权利流转交易价格的科学确定，又让农户对自己享有的农地权利流转交易价格有清晰的认

知，避免因家庭农场主给出的农地权利流转交易价格合理而农户价格预期过高偏离实际而诱发的"钉子户"。

(2)对于少量怀有"敲竹杠"心理的"钉子户"。不应为了迁就这类农户的过分利益要求而单独提高农地权利流转交易价格。因为，如果让"敲竹杠"的"钉子户"尝到甜头，将诱发其他农户要求家庭农场主在价格上实行同等对待的"攀比"心理，形成使"钉子户"从少数群体演变转化为多数群体的扩散效应，这对于家庭农场主而言是得不偿失的。所以，对于"敲竹杠"的农户，应该以政府出台的农地权利流转交易指导价标准与合同中约定的收益动态调整机制为依据，优先采用农村熟人、社会所普遍采取的调解策略，通过"动之以情，晓之以理"的说服策略，使之明白"家庭农场主的收益受自然和市场风险的影响，利润并不丰厚且存在不确定性，还存在着赔本的风险，因此土地成本负担不能过重。同时，自己将农地权利流转交易给家庭农场主才是其实现利益最大化的最优策略"。如果采取这种方式仍不能解决极少数"敲竹杠"的"钉子户"，则家庭农场可暂不追求土地的整体性集中连片经营，容忍个别"钉子户"的存在，采取以"钉子户"的地块为分界线划分农场生产经营区域，先维持小规模集中的片状经营状态。在"钉子户"亲自经营农地扣除各项投入所获纯收益连年低于家庭农场主支付的农地权利流转交易价格的情况下，经济利益驱使和"熟人"调解的共同作用会最终驱使"钉子户"自愿转出土地。

(3)对于具有土地持有偏好的"钉子户"。由于这类"钉子户"对种地收益以及农地权利流转交易价格都不特别重视，而更关心承包地的实际占有和控制。因此，可以优先采取互利互换方式解决这类农户所诱发的承包地块细碎化问题。家庭农场主可以用未纳入农场范围的自家承包地、农场周边外围不影响规模化经营的土地与"钉子户"进行互换。"钉子户"通过土地互换可以获得在面积、位置、形状、肥力等方面条件相当，甚至更好的承包地，使这类农户通过互换在物理形态的土地上不吃亏甚至"获利"。同时，为了提高土地互换的成功概率，还应该由村干部或"钉子户"熟人的介入通过关系、人情、面子、讲理等方式"做工作"，以降低他们对互换的抵制和反对的概率。例如，在山东省邹城市太平镇邱楼村，冯某经营的为民家庭农场遭遇到一户土地持有偏好型的"钉子户"，对方曾表示"每年给一万元也不出租"，最后在村委会的斡旋下通过互换土地的方式予以解决。当然，这类"钉子户"如果未来想转出农地权利给家庭农场主时，则可以将互换的土地再换回，放弃耕种土地以获取流转收益，以保证这类农户的农地权利处置自由选择权与经济上的利益。

(4)对于"嫉妒"心理而形成的"钉子户"。解决"嫉妒"心理作祟形成的"钉子户"，不要寄希望于这类农户通过自我调整心态、转变观念，主动将承包地转移给家庭农场主使用，最佳的策略应该是寻求双方利益共赢的办法，能够与这类农户形成利益共同体，应当允许这类农户将土地入股家庭农场，能够让其作为股东根据持有的股权参与家庭农场的利润分享。同时，家庭农场主应该考虑到这类农户的潜在"嫉妒"心理，给予更多分享利润的机会。例如，在家庭农场需要短期雇工时，应该优先考虑雇用这类农户的家庭劳动力并给付相应的工资，在家庭农场需要租用农业机械时，应优先租赁这类家庭拥有的所需类型的农业机械并支付相应的使用费，通过家庭农场主与这类农户各种生产要素的融合、利益的紧密相关联，从而使农户的"嫉妒"心理逐渐得以转化，从因"嫉妒"家庭农场主高额利润的消极对抗转化为自己也是农地规模化经营利润分享者的积极参与配合。

(5)对于与家庭农场主(近亲属)有矛盾冲突而形成的"钉子户"。由于个别农户与家庭农场主(近亲属)在以往因口角、家族恩怨等矛盾尚未解决而形成的"钉子户",不应以个人利益最大化或者集体利益最大化为依据进行游说,因为这类"钉子户"会顾及面子等非理性因素宁愿损失少量经济利益,也不愿意做出对家庭农场主转移农地权利这一"示好"举动。所以,对于这类"钉子户"的解决,应该遵循"化解原始矛盾在先"的原则,选择双方都能接受的中间人或德高望重的长辈就过往的矛盾纠纷进行调解劝和,一般而言,过往的矛盾纠纷只要达成和解,农地权利流转交易协议就能顺利达成,进而达到"一箭双雕"的效果。然而,如果家庭农场主与个别农户的社会矛盾积怨过于久远或者过于严重而不能达成和解,这类"钉子户"问题仍然可以用"迂回"的方式解决:①可以采取"反租倒包"的方式,农户先将该块土地的权利以流转、退出的方式转移给集体经济组织,然后,集体经济组织再将这块土地交给家庭农场主经营使用。②也可以通过大力发展农地权利市场流转交易的中介服务组织,建立"由散户到中介再到家庭农场"的土地流转新模式,这不仅可以让家庭农场主从整合分散农地以实现适度规模集中的繁杂事务中解脱出来,而且也可以避免家庭农场主与有矛盾的农户直接谈判失败而形成的"钉子户"问题。

(6)对于其他原因产生的"钉子户"。①由于家庭农场主与农户之间围绕土地规模化集中后因用途或作物种植类型不一致而形成的"钉子户",可以在农地权利流转交易合同中进行事先约定,如果家庭农场主改变用途或者改变作物种植类型,且获得更高经济利益的,租金应该做适当的调整,让这类"钉子户"获得更高的农地权利流转交易收益,同时,对于家庭农场转变农业生产结构的情况,应该在土地流转合同中予以约定,且应符合当地的农业发展规划和政策。在家庭农场退出不办后,家庭农场主还应该承担起恢复土地原状的责任。②对于部分农户因对法律政策不了解、担心转出农地权利会丧失土地而形成的"钉子户",应该给这类农户进行专门的"三权分置""长久不变"等政策宣讲解读,使其明白除采取土地退出之外的其他农地权利流转交易类型,都不会丧失土地,只是一定期限内的土地经营权让渡交易,同时,提醒他们如果没有想好完全放弃土地,就慎重选择土地退出方式。③对于因谣传等而引发的"钉子户",遵守"谣言止于智者""谣言止于公开"的应对策略,将该区域的土地利用总体规划进行公开,避免因听信土地未来将用于征收、开发而诱发的"钉子户"。④对于选择性流转土地而引起的"钉子户",家庭农场主可以通过互换的方式给其提供肥力等条件相当的土地归其耕种使用,而转出其在农场范围内的承包地归家庭农场主使用。

同时,对于以上所有类型"钉子户"的化解,"根植于乡土社会中的村庄舆论所产生的群体性压力",也可以成为家庭农场主借用的资源,由于"钉子户"的存在使家庭农场无法获得成片集中的土地,将影响到项目的后续推进甚至项目破产,同时,家庭农场主也可能考虑选择到其他区域流转成片集中的土地,因此,这将影响到愿意盘活土地资产以获得经济收益的大多数农户的利益,通过这些农户向"钉子户"施加压力,使之感觉到如果不参与农地权利流转交易或者不愿意互换土地就存在着被"边缘化"的风险。

（二）家庭农场集中的规模化土地上配套基础设施建设的投资主体确定问题

1. 基础设施建设主体与费用问题的背景信息

在计划经济时期，农村基础设施的供给主体是政府负责，而且主要是人民公社和生产大队及其成员，农村基础设施建设费用通过公社财政（财务）预算内和预算外资金进行分摊或者生产大队和生产队自筹资金进行分摊两种途径解决，在这一阶段，虽然农村基础设施的投资数量和供给整体水平是低下的，但是供给主体和投资主体是明确的。在实行家庭联产承包责任制以后，农村基础设施建设与后期维护受到了较大影响，尤其是各个主体都不愿意承担农村基础设施建设的责任。对于政府而言，乡镇政府取代人民公社成为农村基础设施的重要供给主体，然而，乡镇财政作为中国最基层的一级财政，在其运行过程中存在着赤字规模不断扩大、实际债务负担沉重、财政运行压力日益膨胀等问题。因此，面对日益增长的农村基础设施需求和捉襟见肘的财政收入之间的矛盾，乡镇政府或者采取大幅减少农村基础设施的供给，或者通过集体经济组织向农民集资摊派筹集农村基础设施建设资金，但这种摊派又会诱发增加农民负担造成取消农业税后的改革陷入"积累莫反之害"的"黄宗羲定律"的怪圈。同时，由于政府涉农部门在公益性和经营性之间定位不清晰，导致对那些无利可图的纯公共服务和公益性服务，如农田水利建设、农村道路、水电气等基础设施建设则不愿过多涉及，能躲即躲，实在躲不掉，则以"最次竞争"为准，不求最好，但求不最坏。同时，现阶段等量资本投资于城市交通运输、电信、工商业等行业获得的显性回报远高于投资农村基础设施建设，另外，投资城镇基础设施通过"面子工程""形象工程"获得的政绩宣传效应也远远高于农村，因此，政府在政绩驱动下也缺乏投资农村基础设施的内在动力。以上这些原因综合起来致使农村通过基础设施建设这一途径从中央政府得到的财政再分配和转移支付较少。对于农村集体经济组织而言，2006 年，国家全面取消了农业税。自此以后，绝大多数农村基层组织失去了内生的收入来源，只能依靠国家财政转移支付维持基本运转并发挥职能。根据 2011 年农业部、监察部印发的《农村集体经济组织财务公开规定》（农经发〔2011〕13 号），集体经济组织收入构成包括集体经营性收入、发包及上缴收入、投资收入、财政补助收入、征地补偿收入、救济扶贫收入、社会捐赠收入、资产处置和其他收入。同时，由于大多数农村缺乏产业支撑，集体经济组织无经营收益或者经营收益较低的占绝大部分，农村"空壳化"现象严重，根据农业部 2016 年的统计数据显示，在统计的 55.9 万个村中，村集体没有经营收益或经营收益在 5 万元以下的"空壳村"有 41.8 万个，占总村数的 74.9%，这些空壳村仅靠从各级政府部门转移的经费维持基本的组织运转，部分村庄还不同程度地存在着债务化解等问题。因此，经济力量薄弱的农村集体经济组织无力开展高投入的农村基础设施建设项目；另外，在家庭联产承包责任制下，大多数传统农区长期分户经营，农户与集体经济组织在经济利益上缺乏统一性，同时，集体经济组织的组织能力、组织力量大大削弱，对农户的约束力也大大降低。因此，集体经济组织也很难再像家庭联产承包责任制以前那样组织群众大规模开展农田基本建设，这些因素都影响到集体经济组织作为主体提供公共服务和公共产品的供给。对于广大农民而言，单个农民缺乏营建大型干渠、水库、道路、泵站等农村基础设施的能力，另外，由于农村基础设施具有明显的非竞争性和非排他性的公共物品特征，多户农民、整村农民甚至多个村的农民都可以使用，同时，建设起来的农村基础设施产权归属不清晰，无法进行市场化的收费操作，致使单个农户的回报不足以弥补投资基础建设所带来的成本，这也就造成了农民缺乏动力营建农村基础设施。

在理论界，关于农村基础设施建设的投资主体问题也存在着激烈的争议。郭伟和曹琳剑(2009)认为，农村公共服务设施属于准公共物品或纯公共物品，由于具有非排他性、非竞争性及收益外溢性的特点，使私人供给缺乏效率和利益驱动力，故主要依靠中央和地方各级政府提供。张红宇等(2013)也认为，多数农业基础设施正外部性强，作为公共产品或准公共产品，需要政府加大投入力度加以改善。曾长福和林鹰漳(2007)认为，在乡村基础设施投入问题上，市县政府、乡镇政府以及农民(其代表为村委会)都根据自己的理性进行博弈，而博弈结果是乡镇政府最终倾向于继续收费，农民被动交纳。藏一哲(2014)认为，应针对不同类型的基础设施，在详细分析其获利能力之后，采取不同的投资模式。对于能够推向市场并获利的项目，应采取市场化方式运作；对于短期获利不明显的项目，各级政府需要通过政策引导和财政补贴的方式来吸引投资；对于没有盈利能力的设施项目，政府应当承担起供给主体的责任。

2. 家庭农场基础设施建设的必要性与投资主体不明的负面影响

农业基础薄弱、农村发展相对滞后、农民收入较低是中国发展所面临的"三农"问题，而土地缺乏适度规模经营以及农村基础设施落后是造成"三农"问题凸显的诸多原因中的重要方面。世界各国的经验表明，要实现农业的现代化，必须要有强大的、发达的和完善的现代农村基础设施与之相配套。因此，良好的农村基础设施是发展土地适度规模经营的重要前提条件。然而，当前我国农业基础设施比较薄弱，虽然国家和政府不断加大对农业的支持，但相比发达国家，差距还是比较突出，致使落后的农业基础设施成为阻碍家庭农场实施土地适度规模的绊脚石。在农村基础设施状况普遍较差的背景下，家庭农场通过农地权利流转交易获得的众多零碎分散的承包地往往也存在着基础设施条件较差的问题，由于农户内部承包地的块数较多，在进行农地权利流转交易时，农户往往是按照"弃差不弃好、弃低不弃高、弃远不弃近"的原则进行操作，致使大多家庭农场流转获得的土地普遍存在着一些地形地貌条件差、交通不便、水源缺失的地块。同时，家庭农场通过农地权利流转交易获得的不同农户的众多地块进行整合后实现土地适度规模经营，这些通过市场化交易获得的承包地的原有基础设施原本只能满足传统小农一家一户的生产经营，却难以满足家庭农场土地适度规模化经营的实际需要，同时，刚集中起来的众多地块之间不仅存在着地块零乱、坡度高低不平，农田水利设施和田间道路等严重缺乏的问题，而且还缺乏统一规划布局，排灌、机耕难度大。故而，亟须家庭农场主根据未来种植的农作物类型等因素，对零碎的、高程不一的地块进行大规模的土地平整，同时，基于家庭农场规模化土地内原有的基础设施状况，对田间道路、排灌沟渠等进行重新规划布置，以更好地满足家庭农场后期生产经营的需要。如果农村基础设施供给主体和投资主体不明确将对家庭农场产生不利的影响，主要表现在以下几个方面。

(1)会影响家庭农场的形成。在决定是否投资家庭农场前，家庭农场主一般会对预计转入的成片规模化土地进行现场探勘、考察，除农民的农地权利流转交易意愿与交易价格等因素之外，成片土地的现有基础设施状况也是家庭农场主重点关注的要素。如果农田现有的基础设施差且基础设施的供应主体不明确，则修建或完善基础设施的高昂成本会全部降落在家庭农场主的身上，导致其前期投资成本大幅提高。例如，重庆人王某在西山村天子寨租赁土地44亩用于兴办家庭农场，40年租期的土地总成本才6.2万元，然而，第一年家庭农场花费在修筑道路、电力设施、挖水塘等基础设施方面的投资却高达40万元。同时，基础设施的修建与完善所花费的时间也将家庭农场集中的成片土地实际投入生产运营的时间大幅延后，使得家庭农场主的投资回收期变长。因此，农田基础设施差，会影响到家庭农场主的投资意愿，进而制约了土地成片流转和实现规模经营。

(2)会影响家庭农场的土地生产经营效益。基础设施投资与农业经济效益之间存在着紧密的正向关系，Mamatzakis(2003)使用对数成本函数对1969—1995年希腊农业公共基础设施投资与农业经济增长的关系进行研究后发现，公共基础设施投资每增加1%，农业生产率上升0.4%。Romeo(2005)运用成本函数方法研究了菲律宾20世纪末期的农村基础设施与农业生产的关系后发现，灌溉基础设施投资每增加1%，农业生产成本降低0.12%。道路基础设施投资增加1%，农业生产成本降低0.71%；电力投资每增加1%，农业生产成本降低0.28%。家庭农场基础设施供应主体不明确，将会导致家庭农场内基础设施呈现有效供给不足的局面。同时，由于农户大多不愿意签订长期土地流转合同，致使家庭农场获得的土地经营期限普遍较短，在流转合同到期后，农户存在着收回土地的可能性。农地产权不稳定以及家庭农场主经济实力等原因，影响了家庭农场主对相关农业基础设施进行投资新建或改造升级的积极性。因此，家庭农场基础设施差的局面如果得不到扭转，将提高生产经营成本，降低农业生产经营效益。

3. 对策与建议

(1)国家投资土地整理项目与家庭农场基础设施配套相结合。中共十六大提出城乡统筹之后，十六届五中全会把新农村建设作为国家战略，其中一个重要内涵就是统筹城乡基本公共品供给，用政府"看得见的手"将农村基础设施建设必需的资金要素"摁"回农村，通过增量注入实现农村要素配置的帕累托改进。家庭农场主体高度重视基础设施建设，优先把资金用于与生产息息相关的农田水利、道路、机械设备等基础设施建设，对可由政府提供的基础公共设施的需求也更加强烈。同时，政府将对农业生产的支持重点放到农业的基础设施建设上，能够为家庭农场等主体的长远发展创造一个良好的外部环境，这就需要政府部门对"三农"的支持应更多地瞄准土地整治和农业基础设施建设等具有普适性和公共性的基础性事业。而土地整理项目是政府支持农村设施建设的重要抓手。土地整理是在一定区域内，按照土地利用规划或城市规划所确定的目标和用途，采用行政、经济、法律和工程技术手段，对田、水、路、林、村等的综合整治、调整改造，以提高土地利用率，改善生产、生活条件和生态环境的过程。为保证土地资源的可持续利用，土地整理会实施各项土地建设工程，具体包括土地平整工程、农田水利工程、田间道路工程和防护林工程。通过土地平整工程，使一个田块内部的高差起伏控制在一定范围之内，实现土地的自流灌排，使田间利于机械化作业；通过农田水利工程，使农田内的排灌工程和设施实现配套；通过田间道路工程，实现农田的路网贯通、四通八达；通过防护林工程，实现防风固沙对农田生态系统的保护屏障。虽然政策上鼓励土地整理项目除中央投资和地方投资之外实行多元化筹资，但是目前来源于新增建设用地土地有偿使用费和土地出让纯收益的财政投资才是土地整理资金的主体，更是涉农土地整理资金的全部。农业基础设施必须具有一定的超前性才能满足农业生产的不断发展。因此，在家庭农场介入前，将家庭农场想要经营的成片土地纳入土地整理项目的范围内，实现家庭农场涉及的土地整理、农用道路、水利等基础设施建设纳入政府公共投资项目管理。通过土地整理项目的统一规划和布局，做到基本农田基础设施的完善，达到"田成方、路成网、树成行、沟渠配套、田块平整"的格局。经过国家投资整理后的这部分土地不再分配给农民，而是先通过小田并大田的方式，将每个田块面积稳定在 20～30 亩，然后由集体经济组织通过市场化交易将适度规模的土地交易到家庭农场主手中。在外业调研中发现，四川省成都市崇州市白头镇三洞村就是采用这种模式实现了家庭农场基础设施建设与土地快速集中的完美结合。政府投资的土地整理项目与家庭农场基础设施配套建设相结合，不仅是政府财政支持现代农业生产发展的重要举措之一，而且能够有效地解决家庭农场发展前期遇到的基础设施难题，降低家庭农场的投资成本。同时，由于投资主体明确，这些基础设施的所有权应该明确界定归政府所有，可以消除家庭农场的土地被征收时，该类基础设施的补偿归属争议问题。2016 年11 月，国家农业综合开发办公室发布《关于土地治理项目计划编报事宜的通知》（国农办〔2016〕49 号），公布了 2017 年及以后年度的土地治理项目计划编报事宜，文件明确指出支持家庭农场、专业大户、涉农企业、农民合作组织等新型农业经营主体直接申报承接建设高标准农田，亩均财政资金投入不超过 1500 元，若家庭农场申报承建的是高标准农田建设项目，自筹资金不得低于中央财政资金的 20%，而涉农企业申报则自筹资金不得低于中央财政资金的 40%。高标准农田的建设内容，在以农田基础设施建设为主的前提下，还可以适当将生产经营所必需的配套设施，如良种育苗、仓库晒场、农机具及配套库房、粮食晾晒烘干设备等纳入建设内容。该政策为国家投资土地整理项目与家庭农场基础设施配套相结合提供了政策依据。政府应在平衡各方利益的前提下，对农田基础设施进行改造，不仅有利于改善家庭农场生产环境，而且有利于减轻资产专用性投入而带来的"锁定"压力。

（2）根据基础设施的属性划分合理确定投资主体。根据物品的竞争性和排他性的特征，萨缪尔森将物品分为纯私人物品与纯公共物品，然而，美国经济学家布坎南曾指出"有这样的物品和服务，它们的消费包含着某些'公共性'，在这里，适度的分享团体多于一个人或一家人，但小于一个无限的数目。'公共'的范围是有限的"。这种介于纯私人物品和由国家提供的纯公共物品之间的产品和服务就是俱乐部物品（club goods），布坎南认为他的"俱乐部物品"能够涵盖从萨缪尔森的纯私人物品到纯公共物品的所有情况。显然，俱乐部物品既和私人产品相区别又不完全等同于公共物品，属于一种准公共物品。因此，家庭农场涉及的基础设施项目应该合理确定每类基础设施的类型，进而科学确定项目投资主体。对于作为蓄水的大中型水库、作为引水的大型干渠等，这类基础设施项目能够提供跨区域服务、服务人数众多，一般而言，一个人的消费使用不会影响其他人的消费使用，且不会影响到其他人消费使用的数量和质量，因此，这类基础设施项目具有明显的纯公共物品特征，况且这类项目工程量大、投资数额巨大，可以采取政府投资建设、政府所有、企业经营的思路；对于连接村庄到某一方向农田的主干道路、服务某片区域的抽水泵站(泵房)和沟渠等，这类基础设施能够服务数个集体经济组织的全体村民或者较大部分农户，则具有明显的"俱乐部物品"特征。因此，所有受益群体都应该属于"俱乐部成员"，根据"谁受益，谁付费"原则，在全体"俱乐部成员"间根据各自的受益多少通过集资的方式解决，或者由代表全体成员利益的集体经济组织负责提供；对于家庭农场范围内的毛渠(沟)、水井、生产路、粮食烘干房、晾晒场等，由于家庭农场经营的土地面积往往有数十亩，甚至数百亩、上千亩，在家庭农场经营期限内，这些基础设施专门服务于家庭农场的生产运营，纯私人物品性质明显，因此，应该由家庭农场主作为主要的投资主体，这类基础设施的产权归家庭农场所有。根据家庭农场基础设施类型划分科学确定投资主体，能够扭转基础设施供给主体不明确的局面，同时，实现基础设施的投资主体由单一依赖政府投资向多元主体合作投资的转变。

第二节　家庭农场正常运营阶段的冲突类型及解决机制

(一)家庭农场生产经营利润的分配问题

1. 家庭农场主利润分配不均可能导致的问题

(1)家庭农场主与集体经济组织之间的利润分配。在家庭联产承包责任制下，无论是家庭农场主利用自有土地，还是通过与农民进行农地权利流转交易获得的承包地，家庭农场主只是拥有债权性质的土地经营权或者物权性质的土地承包经营权，土地所有权仍归集体经济组织所有，那么，在家庭农场正常运营期间，家庭农场主每年从事农业规模化经营获得的利润是否应该分配一部分给集体经济组织是值得思考的问题。如果集体经济组织能够参与家庭农场的利润分配，这无疑是给家庭农场增添了一笔经济负担，摊薄家庭农场主应得的利润，同时，参与利润分配的比例也是一个棘手的技术性问题。如果集体经济组织不能参与家庭农场的利润分配，那么家庭农场的存在和发展对于集体经济组织而言没有任何经济利益，集体经济组织在服务于家庭农场土地集中、协调处理家庭农场主与农民的纠纷矛盾等方面的积极性会大幅降低，也激发了部分村干部通过变相施压等手段迫使家庭农场主交纳部分"年费"或"管理费"以满足其经济利益的需求。尤其在家庭农场主不属于集体经济组织成员的情况下，家庭农场对作为集体经济组织代表(村干部)的权威的依赖更加明显，如果家庭农场主拒绝村干部或明或暗提出的利益诉求，那么村干部难免会给家庭农场主制造一系列麻烦或难题。例如，村干部会鼓动相关村民要求家庭农场主涨租金或者不再续签土地合同；村干部会对村民偷盗家庭农场农产品的行为持不管不问的态度；村干部会怠慢家庭农场主请求协助向政府申请烘干房、仓库用地等农业设施用地；怠慢家庭农场主使用集体经济组织的泵房抽水灌溉等事宜。通过这些举措迫使家庭农场主答应支付相应比例的利润给集体经济组织，甚至直接将家庭农场主赶出集体经济组织，由本集体经济组织成员取而代之。

(2)家庭农场主与农户之间的利润分配。家庭农场主与农户通过签订农地权利流转交易协议建立起了契约关系，站在理性人的角度，农户试图通过农地权利流转交易从家庭农场主手中赚取最大化利润的心态是正常的，由于家庭农场集中经营的土地面积较大，土地成本是家庭农场主面临的重要成本之一，家庭农场主对农地权利流转交易价格的涨跌是异常敏感的，因为这直接影响到家庭农场经营的利润状况。然而，家庭农场主必须异常关注农户的利益诉求，否则，农户可能会选择在家庭农场正常运营期间毁约索回土地或者在短期协议期限届满时选择不再续签合同，成为家庭农场正常运营期间的"钉子户"，进而导致家庭农场前期介入阶段集中起来的成片土地面临着破碎或瓦解的可能性。土地是家庭农场的核心生产要素，如何保障参与农地权利流转交易农户的权益，成为制约家庭农场能够走多远的关键所在。在正常运营阶段，家庭农场主为了达到规模化经营已经在基础设施、农业机械、培训学习等方面投入了数额不菲的成本，此时，家庭农场主与农户围绕农地权利价格的博弈处于一定的被动状态，甚至是劣势状态。但是如果家庭农场主过分迁就农户的涨价诉求，将导致家庭农场不堪重负，最终面临被动倒闭或者主动退出的局面。

(3)家庭农场主与其他投资者之间的利润分配。通过农地权利市场流转交易获得成片集中且期限稳定的土地资源，家庭农场主需要支付大笔的用地成本，同时，家庭农场的土地平整、基础设施完善、农机购置、农资采购、劳动力雇用等也需要投入大量的资金，且投入期限较长；同时，与传统农户相比，家庭农场的流动资金需求量更大，按照目前粮食作物生产每亩 1000～1500 元的投入，其中，土地租金一般每亩 500～1000 元，农资投入 500 元，经营 100 亩的土地的家庭农场主就有 10 万～15 万元的流动资金需求，经营 200 亩土地的家庭农场主就有 20 万～30 万元的流动资金需求，由于自身资金积累不足，大多数农户发展家庭农场需要通过民间借贷、银行贷款等多种渠道筹集资金。然而，除亲戚朋友的短期无息借款之外，家庭农场主获得一定数额资金的长期使用权，就必须支付给投资者合理的报酬(资金使用费)，否则，投资者宁肯把资金闲置，也不愿意借贷给家庭农场主使用，这不利于家庭农场主快速有效地筹集到生产经营所需的发展资金。同时，投资者会在不同行业间进行投资报酬率对比，如果从家庭农场获得的投资报酬率明显偏低，投资者不仅会缺乏将资金长期借贷给家庭农场主的经济动力，而且即使已经将资金投入也会寻找各种理由将资金抽走，相反，如果让家庭农场主面临高额利息的民间借贷或者银行贷款，则会让"高利贷"吞噬农业生产经营本已微薄的利润，这对家庭农场的长期稳定可持续发展是十分不利的。因此，家庭农场如何长期使用借贷资金是必须关注的一个重要问题。

2. 家庭农场利润分配应遵循的原则

(1)按劳分配与按生产要素分配相结合。《中华人民共和国宪法》第六条第二款规定"国家在社会主义初级阶段，坚持公有制为主体、多种所有制经济共同发展的基本经济制度，坚持按劳分配为主体、多种分配方式并存的分配制度"。其中，"多种分配方式并存"就是指除了按劳分配，也允许资金、土地、技术、信息、管理、劳动等生产要素参与收益分配。按生产要素分配是指生产要素的所有者或占有者按其投入社会再生产过程的生产要素获取相应收入，或者说是指凭借生产要素的所有权或占有权获取收益。家庭农场是在传统小规模农户基础上发展起来的新型农业经营主体，在"小规模"向"适度规模"转变的过程中，家庭农场的发展受到土地、资金、技术、信息等生产要素匮乏或不足的掣肘。例如，在土地方面，自有土地少且零碎，成片集中的规模化土地需要从集体经济组织或其他农户通过流转交易的市场化手段获取；在资金方面，普通农户的少量自有资金往往不足以应对发展家庭农场的大量资金需求，资金不足部分需要从其他单位或个人借贷。家庭农场土地适度规模化经营就是要追求劳动、土地、资金、技术等生产要素的合理优化配置，如果家庭农场主仅仅拘囿于自己家庭拥有的生产资料而不借助于其他单位或个人，这种故步自封无疑将导致家庭农场培育和发展的失败。然而，要想借助其他单位或个人的生产资料实现土地适度规模化经营，就必须认可其他单位或个人凭借生产资料的所有权或占有权参与利润分配，否则，生产资料所有者或占有者的经济利益就无法得到体现。

(2)利益均衡性。在家庭农场的培育、产生和发展过程中，涉及政府部门、家庭农场主、集体经济组织、流转交易出农地权利的农户、其他投资者等众多权利主体，不同权利主体的利益不仅应该得到充分的重视，而且其所获得的利益程度也应该达到一种合理均衡的状态。对于政府部门而言，发展家庭农场不仅是上级政府部门分派下来的任务，而且也事关地区社会经济发展与国家粮食安全大局；对于家庭农场主而言，投身于家庭农场事业想要获得"体面"的收入，如果家庭农场主获得的收入低于其外出务工的收入，甚至低于当地农村平均劳动力收入，那么，一般农户根本不会考虑涉足家庭农场事业；对于集体经济组织而言，在家庭农场发展过程中，集体经济组织的土地所有者地位也应通过各种途径加以体现，否则，集体经济组织的积极性将难以调动起来，不利于家庭农场的土地集中的快速实现以及纠纷冲突的快速解决。对于其他投资者而言，由于具体生产方式不同，各投入要素对产出的边际生产力就有所差别，导致各投入要素参与收益分配的结构和比例也相应地有所差别。因此，不同投资者依据他们投入的生产要素对家庭农场产出的贡献来进行利润分配应该是合理和有效的。

(3)动态调整。家庭农场土地适度规模化经营过程中，不同主体之间的利润分配关系与比例不是一成不变的，而是随着家庭农场的内部和外部环境变化的一个动态调整过程。对于流转交易出农地权利的农户而言，随着社会发展和生活水平的提高，农地所蕴含的价值也会随之提升，那么，农户参与农地权利流转交易的利益诉求也会转变，考虑到将家庭农场主与农户打造成紧密的利益共同体的要求下，以维持家庭农场经营成片土地之地权关系长期稳定，农地权利流转交易价格应该动态更新且呈逐步提高的趋势；同时，随着时间的推移以及生产力水平的提高，不同投资主体投入的生产要素对家庭农场的产出贡献度也会发生较大改变，那么，原有的利润分配格局就应该随之发生改变或调整。同时，不同主体参与收益分配的方式也不应拘泥于单一方式，应该创新收益分配方式，使投资者能够通过多种途径参与家庭农场土地适度规模化经营的增值收益分配。

(4)积累与分配并重。家庭农场土地适度规模化经营所要求的土地、资本、技术、劳动力等生产要素的优化组合配置状态的达到不是一蹴而就的，而是随着家庭农场的逐步发展壮大逐步达到的。农业利润的形式可能是现金或实物收入，现金收益可能用于家庭的食物、衣服、住房等经济(物质)消费，一些利润可能会回到农场(或投资于其他业务)，或者根本没有消费(留存起来)。因此，家庭农场经营所获得的利润不仅应在不同投资主体间科学合理分配，而且也应该提取部分资金作为留存收益，用以满足家庭农场扩大再生产经营活动的资金需要，通过不断的积累发展逐步实现各生产要素最佳组合进而提高获利能力，同时，提取留存收益还可以保证家庭农场有充足的资金用于偿还债务，以保护债权人之权益，也可以作为家庭农场遭遇自然或市场风险时的储备资金以支付用地成本等各项开支。然而，如果家庭农场提取的留存收益过高，会削减投资者的获利数额，造成家庭农场融资能力下降，进而损害家庭农场的可持续发展。因此，家庭农场妥善解决好短期利益与长期利益的关系，兼顾各方利益，科学安排经营利润在分配与积累两者之间的比例关系。

3. 家庭农场主利润分配的思路设计

(1)家庭农场主与集体经济组织之间的利润分配。家庭农场是以土地适度规模化经营为载体追求利润最大化的农户生产企业，家庭发展农林牧副渔生产获得的经营利润属于家庭农场主及其投资者所有。集体经济组织是否能够参与家庭农场的经营利润分配，要分多种情况来具体分析：第一，以土地生产要素参与家庭农场的经营利润分配。如果家庭农场使用的土地是自有土地和通过整合众多农户分散零碎的土地获得的，则集体经济组织无权参与家庭农场经营利润的分配；如果家庭农场使用的土地包括机动地、"四荒地"等集体经济组织所有或者依法归集体经济组织使用的土地，集体经济组织可以通过入股等形式参与家庭农场后期经营利润的分配。同时，由于家庭农场前期介入阶段和正常运营阶段，存在部分农户不愿意流转交易农地权利或者中途违约、不续约等情况，这都会对家庭农场经营土地的整体成片造成影响，此时，集体经济组织可以介入将农户的承包地与集体经济组织的机动地进行互换，这样既化解了"钉子户"问题，又满足了家庭农场土地成片集中的迫切需要，还能使集体经济组织以土地参与家庭农场经营利润的份额分配。第二，以信息提供和服务协调等参与家庭农场的经营利润分配。与传统农户的小规模经营相比，家庭农场在土地规模化集中(提供农地权利流转交易信息)、农地权利流转交易纠纷处理(居中协调、调解)、配套建设用地的申请(配合与服务)等方面均离不开集体经济组织这一虚化土地所有者的身影。因此，虽然服务于家庭农场也属于集体经济组织的一项本职工作，但是缺乏经费以及利益的激励是很难调动集体经济组织的积极性的，故而，建议在不增加家庭农场经费开支的前提下，根据每个集体经济组织内部家庭农场等新型农业经营主体的数量和经营规模情况，由政府专门下拨给集体经济组织相应数额的经费，这笔经费专门用于集体经济组织服务家庭农场等新型农业经营主体的各项经费开支，并实行财务公开，接受家庭农场主等新型农业经营主体以及广大村民的监督。

(2)家庭农场主与农户之间的利润分配。家庭农场土地适度规模经营的实现离不开众多农户的广泛参与，农户为家庭农场提供了土地这一重要的生产要素。基于家庭农场集中起来的规模化成片土地的地权稳定性考量，这就要求通过在家庭农场与农户之间建立起紧密的利益联结机制以维持两者之间长期稳定的农地权利流转交易关系，其中，紧密的利益联结机制就意味着农户不仅要获取一定交易方式下的农地权利流转交易收益，而且还应参与家庭农场经营利润的分享。对于选择将农地权利流转给家庭农场的农户而言，农户不仅能够获得应有的农地权利流转收益，而且能够根据当地的物价水平、银行存款利率、家庭农场实际经营状况等因素，建立起农地权利流转收益定期动态调整机制，此时，农户通过定期不断累积上涨的土地租金参与到家庭农场经营利润的分享中来，但这种参与和对租金的索取应该在一个合理的框架下进行，否则，新型经营主体将缺乏发展的动力，其投资行为也将是短视的；对于选择将土地入股到家庭农场的农户而言，农户实际上成为家庭农场的正式股东，股东以土地承包经营权投资家庭农场的目的就是获得利润，农户可以获得入股分红，且入股分红数额具有保底性，即不能低于某一临界值或者某一收益范围。同时，农户还可以根据入股土地的价值量占家庭农场资产总量的比例再参与经营利润的分配，这样就可以形成"入股分红+保底分红+利润分红"的利益分配机制。对于选择土地退出的农户而言，退地农户可以选择获取一次性的货币收益，也可以选择将土地退出收益投资到家庭农场，根据投资额的大小参与家庭农场经营利润的分享。同时，农户可以在货币、实物、"实物计租，货币兑现"等多种结算方式之间进行自由选择，以保证农户农地权利流转交易收益最大化。

（3）家庭农场主与其他投资者之间的利润分配。对于投身家庭农场创建事业的普通农户而言，他们身兼劳动者、投资者和经营者等多重身份，在面临发展资金不足的情况下，他们又成为资本市场上的融资者。投资者以追求利润最大化为目标，因此，家庭农场主要想从其他单位或个人手中融得一定数额的资金，必然要为获得该笔资金的使用权而让渡一部分经营利润为代价，投资者通过利息或分红等形式参与家庭农场经营利润的分享。由于与工业和服务业相比，农业天然属于弱势产业，存在着风险大、效益低、资金周转和投资回报慢等特点，金融机构一般不会选择从事农业领域的生产经营主体作为贷款对象，另外，金融机构也不会因为融资对象是家庭农场而降低贷款利率。因此，家庭农场就必须按照规定的贷款利率支付相应的利息给金融机构；由于从金融机构融资存在着贷款难、额度小、手续多等问题，家庭农场主也会选择通过民间借贷的方式获取资金，并按照借款合同约定的利率标准支付利息给债权人。利息在本质上是利润的一部分，是利润的特殊转化形式，是家庭农场主使用金融机构或其他债权人的资金发挥生产运营职能所产生利润的一部分。对于以资金直接入股家庭农场的单位（个人）或者家庭农场土地证券的持有者，家庭农场与这部分投资者之间形成"股东关系"，这部分投资者基于股东资格而享有从家庭农场获取经济利益并参与经营管理的权利，在家庭农场弥补亏损和提取法定公积金之后，他们按照持有的股份比例参与家庭农场的利润分配，以获取相应的分红收益。

综上所述，家庭农场通过生产经营获得的经济利润，应该科学合理地在家庭农场主、集体经济组织、农户及其他投资者间进行分配。具体而言，应根据不同利益主体的土地、资金、技术、劳动力等投入情况，详细地界定不同状况下能够参与收益分配的利益主体数量及其获得收益的比例或测算方法，并在合同中加以明确。

（二）家庭农场土地被依法征收的补偿收益分配问题

发展家庭农场有赖于经济高速增长下大量农民非农产业转移所带动的土地流转，而中国经济的高速增长，靠高速的工业化和快速的城镇化两个引擎拉动，土地更是成为这两个引擎的发动机。以征地制度为核心的独特土地制度，是支撑这一经济高速增长的重要制度。根据《中国城市建设统计年鉴》显示，2001—2016 年，全国累计征收土地面积为 26850.28 平方千米，其中，耕地面积为 11969.68 平方千米（合计 0.1795 亿亩），占全国耕地面积的0.89%。有关研究表明，我国城镇化水平每增加 1 个百分点，城市建成区面积将扩大 1056

平方千米，耕地减少 615 万亩。根据中共中央国务院印发的《国家新型城镇化规划》和中国社会科学研究院发布的《城市蓝皮书:中国城市发展报告 No.8》，2020 年、2030 年中国城镇化率将分别达到 60% 和 70%，意味着届时耕地将分别减少 0.3216 亿亩和 0.9366 亿亩。随着家庭农场数量的逐渐增加与经营耕地面积的不断扩大，与快速城镇化相伴随的土地征收区域不可避免会和家庭农场土地规模化经营的范围相交叉或产生重叠，尤其是在一些特定的地带(如城郊的)土地被征收的进程加快，大大提高了家庭农场主无法长期租种土地的风险。

土地征收会给家庭农场的后期生产经营带来或多或少的影响，甚至直接导致其土地全部被征收而消灭。目前土地征收的补偿安置实践中，未见有地方政府在土地征收补偿安置方案公告中提出对土地经营权主体进行补偿，土地经营者作为土地征收补偿对象的法律地位不明确。在土地承包权和经营权主体不是"合二为一"的情况下，根据外业调查的结论，土地征收补偿中关于地上附着物和青苗的补偿归属存在的争议一般不大，政府将地上附着物和青苗补偿直接发放给土地经营权主体。存在争议和矛盾纠纷的主要有两个方面:第一，家庭农场主作为土地的实际经营者在土地经营过程中为改良土地投入了大量人力、物力和财力，政府的土地征收行为直接造成家庭农场的部分土地丧失或者全部丧失致使经营活动中断，此时，家庭农场主无法收回前期投入并获得收益，未来生计遭到损害，理应得到合理补偿。但是在目前的土地征收补偿中，土地投入损失这一块很难得到具体衡量和测算。第二，家庭农场经营的规模适度、集中成片土地是通过对家庭农场主作为集体经济组织成员分得的承包地和市场交易获得的大量分散零碎承包地进行有效汇集、归并和整合实现的，具有涉及权利主体众多、权利类型多样的特征，故而，家庭农场经营的土地被征收时将面临着复杂的补偿收益分配问题。其中，问题的核心和关键是所有权、承包权和经营权分散在集体经济组织、农户和家庭农场主 3 个不同的主体手中，前两者参与征地补偿收益分配的法律地位已经确立，然而，对于拥有一定年限经营权的家庭农场主是否应该参与征地补偿收益分配，应该获得多少征地补偿收益分配均不明确。因此，研究家庭农场土地征收补偿问题有利于消除因权利关系错综复杂所诱致的众多利益主体之间的收益分配矛盾和冲突，打消有志于投身家庭农场事业农民的疑虑与担心，具有重要的理论意义和现实意义。

1. 家庭农场土地征收的影响

家庭农场所需的土地应满足 3 个基本条件:集中成片、规模适度、期限稳定。因此，家庭农场主在集中适度规模土地过程中面临着大量的信息收集、众多回合的谈判协商、高额的资本投入等。然而，家庭农场主经过千辛万苦集中起来的土地在生产运营过程中同样存在着丧失的风险，如因自然灾害土地毁损而丧失、因农民中途违约索回土地而丧失、因国家强制性的土地征收而丧失等。其中，土地征收是家庭农场主依法必须接受、可以获得经济补偿且未来发生频率相对较高的一种土地丧失类型。根据征收地块的形状特征，土地征收可分为点状征地、线状征地和面状征地，不同征地形状对家庭农场后期生产经营的影响存在着较大差异。在点状征地情况下，征地项目主要包括移动通信基站、高压电线杆、风力发电杆等，具有单个点位征地面积小、波及农户少等特点。点状征地看似在家庭农场成片集中的土地上设置了一个小小的障碍物[图 6-4(a)]，一般对家庭农场后期生产经营造成的影响甚微。但是，如果点状征地的点位密度越大、分布越凌乱[图 6-4(b)、图 6-4(c)]，会使家庭农场的土地变得越来越不适宜于机械化耕作，并导致其后期生产运营成本的增加。

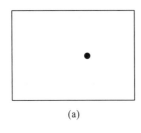 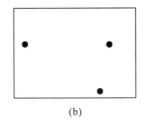 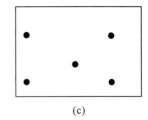

(a)   (b)   (c)

图 6-4 点状征地

在线状征地情况下，征地项目主要包括公路、铁路、输水工程等，征收地块具有均匀狭长、沿线波及农户较多、单个农户被征地面积较少等特点。线状征地像在家庭农场成片经营的土地上画了一条分割线，将家庭农场经营的土地分割成两个相对独立的组成部分。如果线状征地越靠近家庭农场经营土地的一侧边缘[图 6-5(a)]，家庭农场另一侧土地面积较大的组成部分可以继续维持规模化生产经营；如果线状征地越靠近家庭农场的中心位置[图 6-5(b) 和图 6-5(c)]，则家庭农场经营的土地被均分的程度越高。由于公路、铁路、输水工程等建设项目往往对周边带来的负外部性影响较大，这会造成家庭农场被分割的两个组成部分继续作为一个整体进行生产运营的可能性基本不复存在，然而，相对于家庭农场主现有的资金数量、机械设备台数、劳动力人数等要素而言，单一组成部分的土地规模又缺乏"适度性"。因此，家庭农场主不得不放弃一个组成部分的土地，通过"兼并"周边农户土地等手段扩大另一组成部分的土地规模，以求再次达到适度规模经营的状态。

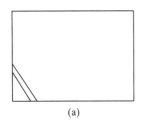 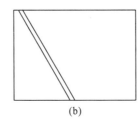 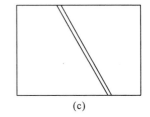

(a)   (b)   (c)

图 6-5 线状征地

在面状征地情况下，征地项目主要包括工业厂房、城市住宅、综合商场、水利水电工程等，征收地块具有不同项目面积差异大、波及农户范围广、单个农户丧失土地数量多等特点。如果面状征地位于家庭农场边缘且面积较小[图 6-6(a)]，则相当于在规模化经营土地的角落"抠出"了一小块，对家庭农场的影响仅仅表现在土地面积的细微变化上。如果面状征地越靠近家庭农场经营土地的中间且面积较大[图 6-6(b)]，则家庭农场剩余地块的形状会沦为不规则的环状，如果再将被征地块用于工业、居住、商业等带来的负外部性影响纳入考虑范畴，则家庭农场剩余土地适宜农业生产的程度将大幅降低。如果面状征地的面积足够大，征收地块会局部超过家庭农场经营土地的边界，甚至将家庭农场经营的土地全部覆盖[图 6-6(c)]，如兴修水利水电工程。此时，家庭农场被完全"吞并"，即使有部分剩余土地也沦为被征地块的"边角料"，家庭农场会因土地征收而消灭。

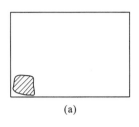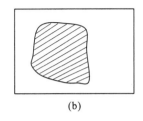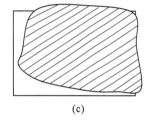

　　　　(a)　　　　　　　　　　(b)　　　　　　　　　　(c)

图 6-6　面状征地

2. 家庭农场土地征收涉及的农地权利类型

在家庭联产承包责任制下，集体经济组织拥有土地所有权，农民拥有土地承包经营权，随着土地承包经营权物权属性的依法确立、土地承包关系"长久不变"政策的实施以及土地承包经营权的流转权、退出权、抵押与担保权、发展权、继承权等内在权能日益受到政府的重视与认可，农村土地实质上形成了由集体经济组织和农民共享产权的格局。国家为了公共利益的需要，可以依照法律规定对土地实行征收或者征用并给予补偿。土地征收在直接导致集体经济组织土地所有权向国家不可逆性转移的同时，征收土地承包经营权，消灭土地上现存的权利，取得了完全没有负担的土地所有权。目前理论界关于土地征收补偿问题的研究主要围绕着两类问题进行：第一，土地所有权和承包经营权的征收补偿标准问题。第二，集体经济组织和农户等主体围绕土地征收产生的收益分配问题。然而，对于家庭农场等新型农业经营主体通过与众多农户进行农地权利流转交易集中起来的规模化土地被部分或全部纳入征地范围时，家庭农场主应获得的补偿标准问题，以及家庭农场主与其他众多农地权利主体之间的收益分配问题，则鲜有学者进行深入系统的研究。

征地补偿标准实质上是政府通过法律途径对土地进行的一种行政性垄断定价，Alchian(1965)指出，所有定价问题都是产权问题。因此，研究家庭农场土地征收补偿标准首先应明确其内部复杂的权利构成。一般而言，家庭农场的成片土地是归属于众多主体的分散零碎地块拼接整合的结果，是通过农地权利流转交易形成的一种契约性合并。家庭农场经营土地在内部权利构成上具有多元性，根据农地权利的归属主体不同分为自有土地和流转交易获得的土地，流转交易获得的土地，根据农民处置农地权利的类型不同，分为流转给家庭农场主的土地和退出给家庭农场主的土地。根据农民选择的流转方式不同，流转给家庭农场主的土地又可以分为出租、入股、转包、互换等。在土地征收时，集体经济组织土地所有权仍然不可逆地向国家转移，而家庭农场主对于不同方式获得的土地丧失的权利类型是有较大差异的，对于自有土地和通过与农民土地退出市场化交易获得的土地，家庭农场主将完全丧失物权性质的土地承包经营权以及农地发展权；对于通过土地流转市场化交易获得的土地，家庭农场主丧失的权利内容以拥有的一定年限内的土地经营权为限。对于农户而言，如果他们采取的是退出方式将农地权利完全让渡给家庭农场主，土地征收就不涉及这类农户的权利受损问题；如果他们采取的是流转方式将一定期限内的农地权利转移给家庭农场主，他们将损失协议期限届满后收回土地经营权的权利以及农地发展权。

3. 家庭农场土地征收的补偿标准及收益分配问题

(1) 集体土地所有权征地补偿标准。目前，政府凭借征地权控制建设用地"增量"来源关口进而垄断土地一级市场，依靠"低价征地，高价出让"形成的价格"剪刀差"为政府攫取源源不断的财政收入。由于这种征地补偿方式缺乏对等的博弈议价机制，造成征地补偿收益分配格局严重扭曲，农民只能从土地用途转换带来的高额增值收益中分配到很小一部分。因此，现行征地补偿制度难以为继、亟待改革。未来，应充分发挥市场机制在资源配置中的决定性作用，即通过对土地制度的彻底改革，放弃国家对城市用地的高度垄断，将土地的供求主要由市场调节。农民能够和地方政府一样成为土地的供给者，土地交易价格由政府定价转变为农民与用地者之间的协商议价。此时，每亩土地的所有权议定价格 (M) 主要包括 3 部分：农地农用状态下的权利价值 (R_1)、农地转用下的发展权价值 (R_2) 和农用转用的各项成本投入 (C)，即 $M = R_1 + R_2 - C$。其中，R_1 是每亩农地未来年限纯收益的资本化，即未来每亩农地每年纯收益的折现值之和；R_2 是每亩农地转为最佳状态下建设用地后的未来每年纯收益的资本化，即未来每亩农地转为最佳状态下建设用地后每年纯收益扣除机会成本（农地农用年纯收益）后余额的折现值之和；C 包括土地取得费、土地开发费和税费等。

(2) 政府、集体经济组织和家庭农场主之间的征地补偿收益分配。在土地征收中，用地单位所要支付的土地出让金已经成为地方政府的重要财政来源。如果政府放弃土地一级供应市场垄断地位将意味着土地财政的终结，如果没有相应的替代机制将导致政府债务偿还和城市基础设施建设等资金来源面临困境。为避免政府利益严重受损进而影响其制度变革的积极性甚至施加阻力，可以通过适当的税收政策安排使政府参与土地增值收益分配；集体经济组织凭借土地所有者身份，按照法律政策规定获得相应比例的土地交易收益分配额。假设政府的税收比例为 δ_1，集体经济组织的收益分配比例为 δ_2，设每亩承包地的承包经营权可以获得的收益为 M_2，则 $M_2 = (1 - \delta_1 - \delta_2) \times (R_1 + R_2 - C)$。土地承包关系"长久不变"，即农民享有的土地承包期无限延长、真正赋予农民无限期的土地承包经营权，因此，M_2 代表的是无限年期下的承包经营权价值。假设家庭农场被征土地总面积为 S 亩，其中，自有土地面积为 Z 亩，通过土地流转获得的面积为 L 亩，通过土地退出获得的面积为 T 亩。由于家庭农场对流转获得的土地不享有农地发展权，因此，家庭农场主对这类土地仅能分配获得剩余合同使用期限下农地农用状态下的权利价值。设 N 为家庭农场主与农户在合同中约定的土地流转年限、n 为家庭农场主通过流转获得土地已使用的年限、r 为折现率。家庭农场在征地补偿时可以获得的补偿数额为 M_3，则

$$M_3 = (Z + T) \times \left[(1 - \delta_1 - \delta_2) \times (R_1 + R_2 - C) \right] + L \times R_1 \times \left[1 + \frac{1}{(1 + r)^{(N-n)}} \right]$$

(3) 不同农地产权交易类型下供地农民可以获得的征地补偿收益分配。农民选择不同类型的农地权利流转交易方式会产生差异化的权利转移结果，进而会在家庭农场主与农户之间

形成不同的征地补偿收益分配格局。第一，在农民选择出租、入股、转包、互换等流转方式时，农户仅仅是将合同约定期限（N 年）内农地农用状态下的承包地转归家庭农场主使用，农户仍享有农地发展权和合同期限届满后的农地使用权。因此，承包经营权征地补偿标准（M_2）扣除家庭农场主剩余合同期限（$N-n$ 年）农地农用状态下的权利价值，即为农民每亩土地被征收可以分得的补偿收益 M_4，则 $M_4 = (1-\delta_1-\delta_2)\times(R_1+R_2-C)-\left(R_1\times\left[1-\dfrac{1}{(1+r)^{(N-n)}}\right]\right)$。

第二，在农户选择土地退出时，退地农户将农地权利彻底让渡给家庭农场主并获得一笔数额较大的退地补偿金，相当于承包经营权的一次性买断。此时，退地农户已与原承包土地之间无任何权利归属关系，因此，无权参与已退出农地的征地补偿收益分配。但是，如果退地农户仍属于集体经济组织成员，集体经济组织分得的补偿收益 $S\times\delta_2\times(R_1+R_2-C)$ 在征地范围涉及的全体农户内再分配时，退地农户可以凭借"成员权"分得相应数额的货币收益。

4. 土地征收补偿收益分配的冲突化解策略

(1)做好家庭农场发展规划与相关规划的衔接，降低征地对家庭农场的影响。各地结合实际编制家庭农场发展规划，确定本区域家庭农场短期、中期和长期的发展目标。家庭农场发展规划不仅应明确未来本地区家庭农场的培育户数、经营的土地面积、发展模式、特色亮点等，而且应根据新农村建设规划和现代农业发展规划，引导家庭农场的发展区域。同时，使家庭农场的发展规划与城镇规划、土地利用规划、环境保护计划、农业产业化布局规划相对应，合理确定家庭农场的适宜发展区、限制发展区，尽可能使家庭农场经营的土地范围位于城乡建设用地规模边界和扩展边界之外，尽量减少与港口码头、机场、铁路、公路、城市公共交通、电力、水利水电等重点基础设施项目征地范围相重叠或相交叉。如果土地征收着实避不开家庭农场的经营范围，应根据不同的征地类型，尽可能降低土地征收对家庭农场后期生产经营的影响。对于点状征地，应尽量降低征地点位落入家庭农场经营土地范围内的密度；对于线状征地，征地线路应尽量位于家庭农场经营土地的边缘；对于面状征地，应最大限度降低征地区域与家庭农场经营土地的重叠范围，并使重叠区域位于家庭农场的"边角"部位。

(2)提高土地征收补偿标准，将家庭农场主因征地的间接损失纳入补偿范围。征地补偿标准应综合考虑农地区位、土地等级、土地利用类型、供求关系、当地社会经济状况、人地关系等因素，充分体现被征土地的市场价格，既要考虑土地的生产性收益，也要考虑土地的非生产性收益。同时，将农民纳入农地发展权的权利主体范围，让被征地农民充分分享城镇化进程中带来的土地增值收益。然而，"市场价值标准"仅限于合同法意义上的"一般损失"或"直接损失"，通常会忽略所有间接损失。因此，土地征收不仅应以市场价值标准对家庭农场被征土地进行补偿，而且还应充分考虑家庭农场因土地征收所遭受的间接损失补偿。在中国，家庭农场主因土地征收遭受的间接损失至少包括 7 个方面：第一，家庭农场因土地征收而破产消灭时，家庭农场主的离职失业损失。第二，家庭农场因土地征收而破产消灭时，家庭农场为规模化经营购买的农机具等折价出售而遭受的损失。第三，与征地工程建设相伴随的人流车流增大、噪声、废气、水质污染等给家庭农场带来的外部性损失。第四，征地工程建设造成家庭农场土地被分割、被设置障碍而造成的生产运营成本升高损失。第五，征地后家庭农场的少量残余土地不能规模化经营和利用而造成的损失。第六，家庭农场投资修建田间道路、农田水利等基础设施而投入的资本。第七，家庭农场经营期间培养地力以达到土地质量提升的投资。

(3) 建立家庭农场规模化经营土地的征收补偿利益分配机制。家庭农场土地适度规模化集中过程中面临着的多元化的农地权利市场处置方式和多样化的融资渠道。因此，在家庭农场土地被征收的过程中，应妥善处理众多拥有不同类型农地权利的相关主体之间的利益分配关系，避免收益分配不清、不公而诱发的利益冲突。首先，在"土地财政"向"税收财政"转变的过程中，应科学确定政府以征地补偿收益为税基的税率标准，避免税率过高而挤占其他农地权利主体的收益分配额度。其次，应依法确定集体经济组织参与征地补偿收益分配的比例和收益用途，避免村干部等的贪污、挪用和挤占。同时，集体经济组织提取收益的对象并非全部指向家庭农场主，对家庭农场自有土地和通过土地退出获得的土地，集体经济组织提取收益的对象为家庭农场主；对于家庭农场通过流转获得的土地，集体经济组织提取收益的对象为土地转出方。再次，由于土地退出伴随着发展权的转移，因此，在有偿退出之时考虑给予这种"农地发展权"补偿。但是应科学确定农民退地价格标准，既确保农民获得充分的经济补偿以调动其退地的积极性，又不至于让主要从事农业生产的家庭农场主提前支付农地发展权价格而导致用地成本大幅攀升。最后，家庭农场所经营的农地权利抵押贷款时，抵押物价值不应简单比照农民享有的物权性质土地承包经营权进行评估确定，而应按照家庭农场主享有的农地权利类型组合情况及相应的面积综合确定。避免家庭农场获得的贷款抵押额度偏高，金融机构行使优先受偿权而损害其他供地农民的利益，或者造成金融机构的不良贷款风险。

(4) 明确家庭农场农地抵押权人(金融机构)的优先受偿权。家庭农场主获得成片集中且期限稳定的土地需要支付大笔的用地成本，同时，家庭农场的土地整理、基础设施建设、机械设备购置、生产资料采购、日常管理运营、劳动力雇用等也需要投入大量的资金。故而，家庭农场发展需要强大的财力支撑。然而，农业生产风险大、保障低，家庭农场主很难获得企业和一般信贷机构的资金支持，资金短缺成为家庭农场持续发展的掣肘。因此，创新家庭农场贷款模式，允许家庭农场主利用享有的农地权利向金融机构申请抵押贷款是破解其资金瓶颈的重要一环。此时，金融机构成为家庭农场相应土地份额的抵押权人。当家庭农场抵押出的土地被征收时，家庭农场主分配获得的相应征地补偿费在性质上属于原抵押农地权利的代位物，金融机构作为抵押权人可在补偿费上代位行使其优先受偿权。征地机关非经金融机构同意，不得将属于家庭农场主所有的补偿金交付给家庭农场主或应为家庭农场主提存，并通知金融机构。如果被担保的债权已届清偿期，金融机构可以直接向征地机关请求给付，未届清偿期，可以向法院请求将补偿金予以保全。

第三节　家庭农场退出阶段的冲突类型及解决机制

(一)家庭农场退出的经济学解释

一般而言，随着土地适度规模集中的实现、农业基础设施的逐步完善、机械设备的购置完备、配套建设用地的审批与兴修等，家庭农场会逐步迈入正常的生产运营轨道，且随着经营时间的推移，家庭农场主的经营经验与应对风险的能力会逐步提高，家庭农场的"资产专用性"也变得越来越高，在一定程度上处于一种"被锁定"的状态，如果家庭农场选择退出农业生产领域，将会导致前期投入的时间精力全部白费、已购买的农业机械将贱卖、基础设施投资难以收回，更面临大笔的土地违约金索赔等问题。因此，考虑到较高的退出成本，家庭农场主不到万不得已一般不会选择退出，而会选择继续维持生产运营。然而，从家庭联产承包责任制下小规模农户经营向家庭农场土地规模化经营的制度演进并非只会遵循一种单向线性的轨迹，即传统小农越来越少直至完全消失，家庭农场等新型农业经营主体逐渐增多直至完全替代传统小农，不仅家庭农场土地适度规模化经营与农户家庭的小规模承包将长期同时并存，而且在制度条件与环境变化的情况下家庭农场主也存在"退守"为一般农户甚至完全退出农业生产领域转向二三产业的可能。家庭农场作为一个积极参与市场竞争的经济主体，面临着市场风险所导致的亏损甚至倒闭等风险，这也是市场经济优胜劣汰的一种正常反映。在美国，每年新成立的农场大约有 70.37 万个，同时，大约有 71.71 万个农场退出，即美国农场每年大约减少 1.34 万个，约占农场总数的 0.67%。这一比例自 1974 年以来，大体保持稳定。在中国，家庭农场退出机制的缺失，使得农民一旦投资家庭农场就似乎处于长期"被锁定"的状态，不利于资源通过市场机制实现合理优化配置，因此，刘新卫(2013)、张学艳(2015)、孔令成、郑少锋(2016)等众多学者均认为，应坚持"可进可退"的弹性原则，建立健全家庭农场准入和退出机制，提高家庭农场主生产经营的积极性和紧迫感，提升家庭农场活力。

根据经济学理论，家庭联产承包责任制下由传统小农向家庭农场转变以及家庭农场逐步扩大土地规模直至实现适度规模经营，这是一种"帕累托改进"；同样，建立家庭农场退出机制，进行优胜劣汰，充分发挥市场竞争机制，使存在严重问题、经营低效的家庭农场退出市场，由拥有丰富的农事经验、较高的农业种养技能以及一定的运营管理能力的农民接管经营，实现生产要素合理流动和资源优化配置，这也是一次"帕累托改进"。家庭农场退出这一"帕累托改进"过程能够很好地用埃奇沃斯盒状图进行阐述(图 6-7)，假设市场上有两个主体：想要退出家庭农场的农户 A(退出者)和想要接手家庭农场的农户 B(受让者)，双方都有两种生产要素土地(L)和资金(M)，I_A、II_A、III_A 和 I_B、II_B、III_B 分别代表退出者和受访者得到 L 和 M 两种生产要素的无差异曲线，且效用依次升高。

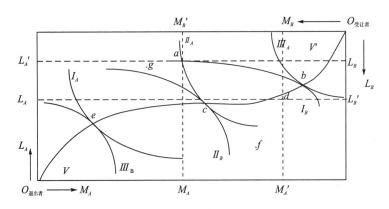

图 6-7　家庭农场土地退出埃奇沃斯盒状图

当且仅当 $\mathrm{MRS}^A_{LM}=\mathrm{MRS}^B_{LM}$ 时，即退出者用资金替代土地的边际替代率和受让者用土地替代资金的边际替代率相等，土地和资金两种生产要素在退出者和受让者之间达到最优配置状态，退出者和受让者的无差异曲线相切点的轨迹所组成的曲线(VV')称为效率曲线，在这条线上的任意一点，都表示 L 和 M 两种生产要素的配置均衡状态。由于退出者的年龄、兴趣、能力等自身原因或国家政策、市场环境等外在原因，家庭农场经营呈现出经济效益不佳的低效状态，而受让者的农业生产技能高、管理丰富、资金实力雄厚，且把握政策机遇和抗市场风险的能力较强，想要投身家庭农场赚取更好的经济效益，然而，却难以获取成片集中的土地以投资农业生产领域。在这种状态下，土地和资金两种生产要素在退出者和受让者之间的配置可以说是无效率的，假设此时 L 和 M 两种生产要素的配置状态如图 6-7 中 I_B 和 II_A 相交的 a 点，退出者或受让者都可以通过交易将生产要素组合点沿着 I_B 或 II_A 无差异曲线向右下方移动，实现在某一方效用不变的情况下另一方的效用增加。当退出者将家庭农场的土地($LA'-LA$)交易给受让者，受让者按照市场价格支付相应数额的货币($MB'-MB$)给退出者，使得生产要素配置状态从 a 点移动到 d 点，此时，退出者和受让者的效用都同时增加，这无疑属于通过生产要素的人际间再配置而实现的一种帕累托改进。

(二)家庭农场退出的形成原因

市场主体退出是指市场经营者因在生产经营过程中出现了阻碍其继续经营的特定事项而主动终止经营或者依法被强制终止经营。相应地，家庭农场退出可分为强制性退出和自愿性退出两种。

1. 强制性退出

强制性退出是指家庭农场经营过程中在准入条件上出现瑕疵或未达到政府部门的考核要求，或者资不抵债被拍卖等被政府部门或司法机构强制性要求终止经营资格，或者政府部门出于公共利益需要征收或者退耕家庭农场经营的土地，致使家庭农场因赖以存在的土地丧失而被动性地退出。具体表现在 5 个方面：第一，准入条件出现瑕疵而退出。各地区政府部门从各个方面设定了家庭农场的准入条件，涉及家庭农场主的户籍、年龄、身体素质以及家庭农场的常年务农最低人数、资金规模、农业知识、农机操作技能等。如果在家庭农场生产经营过程中出现违背准入条件规定的情形，如出现常年雇用其他劳动者、将经营土地转包或转租、经营管理不善等情况，则家庭农场主会被政府归入退出之列。第二，考核不达标而退出。为了不断提高家庭农场的运行效率和质量，上海市金山区、松江区等地区的政府部门围绕茬口安排的科学性、收割的及时性、秸秆是否还田，作物的田间管理精细化程度、农作物产量高低、能否做到"种田"与"养田"相结合、场容场貌的整洁度等方面建立了一套家庭农场考核评估指标体系，并据此对家庭农场的生产经营管理情况进行考核打分，如果考核分数不达标则可能会被强制性地取消经营资格。第三，存在违法违规行为而退出。在政府对家庭农场的监管过程中，发现其存在以下违法违规的情况时，家庭农场主的经营资格也可能被取消：提供虚假资料或存在舞弊行为；挂名农场；违反国家产业政策；严重破坏生态环境；存在重大生产安全事故或者重大质量安全事故。第四，因公共利益需要丧失土地而退出。为了公共利益的需要，家庭农场经营的绝大部分土地或者全部土地被纳入征地范围或者退耕还林(还草、还湖)的范围，此时，家庭农场因土地用途将发生巨大改变而难以维持原有的生产经营状态。第五，在家庭农场因不能清偿到期债务或者资不抵债时，家庭农场主请求法院宣告破产并依据破产程序偿还债务，在家庭农场破产清算完毕后，农业行政管理部门将收回家庭农场主经营资格证书。

2. 自愿性退出

家庭农场经营在客观上存在着衰落的因素，自愿性退出是指家庭农场主基于个人年龄增长、投资兴趣的变化转移或者经济效益达不到预期等原因，主动选择退出农业生产领域。具体有 6 个方面：第一，家庭农场主超过一定年龄段后，精力、体能会下降明显，经营管理家庭农场会愈发显得力不从心，同时，家庭农场"后继无人"或者子女不愿接管父辈产业，从事农业经营，这也是年龄偏大的家庭农场主选择退出的重要原因之一。第二，家庭农场建立并生产运营一段时间后，家庭农场主发现自己并不适合投资农业领域，进而萌发转投其他行业的想法。第三，农业企业的某一项目或产品的失败可能产生"多米诺骨牌"效应，造成农业企业的经营失败，致使连年亏损或者经营利润远远低于家庭农场主的预期，且未来无改善的趋势。第四，家庭农场的主要成员选择退出经营并要求财产分割，导致家庭农场劳动力与土地等生产要素锐减。第五，家庭农场主无法很好地解决生产运营过程中逐步凸显的农地权利纠纷、复杂的利润分配等问题进而萌生退意。第六，由于遭遇冰雹、水灾、风灾、虫灾等自然灾害，给家庭农场带来巨大经济损失，导致家庭农场资金链断裂，进而选择退出家庭农场。

(三)家庭农场退出的冲突类型

1. 家庭农场主与农户之间的利益冲突问题

(1)家庭农场退出的土地违约问题。家庭农场主对自有土地和购买农户退出的土地享有物权性质的土地权利，可以视为家庭农场自有财产的范畴，在家庭农场退出时，这些承包地的相关权益依然归属家庭农场的成员所有，并由其决定继续经营或者依法流转、退出。

对于通过出租、转包、入股、转让等方式流转而来的土地，家庭农场主对土地仅享有合同约定期限范围内的使用权，如果家庭农场退出的时间节点出现在土地流转合同的有效期限范围之内，致使家庭农场的存续期间低于土地流转合同约定的流转期限，则家庭农场主将面临着"毁约退地"的问题，如果农户依据土地流转合同拒绝"毁约"，家庭农场主的"毁约退地"行为将引发土地流转纠纷，如果该问题得不到妥善处理，不仅会助长家庭农场主和农户的单方土地流转违约行为，对未来通过土地流转实现家庭农场土地适度规模经营这一现实路径产生负面影响，而且家庭农场主的"毁约退地"行为会激化与大量农地转出方之间的矛盾与冲突，给农村社会带来不稳定因素。

(2)家庭农场退出对土地承包经营权的处理问题。在家庭农场破产申请受理后，其所有的财产将被纳入破产财产用于偿还破产债务，那么，家庭农场拥有的土地权利是不是全部作为破产财产用以清偿债务，还是要区分不同土地获取方式并进行区别对待？同时，土地承包经营权不仅是一项用益物权，而且还具有特殊的社会保障功能，拥有财产性和社会性双重属性，将家庭农场的土地作为破产财产进行处分后，会导致部分农户丧失土地这一最基本的社会保障，但是土地作为家庭农场最重要的财产组成部分，如果将其排除在破产财产范围之外并退还给农户，那么债权人的利益将无法得到保护。如果土地承包经营权不用于破产债务偿还，应采取何种方式替代土地承包经营权用来偿还债务？家庭农场破产对土地承包经营权处置方式的模糊不清，会影响到家庭农场的外部融资能力以及农户将土地承包经营权流转给家庭农场使用的积极性。

2. 家庭农场主与债务人之间的利益冲突问题

(1)家庭农场性质不清晰而导致的债务承担责任不明确。根据浙江省、天津市、山东省等地区出台的家庭农场登记(试行)办法，家庭农场自愿进行注册登记的，可以依法注册为个体工商户、个人独资企业，也可以选择注册为合伙企业、公司等组织形式。山东省还规定，对于农村家庭成员超过 5 人，可以自然人身份登记"家庭农场专业合作社"。个体工商户、个人独资企业、合伙企业和公司在治理机制、经营决策、出资和债务承担等方面都存在着明显的差异，如果允许家庭农场注册时可以在个体工商户、个人独资企业、合伙企业和公司这 4 种不同性质的民事主体之间进行自由选择组织形式，不仅有失科学性，而且在实践中存在着诸多的不确定性和不可预见的问题。根据《中华人民共和国民法通则》《中华人民共和国个人独资企业法》《中华人民共和国合伙企业法》的规定，个体工商户、个人独资企业的设立人或发起人以其个人财产对债务承担无限连带责任；合伙企业分为普通合伙企业和有限合伙企业，普通合伙人对债务承担无限连带责任，有限合伙人以其认缴的出资额为限对合伙企业债务承担责任；如果家庭农场注册为有限责任公司，公司和出资人或股东对外部债务承担是被限定在特定的范围以内的，公司以其全部资产对外部债务承担责任，出资人或股东以其出资份额或持股比例对公司的债务承担责任。因此，在家庭农场依法申请破产时，家庭农场主体性质的定位模糊，会造成家庭农场成员的债务清偿责任的巨大差异并影响到债权人的利益保护。

(2)家庭农场退出债务清偿次序产生的冲突。在家庭农场退出时，存在的债权人数量往往不止一个，既有民间借贷资金，也有向金融机构通过抵押贷款获取的资金，同时，家庭农场还可能有尚未结清的雇员工资以及拖欠的应缴税款,那么如果采取一般民事执行程序,会造成不同债权人竞向请求对家庭农场的财产强制执行,这有可能导致部分债权人由于未及时提出申请或者未得到消息而得不到偿还或只得到少量偿还,这是显失公平的,因此,在家庭农场退出时,如何保证对家庭农场债务清偿的有序开展且债权人得到公平合理补偿是亟待深入研究的问题。

3. 家庭农场主与集体经济组织之间的利益冲突

由于家庭农场集中成片土地的获得需要固定区域内众多农户的一致性参与才能完成,通过家庭农场主一家一户的协商谈判,不仅工作量大、交易成本高,而且谈判失败的可能性较高。因此,大多家庭农场都需要由集体经济组织和村干部出面协调,才能顺利签订协议,拿到土地。同时,在调研的家庭农场中,存在着部分集体经济组织先将农户的土地集中起来,然后通过招投标等方式再分配给家庭农场主使用,此时,集体经济组织发挥了中介的作用,对农户承担着一定的信誉保证。如果家庭农场在农地权利流转交易合同尚未到期时突然退出,不愿意"退地"的农户会将怨气撒向集体经济组织和村干部,使之处于被动的尴尬局面,并影响到村干部未来群众工作的开展。

4. 家庭农场内部成员间的利益冲突问题

家庭农场"以家庭成员为主要劳动力"是其主要的特征之一,如果家庭农场的成员仅仅是"核心家庭成员"(夫妻及其未婚子女),家庭农场退出获得收益的分配一般不会出现较大的争议。然而,从各地的调查结果发现,多数家庭农场的主要劳动力还包括任何有血缘关系、姻亲关系或法律上的继、养关系的大家庭成员,由于家庭农场的成员组成的复杂化,家庭农场退出决策以及资产处置方案在成员内部很难达成一致;同时,在家庭农场退出时,如果还有尚未还清的债务,哪些成员拥有清偿责任,债务负担的比例是多少?如果在家庭农场退出清偿所有债务后还有财产剩余,这些剩余财产应该采取何种方式、按什么比例在这些成员之间进行科学合理分配?这些都是比较棘手的现实问题。

(四)家庭农场退出的纠纷解决

1. 家庭农场退出与农户间利益冲突的化解

对于家庭农场退出诱发的"毁约退地问题"可以采取如下措施应对。

第一,家庭农场整体转让。家庭农场退出本质上是属于经营者的退出,家庭农场的成片集中土地、机械设备等届时都将处于待处置的状态,因此,应优先通过公开拍卖等途径寻找到合适的专业大户、家庭农场、农民专业合作社和农业企业等作为受让方接手家庭农场,然后,由受让方与农户重新签订土地流转协议,明确双方各自的权利义务关系。

第二,家庭农场整体租赁。家庭农场主将农场的经营权在一定的期间内租赁给其他单位或个人,根据农场的区位、土地面积、基础设施状况等情况,由家庭农场主与承租者协商确定农场的租金水平与支付方式,在这种情况下,家庭农场的土地权利归属以及相关财产的所有权不发生任何改变,流转出土地的农民与家庭农场主的土地合同关系仍然持续,土地流转费用可以由家庭农场主从每年获取的农场租金中支付，也可以由承租者支付，此时，承租者支付农场租金应当剔除这部分土地使用权费用。例如，在四川省成都市崇州市隆兴镇青桥村的一户家庭农场，家庭农场主从村内他人那里转来 7.92 亩土地，并创建起了养殖型家庭农场，但是家庭农场主自己并不从事养殖，而是转手将养殖场地出租给别人用于养猪，自己与承接方一年一签合同。每年从中收取 8 万元的家庭农场出租租金，土地流转成本等则由承接方自己承担。

第三，专业机构托管经营。在通过公开拍卖转让、出租等途径寻找不到家庭农场受让方的情况下，政府应当扮演实施强制力和善后者的角色，引导家庭农场的有序退出和解决农户的生存保障问题以及土地的再流转问题。可考虑由政府部门成立相应的机构对家庭农场进行临时托管经营，在托管运营期间，土地流转费用由托管机构代为支付。

第四，土地流转纠纷调解仲裁或诉讼。在家庭农场转让、出租或托管均不能实现时，应该优先适用调解机制，由家庭农场主与农户双方协商终止农地权利流转交易协议，转出的农地权利重新回归到原承包者手中并由其自行处理，这样不仅不损害双方当事人的合作关系，而且通过调解解决纠纷的成本也是最经济的。当调解不成时，可以进行仲裁或者诉讼，在仲裁或者诉讼时，应以家庭农场主与农户之间签订的农地权利流转交易合同为解决纠纷的主要依据。如果家庭农场退出的原因不属于农地权利流转交易合同中约定的"免责条款"，那么，家庭农场主应当按照合同约定向农户支付违约金，维护正常的农地权利流转交易秩序，不能因家庭农场主已遭受巨额亏损而任由其违反合同约定。

对于家庭农场破产退出时的土地承包经营权处理问题，家庭农场主的自有土地和通过土地退出获得的土地应该被纳入破产财产范畴用以清偿债务，但是当这些土地上设有抵押权时，金融机构可以基于其优先受偿权对抵押财产行使别除权，使其不被列入破产财产。对于家庭农场通过流转而来的土地，如果农户是以出租、转包、转让等方式流转农地权利给家庭农场主，虽然家庭农场主与农户签订的流转合同尚未到期，但是剩余年限的租金一般尚未支付。因此，农户完全可以接受家庭农场主的"退地"要求，进而避免自己的承包地被纳入破产财产范畴，如果家庭农场主预先支付了流转费用，那么这些土地也不能纳入破产财产进行公开拍卖等处分，而仅能够将这类农地权利进行再流转获取的收益用于债务清偿，农地权利流转交易期限届满，土地重新回归原承包者所有。2005 年 1 月农业部颁布的《农村土地承包经营权流转管理办法》中规定"承包方之间可以自愿将承包土地入股发展农业合作生产，但股份合作解散时入股土地应当退回原承包农户"。然而，2017 年12 月修订的《中华人民共和国农民专业合作社法》第四十八条规定"农民专业合作社破产适用企业破产法的有关规定。但是，破产财产在清偿破产费用和共益债务后，应当优先清偿破产前与农民成员已发生交易但尚未结清的款项"。根据"上位法优先于下位法""新法优于旧法"的原则，无论土地承包经营权是否入股法人企业，入股的土地承包经营权直接变成法人财产的一部分，用于投资经营，获得利润，实现资本价值。如果农户将土地承包经营权以作价入股方式流转给家庭农场主，必然导致土地承包经营权这一用益物权转移至被入股单位，则农户以丧失用于出资的土地承包经营权为代价取得家庭农场的股东地位。因此，以土地承包经营权入股的农户应该以出资额为限承担责任，破产清算土地承包经营权，不能为追求农民股东利益特殊、优先保护的政策目标而置法律于不顾，置债权人利益于不顾的做法并非可取。对于学术界担心的诱发农民失地问题，本研究认为，在家庭联产承包责任制下，农户享有的土地是分散的零碎且多块的，入股家庭农场的土地一般不能涵盖家庭的全部土地。另外，农户可以通过多样化流转方式的合理搭配来化解丧失土地的风险，即部分土地入股家庭农场，部分土地采取出租、转包、转让等形式流转，这样就可以避免在家庭农场破产时全部土地都被纳入破产财产范围。同时，在家庭农场破产时，入股的土地承包经营权不能直接抵债或转让，可以赋予农户根据评估价对入股土地承包经营权行使优先购买权，以其个人资产负责清偿相应债务，这样既保护了债权人的合法权益，也使农民的生存保障问题得到了解决。

2. 家庭农场主与债权人之间的冲突化解

明确家庭农场的身份性质与债务承担责任类型。在家庭农场申请破产时，家庭农场的组织形态界定不清楚，不仅影响债权人债务是否能够得到清偿保障，而且如果家庭农场的债务承担无限责任，也使得家庭农场主无法通过申请破产的方式来最大限度地保护自己。因此，应该通过立法的形式明确家庭农场的法律主体性质以避免不同地方实践过程中的定位不准、定位混乱等问题。本研究认为，家庭农场在登记时不鼓励注册为个体工商户、个人独资企业或合伙企业，而应鼓励采用企业法人组织形式，这样给家庭农场投资者提供了一种确定的预期，即在退出破产时对企业债务承担的责任限定在其投资的范围内，不承担无限连带责任。同时，家庭农场破产时债务清偿该按照如下次序开展，在优先清偿破产费用和共益债务后，首先，支付与周边农户已发生交易所欠款项；其次，支付家庭农场雇员的工资及社会保险费用；再次，缴纳税款；最后，清偿家庭农场所欠的其他债务。以债权的设定破产人是否提供了财产抵押担保为标准，可分为有财产抵押担保的债权和无财产抵押担保的债权，设有抵押担保的债权对于普通债权而言享有优先受偿权。在设有抵押担保的债权中，如果家庭农场以机械设备等动产作为抵押的，根据《中华人民共和国物权法》第一百八十八条规定，抵押权自抵押合同生效时设立，但是未经登记，不得对抗善意第三人。如果家庭农场以其建筑物和土地承包经营权及其地上附着物抵押的，应该适用于《中华人民共和国物权法》第一百八十七条规定"抵押权自登记时设立"，已登记的抵押权优先于未登记的抵押权受偿，在登记的抵押权中，按照抵押权登记的先后顺利清偿，如果抵押权登记时间完全相同的，按照债权的比例清偿，如果抵押财产均未办理抵押权登记的，则应按照抵押权人的债权比例清偿。最后，在清偿完全部债务后，如果家庭农场还有剩余资产则在家庭农场成员之间进行分配或者直接作为家庭的共同财产。

3. 家庭农场主与集体经济组织之间的冲突化解

在集体经济组织作为中介方参与到家庭农场土地适度规模集中时，应该将自己的职能定位在服务和协调上来，不参与双方任何的利益分配和收益抽成，以避免在家庭农场退出时因利益瓜葛而被卷入其中。同时，在家庭农场退出时，集体经济组织在家庭农场主和流转农地权利的农户之间应该保持中立的姿态，不能因顾及家庭农场主已蒙受的巨额经济损失，而积极游说农户无条件接受家庭农场主单方面终止农地权利流转交易协议的行为，无偿接受家庭农场主退回承包地，让农户觉得集体经济组织偏袒家庭农场主；同时，集体经济组织也不能完全站在农户的角度，要求家庭农场主承担违约赔偿责任，让广大家庭农场主感到"寒心"。集体经济组织应该积极地协调家庭农场主与农户之间的矛盾，避免双方冲突扩大化；同时，及时发布家庭农场退出以及转让的消息，积极参与家庭农场受让方的推荐与物色，协助家庭农场转让过程中财产清查、退出补偿与分配、债务清偿、受让方与农户土地流转合同的重新签订等各项工作开展。

4. 家庭农场内部成员利益冲突的化解

由于家庭农场的成员构成不仅包括直系血亲的家庭成员，而且包括旁系血亲的近亲属等，故而，家庭农场的成员虽然不用过多的监督，但是在经济利益上有着分化的利益诉求。因此，在家庭农场成立注册登记时，应该明确界定家庭农场的成员构成情况，建立相应的《家庭农场各成员出资清单》，明确家庭农场各成员的出资数额、纳入成片经营的自有承包地数量、投入的机械设备数量及价值，签订《家庭农场成员合作方案》，明确各成员在家庭农场生产经营过程中的职责分工、对家庭农场共同财产享有的权利、经营利润的分配方式、家庭农场债务承担方式等。在家庭农场退出时，各家庭成员以其出资额对外部债务承担清偿责任，如果家庭农场资产全部变价出售都不足以清偿债务，家庭农场成员不承担连带责任；如果家庭农场清偿债务后财产仍有剩余，按照出资额的比例或者合作方案中约定的比例分配剩余资金。通过明确家庭农场成员构成及其"权责利"关系，这样可以避免在家庭农场退出时成员内部之间的财产分割纠纷、利益分割纠纷、债务责任承担纠纷等。

第七章 家庭农场土地适度规模经营的配套政策机制研究

第一节 户籍制度和土地制度关联互动改革，建立起有利于土地适度规模经营的制度环境

长期以来，中国户籍制度发挥着划分城乡人口身份、分配身份利益，制约城乡人口流动、构建城乡二元格局的功能，这种户籍制度与土地制度及其他公共政策的天然耦合关系，阻碍了城乡劳动力及土地等生产要素的自由流动。中国独有的户籍制度成为制约农村劳动力"完全转移"的障碍，致使进城农民在就业方式上呈现"钟摆式迁徙"或"季节性迁徙"的特征，为这种现象提供了一种可能的经济学解释。城镇化的推进以及农村劳动力向城市的非农化转移，是实现农业组织制度创新，尤其是发展家庭农场的基础。然而，现行户籍制度对进城农民存在着诸多政策性歧视和限制，一方面延缓了农民城镇转移的速度，另一方面导致进城农民不愿意放弃土地承包经营权。因此，这就要求改革现行的农地产权制度和户籍制度，将大批过剩的农业人口逐步向城市、向城镇和非农产业转移，使分散和低效率经营的农地通过市场流通向有实力的生产经营能手集中。

在户籍制度方面，应彻底改革现行城乡二元的户籍制度，剥离附加在户籍背后的各种利益，使户籍不能完全等同于集体经济组织成员资格，更不能单纯以此为标准来决定相关人口的切身利益，让户籍回归到真正需要其发挥作用的人口登记和人口管理功能上来。同时，进一步改革户籍制度和完善进城农民养老、医疗等社会保障机制，制定农业转移人口在城市的工作、居住、生活和子女接受教育方面的优惠政策，实现进城农民拥有一份相对稳定的工作、依法纳入城市住房保障体系、子女教育问题后顾无忧、享有可靠的社会保障和医疗保险等公共服务，逐步实现进城农民与城市居民享有大致相同的生活水平。只有坚持"以人为中心"的城镇化战略，逐步实现农民及其家属向市民身份的完全转变，并通过城市社会保障体系替代土地的原有社会保障功能，降低农民对土地的依赖程度，释放出更多的农村土地资源，激活农地权利流转交易市场，才能为家庭农场土地适度规模化经营创造条件。

在土地制度方面，一些学者认为，发展家庭农场就需要对现行的家庭联产承包责任制做彻底的改变，实现土地私有制，这样才有利于家庭农场土地适度规模集中的实现，才有利于家庭农场地权的稳定性。然而，英国家庭农场从租赁经营起步的经验告诉我们，家庭农场可以通过土地租赁经营的方式起步，不一定要有私有产权。在坚持土地集体所有制的基础上，通过农地权利流转交易同样能够发展中国特色的家庭农场。明晰而完整的农村产

权制度安排是转变农业生产经营体制的前提和条件。然而，中国土地产权结构含混不清，这既不利于农民集体在土地流转中发挥组织、协调作用，也不利于交易双方形成土地流转的稳定预期，成为制约家庭农场持续发展的重要障碍，这就要做到：①就明晰农地产权关系而言，应重点厘清以下两个方面的关系。第一，清晰界定集体经济组织、农户之间的土地权利边界及其权利内容，破除集体经济组织和农户之间的土地权利与利益分配的双重交织问题；第二，中国的土地使用权安排是基于平等的土地分配和频繁的重新分配刺激而不是在土地租赁市场不完善的情况下阻止迁移。因此，妥善处理好农村土地确权登记颁证与土地承包关系"长久不变"政策的衔接问题，清晰界定农户与集体内其他农户之间的土地权利义务关系，彻底割裂人口变化与土地增减之间的逻辑关系，避免出现山东省邹城市太平镇、湖北省荆州市监利县爱华村等地区发展家庭农场仍面临的土地"五年一调整"的问题。②就完善土地承包经营权的权能内容而言，关键是"还权赋能"，给予农户更充分、更完善、更有保障的土地权能。如果说实现中国农村劳动力"完全转移"的障碍关键在于实施户籍制度改革，农民在转变户籍身份的同时如何退出已占有的农村社区资源，尤其是土地，无疑是户籍制度改革成败的关键。即农民不仅享有对承包地的占有、使用、收益和流转的权利，而且应赋予农民一次性完全让渡土地的退出权，这样能够确保家庭农场等新型农业经营主体获取物权性质的土地权利，降低短期的、不完整的、不稳定的农地权利对家庭农场开展农业的规模化和现代化发展带来的负面影响。同时，明确家庭农场可以用家庭承包获得的土地承包经营权和通过购买农民退出的土地承包经营权向金融机构进行抵押担保融资，破解资金瓶颈的难题。在合法合规的情况下，允许农户将承包地由农业用途转换为非农用途以获取更高的经济效益，或者将农地发展权转让给其他单位或个人以获取收益。同时，应通过完善法律政策的途径，明确家庭农场主对"购买"农民退出的土地享有农地发展权。

　　总而言之，通过土地制度与户籍制度的关联互动改革，使承包经营权、宅基地使用权真正成为进城农民可以自由处分的财产权利，政府再辅之以相应的政策激励机制，即可构建起有利于农村劳动力不同区域间自由流动、农地权利不同主体间自由流转交易和土地适度规模集中的制度政策环境。同时，应逐步剥离农民的"身份"性质，回归农民的"职业"属性，则农村劳动力外流才会伴随着土地的适度集中。促使农民从身份属性转向职业属性，最为核心的是持续提高农民的公共产品和社会保障供给水平，缩减城乡在基础设施和社会福利等基本服务获取上的不平等性。

第二节　建立完善农地权利流转交易市场，创新农地权利流转交易方式，为土地适度规模经营的实现提供平台和通道

　　家庭农场的发展需要以获取适度规模且集中成片的土地为重要前提，家庭农场主在农地权利市场上获得众多农户分散零碎的承包地，然后对分散零碎的承包地进行归并、整合实现土地适度规模化经营。家庭农场主不仅要支付一定数量的现金作为农地供给方让渡承包经营权的代价，而且也要让农地供给方参与共享发展土地适度规模化经营获取的增值收

益,使农地权利供给方和农地权利需求方之间形成"紧密的利益共同体",将两者的利益牢牢地捆绑在一起。然而,现阶段在大多数地方还没有建立完善统一的农地权利流转交易市场,农地权利流转交易尚处于自发、无序的状态,缺乏有效的市场机制和农地权利流转交易的中介组织,这导致农地权利流转交易双方信息不对称,无法建立起顺畅的沟通渠道,致使农地权利流转交易大多在亲戚朋友或者熟人之间展开,无法通过公开市场在更大范围内、更大规模地进行交易。另外,农地权利流转交易价格形成机制尚未形成,存在着交易价格过低、过高相互并存的局面,同时,农地权利流转交易程序不规范,不签订农地权利流转交易协议、口头协议等情况大量存在,即使签订了农地权利流转交易协议,协议格式和内容也都缺乏规范,这不利于农地权利流转交易双方的权益维护。例如,在山东省邹城市太平镇南城村的一户孙姓家庭农场主通过与农户协商流转获得了 80 亩新增土地,但是达成的是口头协议,因为孙姓家庭农场主的工作较忙,没有及时地跟进后续工作,结果 80 亩土地很快被其他农场主给承包走了,该家庭农场主对这件事一直耿耿于怀。所以,发展家庭农场需要建立完善的农地权利流转交易市场,为供求双方提供法律咨询、供求登记、信息发布、中介协调、指导签证、代理服务、纠纷调处等服务。

现阶段,法律政策范畴内承认的农地权利流转交易方式是出租、转包、入股、互换等,对于本研究界定的一次性完全让渡农地权利流转交易方式(土地退出)还没有在法律政策条款中体现。另外,土地退出属于同时让渡承包权和经营权的行为,然而,"三权分置意见"指出,"不论经营权如何流转,集体土地承包权都属于农民家庭,任何组织和个人都不能取代农民家庭的土地承包地位",这种政策的意图就是,无论农民采取何种方式处置承包地,仅仅涉及经营权,绝不会连带造成承包权丧失,以继续维系农地对农民社会保障的"兜底"功能,避免在经济衰退时已丧失承包权的进城农民大量返乡所诱发的农地权利激烈争夺,进而影响社会和谐稳定。这种保守的农地权利流转交易方式是与快速的城镇化进程不相适应的。故而,应该通过修改完善法律条文的方式,对土地退出这种完全让渡农地权利的流转交易方式予以认可,同时,清晰规定土地退出所带来的法律后果以及土地退出价格的确定方式和支付方式,明确农民退出土地形成"资产池"的利用方案,以保证退地承接方能够获取源源不断的可持续性收益。同时,明确集体经济组织在农民土地退出过程中的作用和功能,以及能够参与分配土地退出收益的额度和比例。鉴于如果完全放开土地退出,可能诱发部分农民没有经济条件退出土地导致其未来生活毫无保障这一情况,本研究认为,应该制定出可以退出土地的条件和标准,采取逐步放开的渐进式策略。例如,可以先放开举家外迁的农民群体的土地退出交易。

农地权利流转交易市场是指土地承包经营权这种特殊的商品在流通过程中发生的经济关系的总和,是在政府的监督管理下、中介机构的服务下,土地承包方(供给方)通过出租、转包、入股、转让、退出等方式将农地权利流转交易给其他单位或个人(需求方)。完善的农地权利流转交易市场应该包括服务平台构建、信息网络建设、价格形成机制、金融支撑机制、监督管理机制、纠纷处理机制。第一,服务平台构建。成立三级农地权利流转交易服务平台:县(市、区)农地权利流转交易服务中心、乡(镇)农地权利流转交易服务站、村农地权利流转交易服务点,为农地权利流转交易双方提供信息、咨询、交易场地等服务功能。第二,信息网络建设。农地权利流转交易供需信息的及时收集与发布是市场机制完善的重要一环,在村集体经济组织内部应配备专门的农地权利流转交易信息收集人员和联络人员,同时,建设专门的农地权利流转交易网络,允许个人或单位注册并提交农地权利供求信息,由农地权利流转交易服务平台人员审核确认后对外公开发布,包括农地的位置、面积、质量、价格、基础设施状况、承包人(需求人)及联系方式等详细信息。第三,价格形成机制。农地权利流转交易市场运行得正常与否,关键在于交易价格的科学合理确定,准确反映市场供需关系,并为交易双方所接受。农地权利流转交易价格分为土地退出价格和土地流转价格两种类型,在市场机制建设初期,应考虑由政府部门根据土地的区位、质量、灌溉条件、形状等因素分地区、分地类制定农地权利流转交易价格标准体系,并对该价格标准体系进行定期更新;待市场机制完善后,农地权利流转交易价格应主要由评估机构根据市场供需情况、社会经济状况、地块的实际状态等因素综合评估确定,农地权利流转交易双方参照评估价确定最终的成交价。第四,金融支撑机制。参与农地权利流转交易双方都需要资金的支持,家庭农场主作为农地需求方一次性购入大量农地权利需要巨额的资金支撑,要让农民毫无顾虑地流转和退出土地,金融机构积极扶持农民进城购房、投资创业等事宜,帮助其快速融入城市、扎根落户。第五,监督管理机制。政府管理部门应对农地权利流转交易进行全程监督管理,具体体现在:通过税收、补贴等政策调控农地权利流转交易行为、通过制定标准规范农地权利流转交易行为、通过巡查等政府行为掌握交易农地后续利用的合法合规性等。第六,纠纷处理机制。在家庭农场土地适度规模集中的不同阶段(前期、中期和后期),难免会因为"钉子户"、租金支付、利润分配、债务清偿等问题遇到在家庭农场主、集体经济组织、农户之间产生各种或大或小的矛盾和纠纷,而有效地协调解决农地权利流转交易纠纷,能够促进农村闲置、零散、低效的土地向家庭农场有序流转。因此,当农地权利流转交易双方发生纠纷时,首先适用调解机制,因为调解具有解决纠纷、不损害双方当事人合作关系的好处。同时,纠纷解决成本也最经济。在调解不成时,可以进行仲裁或者诉讼,仲裁或者诉讼应以农地权利流转交易合同为解决纠纷的主要依据。

家庭农场如果依赖传统的一家一户协商谈判的农地交易方式获取适度规模的土地,存在着交易成本高、谈判失败概率高进而诱发"钉子户"等一系列问题,成片集中土地获取的不确定性会影响到家庭农场的整体推进与发展步伐。因此,创新农地权利流转交易方式帮助家庭农场顺利获取成片集中土地显得尤为关键。主要有两种策略:第一,"散户—中介组织—家庭农场"模式。众多分散农户将土地承包经营权交由中介机构负责对外流转交易,由此在中介机构内形成了一个巨大的土地交易"信息池",将众多待交易承包地的权利人、位置、面积、四至边界等信息运用 MapGIS、AutoCAD 等软件进行信息化管理。如果众多待交易承包地刚好集中成块,则由中介机构对外直接交易给家庭农场主,如果规模化的土地上存在少量"钉子户",则由中介机构负责与"钉子户"的沟通与协调。该模式下实际上使中介机构承担起了集中规模化成片土地的职能,然后,再以租赁或者一次性转让的形式将承包地转移给家庭农场主,使家庭农场主能够通过支付一定数额佣金的形式从整合分散农地以实现适度规模集中的繁杂事务中解脱出来。第二,股份化模式。中共中央、国务院印发的《关于全面深化农村改革加快推进农业现代化的若干意见》中提出:"切实加强组织领导,抓紧抓实农村土地承包经营权确权登记颁证工作,充分依靠农民群众自主协商解决工作中遇到的矛盾和问题，可以确权确地，也可以确权确股不确地"。农村土地股份制是在坚持土地集体所有的前提下，把土地产权分解为法律上的所有权、土地股权与经营权。全体农民达成一致性决议将持有的土地承包经营权入股集体经济组织并组建起新的股份合作组织，新的股份合作组织对所有入股的土地进行统一规划、开发，将承包地划分成若干适度规模的田块，然后通过协议或者招投标等形式寻找有志于从事规模化经营的农场主，并将相应区域、相应规模的土地转移给家庭农场主使用。此时，农民的土地承包经营权转变成股权，并基于股权享有收益分配权，家庭农场主获得成片土地的经营权，集体经济组织保持法律意义上的所有者地位。在土地股份制下，农民将土地承包经营权入股后，一方面不能随意单方面退股，另一方面，即使要退出股份索回土地，也只能获得同样股份的土地，而不能索回指定位置的地块，实现了股份与具体土地的相分离，这样就能够避免家庭农场经营过程中农民中途毁约而形成"钉子户"问题，实现了家庭农场主对成片集中土地的长期控制和使用。村集体的权威与对土地的控制权使得农户可以放心地把土地交给村集体对外整体转包而不会担心流转费用。

第三节　内培与外引相结合，培育和壮大家庭农场主队伍，为土地适度规模经营的实现提供"接力军"和"后备军"

农户产权制度完善与土地流转市场的形成必然能促进土地使用权在农户之间或更大范围内流转。激励一部分人向非农业转移，也激励一部分会经营的农户在集中起来的土地上进行规模化经营。在此基础上，培养懂技术、会管理、善经营的家庭农场主就有了现实意义。当前，粮食价格仍然是政府主导型，而生产资料价格却节节攀升，这一矛盾使得农业生产无论在产品竞争，还是资源配置竞争方面，都处于弱势地位，很难获得社会平均利润，甚至连成本也难以收回。因此，在快速城镇化的大背景下，在"农"与"非农"产业之间比较利益的驱使下，农村精英人才不断单向大量涌入城市，农村成了城市人才的"播种机"，城市成了农村人才的"收割机"，致使留在农村并从事农业生产经营的主要是"老弱妇幼"群体(俗称"386199 部队")，这些人不仅不愿意转入土地从事适度规模化经营，而且甚至会闲置抛荒自家耕地。因此，发展家庭农场不仅需要解决"地从哪里来"的问题，而且还要解决"由谁来种田"的问题，否则，会造成"集中成片的土地无人接手"的局面，解决这一问题需要从 3 个方面入手。

(1)应该建立科学完善的家庭农场主选拔机制。家庭农场是从事农业集约化、专业化、规模化、产业化经营的新型农业经营主体，这就对家庭农场主提出了更高的综合素质要求，他们必须是有文化、懂技术及全面掌握生产管理和营销技能的新型职业农民，既要懂化学、生物学、农学等自然学科的知识，又要懂经济管理、会计、法律等人文社会学科等方面的知识。由于家庭农场主的素质不仅在很大程度上决定着家庭农场的盈利状况和可持续发展，而且发展家庭农场涉及大面积的农地权利流转交易并牵扯到众多农户的切身利益。因此，投资创建家庭农场虽然是一种纯粹的个人经济行为，但是政府部门和集体经济组织也应把好选择关，慎重选择家庭农场主，经过事前考察，严格筛选，优中选优。具体而言，可以构建家庭农场主综合素质评价指标体系，包括年龄、性别、学历、外出务工实践、综合技能（会计记账、农机操作等）、管理经验、资金实力等，然后据此对家庭农场主候选人进行一一打分排序，并进行面试考察，最终选择出综合条件优异的人选从事家庭农场土地适度规模化经营，并将那些企图套取国家财政补贴资金而注册的"家庭农场"的家庭农场主拒之门外。

(2) 内培和外引相结合培育家庭农场主。目前，部分地区以政策文件的形式规定家庭农场主必须为本集体经济组织成员，虽然这有利于集体经济组织熟悉和了解每位想要投身家庭农场事业的农民的具体情况，并且能够避免农地权利完全让渡给集体经济组织之外的单位或个人的可能性，但是这个限制性条件具有极强的"身份"色彩，不利于家庭农场主群体的培育和形成。故而，应该放宽家庭农场主身份资格上的限制，允许有能力、有意愿、懂经营、会管理的各类人才投身于家庭农场事业。依托快速城镇化战略的推进实施，实现农村劳动力的合理有序分流，让愿意进入城镇生活并具有良好抗风险能力的农民，转出承包地进入城镇就业，并逐步扎根城镇；让不愿意进入城镇生活并具有较高农业种植水平的农民留在农村，继续发挥他们在农业生产方面的作用，并通过发展家庭农场实现收入水平的提高。同时，农业生产经营并非农民的垄断性职业，应当允许城镇户籍人员投资家庭农场从事农业生产经营，这样有利于形成"城乡互动、城乡共赢"的良好局面。随着培育工作深入开展，一批高素质的青年农民正在成为种养大户、家庭农场主和农民合作社领办人，一批大学生、返乡农民工和退伍军人加入到新型职业农民队伍中，为现代农业发展注入了新鲜血液。据 2015 年对 1.3 万名青年农场主的统计，高中或中专学历占 58.9%，大专及以上学历占 34.7%。因此，家庭农场主的培育应坚持"内培"和"外引"相结合，第一，家庭农场主应优先从集体经济组织成员内培育和发展——"内培机制"。外出打工者、创业者返回家乡重操旧业是投资兴办家庭农场的主要群体，这部分人通过多年在城市打拼，不仅积累了资金、经营管理技能、人脉，而且返乡发展家庭农场足以表明他们有志于投资农业、从事农业生产经营的坚定信念。家庭农场实际上是土地经营面积扩大了的种田大户。因此，帮助种田大户适度扩大土地经营规模实现向家庭农场的顺利过渡，也是家庭农场主培育的重要途径之一。同时，在集体经济组织内一直未离开土地且具有良好农业生产技能的农民，也是家庭农场主的重要培育对象。第二，家庭农场主的培育不应拒绝外来人员——"外引机制"。为引导多元主体、更多资本参与发展家庭农场，家庭农场的经营主体应具有公平的准入机制，对于集体经济组织之外的人员投资家庭农场，如果符合相应的要求，不应有身份上的特殊限制。因此，家庭农场主不仅可以是本集体经济组织的农民家庭，也可以是本集体经济组织以外的农户、城镇家庭，甚至家庭农场可以作为大学生创业对象。例如，德国农业从业人员中，大约 40% 是通过大学培养的。因此，在德国家庭农场中，农场主很多都是具有学位的农业专业人才。根据大学生的来源不同，可以将其分为城市大学生和农村大学生，相对城市大学生而言，本研究认为优先鼓励农村大学生返乡创建家庭农场更具现实可行性。由于农村大学生作为一种特殊群体兼有城市和农村双重身份印迹，这是由中国独特的城乡二元结构下所决定的，他们出生农村对家乡有着深厚的感情，并且了解农村社会运行规则和农业生产过程，人际交往更多，适应能力更强，农村大学生接受过高等教育，熟悉和掌握最新的科学技术、市场动态和经营管理方式，从而使他们对于家庭农场的运营更加得心应手，能够利用项目引导与政策扶持进入城市产业扩散与转移的价值链条之中，进一步推动农村相关生产要素的集聚，促进县域经济的发展。但是应该深入分析农村大学生返乡创建家庭农场的政策现状、政策诉求，针对性地进行政策方案设计，以引导农村大学生返乡创建家庭农场。具体而言：通过设立创业基金、减免部分学费等政策设计，起到鼓励更多有技术、懂管理的大学生返乡创建家庭农场；通过提供贷款扶持、贷款贴息、土地流转补贴、大型农机具补贴、配套建设用地优先解决、农业技术培训指导等政策设计，妥善解决农村大学生返乡创建家庭农场正常运营阶段面临的实际问题；通过优先选拔为大学生村干部以及考研、考公务员和事业单位享受政策性加分等政策设计，消除农村大学生返乡创建家庭农场破产失败或者自愿退出时的后顾之忧。

（3）完善家庭农场的继承制度与退出衔接机制。在家庭农场经营过程中，随着时间的推移，不可避免会出现两种情况：家庭农场主死亡、家庭农场主退出，如果没有相应的针对措施以避免家庭农场"后继无人"，会对家庭农场的长期可持续经营造成冲击和影响。鉴于农民的城镇化转移趋势和非农工作机会的增加，在中国，年龄偏大的农民越来越多地面临着农田继承和使用的问题。在家庭农场中，农场转移通常发生在代际中。因此，家庭农场的生存取决于家庭内部存在着可获得的继承者。Gasson R.、Erringtona（1993）对家庭农场的定义有 3 个：①强调农场的所有权和业务人员手中的经营管理权相结合，其权力受到亲属关系和婚姻关系的影响；②家庭成员为家庭农场发展提供资金支持，家庭农场的人员组成和业务员一起从事农业方面的工作；③随着时间的推移，家庭成员生活在农场，农场所有权和管理控制权在家族世代之间进行传递。可见，代际传承对于家庭农场的长期永续发展的重要性。那么，在已经成立的家庭农场中，最好的模式显然是"子承父业"，家庭农场主引导子女后代回归农业，这样不仅使父辈的经验和技能能够得到很好的传承，而且也解决了家庭农场后继无人的问题。在家庭农场主死亡后，家庭农场可以通过继承的方式顺理成章地转移到子女手中。因此，应该完善家庭农场继承方面的法律法规，明确家庭农场继承的继承人范围和次序、遗产的范围与分割方法，妥善处理家庭农场多人继承导致的土地分割、无人继承导致家庭农场闲置等一系列问题。在家庭农场主选择退出时，应该提前与政府部门、集体经济组织做好沟通，由政府部门、集体经济组织积极物色合适的人选接手家庭农场，也可以由家庭农场主将家庭农场的土地、机械设备等作为一个整体交给中介机构进行交易。最后，通过家庭农场转让的方式实现顺利过渡衔接。

第四节　构建农村新型社会化服务体系，为家庭农场土地适度规模经营的实现提供必需的社会环境

农业社会化服务体系是在家庭承包经营的基础上，为农业产前、产中、产后各个环节提供服务的各类机构和个人所形成的网络，包括物资供应、生产服务、技术服务、信息服务、金融服务、保险服务，以及农产品的运输、加工、储藏、销售等各个方面，内容比较宽泛。社会化服务体系的概念包括两层基本含义：服务的社会化、组织的系统性。从服务的社会化而言，家庭农场属于农业产业，农业本身也分为种植业、林业、畜牧业、水产养

殖业等，家庭农场的建立和发展，不可能在孤立的状态中进行，它与整个社会有着密切的关系。因此，家庭农场生产劳动之外的其他环节都可以归为"社会化"的范畴，具体而言，农业产业领域之外的以及家庭农场经营范围之外的领域，而家庭农场生产经营又需要接受这类服务的，都可以视为"社会化服务"，家庭农场通过接受"社会化服务"而获益。从组织的系统性而言，社会化服务所供应的内容丰富且由不同的组织机构、法人或个人提供，为满足不同家庭农场的个性化服务需求，就需要形成一个有机结合、相互补充的社会化服务组织体系，为家庭农场提供综合配套的服务，实现其生产经营活动的科学和高效。然而，从目前我国农业社会化服务现状来看，信息、销售、加工、储藏等方面建设滞后，尚未形成完善的服务体系，许多环节的工作仍需农场经营者自己完成，这不仅在一定程度上分散了家庭农场主的时间和精力，也影响家庭农场的经济效益。如果社会化服务跟不上，就无法实行规模较大的经营。因此，构建全方位的家庭农场社会化服务体系，能够为家庭农场主提供全方位的个性化服务，增强家庭农场的发展潜能，有效解决小生产与大市场之间的矛盾，充分发挥自身优势，避免陷入"大而全""小而全"的局面。党的十七届三中全会提出"加快构建以公共服务机构为依托、合作经济组织为基础、龙头企业为骨干、其他社会力量为补充，公益性服务和经营性服务相结合、专项服务和综合服务相协调的新型农业社会化服务体系"。党的十八大报告指出，要"坚持和完善农村基本经营制度，构建集约化、专业化、组织化、社会化相结合的新型农业经营体系"。本研究认为，服务于家庭农场的新型农业社会化服务体系可以从如下几个方面着手。

(1) 构建"政府部门农业服务机构+科研院所+村集体经济组织+家庭农场"的联动服务响应机制。我国政府机构的农业服务组织是按行政体系建立的，从中央到地方分别建立了各级农业技术服务中心、服务站，在村一级建立了科技组和科技示范户，主要负责为农民提供技术服务和技术推广。然而，基层政府公共服务机构在乡镇机构改革中受到削弱，体制不顺、机制不活、队伍不稳、保障不足等方面的问题越来越突出，有的地方网破、线断、人散，服务功能弱化。因此，未来政府部门不仅要强化自身的社会化服务能力，为家庭农场提供更多的公益性服务，而且政府部门要发挥其组织优势，为家庭农场与科研机构、高等院校的合作牵线搭桥，家庭农场在生产经营过程中的技术需求以及遇到的技术难题，可以通过集体经济组织上报到政府农业服务机构，由其协调部门内部的技术人员进行解决，或者通过政府的牵线搭桥与某个科研院所、高等院校之间建立起对口帮扶与科研基地的互惠关系，政府部门通过项目的形式给予科研院所、高等院校以技术研发的资金支持。

(2) "专业合作社+家庭农场"。在社会化服务体系日益完善的环境中，完全可以通过社会化服务组织体系，把分散的小规模家庭经营串成一个适应于市场机制运行的有机整体，由联系效应，获得规模效益，农民专业合作组织在社会化服务体系中发挥着重要作用，专业合作社的产业分布涉及种植、养殖、林业、技术信息、农机、手工纺织、乡村旅游等，服务的内容从生产领域逐步向生产、流通、加工一体化经营发展。农民专业合作社以其独特的优势可以为农户提供持续的社会化服务。家庭农场与农户相比具有规模化、集约化、商品化等特点，故而，两者的社会化服务需求既存在着共性也存在着一定的差异。因此，可以家庭农场、农户等所需的各类社会化服务为基础，成立相应的专业合作社。例如，农机服务专业合作社、劳务服务专业合作社、农产品营销专业合作社、生产资料采购专业合作社、粮食仓储专业合作社等。通过专业合作社的形式将家庭农场连接起来形成一个整体，统一接受专业合作社的各类服务。通过农业服务专业合作社可以实现"大机租赁化、小机家庭化"的服务模式，避免每个家庭农场购买各式各样的农业机械；通过在村集体经济组织统一建立粮食仓储专业合作社，专门从事粮食存储、烘干、加工等服务，可以避免每个家庭农场都要建立晾晒场地、烘干房等所需的资金支出，同时，这也有利于家庭农场生产配套建设用地的统一规划布局，有利于土地的节约与集约利用。通过生产资料采购专业合作社，可以大幅提高采购的数量，以组织的形式对外可以提高讨价还价的能力，降低采购成本；通过劳务服务专业合作社，可以清楚地了解家庭农场的雇工需求，及时地解决家庭农场雇工难题。

（3）强化龙头企业对家庭农场的社会化服务支撑。农业产业化龙头企业是新型农业社会化服务体系中的"骨干"，随着自身实力的发展和壮大，其承担农业社会化服务的意识和能力越来越强，2012年3月，《国务院关于支持农业产业化龙头企业发展的意见》提出"充分发挥龙头企业在构建新型农业社会化服务体系中的重要作用，支持龙头企业围绕产前、产中、产后各环节，为基地农户积极开展农资供应、农机作业、技术指导、疫病防治、市场信息、产品营销等各类服务"。因此，未来可以"龙头企业+基地+家庭农场""龙头企业+专业合作社+基地+家庭农场"等组织模式为依托，使得家庭农场主能够在产前、产中、产后的各个环节获得包括技术、信息、资金等多种类型的社会化服务。龙头企业与家庭农场之间形成良性的社会化服务关系，关键在于建立起两者之间科学的利益联结机制，龙头企业如何从为家庭农场提供社会化服务中受益？这是一个亟待解决的问题，否则，很难调动其积极性，进而导致辐射带动能力不强的问题。具体而言，可以采取两种措施：①"大园区+小农场"的模式。Baoling Zou等（2018）研究发现，大型农场经营者更有可能将农田出租出去，因此，可以将龙头企业集中起来的大片规模化土地分割成适度规模的"小片"再交给众多的家庭农场生产经营，龙头企业对园区内的生产、加工、销售各环节进行统一调度和支配，实行"统一采购、统一管理、统一品牌、统一销售、统一服务"，家庭农场仅仅负责农产品的生产环节，生产出的农产品统一由龙头企业按保护价收购，家庭农场生产经营所需的技术、信息、管理服务等均由龙头企业协调解决，这样就在龙头企业和家庭农场之间形成了较为稳定的利益关系，形成了利益共同体。②"龙头企业+农业协会+家庭农场"的模式。一个地区的家庭农场、龙头企业、专业合作社共同组建成立农业协会等组织形式，通过农业协会这一组织机构使家庭农场与龙头企业签订合同关系，由龙头企业向家庭农场提供生产资料、技术指导、信息和管理等服务，龙头企业按照合同以不低于保护价收购家庭农场生产的农产品，由龙头企业统一对外进行销售或者进行深加工，龙头企业通过销售或深加工获得的增值利润以合理的形式部分返还给家庭农场，这样就在家庭农场与龙头企业之间建立起了合作式的利益联结机制。

第五节 探索构建农村社会保障体系和富余劳动力转移安置体系，解决农民流转交易土地的后顾之忧

农村劳动力转移过程中农地权利市场化配置为释放"人口"和"土地"两大红利提供了契机，有助于实现土地资源城乡间与人际间的合理优化配置，有助于家庭农场获取适度规模化土地。然而，家庭联产承包责任制下农户分散经营对农业劳动力的广泛吸纳性与土地适度规模化经营后大量剩余劳动力的释放安置问题是毫无争议的逻辑现实。因此，如果快速地、大规模地推进家庭农场等新型农业经营主体的发展步伐，就意味着需要绝大多数的农民离开家园、离开土地。现在理论界都基本上认同一个观点，即农业规模化经营的人均耕地拥有量最少不得低于 30 亩，否则，劳动生产率或经济效益就无从谈起。如果按照这一标准来进行推算，18 亿亩耕地仅仅只能够令 6000 万农业人口"落脚投生"。因此，要想达到土地适度规模化经营的理想境界，就无法回避一个现实问题：国家如何转移 90%以上的农民，并妥善解决这一庞大群体的就业及生活保障等问题？故而，如果配套的农村社会保障体系支撑和剩余劳动力转移体系建设不到位，超前于工业化和城镇化推进任何规模经营都会人为制造失地农民；相反，如果家庭农场的发展规模和发展速度都受到政府的严格调控，虽然可以把"挤出效应"的不利影响降至最低，但是这无疑将使家庭农场的发展步伐受到行政牵制。因此，在农业规模化经营中，对农民的安置是重中之重，农业规模化经营的关键，就是对农村剩余劳动力的转移，这是发展家庭农场应当考虑的重要问题。否则，在经济发展形势良好的情况下，进城农民能够在城镇实现就业获得较为稳定的收入，一旦出现国家宏观经济形势发生转变，就会导致大量进城农民失业，城市无力长期承担这一庞大群体的社保救济支出，进城农民返乡又要索回已交易出的土地进而诱发激烈的矛盾冲突，引发大量社会问题。因此，发展大规模的家庭农场需要农村社会保障体系支撑、剩余劳动力转移体系建设，具体而言，应该做到如下几个方面。

(1)应确保农民分享到充分合理的农地权利流转交易收益，同时，鼓励农民保留承包权形式的流转土地，严格把关农民退出土地。保护农民的土地承包经营权就是对农民生存的最大保障，收益权和处分权是土地承包经营权的两项重要权能，农民通过盘活土地财产权利获得持续稳定的收益，并以此解决家庭成员的吃饭问题，这无疑使土地变相继续承担着农民的社会保障"兜底"功能。因此，要转变农民对土地永久占有的心态，就需要使农民通过农地权利流转交易获取科学合理的收益，同时，应建立起农地权利流转交易收益动态调整机制，确保农民最大限度地分享到家庭农场土地规模化经营所带来的增值利润。另外，家庭农场主可能因遭受自然风险或市场风险而无法兑现农民的收益承诺，这就需要家庭农场在正常盈利年份将一部分经营利润提取作为风险保障金。在现阶段，由于城市吸纳剩余农村劳动力的数量有限，且多数农民在城镇就业呈现出岗位类型差、收入不稳定、职业预期不确定等问题。因此，为避免国家宏观经济形势转变带来的大量农民失业所诱发的土地纠纷和冲突，应鼓励农民选择"保留承包权、交易经营

权"的土地流转模式，使得农民既不完全丧失承包地，又能盘活土地资产获得持续稳定的经济收益。在农民选择一次性退出承包地的情况下，应该对其城镇的就业情况、住房情况、收入情况、社保缴纳等进行严格审核，认定退地农民在城市有足够的生活创富能力后，才能允许其完全退出承包地。有效的土地市场是增加非农就业的必要条件，在保障农民农地权利处置的决策权以及政府部门以维护农民权益为目标的农地产权交易审核把关的双重机制下，农民通过土地市场以合适的价格将农地权利流转交易给家庭农场主，能够使他们无后顾之忧地进城务工，在非农业行业找到合适的岗位，获得盘活农地资产与外出务工的双份收益。

(2) 多渠道妥善解决富余农村劳动力的就业安置，实现转地或退地农民社会保障的"市民化"。具体而言包括4种渠道：①非农产业的吸纳与转移，实现农民城镇就业。快速推进城镇化进程，让城镇化真正成为国民经济增长的动力，为转地或退地农民在城镇提供充分的、稳定的非农就业机会；②因地制宜地发展农村二三产业，引导农民向农村非农产业转移。家庭农场产业链延伸源于农村社会分工细化和农产品市场交易深化的程度，其制度效率评价标准表现为产出增加即绩效提升。因此，可以引导转地或退地农民向家庭农场的产前、产中和产后的社会化服务转移，通过拉长农业产业链条，对农副品进行深加工，通过参与农产品的生产、加工、销售等环节以及为农业规模化经营提供机械维修等服务实现就业；③大力发展现代农业、休闲观光农业、社区支持农业，推动一三产业互动融合发展，实现转地或退地农民的就地就近择业；④家庭农场等新型农业经营主体的劳动力雇佣需求可以实现部分农村劳动力的临时性就业。通过"城镇转移一部分，农村留住一部分"相结合的策略妥善解决转地或退地农民的就业安置问题。在转地或退地农民具有稳定回报的就业岗位后，可以仿效城市从业人员社会保障制度，让转地或退地农民、用人单位按法定费率每月交纳一定数额的社保费用，在交纳社保费用达到一定年限后，即可每月按标准领取社会保障金，彻底消除转地或退地农民的后顾之忧。

(3) 土地适度规模化经营与传统农户小规模经营将长期并存，继续发挥土地的就业功能。虽然传统农户的小规模分散经营似乎已成为一种原始的、落后的、低效率的农业生产模式代名词，但是这一模式却拥有着极强的农村剩余劳动力吸附能力，不仅有效地缓解了庞大数额的农村劳动力的就业压力，而且能够给从事小农经营的农民提供最基本的生活保障。如果不顾中国现阶段的基本国情，单纯地考虑和片面地追求农业生产的经济效率而盲目地推行土地流转，结局只能是让少数规模经营者获得超越社会平均利润率的资本回报，广大农民则失去安身立命的生活保障，沦为在城镇无业、回农村无地的贫困群体。因此，家庭农场产生于传统农户并将与传统农户长期共存，实现从分散、小规模的小农家庭经营模式到适度规模经营的家庭农场集约化经营模式的转变，需要一个循序渐进、逐步发展的过程，不可能一蹴而就地在全国适用一种农业经营模式——规模化经营，在这中间必须有一个过渡的阶段，即家庭农场的土地适度规模经营、传统农户的小规模经营等多种形式的农业经营主体相互并存、长期并存，实现相互之间有机衔接，这是一个中国特色的农业发展阶段问题。

第六节　拓宽家庭农场融资渠道，加大财政扶持力度，破解土地适度规模集中的经济瓶颈

由于农业特殊的产业特性和农村金融体系的不健全，融资难是制约家庭农场进一步发展的首要问题，也是最难攻克的问题。由于普通农户的经济实力往往较弱，满足不了家庭农场的大量资金投资要求，同时，农业属于弱势产业，受到自然风险和市场风险的双重影响，经济效益一般较低。因此，家庭农场主要依靠"家庭内部融资以及农业收入的资本化"的融资路径显然存在着较大的局限。由于家庭农场缺乏融资抵押物和担保人，金融机构基于风险规避的原则往往对家庭农场做出高风险认定，这使得部分家庭农场主只能通过社会关系渠道筹集资金，在急需资金的情况下甚至会借高利贷缓解燃眉之急。根据外业调查的家庭农场投资结构统计显示，家庭农场总投资的内部构成中，首先是家庭自有资金的比重最高，平均占比 76.81%；其次是银行贷款，平均占比 11.65%；再次是民间有偿借贷，平均占比 11.41%。可以看出，家庭农场的总投资主要依赖自筹，来自银行的金融支持力度与通过民间高利贷获取的资金大体相当（表 7-1）。

表 7-1　调研地区家庭农场总投资及内部构成

调研地区	总投资	自有资金		民间有偿借贷		银行贷款		其他	
		数额	比例	数额	比例	数额	比例	数额	比例
湖北省监利县	10488.56	8617.56	82.16%	1156	11.02%	705	6.72%	10	0.10%
江苏省盱眙县、仪征市、宜兴市、新沂市	17871.95	13828.95	77.38%	1092	6.11%	2951	16.51%	0	0.00%
四川省崇州市、金堂县	15064.5	12088.5	80.24%	1237	8.21%	1708	11.34%	31	0.21%
山东省邹城市	4291.9	3233.9	75.35%	443	10.32%	615	14.33%	0	0.00%
四川省宜宾市	4817.5	2584	53.64%	2068	42.93%	140.5	2.92%	25	0.52%
合计	52534.41	40352.91	76.81%	5996	11.41%	6119.5	11.65%	66	0.13%

根据受访的 349 名家庭农场的贷款利率显示，湖北省监利县的年平均贷款利率为 10.01%，江苏省仪征市、盱眙县、宜兴市和新沂市的年平均贷款利率为 9.16%，四川省崇州市和金堂县的年平均贷款利率为 9.20%，山东省邹城市的年平均贷款利率为 9.93%，四川省宜宾市的年平均贷款利率为 6.85%；然而，同期中国人民银行发布的中长期贷款（1～3 年）的年利率为 4.75%。可以看出，家庭农场不能享受到金融机构的低息贷款，甚至很少有家庭农场能够以基准利率从金融机构贷到款。家庭农场通过民间有偿借贷需要支付相比银行高得多的利息，民间借贷的年利息较多的为 12%，每月利息 1%（"一分息"），甚至

个别地区年利息为 24%，每月利息为 2%（"二分息"），这无疑给家庭农场发展增添了额外的经济负担。因此，面对农民抵押物缺乏以及家庭农场对农地经营权抵押贷款存在强烈需求的局面，法律政策应允许家庭农场主以物权性质的土地承包经营权为抵押向银行贷款，以破解土地三权分离背景下的抵押贷款难题，搭建好家庭农场融资通道。在科学评估家庭农场经营收益的持续性水平和稳定性程度的前提下，对符合条件的家庭农场，应允许其以未来年限的经营收益或订单为抵押向金融机构贷款融资。其次，合理有效地利用外部资本是家庭农场资金来源的重要补充。应鼓励民间资本投资农业，改变农村资本"只出不进"的局面，但是应该对民间资本进入家庭农场领域的投资行为进行规范，避免"高利贷"现象的发生，科学界定民间资本投资家庭农场的收益分成。对经工商注册为有限责任公司、达到企业化经营标准、满足规范化信息披露要求且符合债务融资工具市场发行条件的新型家庭农场，可在银行间市场建立绿色通道，探索公开或私募发债融资。

政府应积极为家庭农场发展提供财政支持。①给予家庭农场等从事土地规模化经营的主体贷款优惠支持。对于转入土地面积达到政府规定标准的，给予长期无息贷款；对于转入土地面积标准低于政府规定标准的，给予长期低息贷款；对于转入土地面积标准高于政府规定标准的，不给予贷款优惠，这样不仅可以减轻家庭农场贷款的利息负担，而且能够引导家庭农场的土地经营规模朝着政府预期的方向发展，降低土地规模过大带来的经营风险和金融风险。②家庭农场主从不同的农户手中流转过来的土地在地力、水源、基本设施等方面差别很大，受流转期限短、资金能力的掣肘，无法进行完全改善，保障农业生产的能力严重削弱，制约了家庭农场的发展。因此，为扭转家庭农场的生产性基础设施建设以自身投入为主的局面，在家庭农场起步阶段，建议东、中、西部地区可从各地实际出发，设置专款专项，在道路交通、通信、水利、电力等方面加强农村基础设施建设；同时，将从上级部门获得的大部分涉农项目投向农地规模流转区域，改善家庭农场的生产条件，增强其抵御自然灾害的能力，为家庭农场发展创造有利条件。但是应该明确政府在家庭农场内投资建设的基础设施之所有权归政府所有，在土地征收、家庭农场退出或破产时，这部分基础设施项目不作为家庭农场的补偿资产范畴。③调整国家涉农补贴的发放规则和标准，消除宏观政策对家庭农场土地适度规模经营的实现产生的逆向性效果。这可以通过如下方面来努力：第一，在同一个土地流转交易市场范围内，不同农户转出同一类型相同面积土地所获得的租金水平应该大致相同，如果部分家庭农场因调整农业生产结构获取更多的利润而能够支付更高的土地租金，将诱发大量土地向此种类型的家庭农场转移集中，使得从事传统粮食作物种植的家庭农场经营者很难获得成片土地，或者难以支付被抬高的土地成本而中途解体，这无异于变相鼓励农地"非粮化""非农化"。因此，各级政府部门应通过财政、税收和农业保险等手段以直接货币补贴、税收优惠、降低风险损失等方式调控不同类型家庭农场经营者的生产经营利润，避免单纯从事粮食作物种植的家庭农场经营者在土地流转市场竞争中处于劣势。对于转变农业生产结构从事养殖或者经济作物种植的家庭农场，建议政府部门不以现金货币补贴的方式予以扶持，转而采取提供技术指导和人员培训等方式予以扶持，以帮助其生产结构转型成功。第二，建议取消传统农户小规模经营的涉农补贴发放，以避免"涉农补贴数额越高、农民越不愿意流转土地、流转土地价格预期越高"的局面，将传统农户的涉农补贴调整为农地权利流转交易奖励，对于农民流转土地承包经营权的，给予一定数额的补贴，补贴数额与流转土地的年限成正比，对于一次性退出农地权利的，给予退耕补贴。家庭农场继续享受政府发放的对农户的各种农业直接性财政补贴，如粮食种植、良种、农机购置、柴油等补助，以扶持家庭农场健康、有序发展。第三，目前，农机具补贴必须通过经销商购买，这导致有补贴的农机具标价昂贵的问题，因此，建议简化农机具补贴的享受程序，允许家庭农场主自行购置农机具并按规定享受补贴。④针对家庭农场面临的市场风险和自然风险，设立农业保险基金，转移分散农场主的土地投资风险，一旦遇到风险可得到适当补偿，以避免破产，基金由政府部分或全部贴息。另外，核算农业种植成本，科学制定农产品的市场保护价，在外业调查时，山东省邹城市石墙镇上九村一户家庭农场没有做市场分析，根据往年行情种植了土豆，2016年土豆价格为0.8元/斤（高于0.7元就能赚钱），然而，2017年土豆价格大跌至0.38元/斤，致使每亩亏损1000元，根据家庭农场主反映，临近的滕州市政府部门出台了相关政策，实行市场保护价，低于0.7元/斤，政府给予差价补偿，但是山东省邹城市没有这个政策，这引起了当地种植土豆农户的强烈不满。⑤加大财政扶持，完善示范家庭农场补助方式，参照现行的种粮补贴方式，对种粮家庭农场依据产量或面积每年发放补贴，补贴标准依据土地租金、农资价格波动情况实行动态调整，缓解生产成本上涨给家庭农场造成的经营压力，确保种粮家庭农场有稳定收益，保护其种粮积极性。如果农业补贴直接发放给农户，承包权与经营权分离后，为避免拿补贴的不种粮、种粮的拿不到补贴的现象，应当改革现行农业直接补贴分配的办法。农业补贴是国家为了提高农民种地积极性而出台的粮食生产扶持政策，其不具有社会保障性。因此，要逐步建立农地转移收入的瞄准机制，政府对农民发放其他惠农补贴时应当根据经营权分离登记情况，如果农民只掌握承包权而流转交易出了经营权，那么，相应的补贴就应该发放到种粮大户、家庭农场、农民合作社等实际务农者手中，以真正发挥补贴资金对粮食生产的激励作用。同时，各粮食类家庭农场间的成长绩效存在一定的个体差异，成长薄弱环节各不相同。因而，需要在明确各个农场薄弱环节的基础上，制定针对性的扶持政策和补贴政策。另外，这种农业补贴发放给农地经营者的措施应该通过中央政策文件的形式予以确认，否则，难免会造成农户流转土地时考虑到这部分补贴的损失，而导致农地权利流转交易价格的上涨，使得中央的惠农政策却成了家庭农场主的"噩梦"。

第七节　建立家庭农场联盟，政府搭建服务平台，促进家庭农场发展壮大

在中国，家庭农场作为一个新兴事物出现并呈现朝气蓬勃的发展态势，但是在一定区域内，家庭农场往往是以个体的形式出现的，以"自我投资、自主管理、自负盈亏"的方式保持运营。然而，这种家庭农场单打独斗的局面是不利于这个整体在激烈的市场竞争中生存和发展的。在一定区域内，家庭农场数量往往不止一家，而是有数家、数十家，甚至上百家，将这些家庭农场联系起来、组合起来建立家庭农场联盟，将是未来优先发展的道路模式选择之一。这样可以发挥家庭农场联合起来的团队优势，实现信息共享、相互协作、

互通有无、互利共赢。S. R. Sippel(2016)已经提出了"多户家庭农场企业家"的概念,并指出通过依靠积极的"凝聚力"建立稳定的多个家庭结构,成为摩洛哥农业出口在竞争激烈和国际化的水果和蔬菜出口中取得成功的关键。可见,家庭农场相互之间的联合可以发挥出意想不到的"1+1>2"的效果。本研究认为,家庭农场联盟包括政府部门、家庭农场、家庭农场生产管理公司、家庭农场销售服务公司等主体的参与,其中,家庭农场生产管理公司是主要负责农产品的生产环节组建的实体,家庭农场销售服务公司是主要负责农产品的销售环节组建的实体。不同的参与主体均在家庭农场联盟中发挥着相应的作用和功能(图7-1)。

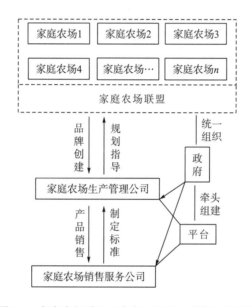

图 7-1　家庭农场联盟"生产—组织—销售"示意图

家庭农场生产管理公司的职责:第一,农业生产规划。家庭农场生产管理公司根据加盟的家庭农场的数量,以及每个家庭农场的地形、土质、水质、气候等要素,并通过监测分析得出的市场农产品需求的行情,制定出家庭农场的农作物种植规划,并据此将每个加盟家庭农场划到相应的农作物种植类型中去。第二,农业生产指导。家庭农场生产管理公司根据每个家庭农场的农作物种植类别划分,主动联系、组织相关领域的农业技术专家给予家庭农场主以针对性的指导和培训,同时,家庭农场生产管理公司内部应成立相应的跟踪服务机构,对家庭农场生产经营管理过程中遇到的困难和问题给予及时的解答和回应。

家庭农场销售服务公司的职责:第一,销售家庭农场生产管理公司的农产品。家庭农场生产管理公司规划引导加盟家庭农场的农作物种植,并负责将加盟家庭农场收获的农产品统一集中管理,然后,家庭农场农产品销售公司负责以不低于政府保护价收购,以打通农产品的种植、生产、销售的各个环节。第二,对家庭农场生产管理公司出售的农产品制定标准。作为农产品的最终收购方,家庭农场农产品销售公司应严把质量关和食品安全关,对收购的农产品从外观(色泽、品相)、内在品质(口感、营养成分、加工性能)、安全(如农药残留等)等方面制定出全方位、成体系的生产标准,通过家庭农场生产管理公司督促加盟家庭农场严格遵照执行。

家庭农场联盟的职责:第一,根据家庭农场销售服务公司传达给家庭农场生产管理公司的产品标准指示,组织家庭农场内部的农产品生产、管理。确保农产品生产过程中使用的种子、种苗、肥料、农药、兽药、饲料及饲料添加剂等农用生产资料和农膜、农机、农业工程设施的质量。第二,自主创建农产品品牌。商品的品牌是商品所特有的一种标记,可将其与其他商品进行区别,这也是减少同质化竞争、形成差异化优势的一种方法。家庭农场要破解地租攀升、粮价下行的双重压力,根本途径还是要大力推进农业供给侧结构性改革,调整粮食品种结构,发展适销对路、优质高效的当家品种。因此,发展家庭农场要提高品牌意识,在家庭农场生产管理公司的农产品生产规划指导下,依据家庭农场销售服务公司制定的生产标准,包括新鲜程度、外观、口感、营养成分、农药残留等,家庭农场联盟或者个体加盟农场可以创建相应的农产品品牌。例如,扬州市仪征市月塘镇的绿色生态米,通过创建品牌,农产品的价格大幅攀升,普通米的售价为 2.3～2.5 元/斤,而绿色生态米的售价为 5.0～8.0 元/斤,大幅提升了农产品种植效益。产品质量是关系品牌信用的根本。作为进入背书品牌使用体系的所有产品,都要严格按照统一的质量标准化流程进行各环节的质量控制,并实现区域内全程的可追溯,突出农产品的高品质与生态特征。产品消费价值满足品牌个性、品牌市场定位等细部工作,这一过程要坚决按市场经济规律操作,实现优胜劣汰,将自主品牌做强、做大。第三,家庭农场销售服务公司要在充分的市场供需调研的基础上,做好农产品的市场定位、市场目标,按照消费者的不同特性和需求,进行市场细分,选择好目标市场,精确锁定目标顾客人群。同时,设计好市场营销渠道,使家庭农场生产出的农产品经过尽可能少的中间环节就可以到达终端消费者手中,降低农产品的销售成本,提高家庭农场的经营利润。

政府的职责和作用。第一,牵头。地方政府应该调查、统计本辖区内家庭农场的数量和发展情况,并将各个松散的家庭农场组织起来,形成一个相对团结的联盟,并以此为基础,牵头组建两大运作平台:家庭农场生产管理公司、家庭农场销售服务公司。第二,引导。引导加盟家庭农场创建品牌的目标、方向、原则与指导策略,同时,根据政府掌握的信息,引导家庭农场适时调整农作物种植和养殖种类。第三,调节。农业发展规划调节:政府应邀请专家制定家庭农场生产种植区域规划,明确家庭农场不能种植什么、不能养殖什么,要种植什么,应该种植什么。费用调节:家庭农场创建一个品牌以及为创建品牌定期对水质、土质、农药残留、环境等各方面的监测和购置相应的设备,都需要投入大量的成本,政府应该整合各方面的资金,对家庭农场自主创建品牌予以经费支撑。

参 考 文 献

安徽省人民政府办公厅.关于培育发展家庭农场的意见［DB/OL］.安徽省人民政府网,2014-03-04.

奥维尔·弗里曼.1986.家庭农场在世界农业中的重要性[J].国营农场经济研究资料,(Z2):44-46.

白积洋.2012.农民土地退出的意愿与影响因素分析:基于湛江市782个农户样本调查[J].农业部管理干部学院学报,(8):31-39.

白现军.2013.农地承包权退出机制构建[J].开放导报,(4):26-29.

蔡立东,姜楠.2015.承包权与经营权分置的法构造[J].法学研究,37(3):31-46.

蔡瑞林,陈万明.2015.粮食生产型家庭农场的规模经营:江苏例证[J].改革,(6):81-90.

蔡颖萍.2015.家庭农场"法人化"问题研究报告[C].农业部农村经济体制与经营管理司,中国社会科学研究院农村发展研究所.中国家庭农场发展报告(2015年).北京:中国社会科学出版社,242-253.

藏一哲.2014.农村基础设施投资组合模式研究[D].青岛:中国海洋大学.

曹东勃.2013.适度规模:趋向一种稳态成长的农业模式[J].中国农村观察,(2):29-36.

曹茸,宋修伟.2013-03-08.发展家庭农场:意义重大,难题待解[N].农民日报(001版).

曹幸穗.1996.旧中国苏南农家经济研究[M].北京:中央编译出版社.

陈丹,唐茂华.2015.家庭农场发展的国际经验及其借鉴.湖北社会科学,(4):78-82.

陈定洋.2015.家庭农场培育问题研究:基于安徽郎溪家庭农场调研分析[J].理论与改革,(5):87-91.

陈富春,郭锐.1994.论农地规模经营[J].河南师范大学学报(哲学社会科学版),(2):6-8.

陈浩,陈中伟.2013.农村劳动力转移与土地流转不一致的影响因素分析:基于1986—2010年中国农村固定观察点数据[J].财贸研究,(5):32-38.

陈慧.2016.临安市家庭农场土地规模经营意愿及其影响因素分析[D].杭州:浙江农林大学.

陈纪平.2008.家庭农场抑或企业化:中国农业生产组织的理论与实证分析[J].经济学家,(3):43-48.

陈纪平.2012.组织视角的中国农业规模化问题分析[J].中国经济问题,(6):32-46.

陈军民,翟印礼.2015.家庭农场生成的动因、约束及破解思路:交易成本视角[J].农村经济,(8):15-20.

陈明鹤.2013.土地流转与家庭农场的关系探讨[J].党政干部学刊,(8):45-50.

陈其兰.2017.家庭农场与适度规模经营匹配问题的探讨[J].中国集体经济,(8):3-4.

陈卫东.2013.金融扶持家庭农场经济发展的实证研究:基于荆州市首批121个家庭农场的调查[J].武汉金融,(9):59-61.

陈锡文.2013.鼓励和支持家庭农场发展[J].上海农村经济,(10):4-7.

陈霄.2013.户籍制度改革与土地资本化:基于重庆案例的分析[J].财经科学,(5):77-84.

陈新建,董涛.2014.影响农户规模经营意愿的市场风险因素分析:基于广东水果种植农户的调查[J].价格理论与实践,(4):113-115.

陈秧分,刘彦随,翟荣新.2009.基于农户调查的东部沿海地区农地规模经营意愿及其影响因素分析[J].资源科学,31(7):1102-1108.

陈永富,孙美美,韩苏,等.2013.论家庭农场与其他农业经营主体之间的关系[J].农村经济,(10):33-35.

陈永富,曾铮,王玲娜.家庭农场发展的影响因素分析:基于浙江省13个县、区家庭农场发展现状的调查[J].农业经济,2014(1):3-6.

陈玉和, 张玉娟, 李堂军. 2008. 以城镇化为助力, 促进农业竞争力提升——再论城乡协调发展[J]. 青岛科技大学学报(社会科学版), 24(4):5-9.

陈祖海, 杨婷. 2013. 我国家庭农场经营模式与路径探讨[J]. 湖北农业科学, 52(17):4282-4286.

楚德江. 2011. 我国农地承包权退出机制的困境与政策选择[J]. 农村经济,(2):38-42.

楚国良. 2013. 新形势下中国家庭农场发展的现状、问题及对策研究[J]. 粮食科技与经济, 38(3):22-26.

党国英. 2013. 积极稳妥发展家庭农场[J].农村工作通讯.(7):19-20.

丁关良. 2007. 土地承包经营权基本问题研究[M]. 杭州: 浙江大学出版社.

丁慧媛. 2012. 沿海地区小规模兼业农业向适度规模现代农业转化的方向与机制研究[D]. 青岛: 中国海洋大学.

杜志雄, 王新志. 2013. 加快家庭农场发展的思考与建议[J]. 中国合作经济,(8):35-39.

杜志雄, 肖卫东. 2014. 家庭农场发展的实际状态与政策支持:观照国际经验[J].改革,(6):39-51.

范传棋, 谭静, 雷俊忠. 2013. 培育发展家庭农场的若干思考[J]. 农村经济,(8):91-93.

范怀超. 2016. 西部丘陵地区实施土地适度规模经营的对策思考: 以四川南充市发展家庭农场为例[J].西南民族大学学报(人文社会科学版),(1):156-161.

房桂芝, 包乌兰托亚, 马龙波. 2016. 对家庭农场若干实践问题的思考[J]. 农业经济,(2):41-43.

房慧玲. 1999. 发展家庭农场是中国农业走向现代化的最现实选择[J]. 南方农村,(2):19-20.

冯涛. 2010. 农地使用权交易制度及其创新发展[J]. 东南学术,(1):28-33.

傅爱民, 王国安. 2007. 论我国家庭农场的培育机制[J]. 农业经济,(1):14-16.

高帆, 张文景. 2013. 中国语境中的"家庭农场"[J]. 探索与争鸣,(6):57-61.

高阔,甘筱青. 2015. 家庭农场适度规模经营研究: 以鄱阳湖生态经济区水稻家庭农场为例[J]. 中国农学通报, 31(20):284-290.

高强, 刘同山, 孔祥智. 2013. 家庭农场的制度解析: 特征、发生机制与效应[J]. 经济学家,(6):48-56.

高雪萍,檀竹平. 2015. 基于 DEA-Tobit 模型粮食主产区家庭农场经营效率及其影响因素分析[J].农林经济管理学报, 14(6):577-584.

高志坚. 2002. 对现代家庭农场制度的探讨: 试论我国农村土地制度创新的方向[J]. 理论与改革,(2):82-85.

弓圆. 2013. 家庭农场建设须从全局统筹协调[J]. 中国商贸,(20):186.

龚旭芳. 2000. 论家庭承包经营的二个层次: 家庭独劳经营和家庭农场经营[J]. 咸宁师专学报, 20(5):28-31.

古鹏. 2015. 变动中的家庭农场与村庄政治: 豫中W村为个案[D]. 武汉: 华中师范大学.

谷志科. 2002. 论农村家庭承包经营的稳定与农业规模化[J]. 河北学刊,(6): 72-75.

顾昂然. 2002. 全国人大法律委员会关于《中华人民共和国农村土地承包法(草案)》修改情况的汇报: 2002 年 6 月 24 日在第九届全国人民代表大会常务委员会第二十八次会议上[J].全国人民代表大会常务委员会公报,(5):357-359.

顾华详. 2016. 论农村集体土地法律制度的完善[J]. 辽宁行政学院学报,(7):28-34.

顾建洲. 1994. 农业的出路在于发展中国特色的家庭农场[J].学海,(4):14-17.

关谷俊作, 金洪运译. 2004. 日本的农地制度[M]. 北京: 三联出版社.

郭步超. 2009. 农村土地证券化与中国农村土地金融体系构建新论[J]. 生产力研究,(2):23-25.

郭伟, 曹琳剑. 2009. 拓宽我国新农村公共服务设施建设融资途径之我见[J]. 现代财经, 29(10):77-80,86.

郭熙保, 冯玲玲. 2015. 家庭农场规模的决定因素分析: 理论与实证[J]. 中国农村经济,(5):82-95.

郭熙保. 2013. "三化"同步与家庭农场为主体的农业规模化经营[J]. 社会科学研究,(3):14-19.

郭亚萍, 罗勇. 2009. 对家庭农场中新型雇佣制度的思考[J]. 中国人口·资源与环境, 19(1):37-40.

郭伊楠. 2013. 论新农商时代土地向大户流转中的融资逆向选择问题[J]. 商业时代,(16): 123-124.

郭正模. 2013. 家庭农场经营模式的土地集中与流转机制构建[J]. 中共四川省委省级机关党校学报,(6):106-109.

韩俊. 2013. 中国"三农"问题的症结与政策展望[J]. 中国农村经济,(1):4-7.

杭春燕, 谈玮, 李静. 2013-05-09. 江苏出全国首份意见:家庭农场可办成有限公司[N]. 新华日报(A01 版).

何文明. 2015. 谁来培养新型职业农民[J]. 江苏教育:职业教育,(5):23.

贺海峰. 2013. 坚守"家庭农场"的底线[J]. 决策,(4):44-46.

贺雪峰. 2007. 取消农业税费对国家与农民关系的影响[J]. 甘肃社会科学,(2):31-33.

胡书东. 1996. 家庭农场:经济发展较成熟地区农业的出路[J]. 经济研究,(5):65-70.

胡晓娟. 2013. 农业现代化亟需农民"职业化"[J]. 浙江经济,(10):11.

胡昕宇, 韩伟. 2010. 关于农村土地承包关系"长久不变"的若干思考[J]. 华中农业大学学报(社会科学版),(2):101-105.

黄琦, 陶建平. 2016. 2008—2014 年家庭农场研究动态及展望:基于文献计量方法[J]. 经济体制改革,(4):83-88.

黄仕伟, 王钰. 2014. 中国特色家庭农场:概念内涵与阶段特征[J]. 农村经济,(10):17-21.

黄新建, 姜睿清, 付传明. 2013. 以家庭农场为主体的土地适度规模经营研究[J]. 求实,(6):94-96.

黄延廷. 2010. 家庭农场优势与农地规模化的路径选择[J]. 重庆社会科学,(5):20-23.

黄滟, 张安录. 2012. 基于 CVM 法的农地发展权定价:以武汉市远城区为例[J]. 农村经济与科技,23(5):60-63.

黄宗智. 2014. "家庭农场"是中国农业的发展出路吗? [J].开放时代,(2):176-193.

黄祖辉, 王朋. 2008. 农村土地流转:现状、问题及对策:兼论土地流转对现代农业发展的影响[J]. 浙江大学学报(人文社会科学版),38(2):38-46.

冀县卿, 黄季焜. 2013. 改革三十年农地使用权演变:国家政策与实际执行的对比分析[J]. 农业经济问题,(5):27-32.

贾敬敦, 张缔庆. 1998. 家庭农场适度土地规模的研究[J]. 农业机械学报,9(3):1-7.

蒋辉. 2008. 苏南地区进一步发展家庭农场的探讨[D]. 苏州:苏州大学.

蒋永甫, 徐蕾. 2015. 现代农业经营主体与农地流转——一项实证分析[J].中共福建省委党校学报,(9):61-69.

蒋永穆, 杨少垒, 杜兴端. 2010. 土地承包经营权流转的风险及其防范[J]. 福建论坛·人文社会科学版,(6):4-8.

金蕾, 祝新亚, 李敬锁. 2014. 山东省土地流转的因素分析[J]. 中国农业资源与区划,35(6):32-38.

金松清, Klaus Deininger. 2004. 中国农村土地租赁市场的发展及其在土地使用公平性和效率性上的含义[J]. 经济学(季刊),3(4):1003-1027.

阚凯. 2014. 扶持家庭农场的财税政策研究[D]. 长春:吉林财经大学.

孔祥智, 黄博, 张效榕. 2017. 家庭农场适度规模与收入均等化测算方法:来自三省一区的证据[J]. 现代管理科学,(5):9-11.

兰勇, 何佳灿, 易朝辉. 2017. 家庭农场土地经营权稳定机制比较[J]. 农村经济,(7):32-38.

兰勇, 谢先雄, 易朝辉, 等. 2015. 湖南水稻种植户创办家庭农场意愿及影响因素分析[J].中南林业科技大学学报, 35(11):142-148.

兰勇, 谢先雄, 易朝辉. 2015. 中国式家庭农场发展:战略意图、实际偏差与矫正路径:对中部地区某县的调查分析[J].江西社会科学,(1):205-210.

黎东升, 曾令香, 查金祥. 2000. 农户家庭经营组织创新的基本模式:家庭农场发展研究[J]. 江西农业经济,(2):7-8.

李凤梅. 2011. 土地承包经营权长久不变之立法探讨[J]. 国土资源情报,(9):22-25.

李静. 2016. 粮食生产型家庭农场适度规模研究[D]. 合肥:安徽大学.

李宪宝. 2012. 沿海地区适度规模现代农业实现路径研究:基于农户分化的视角[D]. 青岛:中国海洋大学.

李学兰, 汪上. 2010. 农业组织化的实现形式:家庭农场[J]. 安徽科技学院学报,24(4):91-94.

李莹, 陶元磊. 2015. 散户参与家庭农场的稳定性分析:基于随机演化博弈视角[J].技术经济与管理研究,(4):20-24.

李中, 游达明, 刘卫柏. 2013. 农村土地流转路径的动态博弈分析[J]. 系统工程, 31(4):103-108.

梁影. 2013. 开办"家庭农场"如何享受税收优惠[J]. 福建农业, (9):1.

林毅夫. 1994. 制度、技术与中国农业发展[M]. 上海: 上海人民出版社.

蔺全录, 包惠玲. 2016. 我国家庭农场发展的对策研究[J]. 开发研究, (2):83-86.

刘保玉, 李运杨. 2014. 农村土地承包经营权的继承问题探析[J]. 北方法学, 8(2):5-14.

刘超. 2018. 土地承包经营权退出的实践逻辑与目标偏离[J]. 经济学家, (1):97-103.

刘乐. 2010. 现阶段我国农村土地适度规模经营问题探析[D]. 湘潭: 湖南科技大学.

刘连成, 赵新龙. 2017. 我国家庭农场认定标准问题研究[J]. 成都理工大学学报(社会科学版), 25(1):17-22.

刘灵辉, 郑耀群. 2016. 家庭农场土地适度规模集中的实现机制研究[J]. 中州学刊, (6):37-43.

刘灵辉, 郑耀群. 2016. 家庭农场土地征收补偿问题研究[J]. 中国人口·资源与环境, 26(11):76-82.

刘守英. 2000. 土地制度与农民权利[J]. 中国土地科学, 4(3):1-9.

刘守英. 2014. 直面中国土地问题[M]. 北京: 中国发展出版社.

刘爽, 牛增辉, 孙正. 2014. 家庭农场经营体制下的"适度规模"经营问题[J]. 农业经济, (1):10-12.

刘同山, 孔祥智. 2013. 土地规模经营的实现形式及其比较[J]. 现代管理科学, (6):3-5.

刘先江. 2014. 农村土地经营权流转的政治学分析[J]. 政治学研究, (4):40-49.

刘向红, 王光全, 张一帆. 2013-04-15. 家庭农场存在的问题与对策[N]. 大连日报(B03版).

刘新卫. 2013. 家庭农场, 呼唤土地政策创新[J]. 中国土地, (7):28-30.

刘永加. 2013-06-18. 发展家庭农场流转土地须把好"三关"[N]. 农民日报(003版).

楼栋, 孔祥智. 2013. 新型农业经营主体的多维发展形式和现实观照[J]. 改革, (2):65-77.

陆峰. 2013-03-11. 家庭农场, 呼唤政策配套[N]. 新华日报(A05版).

陆文荣, 段瑶, 卢汉龙. 2014. 家庭农场:基于村庄内部的适度规模经营实践[J].中国农业大学学报(社会科学版),31(3):95-104.

罗琼芳. 2013. 农村土地证券化经济可行性实证分析[J]. 生态经济, (5):144-146,150.

罗伊·普罗斯特曼, 蒂姆·汉斯达德, 李平. 1996. 中国的规模经营: 政策适当吗?[J]. 中国农村观察, (6):17-30.

马佳, 马莹. 2010. 上海郊区农地规模经营模式优化的探讨[J]. 地域研究与开发, 29(3):119-123.

马克思. 2004. 资本论(第三卷)[M].北京: 人民出版社.

马跃. 1997. 土地经营规模"适度"之研究[J]. 浙江学刊, (4):43-46.

孟铁. 1998. 家庭农场制: 我国农业生产经营体制转变的目标模式[J]. 前进, (3):31-32.

闵杰. 2013. 农地规模化经营探索: 家庭农场研究[J]. 农村经济与科技, 24(6):55-57.

穆向丽, 巩前文. 2013. 家庭农场: 概念界定、认定标准和发展对策[J]. 农村经营管理, (8):17-18.

穆向丽. 2016. 家庭农场规模经营要适度[J]. 农村工作通讯, (23):19-20.

穆玉花, 吴晨. 2015. 家庭农场经营绩效分析: 基于粤、皖两省2013年的调查数据[J]. 南方农村, (1):4-8.

聂艳, 高崇辉, 黄建武. 2008. 基于CVM的荆州市城乡结合部农地非市场价值评估研究[J]. 国土资源科技管理,25(3):1-5.

宁淑惠. 1998. 对新形势下家庭农场制的思考[J]. 生产力研究, (3):14-16.

农村经济经营管理科. 2013-03-31. 流转年限多长为宜? [N].人民日报(14版).

农业部农村经济体制与经营管理司, 中国社会科学院农村发展研究所. 2015. 中国家庭农场发展报告2015年[M]. 北京: 中国社会科学出版社.

农业部农村经济研究中心课题组. 2005. 我国农业技术推广体系调查与改革思路[J]. 中国农村经济, (2):46-54.

齐城. 2008. 农村劳动力转移与土地适度规模经营实证分析: 以河南省信阳市为例[J]. 农业经济问题, (4):40-43.

恰亚诺夫, 萧正洪, 于东林译. 1996. 农民经济组织[M]. 北京: 中央编译出版社.

钱凯. 2015. 积极发展家庭农场的观点综述[J]. 经济研究参考, (24)：43-53.

钱克明, 彭廷军. 2014. 我国农户粮食生产适度规模的经济学分析[J]. 农业经济问题, (3):4-7.

钱伟, 孙小静. 2013-03-22. 家庭农场, 能否既赚钱又公平[N].人民日报(014 版).

钱文荣, 张忠明. 2007. 农民土地意愿经营规模影响因素实证研究：基于长江中下游区域的调查分析[J]. 农业经济问
　　题, (5):28-34.

青海省国税局. 大通县占武家庭农场 - 违反税收管理[EB/OL]. http://www.qh-n-tax.gov.cn/ qinghaiguoshui/xxgk/_300719/_
　　300674/_304989/2217955/index.html,2017-10-13.

邱谊萌. 2010. 英国家庭农场的演变及其启示[J]. 辽宁经济, (1):50.

屈学书. 2014. 我国家庭农场发展问题研究[D]. 太原: 山西财经大学.

曲福田. 2011. 土地经济学(第三版)[M]. 北京: 中国农业出版社.

任明杰. 2013. 山东农民办家庭农场 经营发展遇两难[J]. 农家参谋, (4):46-47.

任晓娜, 孟庆国, 李超, 等. 2015. 种粮大户土地规模经营及其影响因素研究：基于安徽等 5 省的调查数据[J]. 湖南农业大学学
　　报(社会科学版), 16(2):12-17.

任艳琴. 2016. 家庭农场发展的困境与土地适度规模经营研究[J]. 吉林广播电视大学学报, (2):137-138.

任艳胜. 2009. 基于主体功能分区的农地发展权补偿研究[D].武汉: 华中农业大学.

阮正福. 2003. 家庭小规模经营的局限性与农业组织形式再创新[J]. 江西社会科学, (1):89-92.

山东省家庭农场发展情况及政府扶持政策[EB/OL].　https://www.tuliu.com/read-36442.html.

沈江建, 龙文. 2015. 负产出在 DEA 模型中的处理：基于软件 DEAP 的运用[C]. 第十届 (2015)中国管理学年会论文集.

盛亚飞. 2009. 松江区对家庭农场经营模式的探索与思考[J]. 上海农村经济, (3):4-6.

四川省社会科学院课题组. 2015. 农业转型背景下家庭农场的分析与判断：基于四川省 135 个家庭农场的问卷调查[J]. 农村经
　　济, (12):3-8.

宋亚平. 2013. 规模经营是农业现代化的必由之路吗[J]. 江汉论坛, (4):5-9.

苏德荣, 李德本, 王勇. 1997. 家庭农场与规模经营[J]. 农场经济管理, (1):32-33.

苏昕, 王可山, 张淑敏. 2014. 我国家庭农场发展及其规模探讨：基于资源禀赋视角[J].农业经济问题, (5):8-14.

孙莹娟. 2000. 论我国农户家庭经营组织的创新[C]. 陕西省经济学学会第 20 次年会暨理论研讨会论文集.

孙中华. 2013. 积极引导和扶持家庭农场发展[J]. 农村经营管理, (9): 6-10.

唐忠. 2015. 中国农村土地制度：争议与思考[J]. 世界农业, (1):196-202.

田传浩, 乌爱其. 2003. 农地 "反租倒包" 的实践与思考:来自柯桥镇与璜土镇农地 "反租倒包" 的调查[J].调研世
　　界, (2):42-45.

田伟, 肖融, 谢丹. 2016. 国外农场适度规模机理的经验研究[J].农业技术经济, (5):122-128.

万宝瑞, 李存估. 1986. 家庭农场土地适度经营规模探讨[J].中国农村经济, (12):29-33.

汪恭礼. 2015. 发展家庭农场模式的问题与建议[J]. 中国财政, (6): 64-66.

汪晓春, 李江风, 王振伟, 等. 2016. 进城农民土地退出的补偿机制[J]. 党政视野, (1)：61.

汪晓春, 李江风, 王振伟, 等. 2016. 新型城镇化背景下进城农民土地退出补偿机制研究[J]. 干旱区资源与环境, 30(1):19-24.

王彩文. 2017. 怎样当好农场主[M]. 北京: 中国农业科学技术出版社.

王春贤. 2013. 关于安徽省家庭农场金融服务情况的调研与思考[J]. 金融经济, (22):173-175.

王东荣, 方志全, 章黎东. 2011. 上海家庭农场发展研究[J]. 科学发展, (4):54-58.

王璠. 2012. 工业化城镇化背景下我国农业发展中存在的问题及对策探讨[J]. 农业现代化研究, 33(4):397-401.

王光全. 2013. 中国家庭农场模式初探[J]. 理论与当代, (4):39-42.

王贵宸. 1997. 关于土地适度规模经营的若干问题:兼答《农村合作经济经营管理》编辑部[J].农村合作经济经营管理,(10):16-18.

王洪生. 2018. 乡村振兴战略下家庭农场云融资模式与运作机制[J]. 河南师范大学学报(哲学社会科学版), 45(4):69-74.

王明根. 1995. 小农场与农业适度规模化经营[J].唯实,(8-9):39-41.

王爽爽, 许爱萍. 2016. 我国家庭农场发展初期的主要问题诊断及渐成路径[J]. 农业经济, (1):16-18.

王婉莹. 2015. 土地经营规模不是越大越好, 要因地制宜[EB/OL].中国经济网, http://www.zsagri.gov.cn/fw/Detail.aspx? T=AT&I=29618&ID=bc60eff4-d73d-4365-9025-2c2553ff5c01.

王鑫. 2013. 中国家庭农场构建问题的思考[J]. 经济研究导刊,(16):33-35.

王燕妮. 2012. 我国农村土地承包经营权流转制度研究[D]. 淄博: 山东理工大学.

王贻术, 林子华. 2013. 土地集体所有制下的家庭农场生产经营方式研究[J]. 福建论坛·人文社会科学版,(7):29-33.

卫新, 毛小报, 王美清. 2003. 浙江省农户土地规模经营实证分析[J]. 中国农村经济,(10): 31-36.

温锐, 邹心平. 2015. 家庭农场定义中存在的问题及其破解[J]. 世界农业,(12):57-62.

吴康明. 2011. 转户进城农民土地退出的影响因素和路径研究[D]. 重庆: 西南大学.

伍耀规. 2014. 广西家庭农场适度规模经营研究[J]. 南方农业学报, 45(4):709-714.

伍耀规. 2016. 广西家庭农场适度规模的测算研究[J]. 商业经济,(2):16-18.

夏柱智. 2014. 家庭农场:现状、挑战与启示: 对安徽繁昌县平镇的实证调查[J]. 中共宁波市委党校学报, 36(4):92-99.

肖娥芳, 祁春节. 2014. 我国农户家庭农场经营意愿及其影响因素分析[J]. 商业研究,(11):106-111.

谢梅芳. 2013. 家庭农场的推广难题及实施建议[J]. 湖北第二师范学院学报, 30(6):49-52.

徐会苹. 2013. 加快粮食主产区家庭农场发展的政府行为取向[J]. 中州学刊,(6):41-45.

徐淑萍. 2001. 论推进农村土地使用权证券化的重要意义[J]. 农业经济,(4):30-32.

许庆, 尹荣梁, 章辉. 2011. 规模经济、规模报酬与农业适度规模经营 :基于我国粮食生产的实证研究[J]. 经济研究, 46(3):59-71.

薛亮, 杨永坤. 2015. 家庭农场发展实践及其对策探讨[J]. 农业经济问题, (2):4-8.

严燕, 杨庆媛, 张佰林, 等. 2012. 非农就业对农户土地退出意愿影响的实证研究[J].西南大学学报(自然科学版), 34(6):128-132.

杨昊. 2013. 家庭农场释放农业劳动力模式的国际经验比较研究[J]. 林业经济,(6):121-124.

杨建春, 林玮, 张林巧, 等. 2015. 家庭农场的发展方向探讨[J]. 江苏农业科学, 43(12):552-553.

杨蕾, 杨伟坤, 张博. 2014. 家庭农场融资困境与破解之道[J]. 银行家,(9):113-115.

杨倩倩, 陈英, 今生霞, 等. 2012. 河西走廊中部山丹县农地规模经营意愿及其影响因素研究[J]. 干旱区地理, 35(6):1004-1011.

姚麒麟, 黄慧珍, 董晖, 等. 2009. 以家庭农场为依托推进农业现代化[J].农技服务, 26(6):162-163.

姚洋. 2004. 土地、制度和农业发展[M].北京:北京大学出版社.

佚名. 2014. "夹包老板"不是家庭农场经营者:农业部经管司司长张红宇详解《农业部关于促进家庭农场发展的指导意见》 [J]. 农村工作通讯,(4):15-17.

佚名.办好家庭农场,促进农业科学发展[DB/OL].https://doc.xuehai.net/b98f5bc27bbaabe16154fedff.html.

易兰华. 2015. 我国家庭农场发展的对策建议[J]. 经济研究参考,(60):28-30.

印堃华, 邓伟, 孟峰, 等. 2001. 我国农地产权制度改革和农业发展模式的思考[J]. 财经研究, 27(2):21-27.

余建斌. 2014. 家庭农场发展的基础和影响因素分析: 基于广东省的调查研究[J].新疆农垦经济, (9):6-9.

袁赛男. 2013. 家庭农场: 我国农业现代化进路选择: 基于家庭农场与传统小农户、雇工制农场的比较[J]. 长白学刊, (4):92-97.

袁子坤. 2016. 家庭农场适度规模研究综述[J]. 安徽农业科学, 44(3):263-264.

岳正华, 杨建利. 2013. 我国发展家庭农场的现状和问题及政策建议[J]. 农业现代化研究, 34(4):420-424.

郧宛琪. 2016. 家庭农场适度规模经营及其实现路径研究[D]. 北京: 中国农业大学.

曾红萍. 2015. 地方政府行为与农地集中流转: 兼论资本下乡的后果[J].北京社会科学, (3):22-29.

曾平生. 2016. 我国家庭农场发展现状及其对策研究[J]. 中国农业资源与区划, 37(4):56-61.

曾长福, 林鹰漳. 2007. 税费改革后农村基础设施建设问题研究[J].福建农业学报, 22(1): 87-93.

臧凯波. 2013. 我国家庭农场发展存在的障碍及应对策略[J]. 农村经济与科技, 24(7):31-33.

张保军, 张宏彦, 张红萍. 2016. 家庭农场发展制约因素及对策研究[J]. 开发研究, (1):124-128.

张朝华, 黄扬. 2017. 家庭农场发展中若干关键问题的调查研究[J]. 经济纵横,(7):81-87.

张成玉. 2015. 土地经营适度规模的确定研究: 以河南省为例[J]. 农业经济问题, (11):57-63.

张广辉, 方达. 2018. 农村土地 "三权分置" 与新型农业经营主体培育[J]. 经济学家, (2):80-87.

张红宇, 王乐君, 李迎宾, 等. 2014. 关于完善农村土地承包制度的若干问题[J].当代农村财经, (6):21-24.

张红宇, 张海阳, 李娜. 2013. 我们怎么理解家庭农场:扶持新型农业经营主体发展的建议[J].农产品市场周刊, (17):18-23.

张建雷. 2018. 家庭农场发展的多重动力机制分析[J]. 西北农林科技大学学报(社会科学版), 18(1):34-40.

张克俊. 2016. 农村土地 "三权分置" 制度的实施难题与破解路径[J]. 中州学刊, (11):39-45.

张鹏. 2008. 土地征收下的土地价值及其实现形式: 农地价值及产权主体补偿研究[D]. 武汉: 华中农业大学.

张茜, 徐勇, 郭恒, 等. 2015. 家庭农场发展的影响因素及对策: 基于 SWOT 模型的实证研究[J]. 西北农林科技大学学报(社会科学版), 15(2):140-145.

张瑞芝, 钱忠好. 1999. 农业适度经营规模初探[J]. 扬州大学学报(人文社会科学版),(1):74-78.

张曙光. 2010. 土地流转与农业现代化[J]. 管理世界, (7):66-97.

张雯丽, 曹慧, 张照新. 2014-03-31. 我国家庭农场发展的问题和对策[N]. 中国县域经济报(007 版).

张侠, 葛向东, 彭补拙. 2002. 土地经营适度规模的初步研究[J]. 经济地理, 22(3):351-355.

张侠, 赵德义, 赵书海. 2010. 河北省土地适度规模经营研究[J]. 商业时代, (7):124-126.

张晓丽. 2001. 关于建立家庭农场的经济学思考[J]. 改革与战略, (3):63-67.

张学艳. 2015. 基于结构化理论的家庭农场主目标的实现路径探析[J]. 广东农业科学, 42(23):213-219.

张学艳. 2016. 农场主经营行为与家庭农场结构的互动分析[J]. 社会科学家,(11):46-50.

张亚. 2009. 长久不变, 以不变促变, 寓变于不变之: 推进农村土地制度创新[J].淮阴师范学院学报, 31(3):305-309.

张艳, 刘新平. 2011. 基于 CVM 法的艾比湖流域农地生态价值评价: 以博尔塔拉蒙古自治州为例[J].新疆农业科学, 48(5):903-908.

张艳丽. 浅议农村土地承包关系 "长久不变" 的期限[J/OL].http://www.xjws.gov.cn/pages/LLTS/gzyj/20100121191204.html.

张一帆. 2013. 中国家庭农场: 一条农村改革新途径[J]. 现代经济信息,(7):269.

张正宝, 栾香录. 2015. 我国家庭农场融资现状及制约因素分析[J]. 农业经济,(12):85-86.

赵佳, 姜长云. 2015 家庭农场的资源配置、运行绩效分析与政策建议: 基于与普通农户比较[J]. 农村经济,(3):18-21.

赵维清, 边志瑾. 2012. 浙江省家庭农场经营模式与社会化服务机制创新分析[J]. 农业经济,(7):37-39.

郑风田. 2013. 中国式家庭农场, 须精心谋划[J]. 农村工作通讯,(5):42.

郑荣林. 2013-04-11. 家庭农场: 解了 "谁来种田" 的难题, 遭遇尴尬:缺钱缺政策还需扶一把[N].江西日报(C01 版).

钟涨宝, 聂建亮. 2012. 论农村土地承包经营权退出机制的建立健全[J].经济体制改革,(1):84-87.

周厚智, 杨钢桥. 2012. 基于农户调查的农地适度经营规模研究: 以长沙市两个郊区县为例[J].湖北农业科学, 51(6):1274-1277.

周记, 陈杰. 2004. 关于农民退出权的博弈分析[J]. 长江大学学报(社会科学版), 27(2):95-98.

周仕雅, 林森. 2013. 家庭农场涉税问题研究: 以浙江五县为例[J]. 税收经济研究,(5):19-22.

周应江. 2010. 家庭承包经营权: 现状、困境与出路[M]. 北京: 法律出版社.

朱博文. 2005. 美法日家庭农场发展的经验与启示[J]. 长江大学学报(自科版), 2(5):87-91.

朱继胜. 2016. 论"三权分置"下的土地承包权[J].河北法学, 34(3):37-47.

朱立志. 2013. 为家庭农场适度规模发展打造良好的软环境[J]. 中国农业信息,(9):19-20.

朱启臻, 胡鹏辉, 许汉泽. 2014. 论家庭农场:优势、条件与规模[J].农业经济问题,(7):11-17.

朱学新. 2006. 家庭农场是苏南农业集约化经营的现实选择[J]. 农业经济问题,(12):39-42.

朱玉林, 李佳, 何冰妮. 2008. 农村土地证券化经济可行性研究[J]. 生产力研究,(9):37-38.

资中县水产渔政局. 四川内江市资中县制约家庭农场的发展瓶颈及对策建议[EB/OL].http://www.shuichan. cc/news_view-199006.html,2014-7-25.

邹昶. 2013. 浅析我国家庭农场现阶段发展存在困难与解决方案[J]. 科技创新导报,(14):253.

邹心平. 2017. 论家庭农场在新型农业经营体系中的主体地位[J]. 求实,(2):84-96.

Alchian, Armen. 1965. Some economics of property rights[J]. Economics forces at Work,(30):816-829.

Allen, Douglas W, Lueck D. 2000. Family farm inc[J]. Choices: The magazine of food, farm, and resource issues, 15(1):13-17.

Anne Moxnes Jervell. 2002. Changing patterns of family farming and pluriactivity [J]. Sociologia ruralis, 39(1):100-116.

Atwood J A, Helmers G A a, Shaik S. 2002. Farm and nonfarm factors influencing farm size, American agricultural and applied economics association annual meetings, Long beach, California, July.

Baoling Zou, Ashok K. Mishra, Biliang Luo. 2018. Aging population, farm succession, and farmland usage: Evidence from rural China[J]. Land use policy,(77):437-445.

Bardhan P K. 1973. Size, productivity and returns to scale: an analysis of farm-level data in Indian agriculture[J]. Journal of political economy, 81(6):1370-1386.

Benjamin E, Graeub M. Jahi Chappell, Hannah Wittman, et al. 2016. The state of family farms in the world[J]. World development ,(87):1-15.

Besley T. 1993. Property rights and investment incentives: Theory and evidence from Ghana[J].The journal of political economy, 103(5): 903-937.

Beuscher J H. 1960. Transfer of the Family farm by will[M]. Berlin: Springer Berlin Heidelberg.

Bina Agarwal. 2018. Can group farms outperform individual family farms? Empirical insights from India[J]. World development,(108): 57-73.

Bommei K V, Veen H V D, Venema G. 2004. Financial distress with family farm transfer in Six European countries[J]. Eurochoices, 3(2):18-23.

Booth A, Sundrum R M. 1985. Labour absorption in agriculture[M]. New York: Oxford university press.

Bram peper. 2008. Agricultural policy and social policy: the future of the family farm[J]. Sociologia ruralis, 9(3):221-234.

Brandt L, Huang J, Guo L, et al. 2002. Land rights in rural China: facts, fictions and issues[J]. The China journal.(47):67-97.

Braun J V, Mirzabaev A. 2015. Small farms: changing structures and roles in economic development[M]. New York: Social science electronic publishing.

Buchanan James. 1965. An economic theory of clubs [J]. Economic, (32) : 1-14.

Carson R T. 2000. Contingent valuation: a user's guide[J]. Environmental sciences and technology, (34) :1413-1418.

Carter M R. 1984. Identification of the inverse relationship between farm size and productivity: an empirical analysis of peasant agricultural production[J]. Oxford economic papers, 36 (1) :131-145.

Colette Dumas, Jean Pierre Dupuis, Francine Richer, Louise St.-Cyr. 1995. Factors that influence the next generation's decision to take over the family farm[J].Family business review, 8 (2) :99-120.

Cooper W W, Seiford L M, Tone K. 2000. Data envelopment analysis[M]. Boston: Kluwe academic publishers.

Cornia G A. 1985. Farm size,land yields and the agricultural production function: An analysis for fifteen developing countries [J]. World development, 13 (4) :513-534.

Cummings R G, Brookshire D S, Bishop R C, et al. 1986. Valuing environmental goods: An assessment of the contingent method[M]. New Jersey: Rowman and allanheld publishers.

Danilo Bertoni, Daniele Cavicchioli. 2016. Farm succession, occupational choice and farm adaptation at the rural-urban interface: The case of Italian horticultural farms[J]. Land use policy, (57) :739-748.

Dawson P J. 2010. Labour on the family farm: a theory and some policy implications[J]. Journal of agricultural economics, 35 (1) :1-19.

Deininger, Klaus, Derek Byerlee. 2012. The rise of large farms in land abundant countries: Do they have a future?[J].World development, 40 (4) :701-714.

Deolalikar A B. 1981. The inverse relationship between productivity and farm size:a test using regional data from India[J]. American journal of agricultural economics, (63) :275-279.

Dogliotti S,Garcíaa M C,Peluffo S,et al. 2014. Co-innovation of family farm systems:A systems approach to sustainable agriculture[J]. Agricultural systems, (126) :76-86.

Dolev Y, Kimhi A. 2008. Does farm size really converge? The role of unobserved farm efficiency[J]. Agricultural and Resource Economics, 54 (1) :119-136.

Dolev Y, Kimhi A. 2010. Do family farms really converge to a uniform size? The role of unobserved farm efficiency[J]. Australian journal of agricultural&resource economics, 54 (1) :119-136.

Douglas W, Allen, Dean Lueck. 2003. The nature of the farm: contracts, risk, and organization in agriculture[M]. Cambridge City, Massachusetts, Boston: The MIT Press.

Elizabeth Brabec, Chip Smith. 2002. Agricultural land fragmentation: the spatial effects of three land protection strategies in the eastern United States[J]. Landscape and urban planning, (58) :255-268.

Fan S, Chan-Kang C. 2003. Is small beatiful farm size, productivity and proverty in Asian agriculture. International association of agricultural economists plenary paper.

Fan, Shenggen, Connie Chan-Kang. 2005. Is small beautiful? farm size,productivity and poverty in asian agriculture[J]. Agricultural economics, 32 (s1) : 135-146.

Frank Fabozzi, Modigliani. 1996. Capital market: institutions and instruments [M]. Prentice‐hall.

Freeman A M. 1993. The measurement of environmental and resource values-theory and methods[M]. Washington: resources for the future.

Gao Y, Zhang X, Wu L, et al. 2017. Resource basis, ecosystem and growth of grain family farm in China: based on rough set theory and hierarchical linear model[J]. Agricultural systems, (154) :157-167.

Gasson R, Erringtona. 1993. The farm family business[M]. Wallingford: CAB International.

Gibson J, Huang J, Rozelle S. 2001. Why is income inequality so low in China compared to other countries? [J]. Economics letters, 71 (3) :329-333.

Gras C. 2009. Changing patterns in family farming: the case of the pampa region, Argentina[J]. Journal of agrarian change, 9 (3):345-364.

Grubbström, A., Eriksson, C. 2018. Retired farmers and new land users: How relations to land and people influence farmers' land transfer decisions[J]. Sociologia ruralis. doi:10.1111/soru.12209(in press).

Halcrow, Harold. 1984. Agricultural policy analysis[M]. New York: McGraw-Hill book Co.

Haviland W E. 2010. The family farm in Quebec—an economic or sociological unit? [J]. Canadian Journal of agricultural economics, 5 (2) :65-84.

Helfand S M, Levine E S. 2004. Farm size and the determinants of productivity efficiency in the Brazilian center-west[J]. Agricultral economics, 31 (2-3):241-249.

Hoppe R A, Korb P. 2006. Understanding U.S. farm exits[M]. New York: economic research service(ERS), United States department of agriculture(USDA).

Hoque A. 1988. Farm size and economic-allocative efficiency in Bangladesh agriculture [J]. Applied economics, 20(10):1353-1368.

James H. 1993. Mcdonald.Corporate capitalism and the family farm in the U.S. and Mexico[J]. Culture agriculture food & environment, 13 (45-46):25-28.

Jayachandran N. 1996. A probit latent variable model of nutrition information and dietary fiber intake[J]. American journal of agricultural economics, (78): 628-639.

Jerumeh T R, Omonona B T. 2018. Determinants of transition in farm size among cassava-based farmers in Nigeria [J]. Kasetsart journal of social sciences,(in press).

Jeson M C, Meckling W H. 1976. Theory of the firm: menagerial behavior, agency costs and ownership structure[J]. Journal and financial eonomics,(3):305-360.

Kislev Y, Peterson W. 1982. Prices, technology and farm size[J]. Journal of political economy, 90(3): 578-595.

Kostov P, Davidova S and Bailey A. 2018. Comparative efficiency of family and corporate Farms: Does family labour matter? [J]. J Agric Econ, doi:10.1111/1477-9552.12280(in press).

Kuehne G. 2013. My decision to sell the family farm[J]. Agriculture & human values, 30(2): 203–213.

Laband D N. 1984. Restriction of farm ownership as rent‐seeking behavior: family farmers have it their way[J]. American journal of economics & sociology, 43(2) :179-189.

Lawton J. 2013. What are the critical success factors for succession planning in family farms? A systematic review[D]. Charlottetown: University of prince edward islan.

Liu Y L. 2008. Study on intensive management of rural land[J]. Journal of Shanxi agricultural sciences, 36 (6) :11-12.

Liu Z, Rommel J, Feng S, Hanisch M. 2017. Can land transfer through land cooperatives foster off-farm employment in China?[J]. China economic review , (45): 35-44.

Lowder S K, Skoet J, Raney T. 2016. The number, size, and distribution of farms, smallholder farms, and family farms worldwide[J]. World development, (87):16-29.

Lydia Zepeda, Jongsoog Kim. 2006. Farm Parents' Views on their children's labor on family farms: a focus group study of Wisconsin dair[J]. Agriculture & human values, 23(1): 109-121.

Mamatzakis E C. 2003. Public infrastructure and productivity growth in Greek agriculture[J]. Agricultural economics. 29(2):169-180.

Manjunatha A V, Anik A R, Speelman S, et al. 2013. Impact of land fragmentation, farm size, land ownership and crop diversity on profit and efficiency[J]. Land use policy, 31(31):397-405.

Matthews P J. 1996. The other Greeks: The family farm and the agrarian roots of western civilization[J]. Economic botany, 50(1):138.

Mcleod M, Aislabie J, Mcgill A, et al. 2014. Leaching of escherichia coli from stony soils after effluent application[J]. Journal of environmental quality, 43(2):528-538.

McMillan J, Whalley J, Zhu L. 1989. The impact of China's econominc reforms on agricultual productivity growth[J]. Journal of political economy, 97(4):781-807.

Menzie E J.The commercial family farm in British Columbia[J]. Canadian journal of agricultural economics 2010,5 (2):101-108.

Michler J D, Shively G E. 2015. Land Tenure, Tenure security and farm efficiency: panel evidence from the Philippines[J]. Journal of agricultural economics, 66 (1) :155-169.

Moissidis A. 1985. Social stratification in post-war Greek agriculture: property relations and the role of ground rent[J]. Social classes in the Mediterranean, (2):120.

Morais M, Binotto E, Borges J A R. 2017. Identifying beliefs underlying successors' intention to take over the farm[J]. Land use policy, (68) :48-58.

Morais M, Borges J A R, Binotto E. 2018. Using the reasoned action approach to understand Brazilian successors' intention to take over the farm[J]. Land use policy , (71):445-452.

Moreno‐Pérez O M, Lobley M. 2015. The morphology of multiple household family farms[J]. Sociologia ruralis, 55 (2) :125-149.

Murray R. Benedict. 1956. Can we solve the farm problem[J]. Soil science, 81(4):333.

Nalson J S. 2012. Problems of resource ues on the family farm[J]. Australian journal of agricultural & resource economics, 8 (1):46-56.

Napier R. 1979. Getting the best out of labour on the family farm[J]. Agricultural gazette of New South Wales.

Oladepo, Brieger W R, Otusanya S, et al. 2010. Farm land size and onchocerciasis status of peasant farmers in south‐western Nigeria[J]. Tropical medicine&international health, 2 (4):334-340.

Olga M. Arnalte-Alegre, Eladio Moreno-Pérez, Ortiz-Miranda Dionisio. 2011. Breaking down the growth of family farms: A case study of an intensive Mediterranean agriculture[J]. Agricultural systems, 104(6):500-511.

Phillips M J. 1986. Technology, Public policy, and the changing structure American agriculture[M]. Washington D.C: office of technology assessment.

Priebe H. 2006. Farm Parents'Views on their children's labor on family farms: A focus group study of wisconsin dairy Farmers[J]. Agriculture & human values, 23 (1) :109-121.

Rada N, Helfand S, Magalhaes M. 2018. Agricultural productivity growth in Brazil: Large and small farms excel[J]. Food policy, (84) : 176-185.

Robertson A F, Hughes G A. 1978. The family farm in Buganda[J]. Development of change (SAGE, London and Beverly Hills) , 9 (3) :415-438.

Robson N, Gasson R, Hill B. 2010. Part-Time Farming: Implications for farm family Income[J]. Journal of agricultural economics, 38 (2) :167-192.

Roudart L, Dave B. 2017. Land policy, family farms, food production and livelihoods in the office du Niger area, Mali[J]. Land use policy, (60) :313-323.

Ryan M, Buckley C, Dillon E J, et al. 2014. The development of farm-level sustainability indicators for Ireland using the teagasc national farm survey[C]. Paris: the 88th annual conference of the agricultural economics society.

Saini G R. 1971. Holding size, productivity and some related aspects of Indian agriculture[J]. Economic and political weekly, (26):79-85.

Salvioni C, Papadopoulou E, Santos M D. 2014. Small farm survival in Greece, Italy and Portugal[J]. Eurochoices, 13 (1) :52-57.

Schultz T W. 1964.Thansforming traditional agriculture[M]. New Haudio-videoen: Yale University Press.

Sen A K. 1966. Peasants and dualism with or without surplus Labor[J]. Journal of political economy, 74(5): 425-450.

Silke Stahl. 1998. Independent Family Farms Versus Hierarchical Forms of Organisation[M]. The Social Market Economy: 158-183.

Sippel S R. 2016. Breaking ground: Multi-family farm entrepreneurs in Moroccan export agriculture[J]. Journal of Rrural studies, (45):279-291.

Stanka Dobreva. 2010. The family farm in Bulgaria: traditions and changes[J]. Sociologia ruralis, 34 (4) :340-353.

Teruel R G, Kuroda Y. 2005. Public infirastructure and productivity growth in Philippine agriculture,1974-2000[J]. Journal of asian economics, 16(3):555-576.

Toulmin C, Guèye B. 2003. Transformation in West African agricultures and the role of family farms[R]. Sahel and West Africa club (SWAC/OECD), SAH/D (2003)541, Paris, France.

Townsend R F,Kirsten J F,Vink N. 1998. Farm size,productivity and returns to scale in agriculture revisited: A case study of wine producers in south africa[J]. Agricultural economics, 19(1): 175-180.

Triver R L. 1971. The evolution of reciprocal altruism[J]. The quarterly review of biology, 46(1):35-57.

Vernon Henderson J. 2007. 中国的城镇化:面临的政策问题与选择[J].城市发展研究, 14(4):32-41.

Wang X J. 2016. Research on the development of rural family farm:a case study of Shandong Province in China[J]. Agricultural sciences, 7(4):196-205.

Wei Hu. 1997. Household land tenure reform in China: its impact on farming land use and agro-environment[J]. Land use policy, 14(3): 175-186.

William H G. 1997. Econometric analysis[M]. New Jersey: prentice hall.

Willig, Robert D. 1976. Consumer's surplus without apology[J].American economic review, 66(4):589-597.

Yan Xiaohuan, Bauer Siegfried, Huo Xuexi. 2014. Farm size, land reallocation, and labour migration in rural China[J].International journal of population geography, 20 (4) :303-315.

Yu S, Chancellor W. 2018. Exploring the relationship between farm size and productivity: Evidence from the Australian grains industry[J].Food policy, (84):196-204.

Zhang Q, Sun Z, Huang W. 2017. Does land perform well for corn planting? An empirical study on land use efficiency in China[J]. Land use policy, (74) :273-280.

Zimmerman F, Carter M R. 1996. Dynamic portfolio management under risk subsistence constraints in developing countries. University of wisconsin-madisonm, department of agricultural and applied economics, staff papers.

附录 家庭农场经营者调研问卷

一、集体经济组织基本情况

1. 村庄地址： 省 市 县(区、市) 乡(镇) 村
2. 您所在村庄的地貌类型(①平原 ②丘陵 ③盆地 ④山地 ⑤高原)
3. 您所在村庄总户数_____户，总人口_____人，总耕地_____亩，人均耕地_____亩
4. 您所在村庄的主要产业类型(①农业 ②工业 ③服务业)
5. 您所在村庄的经济发展状况如何(①很好 ②较好 ③一般 ④较差 ⑤很差)
6. 您所在村庄的农田基础设施状况如何(①很好 ②较好 ③一般 ④较差 ⑤很差)
7. 您所在村庄的对外交通情况如何(①很便利 ②较便利 ③一般 ④不太便利 ⑤很不便利)
8. 您所在村庄的社会治安情况如何(①很好 ②较好 ③一般 ④较差 ⑤很差)
9. 您所在村庄长期雇用一名工人的月工资水平为(_____元，或者，①3500 元以上 ②3000~3500 元 ③2500~3000 元 ④2000~2500 元 ⑤1500~2000 元 ⑥1500 元以下)；短期雇用一名工人的日工资水平为(_____元，或者，①300 元以上 ②250~300 元 ③200~250 元 ④150~200 元 ⑤100~150 元 ⑥50~100 元 ⑦50 元以下)

二、家庭农场主个人及家庭基本情况

10. 家庭农场经营者个人的基本情况
(1)年龄_____岁；
(2)性别(①男 ②女)；
(3)健康状况(①很健康 ②比较健康 ③一般 ④较差 ⑤很差)；
(4)教育程度(①未受教育 ②小学 ③初中 ④高中或中专 ⑤大专 ⑥本科及以上)；
(5)是否户主(①是 ②否)；
(6)是否党员(①是 ②否)；
(7)是否村组干部(①是 ②否)；
(8)户口情况(①农村户口 ②城市户口)；
(9)户籍情况(①本村 ②本乡外村 ③本县外乡 ④本省外县 ⑤外省)；
(10)您觉得自己的农业种植技能如何(①很好 ②较好 ③一般 ④较差 ⑤很差)；
(11)您是否会操作农业机械(①会 ②不会)；

(12)您是否懂得会计记账(①懂得 ②不懂);

(13)您是否有外出务工的经历(①有,＿＿＿＿年,年务工＿＿＿＿月,平均务工月收入＿＿＿＿元 ②没有);

(14)您觉得自己的经营管理水平如何(①很高 ②较高 ③一般 ④较低 ⑤很低);

(15)您是否接受过家庭农场相关培训(①有 ②没有),若有,每年平均＿＿＿＿次,培训内容涉及的方面(①育种和栽培技术 ②土肥培育技术 ③疾病防治技术 ④经营管理知识 ⑤其他＿＿＿＿);

(16)您每年在农场工作＿＿＿＿月,每天工作＿＿＿＿小时;

(17)您对农业的兴趣程度如何(①很感兴趣 ②较感兴趣 ③一般 ④兴趣较低 ⑤不感兴趣)

11. 家庭农场经营者的家庭基本情况

(1)家庭所在集体经济组织距县(市、区)中心的距离(①5 千米以内 ②5～10 千米 ③10～15 千米 ④15～20 千米 ⑤20～25 千米 ⑥25～30 千米 ⑦30 千米以上)

(2)家庭总人数＿＿＿＿人,其中,非农业人口＿＿＿＿人。家庭劳动力人口＿＿＿＿人(不包括在校学生),被抚养照顾人口＿＿＿＿人(包括老人、未成年的小孩、病人等),外出务工人口＿＿＿＿人。家庭内有大学生(□在校读书 □待业或正在找工作 □已毕业工作)＿＿＿＿人。家庭成员(含近亲属)中正在(曾经)担任村干部的＿＿＿＿人

(3)家庭从集体经济组织承包的土地总面积为＿＿＿＿亩,共分为＿＿＿＿块,单个地块的面积为＿＿＿＿亩～＿＿＿＿亩,地块与地块之间的距离(①很远 ②较远 ③一般 ④较近 ⑤很近),您觉得自家承包地的零碎化程度如何(①很零碎 ②较零碎 ③不零碎)

(4)在经营家庭农场前,您家庭是否有过转入(如租赁)土地行为(①有过 ②没有)

(5)您家水田每年每亩纯收益为＿＿＿＿元,旱地每年每亩纯收益为＿＿＿＿元

(6)目前,您家庭的收入结构为(①以农业为主 ②农业和非农业各占一半 ③农业为辅,非农业为主 ④完全依靠非农业);您家庭每年的总收入为(①5.0 万元以内 ②5.0 万～10.0 万元 ③10.0 万～15.0 万元 ④15.0 万～20.0 万元 ⑤20.0 万～25.0 万元 ⑥25.0 万～30.0 万元 ⑦30.0 万～35.0 万元 ⑧35.0 万～40.0 万元 ⑨40.0 万元以上),其中,农业收入占家庭总收入的比重为(①10%以内 ②10%～20% ③20%～30% ④30%～40% ⑤40%～50% ⑥50%～60% ⑦60%～70% ⑧70%～80% ⑨80%～90% ⑩90%～100%)。相较投资发展家庭农场前,您家庭收入水平的变化情况为(①大幅提高 ②小幅提高 ③基本持平 ④小幅降低 ⑤大幅降低)

三、家庭农场的雇工与土地情况

12.您经营的家庭农场成立于＿＿＿＿年,是否属于示范型家庭农场(①是 ②否),若是,从政府部门获得的补助资金为＿＿＿＿万元;是否在工商部门注册(①是 ②否),若是,注册时间为＿＿＿＿年,注册资本＿＿＿＿万元,注册登记的经营类别是(①个体工商户 ②个人独资企业 ③合伙企业 ④有限责任公司)

13.家庭成员(含近亲属)在农场长期实际从事生产经营管理的＿＿＿＿人,基本情况为:

序号	与本人关系(填写代码见备注)	年龄(实际年龄)	性别(1.男 2.女)	受教育程度(填写代码见备注)	是否懂得会计记账(1.懂得 2.不懂)	是否会操作农业机械(1.会 2.不会)	是否正(曾经)担任村干部(1.是 2.否)	经营管理水平如何(填写代码见备注)	农业种植技能如何(填写代码见备注)	每年在农场投工月数(实际工作月数)
1										
2										
3										
4										
5										

备注:与本人关系(1.户主 2.配偶 3.子女 4.媳婿 5.孙子女 6.父母 7.祖父母 8.兄弟姐妹 9.其他);受教育程度(1.未受教育 2.小学 3.初中 4.高中或中专 5.大专 6.本科及以上);经营管理水平如何(1.很高 2.较高 3.一般 4.较低 5.很低);农业种植技能如何(1.很好 2.较好 3.一般 4.较差 5.很差)

14. 家庭农场雇工情况(按年度平均计算)

常年雇用人员			季节性雇用人员			临时雇用人员	
人数(人)	工资(元/月)	雇用月数/年	人数(人)	工资(元/月)	雇用月数/年	人次	工资(元/天)

15. 家庭农场雇工的平均年龄情况(　　　)

A. 30 岁以内　　　　　　B. 31~35 岁　　　　　　C. 36~40 岁

D. 41~45 岁　　　　　　E. 46~50 岁　　　　　　F. 51 岁以上

16. 您觉得在村庄内部或附近村庄雇用到家庭农场所需的工作人员是否容易(　　　)

A. 很容易　　　　　　　B. 较容易　　　　　　　C. 一般

D. 较困难　　　　　　　E. 很困难

17. 您觉得监督雇用人员在家庭农场的生产劳动情况是否困难(　　　)

A. 很困难　　　　　　　B. 较困难　　　　　　　C. 一般

D. 较容易　　　　　　　E. 很容易

18. 目前,家庭农场经营的土地总面积及内部构成情况(单位:亩,1 亩=666.667m^2)

家庭农场经营的土地总面积	家庭农场经营土地的内部构成情况			
	(1)家庭承包的自有土地面积	(2)通过市场流转交易获得的土地面积		(3)除(1)、(2)之外,家庭农场通过其他方式获得的土地面积
		①从其他农户处流转的土地面积(_____户)	②流转集体经济组织未发包的土地(机动地、四荒地等)面积	方式1_____ 方式2_____

19. 家庭农场通过市场流转交易获得土地的基本情况(单位：亩，元/亩，年)(请在相应的□内打"√")

农地市场流转交易方式	农地市场流转交易面积(亩)	农地市场流转交易实际价格(元/亩)						农地市场流转交易期限(年)	是否签订了合同(1.是 2.否)
		2015		2016		2017			
		水田	旱地	水田	旱地	水田	旱地		
□代耕									
□互换									
□租赁									
□入股									
□转让									
□一次性买断									
□其他									

20. 家庭农场获得所需土地的渠道以及基本情况(请在相应的□内打"√")

获得家庭农场经营所需土地的实现方式	获得家庭农场经营所需土地的难易程度	获得家庭农场经营所需土地而花费的时间、经济成本
□自己挨家挨户去联系农户		
□经熟人介绍		
□通过中介组织	□非常容易	①花费的时间成本
□集体经济组织协调解决	□比较容易	_____天
□乡镇政府协调解决	□一般	②花费的经济成本(交通加油、餐饮等)_____元
□承接其他家庭农场经营者、种粮大户退出的土地	□比较困难 □非常困难	③其他成本_____元
□从专业合作社获得土地		
□从农业龙头企业获得土地		
□其他_____		

21. 您觉得通过市场流转交易获得土地的使用期限如何(①太短　②正好　③太长)；您觉得通过市场流转交易获得土地的地权稳定性如何(①不稳定　②一般稳定　③很稳定)；您觉得通过市场流转交易获得土地的使用期限多久才能满足家庭农场的发展需要(　)

　A.1～5 年　B.6～10 年　C.11～15 年　D.16～20 年　E.20 年以上　F. 永久

22. 您对农村土地"三权分置"(所有权、承包权、经营权)政策是否知晓(①知晓　②不知晓)；在农村土地"三权分置"政策下，您对家庭农场通过市场流转交易获得土地享有的权利和承担的义务情况是否清楚(①很清楚　②比较清楚　③不太清楚　④很不清楚)

23. 您经营的家庭农场与农地转出方(如农户)确定的土地市场流转交易计价方式是(　)

　A. 现金计价　　　　　　　　B. 粮食等主要农产品实物计价、货币兑现

　　C. 土地股份计价　　　　　　　　D. 粮食等主要农产品以外其他实物计价、货币兑现

24. 您经营的家庭农场作为农地转入方与农地转出方签订的土地使用价格类型是（　　）

　　A. 固定不变型　　　　　　　　　B. 定期动态增长调整型:固定比例

　　C. 定期动态增长调整型:不固定比例

25. 您觉得每年支付的土地使用成本给家庭农场所带来的经济负担情况如何（　　）

　　A. 很重　　　　B. 较重　　　　C. 一般　　　　D. 较轻　　　　E. 很轻

26. 您觉得经营家庭农场所能承受的最大亩均用地成本为：水田____元，旱地____元；您觉得在现有土地使用成本基础上最高可再上浮_____%。

27. 目前，您经营家庭农场的土地集中成片情况：（1）一整块　（2）非一整块，总共分为_____块，地块与地块之间的平均距离为_____千米，其中，最大一片的土地面积为_____亩，最小一块的土地面积为_____亩。家庭农场经营土地涉及的村庄个数为_____。

28. 家庭农场通过市场流转交易获得集中成片土地过程中可能会遇到"钉子户"问题（即不愿意流转交易农地的农户），您觉得"钉子户"形成的原因是（①觉得农地流转交易价格偏低　②想"敲竹杠"以谋求超过合理价格范围的土地流转收益　③嫉妒家庭农场经营者规模化经营取得的高额利润　④农户自己喜欢种地，不愿意转出　⑤与家庭农场经营者（含近亲属）之间有矛盾纠纷　⑥其他）。您觉得"钉子户"问题该如何解决_____。

　　目前，您经营家庭农场的土地范围内是否存在有"钉子户"（①有，_____户，涉及土地_____亩　②没有）。若有，"钉子户"的存在对家庭农场生产经营的影响程度如何（①很大　②较大　③一般　④较小　⑤很小）

29. 目前，您觉得自己家庭农场的土地经营规模（①太小了　②有点小　③刚刚好④有点大　⑤太大了）。按照现有的资金规模、经营能力和技术条件，您觉得自己家庭农场最适合的土地经营规模为_____亩～_____亩。您觉得制约家庭农场土地经营规模扩大的因素有（　　　）(可多选)

　　A. 获取土地难度大　　　　　　B. 缺乏资金　　　　　　C.缺乏劳动力

　　D. 田间道路、灌排等农田基础设施落后

　　E. 农业技术水平低　　　　　　F. 经营管理水平有限

　　G. 社会化服务体系不完善　　　H. 经营农场的利润水平不理想

　　I. 国家农业补贴支持力度不够　　J. 其他

四、家庭农场投资与收益情况

30. 您经营的家庭农场的产业类型是（　　）

　　A. 纯种植业　　　　B. 纯养殖业　　　　C. 种养结合型　　　D. 种植兼休闲型

　　E. 养殖兼休闲型　　F. 种养兼休闲型　　G.其他

31. 您经营家庭农场的收益与成本情况

(1)粮食作物与经济作物收益与成本情况

作物类型	种植制度	作物名称	种植面积(亩)	产量(斤/亩)	农场经营者家庭自己共留用(斤)	市场销售价格(元/斤)	亩均生产总成本为_____元
粮食作物							种子：____元、化肥：____元、农药：____元、灌排：____元、机收机种：____元、其他：____元
经济作物							种子：____元、化肥：____元、农药：____元、灌排：____元、机收机种：____元、其他：____元

(2)养殖业、渔业的收益与成本情况

饲养动物(猪、牛、羊、鸡、鸭、鹅、兔及水产品)名称	饲养总数量	每年平均销售量	单位平均重量(斤)	每斤平均售价(元/斤)	单位饲养成本(元)

(3)旅游观光收益:每年接待人次_____，人均消费___元，人均接待成本_____元

(4)其他收益(请列出):_____

(5)您所经营的家庭农场有无完整的收支记录(①有　②没有)

32. 您经营家庭农场 2014 年、2015 年、2016 年的总利润分别为____万元、____万元、_____万元；您对经营家庭农场所获收入的满意程度为(①很满意　②比较满意　③一般　④不满意　⑤很不满意)；您觉得经营家庭农场应达到何种收入水平(①当地农村社会平均收入水平　②高于当地农村平均收入水平　③与外出务工收入水平相当　④适当高于外出务工收入水平　⑤与附近城镇居民收入水平相当　⑥其他)；您觉得投资发展家庭农场，每年人均纯收入达到多少才算比较理想(①2.0 万元以内　②2.0 万～3.0 万元　③3.0 万～4.0 万元　④4.0 万～5.0 万元　⑤5.0 万～6.0 万元　⑥6.0 万～7.0 万元　⑦7.0 万～8.0 万元　⑧8.0 万～9.0 万元　⑨9.0 万～10.0 万元　⑩10.0 万元以上)

33. 您觉得经营家庭农场是否要向政府缴纳税金(①需要　②不需要)，如需要，您觉得缴纳税收的比例控制在多少较为合适(①3%以下　②3%～5%　③5%～10%　④10%～15%　⑤15%～20%　⑥20%～25%　⑦25%～30%　⑧30%～35%　⑨35%～40%　⑩40%～45%　⑪45%～50%　⑫50%以上)；您经营的家庭农场每年是否有向政府上缴税金(①有　②没有)，若有，每年要缴纳税金_____元)；当地政府对家庭农场缴纳税收是否有优惠政策(①没有　②有)

34. 您觉得集体经济组织是否有权参与家庭农场经营利润的分配(①有权 ②无权)，若有权，您觉得集体经济组织应该分配到的利润比例是 (①5%以下 ②5%～10% ③10%～15% ④15%～20% ⑤20%～25% ⑥25%～30% ⑦30%～35% ⑧35%～40% ⑨40%～45% ⑩45%～50% ⑪50%以上)

35. 您经营家庭农场每年可以获得的农业"三项补贴"(种粮农民直接补贴、农资综合补贴和农作物良种补贴)_____元，补贴标准为：种粮农民直接补贴_____元/亩，农资综合补贴_____元/亩，农作物良种补贴_____元/亩；您觉得补贴力度如何(①很大 ②较大 ③一般 ④较低 ⑤很低)；目前，家庭农场通过市场流转交易获得土地的农业"三项补贴"归谁所有(①农地流入方：家庭农场 ②农地流出方：原农户)

36. 家庭农场总投资情况及资金构成(单位：万元，%)

家庭农场总投资	自有资金	民间有偿借贷			金融机构(□农村信用社 □邮政储蓄 □农工中建交等大型国有银行)贷款			政府财政支农资金	其他 —— ——
		金额	年利率	借款年限	金额	年利率	贷款年限		

37. 当您经营家庭农场因发展需要资金时，向正规金融机构借贷难易度的看法(①很容易 ②较容易 ③一般 ④不容易 ⑤很不容易)；向正规金融机构借贷面临的主要问题(①缺乏抵押物 ②贷款额度太小 ③手续复杂 ④贷款期限太短 ⑤利率太高 ⑥缺乏必要的人际关系 ⑦其他)；贷款的主要用途是(①农业生产基础设施建设 ②购买农业机械设备 ③购买种子、化肥等生产资料 ④支付土地使用费用 ⑤支付雇用人员工资 ⑥用于仓库、机库等配套设施建设 ⑦其他)；政府对家庭农场的贷款利息有无补贴(①有 ②无)，若有，补贴标准为_____

38. 你未来三年是否有追加投资的打算(①有 ②没有)，若有，打算追加多少_____万元。

39. 发展家庭农场需要农田水利、田间道路等基础设施的配套完善。如果通过农地市场流转交易获得的土地需要新(改)建配套的农田基础设施，您觉得新(改)建配套农田基础设施的出资方应该是(①中央政府 ②地方政府 ③集体经济组织 ④涉及土地的全体农户 ⑤家庭农场经营者 ⑥其他)。截至目前，您经营家庭农场自行建设基础设施总投资____万元，自行投资建设的基础设施情况为(列出清单)_____

_____

当家庭农场破产或退出不办时，您觉得家庭农场经营者自行投资建设的基础设施如何处理？_____

五、家庭农场配套建设用地、农业机械等情况

40. 您经营家庭农场的配套建设用地情况(请在相应的□内打"√")

序号	配套设施用地类型	面积(m²)	投资(万元)	配套建设用地申请的难易程度	申请配套建设用地花费的时间精力和费用	是否有国土资源行政部门的农地转用审批手续
1	□晒晒场					
2	□粮食烘干房					
3	□仓库(粮食和农资临时存放场所)				①申请花费时间_____天 ②花费的经济成本(交通餐饮等)_____元 ③其他成本_____元	
4	□机库(大型农机具临时存放场所)			□很容易 □较容易 □一般 □比较难 □很难		
5	□养殖场地					
6	□办公用房					
7	□其他1_____					
8	□其他2_____					
9	□其他3_____					

41. 您经营的家庭农场在耕种、收割等环节的劳作方式是(①纯手工操作 ②以手工操作为主,机械配合为辅 ③以机械操作为主,手工操作为辅 ④纯机械操作)

41.1 若非纯手工操作,家庭农场使用的农业机械属于(①完全自己购买 ②合伙购买 ③完全租用 ④自己购买与租用相结合)

41.2 若有租用农业机械,家庭农场每年平均租用农业机械_____台班,租用的农业机械类型有_____,每年租用农业机械花费_____元

41.3 若有自己购买的农业机械,共_____台,基本情况为:

序号	购买的农业机械名称	购买时间	购买台数	购买价格	获得农机补贴金额
1					
2					
3					
4					
5					
6					

42. 您经营家庭农场所在地区的社会化服务内容与满意度评价(请在相应的□内打"√")

阶段	社会化服务内容	种类数量	满意程度
产前	□种子种苗供应服务 □化肥供应服务 □农药供应服务 □技术培训	□较多 □一般 □较少	□很满意 □较满意 □一般 □不满意 □很不满意
产中	□技术指导 □排灌服务 □机械化收割 □粮食烘干 □疫病防治 □融资服务	□较多 □一般 □较少	□很满意 □较满意 □一般 □不满意 □很不满意
产后	□农产品市场需求信息服务 □包装 □储藏 □加工 □运输 □销售 □结算	□较多 □一般 □较少	□很满意 □较满意 □一般 □不满意 □很不满意

43. 您经营的家庭农场有无参加农业保险(①有　②无)，若有，每年家庭农场缴纳的保险费用是_____元，缴纳标准为_____元/亩；政府对农业保险费用有无补贴(①有　②无)，若有，补贴标准为_____元/亩；您经营的家庭农场有无获得过保险收入(①有　②无)，若有，获得的保险收入为_____元，保险收入标准为_____。

44. 您觉得家庭农场面临的各类风险损失应该由谁承担(　　　　　　)

A. 政府　　B. 集体经济组织　　C. 家庭农场经营者　　D. 保险公司　　E. 其他

45. 您经营的家庭农场与农地转出方(如农户)是否就土地使用问题产生过纠纷(①有过　②没有过)，若有，发生纠纷的频次情况(①很频繁　②比较频繁　③较少　④很少)；当家庭农场与农地转出方(如农户)发生土地使用纠纷时，您倾向于通过什么渠道解决(　　　　)

A. 直接找农户理论　　B. 找熟人居中协调　　C. 找村委会协调

D. 通过政府部门解决

E. 找仲裁机构仲裁　　F. 向司法部门提出诉讼　　G. 其他

46. 因公共利益需要，如果您家庭农场的土地被政府依法征收，您觉得参与征地补偿收益分配的主体应该包括(①中央政府　②地方政府　③集体经济组织　④家庭农场经营者　⑤转出土地的原农户　⑥项目法人　⑦其他)；您对家庭农场征地补偿收益分配的想法是_____

_____

_____

六、支付意愿价格

47. 为了公共利益和社会发展的需要，假设政府需要依法占用您家从集体经济组织承包的耕地，在耕地被占用后，您将永久丧失这部分耕地的一切权利，那么一亩水田您可以接受的最低补偿价格是(　　　　)，一亩旱地您可以接受的最低补偿价格是(　　　　)

A. 0.5 万元以下　　B. 0.5 万~1.0 万元　　C. 1.0 万~2.0 万元　　D. 2.0 万~3.0 万元

E. 3.0 万~4.0 万元　　F. 4.0 万~5.0 万元　　G. 5.0 万~6 0 万元　　H. 6.0 万~7.0 万元

I. 7.0 万~8.0 万元　　J. 8.0 万~9.0 万元　　K. 9.0 万~10.0 万元　　L. 10.0 万~11.0 万元

M. 11 万元以上；您如果认为高于 11 万元或者低于 0.5 万元，请自由填写_____元

48. 假设通过土地开发整理等手段，集体经济组织内部增加了部分耕地，或者村内某人想要出售自己的承包地，按照相关法律规定，您作为集体经济组织成员享有优先购买权，在土地购买后，您将享有这部分土地的一切权利，且可以留给子孙继承，那么一亩水田您愿意支付的最高价格是(　　　　)，一亩旱地您愿意支付的最高价格是(　　　　)

A. 0.5 万元以下　　B. 0.5 万~1.0 万元　　C. 1.0 万~2.0 万元　　D. 2.0 万~3.0 万元

E. 3.0 万~4.0 万元　　F. 4.0 万~5.0 万元　　G. 5.0 万~6.0 万元　　H. 6.0 万~7.0 万元

I. 7.0 万~8.0 万元　　J. 8.0 万~9.0 万元　　K. 9.0 万~10.0 万元　　L. 10.0 万~11.0 万元

M. 11 万元以上；您如果认为高于 11 万元或者低于 0.5 万元，请自由填写_____元

七、意见和建议

49. 自从您投资农业、扩大土地经营规模成为一名家庭农场主至今,您有没有想过退出家庭农场转投其他行业(①想过 ②没有想过 ③不清楚),若有想过,具体原因是什么?_____

_____

_____

50.您觉得在发展家庭农场中还存在哪些亟待解决的关键问题?您有哪些意见或建议?

_____

_____